Christian W. Röhl (Hrsg.) · Werner Heussinger (Hrsg.)
Marc Klein · Martin Grimm

Der große Index-Guide

Die 150 wichtigsten Investment-Märkte im Profil

Christian W. Röhl (Hrsg.) · Werner Heussinger (Hrsg.)
Marc Klein · Martin Grimm

Der große Index-Guide

Die 150 wichtigsten Investment-Märkte im Profil

An diesem Buch haben außerdem mitgewirkt:
Wolfgang Raum, Wilhelm Weber, Martin Svoboda, Walter Gunkel, Andreas Büchler, Daniel Köster, Thomas Nagel, Christian Ingerl, Christian Scheid, Stefan Mayriedl, Stefan Riedl, Mario Rothenbücher und Reto Nussbaumer

Bibliografische Information der Deutschen Bibliothek:
Die Deutsche Bibliothek verzeichnet diese Publikation in der Deutschen Nationalbibliografie; detaillierte bibliografische Daten sind im Internet über **http://dnb.ddb.de** abrufbar.

Covergestaltung: Judith Wittmann
Gesamtbearbeitung: Druckerei Joh. Walch
Lektorat: Dr. Renate Oettinger
Druck: Druckerei Joh. Walch, Augsburg

1. Auflage 2006

Frundsbergstraße 23
80634 München
Tel.: 089 651285-0
Fax: 089 652096

Die Autoren erreichen Sie unter:
zj@finanzbuchverlag.de

ISBN-10 3-89879-137-8
ISBN-13 978-3-89879-137-3

Aktien I Gesamtmarkt-Indizes I Nordamerika

Aktien I Gesamtmarkt-Indizes I Asien

Aktien I Gesamtmarkt-Indizes I Lateinamerika

Aktien I Gesamtmarkt-Indizes I Afrika

Aktien I Gesamtmarkt-Indizes I Ozeanien

Aktien I Gesamtmarkt-Indizes I Global

Aktien I Branchenindizes I Industrie

Aktien | Branchenindizes | Healthcare

Aktien | Branchenindizes | Handel & Konsum

Aktien | Branchenindizes | Technologie / Telekommunikation / Medien

Aktien | Branchenindizes | Rohstoffe & Energie

Aktien | Branchenindizes | Finanzdienstleistungen

Aktien | Branchenindizes | Immobilien

Geleitwort von Markus Koch

Markus Koch ist wohl Deutschlands bekanntester Börsianer. Bereits seit 1996 berichtet Koch für den Nachrichtensender n-tv direkt vom New Yorker Börsenparkett über die Trends an der Wall Street.

Der „Dow“ ist ein regelmäßiger Gast in meinen börsentäglichen Sendungen über das Geschehen an der Wall Street. Trotz eines bemerkenswerten Alters von 110 Jahren und eines immensen Gewichts von mehr als 3,7 Billionen US-Dollar zeigt sich der weltweit unangefochtene Weltleitindex, der mit vollem Namen Dow Jones Industrial Average heißt, recht sportlich und ist ständig in Bewegung. Mal steigt er, mal fällt er – und zeigt einem Wetterfrosch gleich unermüdlich die aktuelle Großwetterlage an den US-Aktienmärkten an.

Ohne derartige Stimmungsbarometer, zu denen auch der NASDAQ, der DAX oder der DJ EURO STOXX 50 Index zählen, wäre die heutige Finanzwelt überhaupt nicht vorstellbar. Dass sich die Indexing-Idee durchgesetzt hat, liegt auch an der hohen Anpassungsfähigkeit der Indizes an die realwirtschaftlichen Bedingungen. So hat die heutige Zusammensetzung der 30 wichtigsten US-Unternehmen im Dow Jones Industrial Average nicht mehr viel gemein mit der ursprünglichen Auswahl durch die Gründer Charles Dow und Edward Jones im Jahr 1896. Von der Ursprungsformation ist mit General Electric nur noch ein einziger Titel im Index enthalten, die restlichen Werte wurden nach und nach ausgetauscht.

„Der große Index-Guide“ bringt dem Leser die Welt der Indizes näher. Als Nachschlagewerk für die weltweit wichtigsten Indizes bietet es sowohl dem Einsteiger einen guten Einblick in die Finanzwelt als auch dem Profi eine gesammelte Übersicht. Die beiden Autoren Marc Klein und Martin Grimm vom ZertifikateJournal schaffen es, jeden einzelnen Index in aller Kürze informativ und spannend zu beschreiben. Das ZertifikateJournal ist nicht nur ein geschätztes Finanzmedium, sondern seit seiner Gründung durch Christian W. Röhl und Werner H. Heussinger auch ein Verfechter des einfachen und intelligenten Investierens, für das sich Indizes über Zertifikate ebenfalls ausgezeichnet anbieten.

Vorwort von Jim Rogers

Obwohl ich nun schon etliche Jahre an der Börse tätig bin, fesselt mich nach wie vor die extreme Dynamik des Finanzmarktes. Anleger fragen sich tagtäglich, wie wohl die Welt von morgen aussehen wird, und versuchen ständig, Unmengen von Informationen, Fehlinformationen und Gerüchten auf ihre wirtschaftlichen Auswirkungen einzuschätzen. Die daraus resultierenden Angebots- und Nachfragekräfte bündeln diese unvorstellbar großen Datenmengen auf einen einzigen Brennpunkt: den Kurs.

Die schnelle Bewertung von Wirtschaftsgütern ist wohl die größte Leistung einer reibungslos funktionierenden Börse. Gleichsam einer marktwirtschaftlichen Schaltzentrale steuert das ständige Auf und Ab der Kurse die Direktinvestitionen in der realen Welt. Steigt beispielsweise der Ölpreis, wird es unter Umständen immer lukrativer, nach alternativen Energieformen zu forschen, während Konsumenten mit Energie sparsamer umgehen. Auf diese Weise beeinflusst die Börse direkt oder indirekt unser aller Alltagsleben.

Deswegen ist es für jeden Einzelnen von uns interessant, in welcher Verfassung die Börse gerade ist. Kaum eine Nachrichtensendung vergeht daher, ohne dass die Entwicklung an den Weltbörsen Erwähnung findet. Um die Stimmung des Gesamtmarktes einzufangen, wird dabei meist auf bekannte Aktienindizes wie den Dow Jones Industrial Average zurückgegriffen, die den Kumulationsgedanken der Börse sinnvoll weiterführen. Denn mit nur einer Zahl gibt das Kursniveau eines solchen Index die Wertveränderung der wichtigsten Unternehmen eines Landes, einer Branche oder eines anderen Themengebietes wieder.

Das erfolgreiche Indexkonzept endet jedoch nicht bei Aktien, sondern eignet sich auch für andere Investmentklassen hervorragend. In diesem Zusammenhang möchte ich die von mir initiierten „Rogers International Commodities Indices“ (RICI) nicht unerwähnt lassen, welche die wichtigsten Rohstoffe gewichtet nach ihrer wirtschaftlichen Bedeutung zusammenfassen. Natürlich werden die RICI Indizes in diesem Buch ebenso vorgestellt wie auch alle anderen wichtigen Marktbarometer.

Die Vorteile liegen auf der Hand: Ein Index schärft den Blick für das Wesentliche. Um einen schnellen Überblick zu bekommen, muss man sich nicht alle Indexmitglieder einzeln ansehen, sondern der Index genügt. Genau aus diesem Grund werden Marktbarometer selbst von Außenstehenden oft als „fassbares Gesicht“ der ansonsten anonym wirkenden Börse empfunden. Aufgrund dieses hohen Bekanntheitsgrades liegt der Gedanke nahe, direkt in einen Index zu investieren und mit einem Schlag einen kompletten Investmentbereich abzudecken. Dieser Ansatz ist in Deutschland, der Schweiz, Österreich und fast jedem anderen größeren Land durch Indexzertifikate ohne weiteres möglich. Denn Indexzertifikate spiegeln einfach die Wertentwicklung des zugrunde liegenden Index entsprechend des Bezugsverhältnisses eins zu eins wider.

Die immense Innovationskraft, die diesem einfachen Anlagekonzept innewohnt, wird klar, wenn man sich den rasanten Aufstieg der strukturierten Produkte vor Augen führt. Während Derivate in den angelsächsischen Ländern eine lange Tradition haben, fehlte auf dem europäischen Festland eine etablierte Terminbörse. Erst im Jahr 1990 fiel in Deutschland der Startschuss für die Deutsche Terminbörse, die später in der EUREX, eine der heute weltweit führenden Terminbörsen, aufging. Damit war der Boden für die Entwicklung von weiteren derivativen Produkten bereitet, da die Emissionsbanken nun die damit verbundenen Risiken managen konnten. Das heute in strukturierten Produkten investierte Volumen beträgt in Deutschland mehr als 70 Milliarden Euro, in der Schweiz sogar mehr als 80 Milliarden Euro.

Die beiden Querdenker Christian W. Röhl und Werner H. Heussinger erkannten das Potenzial von Zertifikaten bereits früh und gründeten 2001 das ZertifikateJournal. Was einst als kleine Postille entstand, ist mittlerweile zu einer der führenden, unabhängigen Beratungsfirmen für strukturierte Produkte herangewachsen. Darüber hinaus deckt das ZertifikateJournal-Team, zu dem auch die Buchautoren Marc Klein und Martin Grimm zählen, den schweizerischen, österreichischen und tschechischen Markt mit eigenständigen Publikationen und Dienstleistungen ab.

Vor diesem Hintergrund nicht unerwähnt bleiben sollen die aktiv gemanagten Allokationen, für die das ZertifikateJournal im Rahmen mehrerer investierbarer Produkte verantwortlich zeichnet. Hier setzen Christian W. Röhl und Werner H. Heussinger den Ansatz der Portfolio-Diversifizierung um, die von Harry M. Markowitz entwickelt und sogar mit dem Nobelpreis geehrt wurde. Dementsprechend optimieren Röhl und Heussinger das Chance-Risiko-Profil ihrer Portfolios nicht nur durch eine breite Streuung über verschiedene Investmentklassen, sondern auch über unterschiedliche Zertifikatestrukturen und Laufzeiten.

Unabhängig davon, ob man von dieser Herangehensweise überzeugt ist oder nicht, jede Indexbeschreibung in „Der große Index-Guide“ reflektiert diesen realen Portfolio-Ansatz. Dank dieser erfrischend anderen Sichtweise macht der Leser einen Streifzug durch die komplette Indexlandschaft und bekommt zudem einen tiefen Einblick in die Faszination „Börse“, die mich schon seit Jahren gefangen hält.

DAX Performance-Index

Kurzprofil

Der Deutsche Aktienindex (DAX) bündelt die 30 wichtigsten „Blue Chips" des Frankfurter Parketts. Bei der vierteljährlichen Überprüfung des erlauchten Kreises stützt sich der von der Deutschen Börse AG einberufene „Arbeitskreis Aktienindizes" auf ein kombiniertes Ranking aus „Free Float Value" und Börsenumsätzen; wenn es um Auf- und Abstieg geht, schwingt bisweilen jedoch auch ein wenig Subjektivität mit.

Von der Zusammensetzung her gilt der während des Xetra-Handels (9.00 bis 17.30 Uhr) fortlaufend berechnete DAX immer noch als „NASDAQ Europas". Mit knapp 30 Prozent sind Technologie-Unternehmen à la Deutsche Telekom, Infineon, SAP oder Siemens deutlich höher gewichtet als in vielen anderen renommierten Aktienbarometern, während der Finanzsektor (Banken und Versicherungen) mit einem kumulierten Anteil von gut 20 Prozent eher unterrepräsentiert erscheint. Auch die bekanntermaßen defensiven Versorger (13,5 Prozent) haben nicht allzu viel Einfluss auf den Index, klassische Energieunternehmen fehlen sogar völlig. Daraus resultiert eine im Vergleich mit anderen etablierten Indizes recht hohe Volatilität, womit der DAX nicht zu Unrecht zum Liebling der „Discount-Fans" avanciert ist.

Handfeste Vorteile bietet der Index auch noch aus einer anderen Perspektive: Im Gegensatz zu fast allen ausländischen Pendants ist der DAX ein Performance-Index. Dementsprechend werden sämtliche Dividenden und Bezugsrechtserlöse am Tag des Zuflusses komplett reinvestiert. Der Startschuss für den DAX fiel übrigens erst am 31. Dezember 1987, durch die Verkettung mit dem „alten" Index der *Börsen-Zeitung* lässt sich die Performance deutscher Standardwerte jedoch bis zum Jahr 1960 zurück verfolgen. Spaß macht das nicht unbedingt: Wegen der langen Seitwärtsbewegung zwischen 1961 und 1982 fällt die langfristige Durchschnittsrendite mit 5,3 Prozent p.a. deutlich niedriger aus als gemeinhin angenommen.

Kennzahlen per 30.11.2005

	1 Jahr	3 Jahre	5 Jahre	10 Jahre
Hoch	5.199	5.199	6.795	8.065
Tief	4.126	2.203	2.203	2.203
Performance	+25,9%	+56,4%	-18,5%	+131,6%
Volatilität	12,1%	22,4%	27,8%	25,4%

ABN Open End-Zertifikat

ISIN /WKN	BV	Spread	Gebühr	Anm.
DE 000 543 741 2 / 543 741	100:1	0,00%	Keine	Non-Q.

Index-Anbieter: Deutsche Börse AG (www.dax.de)
Bloomberg-Kürzel: DAX <Index>

Verlauf seit 01.01.1992

Phasen-Chart seit 01.01.1960

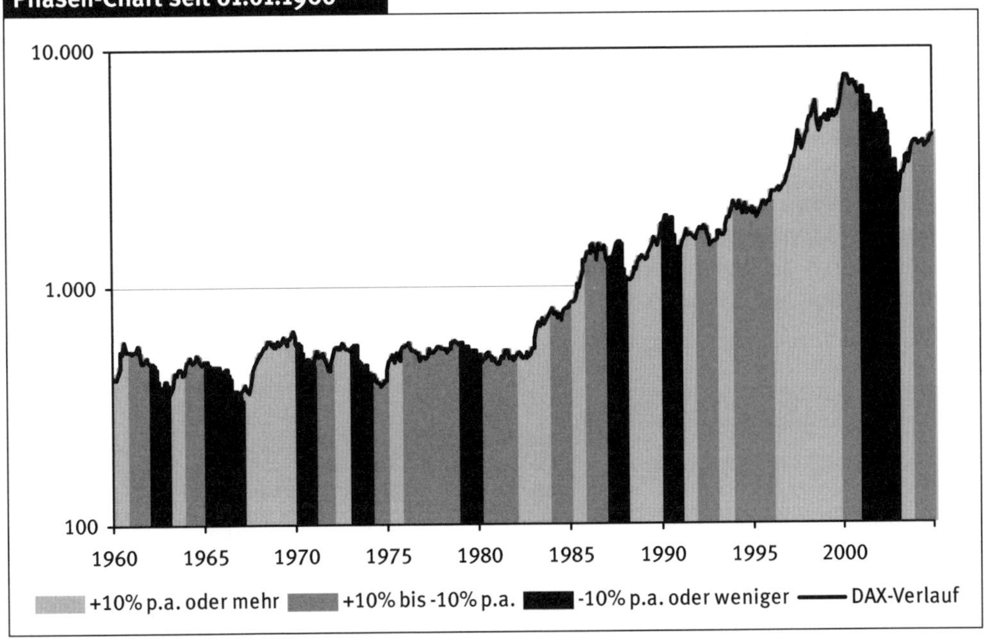

MDAX

Kurzprofil

Wie im Fußball gibt es auch an der Börse nicht nur eine erste, sondern auch eine zweite Liga, die im MDAX „organisiert" ist. Dass die Vertreter der zweiten Reihe das Spiel durchaus beherrschen, zeigt deren regelmäßig gutes Abschneiden im direkten Vergleich. Denn so wie Erstligisten in DFB-Pokalbegegnungen gegen Zweiligisten mitunter recht alt aussehen, stechen Mid Caps in puncto Performance so manchen Global Player in die Tasche. So schnitt der MDAX trotz geringerer Popularität in den vergangenen zwei Jahren deutlich besser ab als der DAX.

Daher sollte man die „zweite Reihe" keinesfalls im Sinne minderer Qualität interpretieren, zumal in den Index auch ausländische Firmen Einzug halten können. Die im MDAX versammelten Gesellschaften zeichnen sich durch solide Bilanzen, konstante Ertragskraft und einen hohen Substanzwert aus. Schließlich handelt es sich um die 50 Gesellschaften des Prime Standards, die den DAX-Werten hinsichtlich Orderbuchumsatz und Marktkapitalisierung nachfolgen. Darunter tummeln sich Unternehmen von Weltruf wie Puma, SGL Carbon, Hugo Boss, Douglas, EADS, Lanxess oder Beiersdorf. Daneben finden sich nationale Größen wie Fielmann, KarstadtQuelle, Postbank, ProSiebenSat.1, Premiere, MLP und Südzucker. Da viele dieser Unternehmen in lukrativen Nischenmärkten positioniert sind – und auf ihren Gebieten sogar oft unangefochtene Weltmarktführer sind –, hängen sie von der allgemeinen Konjunkturentwicklung lange nicht so stark ab wie die großen Konzerne und können größtenteils auch in schlechten Zeiten noch ansehnliche Gewinne an die Anleger ausschütten.

Wie der große Bruder DAX ist auch der MDAX ein Performance-Index. Das bedeutet, dass Dividenden und Sonderausschüttungen automatisch wieder in den Index reinvestiert werden und so den Index-Stand erhöhen. Darüber hinaus gibt es noch mehr Gemeinsamkeiten bei der Index-Konzeption der beiden von der Deutschen Börse berechneten Marktbarometer. Im vierteljährlichen Rhythmus wird die Index-Gewichtung auf der Basis des „Free Float Value" angepasst. Dabei darf eine Aktie auf einen Maximalanteil von 10 Prozent kommen. Die tägliche Indexberechnung beginnt ab 9.00 Uhr und wird fortlaufend veröffentlicht, sobald tagesaktuelle Preise für mindestens 35 Gesellschaften vorliegen. Die Berechnung endet mit den Kursen aus der Xetra-Schlussauktion, die um 17.30 Uhr startet.

Kennzahlen per 30.11.2005

	1 Jahr	3 Jahre	5 Jahre	10 Jahre
Hoch	7.165	7.165	7.165	7.165
Tief	5.272	2.647	2.647	2.457
Performance	+34,4%	+122,2%	+51,3%	+188,5%
Volatilität	10,5%	13,1%	14,9%	14,4%

Index-Anbieter:	Deutsche Börse AG (www.mdax.de)
Bloomberg-Kürzel:	MDAX ‹Index›

Verlauf seit 01.01.1988

RP versus DAX

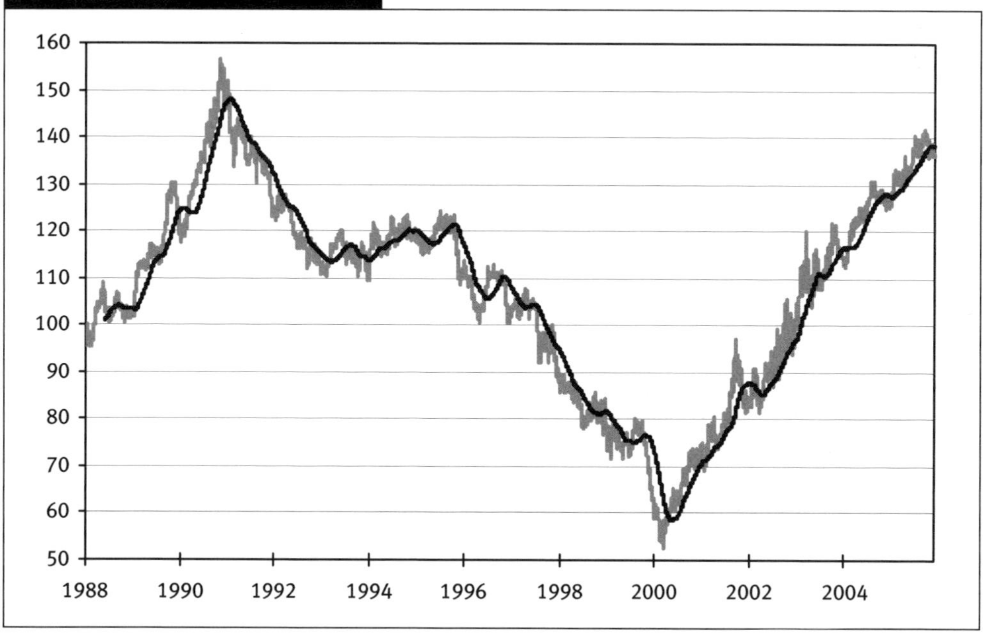

SDAX Performance-Index

Kurzprofil

Neben dem DAX 30 und dem MDAX berechnet die Deutsche Börse auch noch den SDAX, der 50 kleinere Unternehmen, so genannte Small Caps, zusammenfasst. Er ist der dritte Index innerhalb des Qualitätssegments „Prime Standard", das die Firmen beispielsweise dazu zwingt, ihre Quartalsergebnisse in einer bestimmten Frist zu veröffentlichen und jährlich mindestens eine Analystenkonferenz abzuhalten. Die enthaltenen Firmen folgen hinsichtlich der Börsenumsätze und der Marktkapitalisierung der frei handelbaren Aktien („Free Float") den Gesellschaften der beiden großen Brüder. Im Gegensatz zum DAX 30 können jedoch auch ausländische Titel aufgenommen werden, sofern sie die entsprechenden Vorschriften erfüllen. Grundlage des während des Börsenhandels fortlaufend berechneten Barometers sind die Kurse im Xetra-System. Allerdings startet die tägliche Berechnung erst, wenn für mindestens 35 enthaltene Titel bereits ein Kurs festgestellt werden konnte. Aufgrund eines mitunter dünnen Handels kann es beim Start der Index-Berechnung zu Verzögerungen kommen.

Für die Aufnahme in den Index gibt es ein festes Regelwerk, das sich an die Vorschriften für DAX 30 und MDAX anlehnt. So kann sich die Zusammensetzung beim SDAX quartalsweise ändern. Zusätzlich gibt es natürlich noch außerordentliche Anpassungen bei bedeutsamen Ereignissen wie Fusionen, Insolvenzen oder Übernahmen. So kam es zuletzt mehrmals zu einem Wechsel außerhalb der vorgegebenen Termine, da sich nahezu jede Veränderung bei der Zusammensetzung der großen Brüder auch auf den SDAX auswirkt. So muss der Kleinstwerte-Index oftmals sein „schwerstes Pferd" in den MDAX ziehen lassen, sofern aus dem DAX oder dem MDAX ein Unternehmen, beispielsweise durch eine Fusion oder Übernahme, ausscheidet.

Doch einen solchen Aderlass kann der SDAX aufgrund seiner breiten Basis gut verkraften. Gemessen an der Marktkapitalisierung ist derzeit der Konsumforscher GfK mit einem Gewicht von 4,6 Prozent der größte Wert, gefolgt vom Schmierstoffspezialisten Fuchs Petrolub (4,4 Prozent) und dem Immobilien-Highflyer Vivacon (4,1 Prozent), der erst im Dezember 2004 den Aufstieg in den Index schaffte.

Kennzahlen per 30.11.2005

	1 Jahr	3 Jahre	5 Jahre	10 Jahre
Hoch	4.334	4.334	4.334	4.334
Tief	3.058	1.622	1.622	1.622
Performance	+35,0%	+129,7%	+34,3%	+93,5%
Volatilität	8,3%	10,0%	10,7%	10,7%

Index-Anbieter: Deutsche Börse AG (www.sdax.com)

Bloomberg-Kürzel: SDYP ‹Index›

Verlauf seit 01.01.1988

RP versus MDAX und DAX

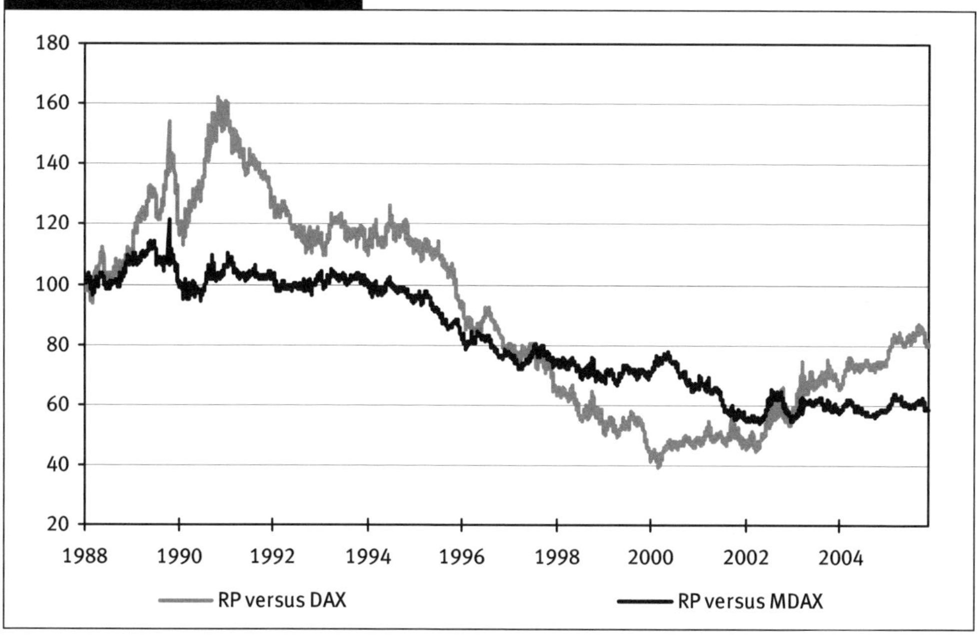

TecDAX Performance-Index

Kurzprofil

Im Vergleich zu seinen beiden Brüdern, dem DAX 30 und dem MDAX, ist der TecDAX ein klassisches Nesthäkchen; es erblickte nämlich erst am 24. März 2003 das Licht der Welt und löste damit gleichermaßen den NEMAX ab. Im Gegensatz zu den NEMAX-Indizes, die eine ziemlich konfuse Ansammlung von Unternehmen waren, die es auf wundersame Weise an den Neuen Markt geschafft hatten, ist der TecDAX als reiner Technologie-Index konzipiert. Zugang haben nur Unternehmen aus den Bereichen Hardware, Software, IT-Dienstleistung, Telekommunikation, Internet und (das mag befremden, ist aber international durchaus üblich) Biotechnologie. Für Logistik-Dienstleister oder Medienunternehmen, im NEMAX noch reichlich vertreten, gilt derweil dasselbe wie für Hunde im Fleischerfachgeschäft – sie müssen leider draußen bleiben, können aber (sofern sie die Kriterien erfüllen) auf einen Einzug in den MDAX hoffen. Ebenfalls ausgeschlossen sind Hightech-Unternehmen, die wie SAP oder Infineon schon im DAX mitmischen. Dagegen ist die Auswirkung der „grünen Politik" der letzten Jahre deutlich an der Index-Zusammensetzung abzulesen: SolarWorld und Conergy sind Vertreter der erneuerbaren Solarenergie.

Die 30 Werte des TecDAX repräsentieren somit „The Best of the Rest" der Technologie-Aktien auf dem deutschen Kurszettel. Auch hier kommt es auf den Börsenwert und die Handelsumsätze an, wobei auch im Ausland ansässige Gesellschaften zugelassen sind. Mit dieser liberalen Einstellung wollte die Deutsche Börse AG anfänglich ihren TecDAX als europäisches Hightech-Barometer etablieren und ein Gegengewicht zur amerikanischen NASDAQ konstruieren – diese Euphorie ist jedoch mangels Qualität und Größe der Unternehmen schnell wieder verflogen.

Der momentan größte Wert ist T-Online. Allerdings ist geplant, dass das Darmstädter Unternehmen nach der Reintegration in den Mutterkonzern Deutsche Telekom vom Kurszettel verschwindet. Dann wird für ein neues Mitglied ein Plätzchen frei.

Kennzahlen per 30.11.2005

	1 Jahr	3 Jahre	5 Jahre	10 Jahre
Hoch	629	653	3.490	n/a
Tief	499	310	310	n/a
Performance	+14,9%	+31,9%	-81,4%	n/a
Volatilität	12,6%	22,7%	38,1%	n/a

ABN Open End-Zertifikat

ISIN /WKN	BV	Spread	Gebühr	Anm.
DE 000 768 918 4 / 768 918	100:1	1,50%	Keine	Non-Q.

Index-Anbieter: Deutsche Börse AG (www.tecdax.de)
Bloomberg-Kürzel: TDXP ‹Index›

Verlauf seit 16.01.1998

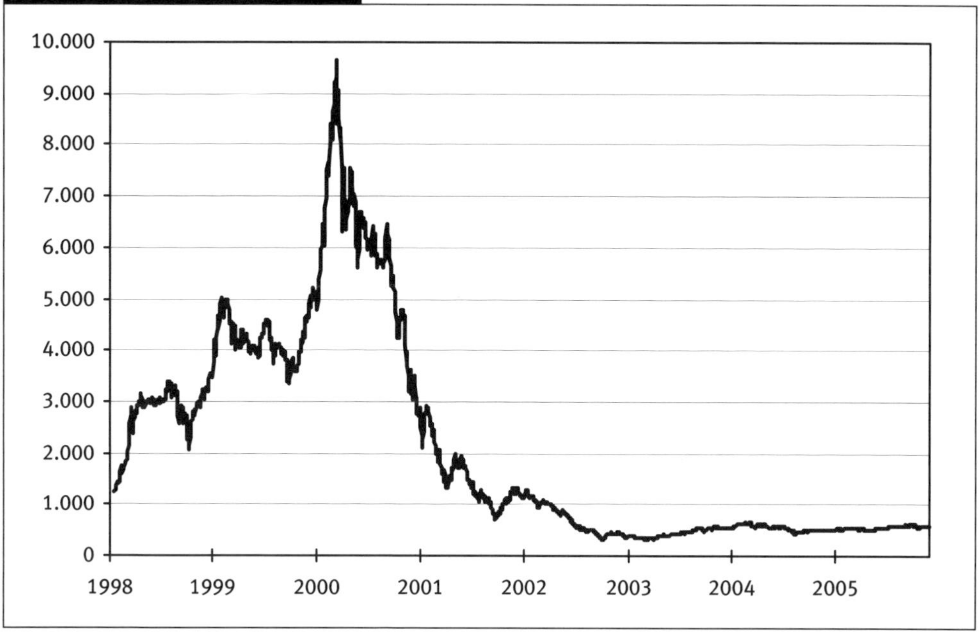

TecDAX versus DAX (adj.)

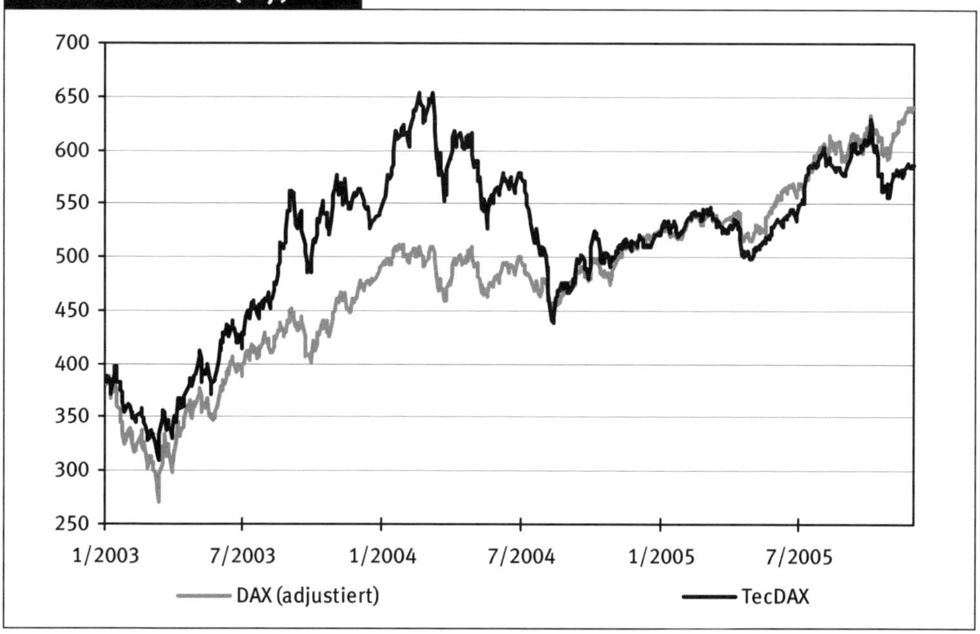

GEX German Entrepreneurial Index

Kurzprofil

Mit dem GEX ist die Deutsche Börse AG Ende 2004 in das Segment der so genannten „Style-Indizes“ vorgestoßen, bei denen die Zusammensetzung nicht nur von Größenkriterien, sondern zusätzlich von qualitativen Faktoren abhängt. Von anderen Index-Anbietern häufig verwendete Parameter sind Dividendenrendite oder Umsatzwachstum, hier jedoch steht die Aktionärsstruktur im Vordergrund: Mit von der Partie sind nur Titel, bei denen mindestens 25 Prozent (und höchstens 75 Prozent) der Anteile in den Händen von Gründern, Vorstandsmitgliedern, Aufsichtsräten oder deren Familien liegen. Die Grundidee ist durchaus charmant, denn eigentümergeführte Unternehmen sind in aller Regel auf nachhaltige Wertschöpfung ausgerichtet, während Firmen mit hohem Streubesitz und allenfalls über Optionsprogramme beteiligtem Management sich eher dem Diktat des Kapitalmarkts beugen – der permanente Performance-Druck externer Investoren führt oft dazu, dass geschäftliche Entscheidungen primär mit Blick auf kurzfristig sichtbare Erfolge getroffen werden, was sich im Nachhinein bisweilen als Fehler entpuppt. Kaum verwunderlich also, dass Familienunternehmen auf lange Sicht oftmals eine bessere Kursentwicklung aufweisen als der Gesamtmarkt.

An der bisherigen GEX-Historie, die leider nur bis Mitte 2002 zurückreicht, lässt sich dieser Effekt indes nur bedingt nachvollziehen. Zwar schneidet der Index mit einer Steigerung von knapp 56 Prozent in den letzten zwei Jahren deutlich besser ab als der DAX, doch ist das Frankfurter „Blue Chip“-Barometer kaum ein geeigneter Vergleichsmaßstab, weil außer Henkel und FMC kein DAX-Wert die Aufnahmekriterien erfüllt. BMW und Altana, wo die Familie Quandt regiert, sind schon länger als zehn Jahre börsennotiert und fallen deshalb durch das Raster; selbiges gilt für Porsche, wobei die Zuffenhausener ohnehin in allen Indizes der Deutschen Börse AG fehlen, weil Vorstandschef Wendelin Wiedeking sich seit Jahren beharrlich weigert, die für eine Registrierung im mit besonderen Publizitätspflichten versehenen Handelssegment „Prime Standard“ geforderten Quartalsberichte zu erstellen. Somit rekrutieren sich die großen der 120 GEX-Mitglieder (die Zahl ist nach oben und unten variabel) aus dem MDAX – und der ist in den letzten Jahren ohnehin sehr gut gelaufen. Hinzu kommen zahlreiche SDAX-Werte, was bislang dazu geführt hat, dass der GEX den „Mid Caps“ etwas hinterherhinkt.

Kennzahlen per 30.11.2005

	1 Jahr	2 Jahre	5 Jahre	10 Jahre
Hoch	1.461	1.461	n/a	n/a
Tief	1.036	892	n/a	n/a
Performance	+37,0%	+55,6%	n/a	n/a
Volatilität	10,7%	11,6%	n/a	n/a

Index-Anbieter: Deutsche Börse AG (www.deutsche-boerse.de)
Bloomberg-Kürzel: GEX ‹Index›

Verlauf seit 01.07.2003

RP versus DAX und MDAX

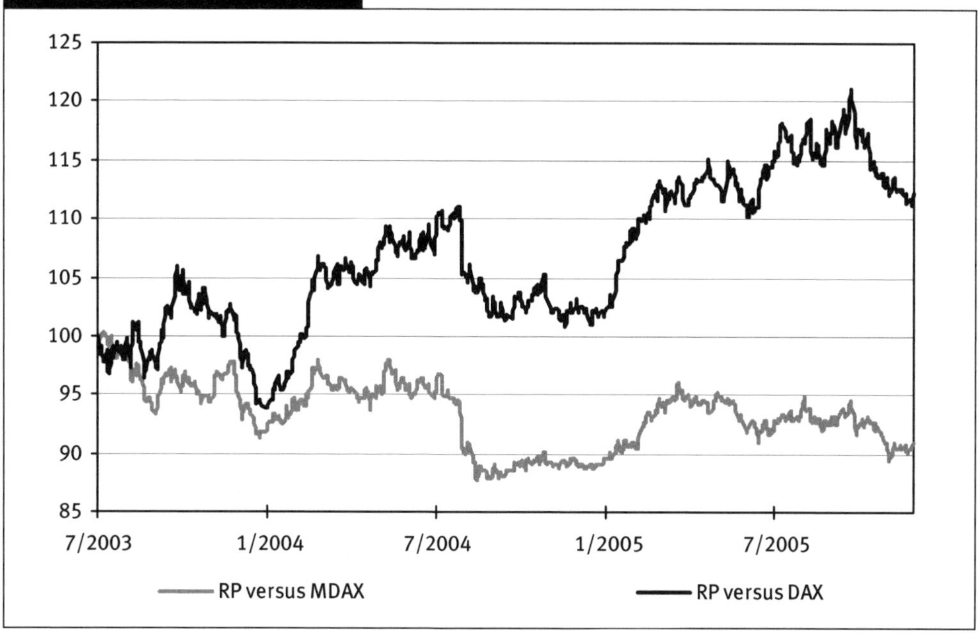

DivDAX

Kurzprofil

Das jüngste Kind in der großen Index-Familie der Deutsche Börse AG ist der DivDAX, der erst Anfang März 2005 das Licht der Welt erblickte. Er ist ein Unterindex des DAX 30; aus dem Blue-Chip-Index gelangen lediglich die 15 Werte mit der höchsten Dividendenrendite in den Newcomer. Einmal pro Jahr, jeweils im September, passt der Index-Betreiber die Zusammensetzung an. Die Gewichtung ergibt sich aus der Marktkapitalisierung der frei handelbaren Aktien, die jeweils vierteljährlich neu adjustiert wird. Der Anteil eines einzelnen Wertes ist auf maximal zehn Prozent beschränkt, so kann kein Einzelwert den Jüngling dominieren. Die Berechnung wird während der Handelszeiten fortlaufend durchgeführt und veröffentlicht. Den DivDAX gibt es als Kurs- und als Performance-Index.

In der Vergangenheit erwiesen sich dividendenstarke Papiere als die bessere Geldanlage, wie zahlreiche historische Rückrechnungen belegen. Ihre wahre Stärke spielen diese Titel jedoch speziell in schwachen oder seitwärts laufenden Märkten aus, weil die Anleger hier auf Papiere mit einer hohen Substanz setzen und Wachstumswerten oftmals die kalte Schulter zeigen. Gerade bei den Titeln mit hoher Dividendenrendite zeigt sich hier ein extrem auseinander laufendes Bild der beiden Dividendenjäger-Barometer. Das größte Gewicht nimmt auf Seiten der Einzelwerte derzeit die Deutsche Bank ein, gefolgt von BASF, Bayer und DaimlerChrysler, die derzeit allesamt bereits im Bereich der Höchstgrenze von zehn Prozent angelangt sind.

Gerade in Zeiten niedriger Renditen am Anleihenmarkt sind Aktien mit einer hohen Dividendenrendite eine gerne gewählte Alternative für Bond-Investments. So erfährt gerade in der jüngeren Vergangenheit die Suche nach substanzstarken Werten mit hoher Dividendenrendite ein Comeback. Zudem haben die deutschen Großkonzerne in den letzten Jahren fleißig auf die Kostenbremse gedrückt und so ihre Ausgaben reduziert und den Cashflow erhöht. Das ist gut für die Dividendenhöhe: Laut einer Studie der Landesbank Baden-Württemberg dürfen sich DAX-Anleger im Jahr 2006 über Rekordausschüttungen von mehr als 18 Milliarden Euro freuen.

Kennzahlen per 30.11.2005

	1 Jahr	3 Jahre	5 Jahre	10 Jahre
Hoch (Kursindex)	115	115	115	n/a
Tief (Kursindex)	90	46	46	n/a
Performance (Kursindex)	+27,7%	+64,3%	+7,3%	n/a
Performance (Total Return)	+31,7%	+80,3%	+23,9%	n/a
Volatilität (Kursindex)	12,7%	22,7%	26,0%	n/a
Volatilität (Total Return)	12,7%	22,7%	26,0%	n/a

Index-Anbieter: Deutsche Börse AG (www.divdax.de)

Bloomberg-Kürzel: DDAXK <Index> (Performanceindex: DIVDAX <Index>)

Verlauf seit 20.09.1999

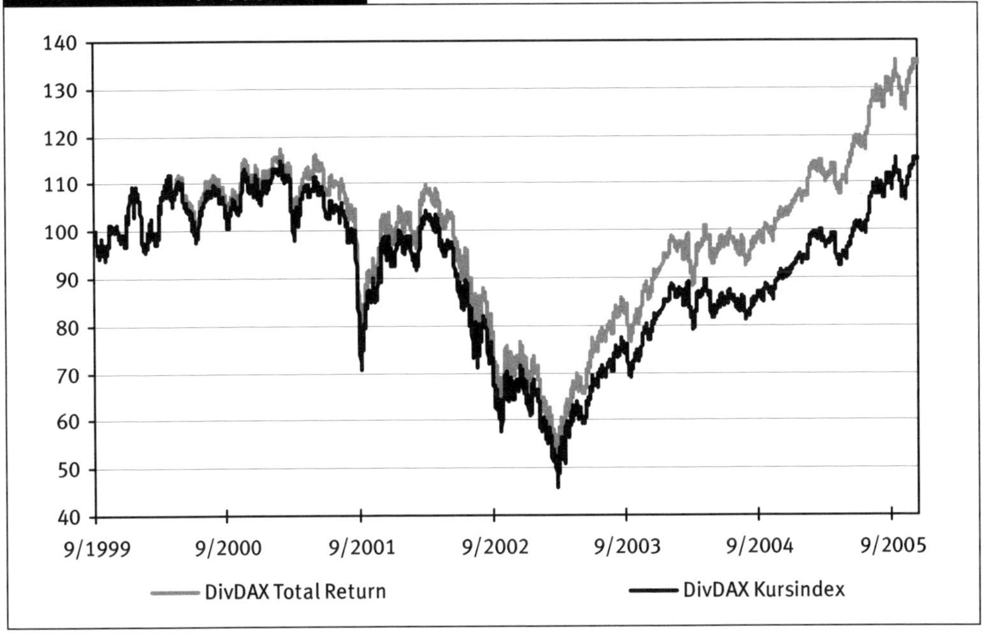

RP versus DAX

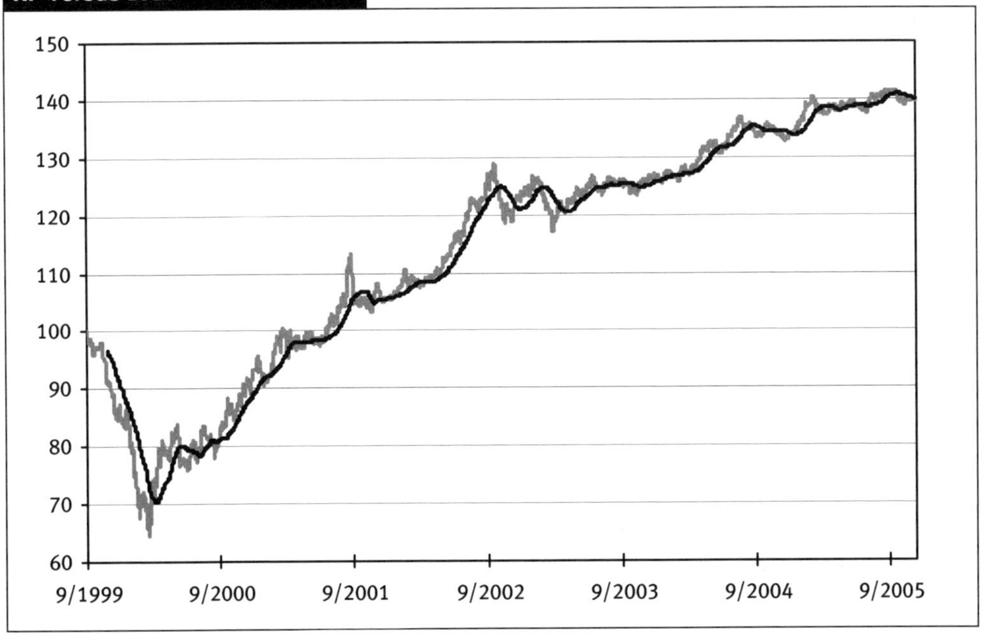

DJ EURO STOXX 50 Index

Kurzprofil

Politisch spricht die EU nicht immer mit einer Stimme, doch wirtschaftlich betrachtet ist Europa durch den Binnenmarkt und die gemeinsame Währung längst eine Einheit. So kann es nicht verwundern, dass der erst Ende 1991 gestartete EURO STOXX 50 in Windeseile zum europäischen Leitindex und Standard-Investment avanciert ist. Das von STOXX Ltd. (Gesellschafter sind die Deutsche Börse AG, die SWX Swiss Exchange, die französisch-belgisch-niederländische Handelsplattform EURONEXT und die Index-Profis von Dow Jones & Company) berechnete Aktienbarometer umfasst die 50 kapitalisierungsstärksten Unternehmen der Euro-Zone, wobei sowohl die Zusammensetzung als auch die Gewichtung der einzelnen Titel vierteljährlich aktualisiert werden. Maßgebliches Kriterium dafür ist der Börsenwert der in Streubesitz liegenden Anteile („Free Float Value").

Im Vergleich zum DAX weist der EURO STOXX 50 eine deutlich defensivere Positionierung auf – Technologie- und Telecomwerte kommen nur auf ein Gesamtgewicht von knapp 20 Prozent, wogegen Energiekonzerne und Versorger gut ein Viertel des Index stellen. Den größten Anteil am Sektor-Kuchen hat allerdings der Finanzbereich mit rund 30 Prozent. Dieser ausgewogene Mix macht sich auch bei der Performance bemerkbar: Mit mehr als 137 Prozent Plus schnitt der EURO STOXX 50 in den letzten zehn Jahren besser ab als der DAX (+132 Prozent). Das ist vor allem deshalb bemerkenswert, weil das Euro-Barometer primär als Kursindex wahrgenommen wird, der im Gegensatz zum DAX ohne Dividendenreinvestition auskommen muss. Die „Total Return"-Variante des EURO STOXX 50, die sich sogar noch besser entwickeln konnte, fristet ein trauriges Schattendasein. Angesichts einer Dividendenrendite von historisch knapp 2,5 Prozent p.a. bietet sich dieser hervorragend für Langfristanlagen an.

Kennzahlen per 30.11.2005

	1 Jahr	3 Jahre	5 Jahre	10 Jahre
Hoch	3.471	3.471	4.971	5.464
Tief	2.876	1.850	1.850	1.450
Performance (Kursindex)	+19,8%	+29,7%	-28,0%	+136,9%
Performance (Total Return)	+22,8%	+39,4%	-20,2%	+189,8%
Volatilität (Kursindex)	10,9%	19,1%	25,2%	22,9%
Volatilität (Total Return)	10,9%	18,9%	25,1%	22,9%

ABN Open End-Zertifikat

ISIN /WKN	BV	Spread	Gebühr	Anm.
DE 000 543 745 3 / 543 745	100:1	0,03 Euro	Keine	Kursindex

Index-Anbieter: Stoxx Ltd. (www.stoxx.com)
Bloomberg-Kürzel: SX5E <Index> (Performanceindex: SX5T <Index>)

Verlauf seit 01.01.1992

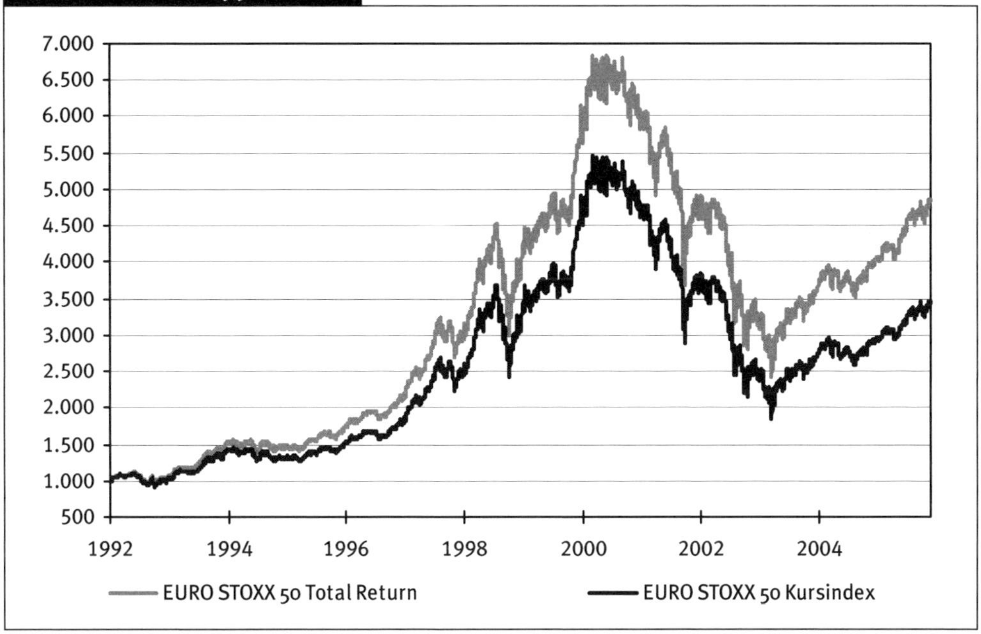

RP versus DAX und S&P500

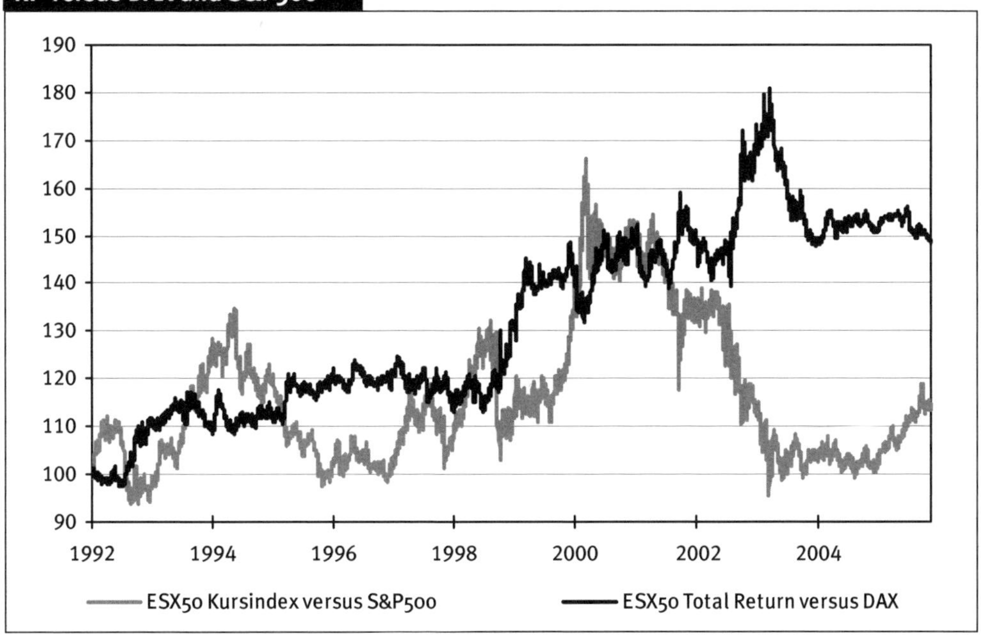

DJ STOXX 50 Index

Kurzprofil

Das Zusammenwachsen der europäischen Märkte hat bereits vor einigen Jahren auch die Welt der Aktienindizes erfasst: Zusammen mit dem traditionsreichen US-Indexanbieter Dow Jones haben die führenden Börsen Kontinentaleuropas – die Deutsche Börse AG, die Züricher SWX Swiss Exchange und die aus der Fusion der Handelsplätze in Paris, Amsterdam und Brüssel entstandene Euronext S.A. – ein Joint Venture namens „STOXX Ltd." ins Leben gerufen. Basis und Grundgesamtheit der Index-Familie ist der DJ STOXX Total Market Index, der rund 95 Prozent der Freefloat-Marktkapitalisierung aller berücksichtigten 17 Länder repräsentiert. Neben den Euro-Mitgliedsstaaten sind das noch Dänemark, Norwegen, Großbritannien, Schweden oder die Schweiz. Somit deckt der STOXX sämtliche Wertpapiermärkte Westeuropas ab und ist damit breiter gefasst als der EURO STOXX, der sich ausschließlich auf die Euro-Zone beschränkt.

Der STOXX 50 entsteht dadurch, dass nur die 50 Werte mit dem höchsten „Free Float Value" herausgepickt und wiederum nach demselben gewichtet werden. Eine gleichmäßige Länderverteilung wird mit diesem Ansatz aber nicht erzielt: Großbritannien stellt allein 42 Prozent des gesamten Index, gefolgt von der Schweiz mit 14 Prozent. Die am meisten berücksichtigten Werte kommen dementsprechend mit dem Ölgiganten British Petrol Plc. (7,5 Prozent), der international aufgestellten Bank HSBC (5,2 Prozent) und dem Telecomkonzern Vodafone (4,7 Prozent) von der Insel. Wie alle anderen Indizes der STOXX-Familie wird auch der STOXX 50 vierteljährlich angepasst; das maximale Gewicht einzelner Titel ist dabei auf 10 Prozent limitiert. Berechnet werden sowohl ein Kursindex als auch ein Performance-Index (inkl. Dividenden), der schon ab einer Anlagedauer von über einem halben Jahr erste Wahl ist.

Kennzahlen per 30.11.2005

	1 Jahr	3 Jahre	5 Jahre	10 Jahre
Hoch	3.313	3.313	4.839	5.183
Tief	2.738	1.909	1.909	1.488
Performance (Kursindex)	+19,2%	+22,7%	-29,4%	+119,3%
Performance (Total Return)	+22,7%	+33,4%	-20,3%	+174,5%
Volatilität (Kursindex)	9,7%	16,7%	22,5%	21,1%
Volatilität (Total Return)	9,7%	16,6%	22,5%	21,1%

ABN Open End-Zertifikat

ISIN /WKN	BV	Spread	Gebühr	Anm.
DE 000 607 530 2 / 607 530	100:1	0,50%	Keine	Kursindex

Index-Anbieter: Stoxx Ltd. (www.stoxx.com)

Bloomberg-Kürzel: SX5P <Index> (Performanceindex: SX5R <Index>)

Verlauf seit 01.01.1992

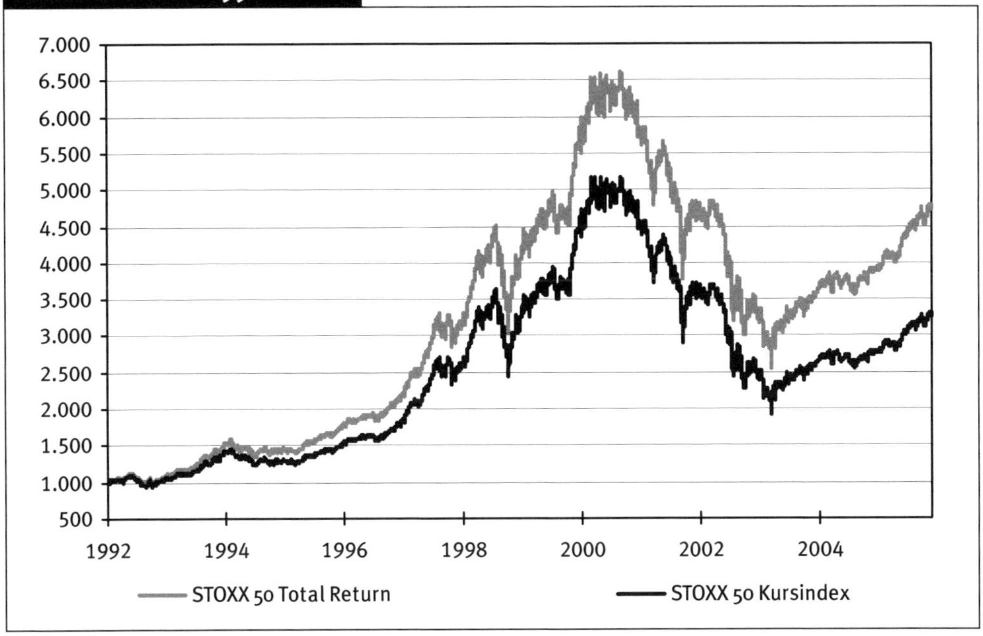

RP versus EURO STOXX 50

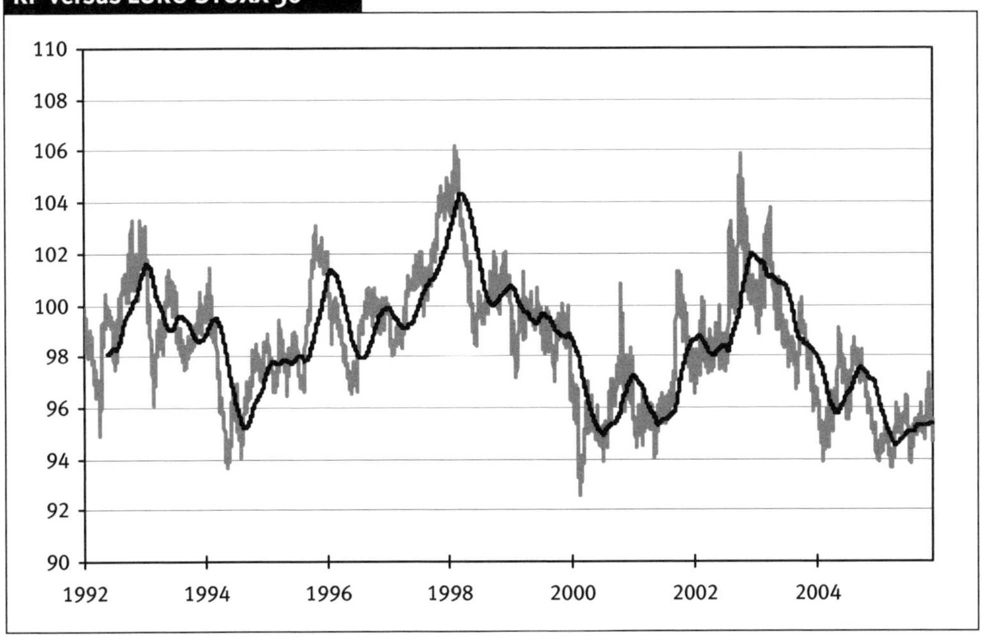

DJ EURO STOXX Size Index

Kurzprofil

Der Dow Jones EURO STOXX Size-Index ist ein Sub-Index des riesigen Dow Jones EURO STOXX 600 und enthält Titel aus Österreich, Belgien, Finnland, Frankreich, Deutschland, Griechenland, Irland, Italien, Luxemburg, Portugal, Spanien und aus den Niederlanden, wobei Titel aus Frankreich und Deutschland den Index dominieren. Obwohl der Size-Index derzeit 316 Werte umfasst, ist er wesentlich weniger bekannt als der Dow Jones EURO STOXX 50, der sich als Marktbarometer für den Euro-Raum inzwischen fest etabliert hat. Rechteinhaber ist die STOXX Ltd., ein Gemeinschaftsunternehmen der Deutsche Börse AG, der SWX Swiss Exchange, der Mehrländerbörse EURONEXT und der Index-Experten von Dow Jones & Company.

Die Berechnung erfolgt auf Basis der Marktkapitalisierung der im Streubesitz befindlichen Aktien, wobei es jedoch eine obere Maximalgewichtung von 20 Prozent pro Einzeltitel gibt. Sollte ein Unternehmen Aktien mehrerer Gattungen ausgegeben haben, zieht nur die liquideste Variante in die Indexberechnung ein. Jeweils vierteljährlich wird die Zusammensetzung überprüft und gegebenenfalls angepasst. Erstmals wurde der Size-Index im Juni 1998 berechnet. Täglich zum Handelsschluss wird zudem ein Index-Stand auf US-Dollar-Basis angeboten, der vor allem den Anlegern außerhalb des Euro-Raums einen Überblick verschaffen soll.

Der Index wird als Price- und als Total Return-Index errechnet. Seine aktuelle Marktkapitalisierung, nur gemessen an den für die Index-Berechnung maßgeblichen Aktien im Streubesitz, erreicht mehr als 2,8 Billionen Euro. Er repräsentiert damit den Euroland-Börsenmarkt zu allergrößten Teilen. Sein Kursverlauf ähnelt jedoch stark dem Bild des EURO STOXX 50, da dessen Werte die Schwergewichte des breiteren Index sind. Die zusätzlich enthaltenen Titel aus dem Bereich der restlichen Euroland-Blue-Chips sowie der sonstigen Small und Mid Caps spielen aufgrund ihres geringeren Gewichts nur eine untergeordnete Rolle. Wegen seiner Vielzahl an enthaltenen Titeln wird das Marktbarometer im Derivatebereich praktisch nicht als Basiswert eingesetzt.

Kennzahlen per 30.11.2005

	1 Jahr	3 Jahre	5 Jahre	10 Jahre
Hoch (Kursindex)	318	318	410	466
Tief (Kursindex)	260	165	165	133
Performance (Kursindex)	+21,6%	+38,2%	-19,9%	+136,2%
Performance (in Total Return)	+24,4%	+47,7%	-11,7%	+187,1%
Volatilität (Kursindex)	9,7%	16,5%	21,9%	20,5%
Volatilität (Total Return)	9,7%	16,5%	21,9%	20,6%

Index-Anbieter: STOXX Ltd. (www.stoxx.com)

Bloomberg-Kürzel: SXXE ‹Index› (Performanceindex: SXXT ‹Index›)

Verlauf seit 01.01.1992

DJ STOXX 600 Index

Kurzprofil

Viel mehr geht wohl nicht: 600 Titel aus Europa vereint der Dow Jones STOXX 600, der vom Indexanbieter STOXX Ltd. berechnet wird. Die Zusammensetzung ist denkbar einfach: Blue Chips, Mid Caps und Nebenwerte werden in einen Topf geworfen und entsprechend der Marktkapitalisierung der frei handelbaren Aktien gewichtet. Dabei darf kein Einzelwert mehr als 20 Prozent auf die Waage bringen. Sollte ein Unternehmen Aktien verschiedener Gattungen ausgegeben haben, hält nur die liquideste Variante Einzug in das Marktbarometer. Die Überprüfung und Anpassung der Zusammensetzung erfolgt jeweils vierteljährlich. Während der lokalen Börsenhandelszeiten wird der Stand des Index alle 15 Sekunden berechnet. Zum Handelsschluss gibt es zusätzlich eine Umrechnung des Index-Niveaus auf Basis des US-Dollars. Erstmals wurde der STOXX 600 Mitte Juni 1998 veröffentlicht, der Index-Anbieter STOXX hat die Daten jedoch auf Basis der Index-Vorgaben bis ins Jahr 1991 zurückberechnet.

Der Index wird als Price- und als Total-Return-Index angeboten. In der Länderallokation nehmen britische Aktien mit rund einem Drittel den größten Teil des Kuchens ein. Mit weitem Abstand folgen Papiere aus Frankreich, Deutschland und der Schweiz sowie zwölf weiteren EU-Staaten und aus Norwegen. Die aktuelle Marktkapitalisierung, gemäß der Berechnungsgrundlage des Index, liegt bei rund 5,9 Billionen Euro. Index-Schwergewicht ist British Petrol (BP) mit einem Anteil von rund 3,5 Prozent, deutlich vor der HSBC Holdings. Größter Kontinentaleuropäer ist derzeit der Ölgigant Total aus Frankreich, der auf Platz drei folgt. Bei den Branchen dominieren die Finanztitel, die rund ein Viertel des gesamten Index ausmachen, gefolgt von den zuletzt gefragten Ölwerten, deren Anteil aktuell über der Zehn-Prozent-Marke liegt. Bei der Performance der letzten Jahre weicht das Gesamtmarktbarometer nur geringfügig vom kleinen Bruder, dem DJ STOXX 50, ab, der seine Auswahl an 50 Blue Chips aus dem DJ STOXX 600 rekrutiert. Der Grund hierfür ist die hohe Gewichtung der großen Werte. Daher spielt der DJ STOXX 600 bei den Anbietern von derivativen Strukturen nur eine untergeordnete Rolle.

Kennzahlen per 30.11.2005

	1 Jahr	3 Jahre	5 Jahre	10 Jahre
Hoch (Kursindex)	302	302	378	406
Tief (Kursindex)	247	163	163	137
Performance (Kursindex)	+21,5%	+34,6%	-17,6%	+117,2%
Performance (Total Return)	+24,7%	+45,5%	-7,3%	+172,7%
Volatilität (Kursindex)	9,2%	15,1%	19,9%	18,5%
Volatilität (Total Return)	9,2%	15,1%	19,9%	18,6%

Index-Anbieter: STOXX Ltd. (www.stoxx.com)

Bloomberg-Kürzel: SXXP ‹Index› (Performanceindex: SXXR ‹Index›)

Verlauf seit 01.01.1992

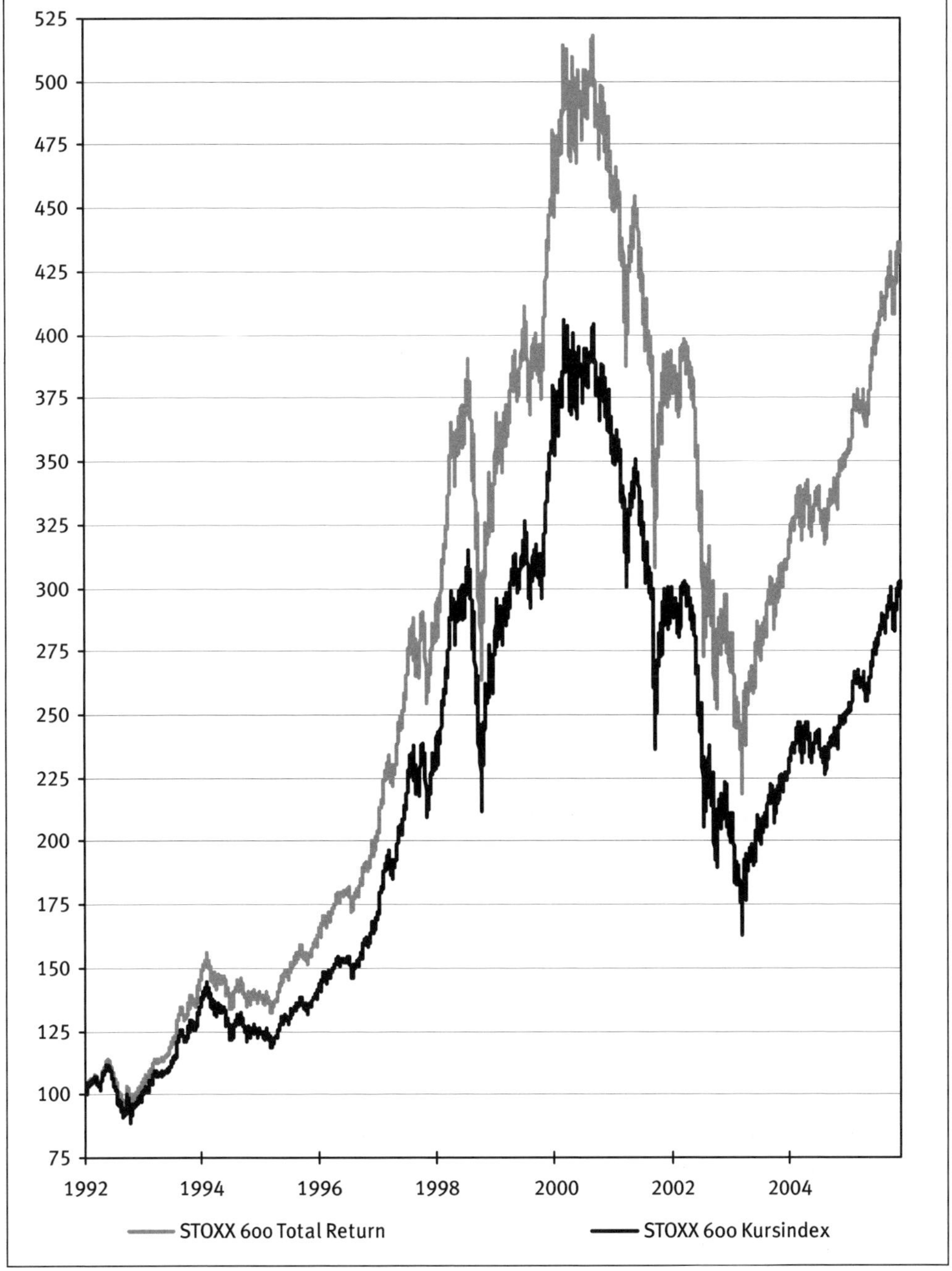

DJ EURO STOXX Select Dividends

Kurzprofil

Der Dow Jones EURO STOXX Selected Dividends Index misst die Performance der 30 Unternehmen mit der höchsten erwarteten Gewinnausschüttung im Vergleich zu ihren Heimatmärkten. Im Gegensatz zu seinem Bruder, dem Dow Jones STOXX Select Dividends Index, berücksichtigt die „Euro-Vision“ nicht ganz Europa, sondern lediglich die Euro-Zone. Dabei rekrutieren sich alle Mitglieder aus dem DJ EURO STOXX 600-Universum, womit Unternehmen aus den Nicht-Euro-Ländern wie Großbritannien und Schweden außen vor bleiben, die in der STOXX-Variante ganz vorne mitspielen.

Daher nimmt die deutsche Volkswagen AG mit einer Index-Gewichtung von fast fünf Prozent die Pole-Position im Index ein. Dass eine hohe Dividendenrendite auch in der realen Wirtschaft durchaus Anklang findet, zeigt die Tatsache, dass sich der Sportwagenhersteller Porsche mit seiner Aufstockung der VW-Beteiligung auf rund 20 Prozent ein großes Stück vom zu verteilenden Gewinnkuchen sicherte. Auf der Suche nach hoch rentierlichen Dividendentiteln wurde der Index-Anbieter STOXX Ltd. in deutschen Landen nicht nur in Wolfsburg fündig; insgesamt beinhaltet der Index acht deutsche Unternehmen, die zusammen eine Gewichtung von rund einem Viertel ausmachen. Einen fast gleich großen Anteil vereint das Ensemble der französischen Einzelwerte, angeführt von der Assurances Générales de France S.A.

Die sonstigen Auswahl- und Gewichtungskriterien sind die gleichen wie beim STOXX-Pendant: Voraussetzung für eine Aufnahme in den Index ist, dass das Dividendenwachstum über einen Zeitraum von fünf Jahren nicht negativ ist. Außerdem darf kein Index-Mitglied mehr als 60 Prozent seines Gewinns als Dividende ausschütten. Der Anteil eines Unternehmens darf nicht mehr als 15 Prozent betragen. Seit seiner Auflegung im April 2005 entwickelte sich der Dow Jones EURO STOXX Select Dividends Index positiv und konnte sogar eine Outperformance gegenüber dem Gesamtmarkt, gemessen am Dow Jones EURO STOXX Size Index, erzielen.

Kennzahlen per 30.11.2005

	1 Jahr	3 Jahre	5 Jahre	10 Jahre
Hoch (Kursindex)	2.382	2.382	2.382	n/a
Tief (Kursindex)	1.878	1.136	1.136	n/a
Performance (Kursindex)	+24,9%	+69,1%	+46,5%	n/a
Performance (in Total Return)	+29,0%	+89,6%	+75,6%	n/a
Volatilität (Kursindex)	9,4%	11,5%	14,2%	n/a
Volatilität (Total Return)	9,5%	11,5%	14,2%	n/a

Index-Anbieter:	STOXX Ltd. (www.stoxx.com)
Bloomberg-Kürzel:	SD3E ‹Index› (Performanceindex: SD3T ‹Index›)

Verlauf seit 01.01.1999

RP versus EURO STOXX 50

DJ STOXX Select Dividends

Kurzprofil

Vor allem in Zeiten, in denen Aktien nicht nur gen Nordosten zeigen, besinnen sich viele Anleger auf solide Substanzwerte. Ein guter Anhaltspunkt hierbei ist die Dividendenrendite. Denn, so die Überlegung, nur Unternehmen, die Gewinne erzielen, können diese auch ausschütten und haben – was noch wichtiger ist – langfristig bessere Überlebenschancen. Daher erscheint der Zusammenhang zwischen der Höhe der Dividendenrendite und dem Kursverlauf nur logisch und kann in der Tat „in freier Wildbahn" oft beobachtet werden. So haben die Top-Dividendentitel E.ON und RWE die Aktienbaisse nach der Jahrtausendwende wesentlich besser verkraftet als der Gesamtmarkt. Während der DAX noch immer weit unter seinen Höchstkursen notiert, befinden sich die beiden Versorger schon wieder auf Rekordniveau, weshalb der Ansatz besonders für langfristig orientierte Anleger interessant sein dürfte.

Diese Tatsache hat auch der Index-Betreiber STOXX Ltd. erkannt und den Dow Jones STOXX Select Dividends entwickelt, in dem sowohl E.ON als auch RWE enthalten sind. Der im April 2005 eingeführte Index pickt aus dem marktbreiten Dow Jones STOXX 600 die 30 Unternehmen mit der höchsten Gewinnausschüttung heraus. Dabei werden die enthaltenen Einzelwerte nach ihren jährlichen Dividendenzahlungen gewichtet. Allerdings darf der Anteil eines Unternehmens nicht mehr als 15 Prozent betragen. Voraussetzung für eine Aufnahme in den Index ist, dass das Dividendenwachstum über einen Zeitraum von fünf Jahren nicht negativ ist. Außerdem dürfen nicht mehr als 60 Prozent des Gewinns als Dividende ausgeschüttet werden, weil eine höhere Quote einem Aderlass gleichkommt, der das Unternehmen finanziell ausbluten lassen könnte.

Den Großteil der Index-Mitglieder stellt Großbritannien – die gesamten Top Ten kommen praktisch geschlossen von der Insel. Deutschland streitet sich mit Schweden immerhin um den zweiten Rang. Bei der Sektorengewichtung reihen sich Banken und Versicherer als klassische „Value-Aktien" direkt nach den Versorgern ein.

Kennzahlen per 30.11.2005

	1 Jahr	3 Jahre	5 Jahre	10 Jahre
Hoch (Kursindex)	2.584	2.584	2.584	n/a
Tief (Kursindex)	2.086	1.319	1.319	n/a
Performance (Kursindex)	+23,5%	+60,3%	+57,2%	n/a
Performance (in Total Return)	+29,5%	+85,7%	+102,7%	n/a
Volatilität (Kursindex)	9,9%	11,7%	13,1%	n/a
Volatilität (Total Return)	9,8%	11,7%	13,0%	n/a

Index-Anbieter: STOXX Ltd. (www.stoxx.com)

Bloomberg-Kürzel: SD3P <Index> (Total Return: SD3R <Index>)

Verlauf seit 01.01.1999

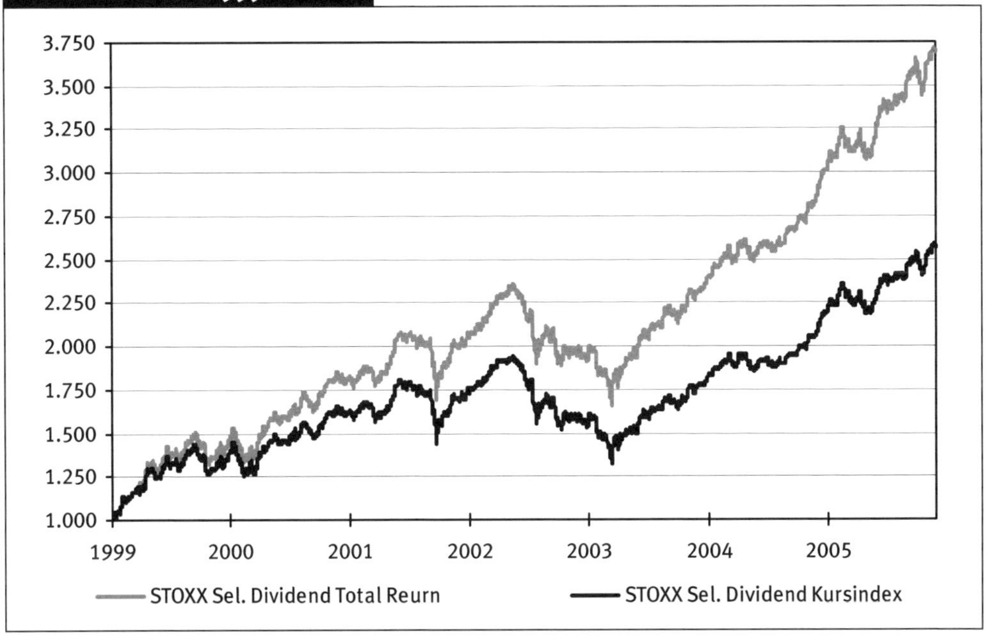

RP versus STOXX 50

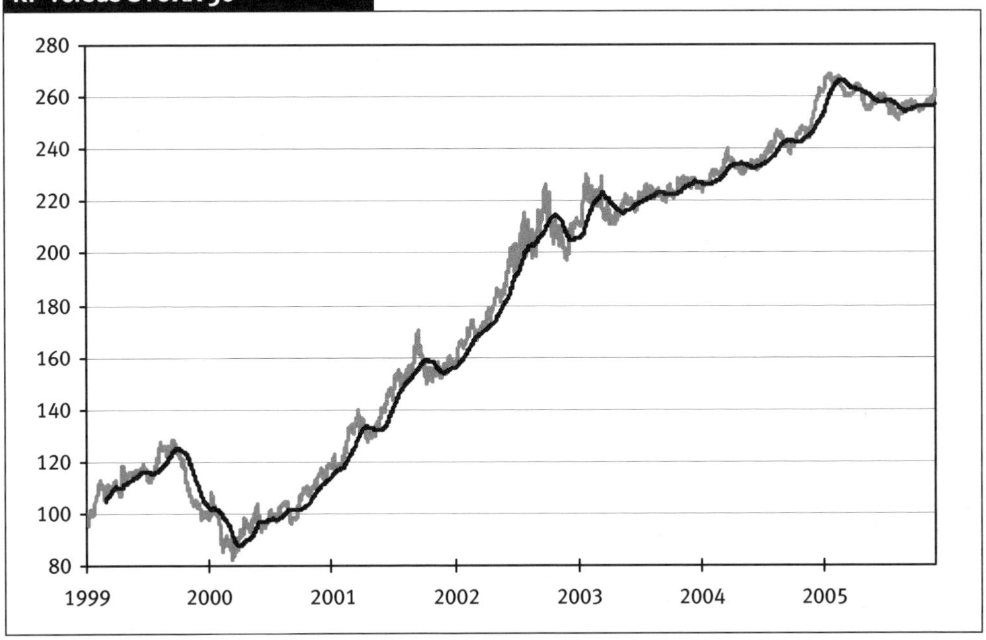

ATX Austrian Traded Index

Kurzprofil

Die Österreicher beziehen ihr Selbstbewusstsein seit einiger Zeit nicht nur aus den Werken Mozarts und der Wiener Kaffeehaus-Kultur, sondern auch aus der Performance ihrer Aktien: Der Wiener Leitindex ATX kennt seit 2003 kein Halten mehr und jagt von einem Hoch zum nächsten. Der Grund für diese Kursexplosion: Die Alpenrepublik wurde von der internationalen Finanzwelt als Tor zu den boomenden Ländern Osteuropas entdeckt. Wie beim Frankfurter DAX müssen sich die Titel auch in Wien bei der halbjährlichen Qualitätsüberprüfung im Rahmen eines kombinierten Rankings aus „Free Float Value" und Börsenumsatz für die Index-Aufnahme behaupten. Eingang in den erlauchten Kreis, der derzeit 20 Unternehmen umfasst, finden nur Gesellschaften, die bei beiden Faktoren unter den Top 25 liegen. Die Gewichtung erfolgt wie beim DAX anhand des „Free Float Value", wobei die Wiener Börse nicht den exakten Streubesitz-Wert zugrunde legt, sondern vordefinierte Streubesitz-Klassen anwendet. Dies dient der Index-Kontinuität, die am Schottenring ohnehin hoch im Kurs steht, denn maximal dürfen je drei Unternehmen ausgetauscht werden.

Nur in einem – für den Anleger sehr wichtigen – Faktor gibt es einen wesentlichen Unterschied zwischen Wien und Frankfurt: Da der ATX als Kursindex konzipiert ist, fallen die in der Regel recht üppigen Dividenden der Alpenland-Firmen leider unter den Tisch. Die meisten ATX-Titel wissen rein fundamental durchaus zu gefallen – „Old Economy" pur mit solidem Zahlenwerk und einem Schuss Osteuropa-Phantasie. Indexschwergewicht mit einem Anteil von mehr als 20 Prozent ist der Erdöl- und Erdgaskonzern OMV. Zweitgrößter Vertreter ist der Bankenverbund Erste Bank der österreichischen Sparkassen mit einem Gewicht von immer noch 16 Prozent, gefolgt von Telekom Austria mit 13 Prozent. Negativ sticht die vergleichsweise geringe Handelsliquidität ins Auge, was bei der relativ geringen Marktkapitalisierung von insgesamt rund 50 Milliarden Euro aber nicht wirklich überrascht.

Kennzahlen per 30.11.2005

	1 Jahr	3 Jahre	5 Jahre	10 Jahre
Hoch	3.504	3.504	3.504	3.504
Tief	2.288	1.092	1.004	922
Performance	+52,7%	+219,9%	+227,8%	+271,6%
Volatilität	13,1%	13,2%	13,7%	16,1%

ABN Open End-Zertifikat

ISIN /WKN	BV	Spread	Gebühr	Anm.
DE 000 687 189 0 / 687 189	10:1	1,00%	Keine	Non-Q.

Index-Anbieter: Wiener Börse AG (www.wiener-boerse.at)
Bloomberg-Kürzel: ATX ‹Index›

Verlauf seit 01.01.1992

RP versus EURO STOXX 50

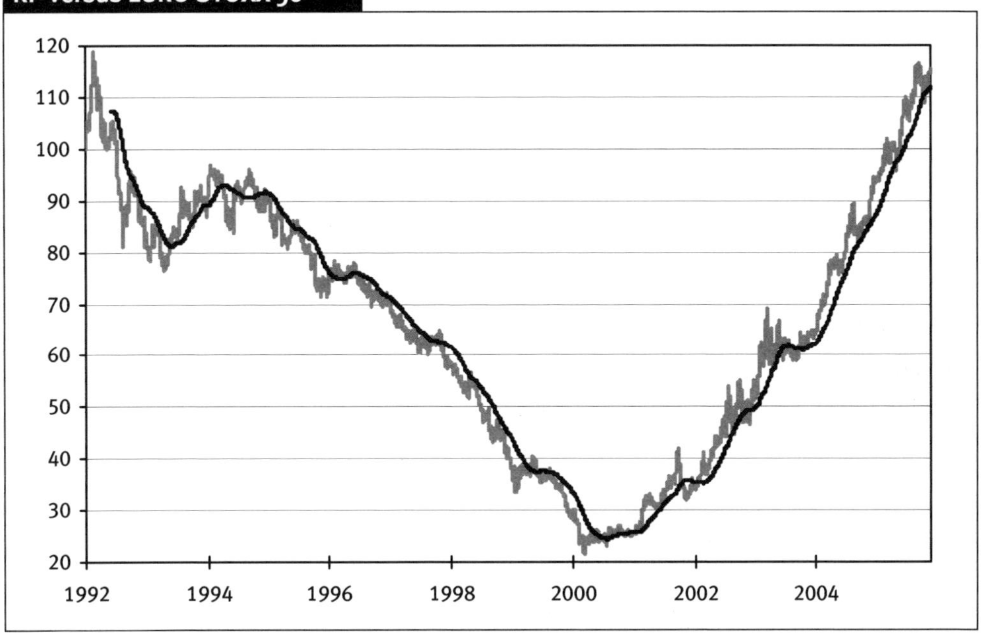

SMI Swiss Market Index

Kurzprofil

Der Swiss Market Index umfasst als Selektion die maximal 30 liquidesten und bedeutendsten Unternehmen mit Sitz in der Schweiz oder Liechtenstein. Bei der alljährlich stattfindenden Index-Überprüfung befolgen die Eidgenossen allerdings konsequent die strengen Aufnahmekriterien hinsichtlich Marktkapitalisierung und Börsenumsatz, so dass momentan nur 27 Werte im SMI enthalten sind.

Gewichtet werden die einzelnen Titel wie auch beim DAX nach der Marktkapitalisierung, im Gegensatz zum deutschen Leitindex gibt es jedoch keine Maximalgrenzen für die Gewichtungsfaktoren. Vor diesem Hintergrund ist es auch nicht weiter verwunderlich, dass die sechs Schwergewichte über 80 Prozent des Index ausmachen; allein der Pharmakonzern Novartis beansprucht rund ein Fünftel für sich. Wie für die Schweiz kaum anders zu erwarten, ist der SMI auch sonst sehr stark auf die Sektoren Pharma / Chemie und Banken / Versicherungen konzentriert. Technologiewerte sind zwar immerhin vier enthalten, doch diese haben mit gerade mal vier Prozent einen verschwindend geringen Anteil am Gesamtindex – echte „Hightechs" sucht man hier aber vergeblich, sofern man ABB nicht dazuzählt.

Für Investoren gilt der Schweizer Aktienmarkt seit jeher als sicherer Hafen. Diesem Ruf ist er auch während der vergangenen Durststrecke treu geblieben. So zeigte sich der Index wesentlich stabiler als die Mehrheit der europäischen Indizes, einschließlich dem europäischen Elite-Index DJ EURO STOXX 50. Ein deutscher oder österreichischer Investor, der aufgrund dieser Charakteristika ein Engagement im SMI als Depotbeimischung in Erwägung zieht, sollte sich über die damit verbundenen Währungseinflüsse im Klaren sein. Da die Schweiz nicht im Euro-Verbund ist, notiert der Index nach wie vor in Schweizer Franken.

Kennzahlen per 30.11.2005

	1 Jahr	3 Jahre	5 Jahre	10 Jahre
Hoch	7.499	7.499	8.165	8.412
Tief	5.444	3.675	3.675	3.191
Performance (in CHF)	+36,1%	+44,7%	-7,2%	+127,8%
Performance (in Euro)	+33,2%	+38,0%	-9,7%	+133,8%
Volatilität (in CHF)	9,3%	15,9%	20,5%	19,9%
Volatilität (in Euro)	9,4%	15,8%	20,2%	19,6%

ABN Open End-Zertifikat

ISIN /WKN	BV	Spread	Gebühr	Anm.
DE 000 543 746 1 / 543 746	100:1	0,20%	Keine	Non-Q.

Index-Anbieter: Swiss Exchange (www.swx.com)
Bloomberg-Kürzel: SMI <Index>

Verlauf seit 01.01.1992

RP versus STOXX 50

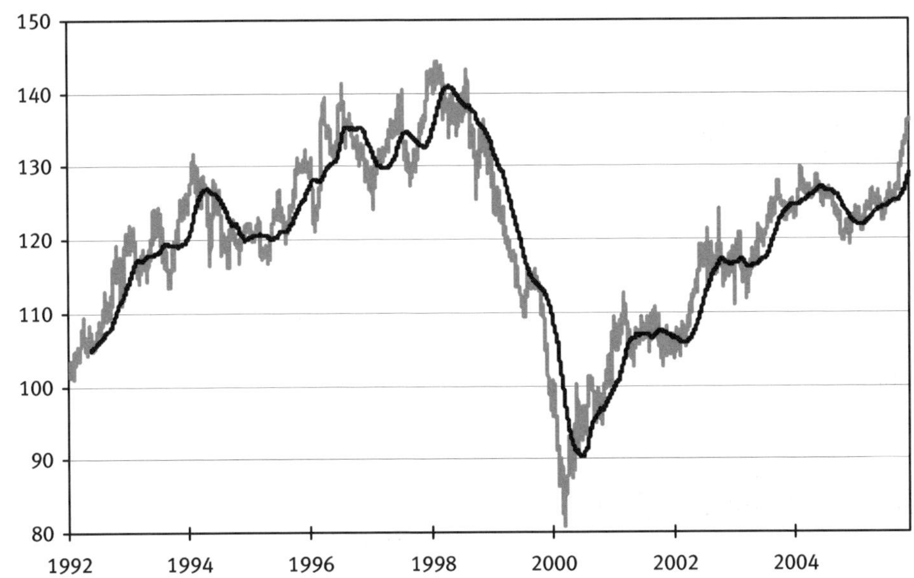

FTSE 100 Index

Kurzprofil

Der von der FTSE Group berechnete FTSE100 zeichnet die Kursentwicklung der 100 höchstkapitalisierten Aktien des Vereinigten Königreiches nach, wobei die Zusammenstellung des Index quartalsweise überprüft und gegebenenfalls aktualisiert wird. Dabei repräsentieren die im britischen Leitindex enthaltenen Unternehmen nach Angaben der *Financial Times*-Gruppe rund 80 Prozent des UK-Aktienmarktes. Bei der Gewichtung der Einzelaktien hat FTSE seit dem 18. Juni 2001 von Marktkapitalisierung auf „Free Float Value“ (Marktwert des Streubesitzes) umgestellt.

Im Gegensatz zum ATX oder auch zum SMI weist der FTSE100 entsprechend der wirtschaftlichen Struktur keine besondere Branchendominanz auf. Bis auf das Bankwesen definieren sich alle übrigen Sektoren durch eher unspektakuläre Prozentzahlen. Als Schwergewichte ragen genau die gleichen drei Unternehmen wie auch im DJ STOXX Index heraus: Der Energiegigant BP Amoco, der Bankenkonzern HSBC Holdings und die Telefongesellschaft Vodafone beanspruchen insgesamt gut 26 Prozent des Index für sich. Weitere Schlüsselspieler im Team des FTSE100 sind Royal Dutch Shell, die Royal Bank of Scotland Group sowie das zweitgrößte Pharmazieunternehmen der Welt, GlaxoSmithKline.

Ein selektives Engagement im FTSE macht für den kontinentaleuropäischen Investor nur Sinn, wenn dadurch innerhalb eines diversifizierten Portfolios ein gewisser Non-Euroland-Anteil erreicht werden soll. Wer bereits Zertifikate auf den DJ STOXX 600 oder den DJ STOXX 50 besitzt, ist ohnehin mit einem stattlichen Prozentsatz in Großbritannien investiert. Hierbei muss man in jedem Fall das Währungsrisiko beachten: Schließlich hat sich England bislang erfolgreich gegen die Einführung des Euro gewehrt und ist stolz auf sein Pfund Sterling.

Kennzahlen per 30.11.2005

	1 Jahr	3 Jahre	5 Jahre	10 Jahre
Hoch	5.532	5.532	6.403	6.930
Tief	4.688	3.287	3.287	3.287
Performance (in GBP)	+15,3%	+30,1%	-11,7%	+48,0%
Performance (in Euro)	+17,7%	+22,1%	-20,9%	+93,2%
Volatilität (in GBP)	8,7%	14,0%	18,9%	17,9%
Volatilität (in Euro)	10,4%	15,9%	20,5%	20,0%

ABN Open End-Zertifikat

ISIN /WKN	BV	Spread	Gebühr	Anm.
NL 000 047 667 9 / ABN 400	100:1	0,20%	Keine	Non-Q.

Index-Anbieter: FTSE Group (www.ftse.com)
Bloomberg-Kürzel: UKX <Index>

Verlauf seit 01.01.1992

RP versus STOXX 50

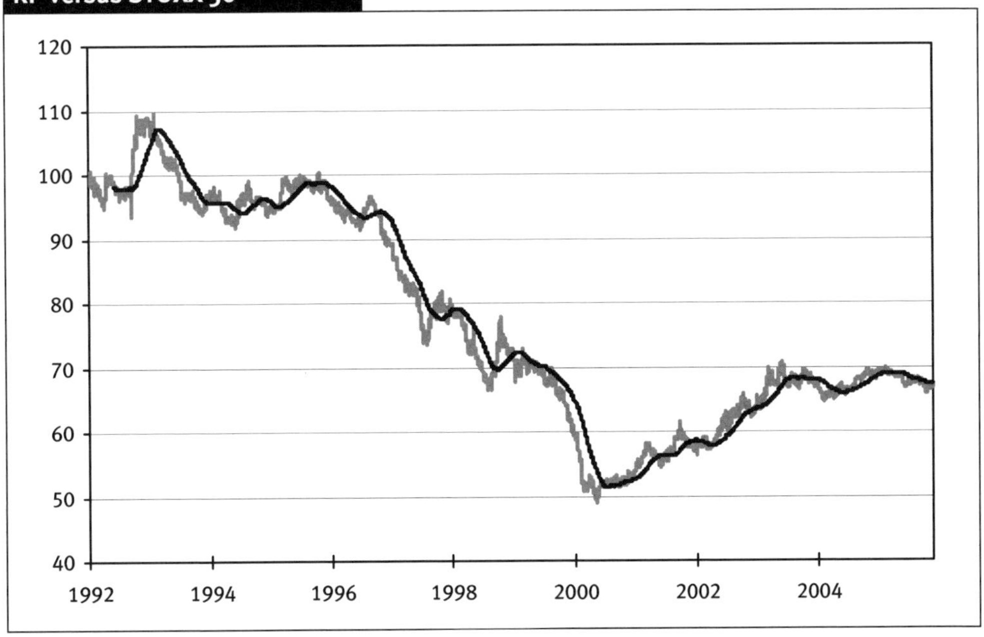

CAC 40 Index

Kurzprofil

Wohin Arbeitslosigkeit und Perspektivlosigkeit junge Menschen treiben kann, hat man in den Krawallnächten im Herbst 2005 in den Vororten von Paris sehen können. Jugendbanden lieferten sich in Zuwanderervierteln regelrechte Straßenschlachten mit Polizeihundertschaften. Trotz der sozialen Probleme läuft es in Frankreich volkswirtschaftlich besser als in so manch anderem EU-Land. In 2004 ist es der Regierung gelungen, das vorgesehene reale Nullwachstum des Haushaltes einzuhalten und so das Defizit auf 3,7 Prozent zu senken – und auch in 2005 stimmen die Zahlen. Trotz leichter Einbußen durch die gestiegenen Weltmarktpreise bei Rohstoffen brachten es die Franzosen in 2004 auf ein Wirtschaftswachstum von 2,3 Prozent. Deutschland schaffte im Gegensatz lediglich ein reales Wirtschaftswachstum von 1,6 Prozent.

Könnten Indizes bei einem Zwillings-Wettbewerb antreten, hätten unser DAX und der französische CAC 40 („Cotation Assistée en Continu") beste Aussichten auf den Sieg. Beide sind am 31. März 1987 bei 1.000 Punkten gestartet und werden vierteljährlich auf Basis des „Free Float Value" überprüft. Absolut gesehen scheint dabei der DAX seinem vom französisch-niederländisch-belgischen Börsen-Monstrum EURONEXT berechneten Pendant eine Nasenlänge voraus zu sein. Dieser Vergleich ist jedoch nicht ganz fair, da das Pariser Kursbarometer keine Dividendenzahlungen berücksichtigt. Rechnet man die Ausschüttungen hinzu, würden die Franzosen vorn liegen. Alles in allem marschieren die beiden Indizes langfristig jedoch fast im Gleichschritt, weshalb der CAC 40 allenfalls für Vermögensverwalter interessant ist, die eine individuelle Länderallokation umsetzen möchten.

Aus der Sicht eines Privatanlegers macht die Beimischung nationaler europäischer Indizes angesichts der EU-Harmonisierung hingegen kaum Sinn – die Schwergewichte wie TotalFinaElf, BNP, Société Générale oder AXA sind schließlich auch im EURO STOXX 50 vertreten. Kleine Kuriosität am Rande: Momentan umfasst der CAC 40 zwar 40 Titel, aber es können auch mal weniger sein. Solche Abweichungen nimmt man im Land der Baguettes einfach nicht so wichtig. Aktien, die Gegenstand von Übernahmegerüchten oder -verhandlungen sind, werden für gewöhnlich bis auf weiteres suspendiert.

Kennzahlen per 30.11.2005

	1 Jahr	3 Jahre	5 Jahre	10 Jahre
Hoch	4.650	4.650	6.078	6.922
Tief	3.745	2.403	2.403	1.775
Performance	+21,7%	+37,3%	-23,0%	+149,8%
Volatilität	10,9%	18,1%	23,9%	22,6%

Index-Anbieter: EURONEXT Paris (www.euronext.com)
Bloomberg-Kürzel: CAC <Index>

Verlauf seit 01.01.1992

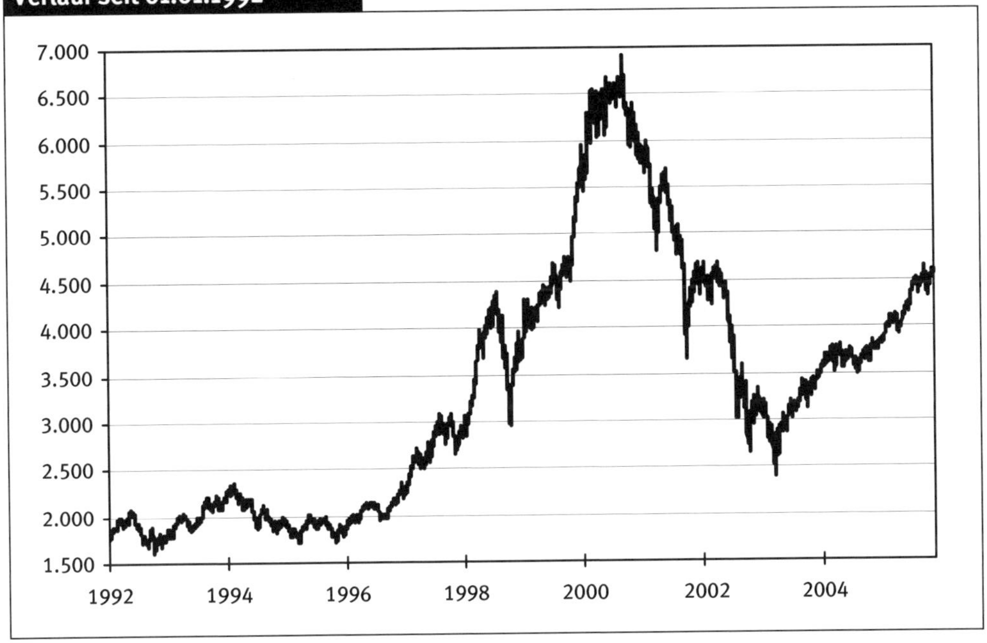

RP versus EURO STOXX 50

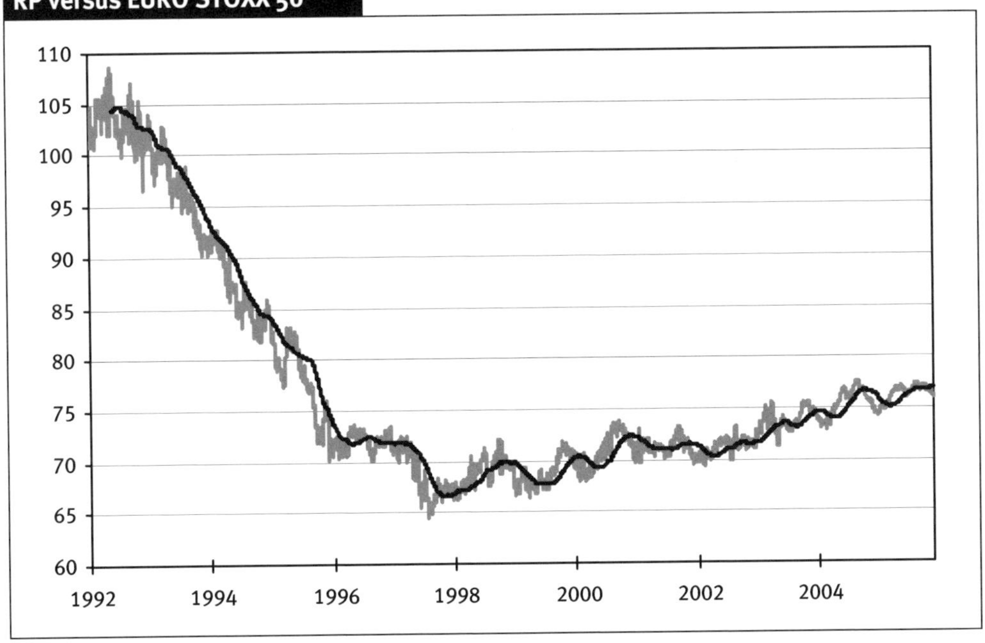

AEX Amsterdam Exchange Index

Kurzprofil

In puncto Konzeption fällt der vom Börsen-Joint-Venture EURONEXT berechnete AEX deutlich aus dem Rahmen: Während üblicherweise die Marktkapitalisierung eines Unternehmens das entscheidende Kriterium für eine Berücksichtigung im Index ist, schaut der AEX auf die Börsenumsätze – pro Jahr sollen mindestens zehn Prozent der insgesamt ausstehenden Aktien einer Gesellschaft gehandelt werden. Darüber hinaus müssen sich mindestens 25 Prozent aller Aktien im Streubesitz befinden. Vor allem das Umsatzkriterium wirkt sehr eigentümlich, hängt jedoch mit den Verhältnissen an der Amsterdamer Börse zusammen. Zwar ist der Kurszettel durchaus umfangreich, in den meisten Werten findet jedoch (trotz mitunter recht hoher Kapitalisierung) kaum Handel statt. Und da Investierbarkeit für die Macher des AEX die oberste Prämisse ist, glaubt man wohl zu dieser seltsamen Mechanik greifen zu müssen.

Immerhin findet die jährliche Neugewichtung auf Basis des „Free Float Value" statt, wobei jede der insgesamt 25 Einzelaktien maximal auf ein Index-Gewicht von 15 Prozent kommen darf. Doch auch hier weicht man von international üblichen Standards ab. Wenn der Free Float am jeweiligen Stichtag zwischen 25 und 50 Prozent aller ausstehenden Aktien beträgt, fließt das Mitglied einfach mit 50 Prozent der Marktkapitalisierung in den Index ein. Wenn die Quote zwischen 50 und 75 Prozent liegt, werden 75 Prozent der Marktkapitalisierung berücksichtigt.

Beim Blick auf die Einzelwerte findet man viele „alte Bekannte" wieder. Die Schwergewichte des AEX sind auch im DJ EURO STOXX 50 sowie den entsprechenden Branchenbarometern ausreichend stark repräsentiert. Im Einzelnen handelt es sich hierbei um Royal Dutch, ING Groep, ABN Amro und Unilever. Deshalb macht ein Investment in den AEX zumindest für Privatanleger genauso wenig Sinn wie ein Engagement in den nationalen Indizes der übrigen Euro-Länder. Und noch ein weiterer Punkt spricht gegen ein Engagement im AEX: Die üppigen Dividenden der niederländischen Konzerne landen nicht automatisch beim Anleger, da es sich um einen reinen Kursindex handelt.

Kennzahlen per 30.11.2005

	1 Jahr	3 Jahre	5 Jahre	10 Jahre
Hoch	420	420	664	702
Tief	337	218	218	214
Performance	+24,2%	+15,7%	-35,6%	+93,0%
Volatilität	+10,0%	+21,4%	+26,3%	+23,8%

ABN Open End-Zertifikat

ISIN /WKN	BV	Spread	Gebühr	Anm.
NL 000 002 071 7 / ABN 9A3	10:1	0,03 Euro	Keine	Non-Q.

Index-Anbieter: EURONEXT Amsterdam (www.euronext.com)
Bloomberg-Kürzel: AEX ‹Index›

Verlauf seit 01.01.1992

RP versus EURO STOXX 50

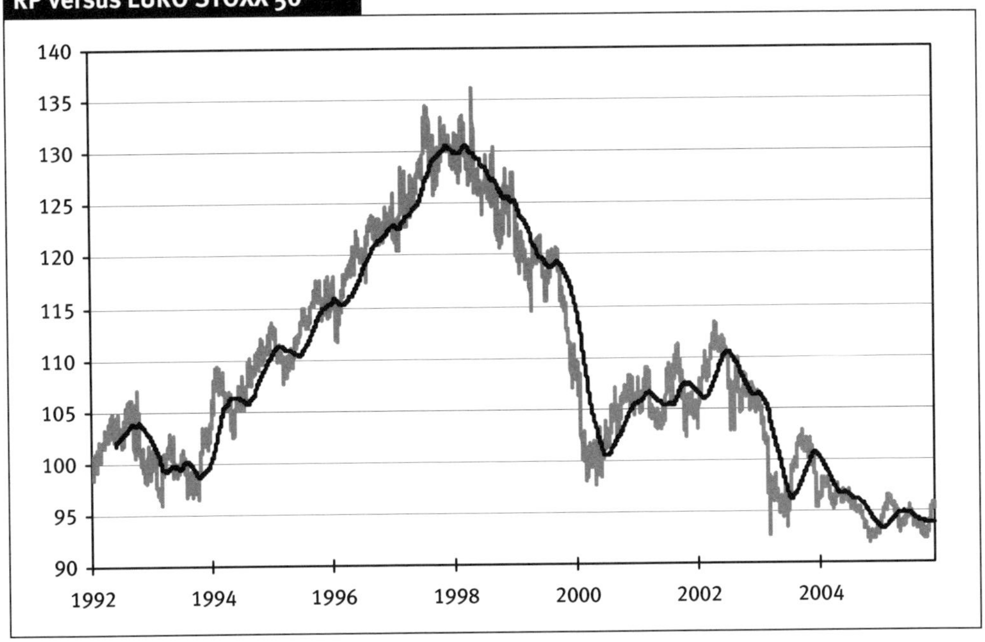

BEL 20 Index

Kurzprofil

Politisch gesehen hat das Königreich Belgien schon seit der Gründung der NATO im Jahre 1949 eine tragende Rolle in der EU inne. Im Börsenalltag hingegen sieht die Sache etwas anders aus. Auch wenn der belgische Leitindex BEL 20 in der vergangenen Zeit auf Grund seiner bestechenden Performance mehr und mehr auf sich aufmerksam machen konnte, wird wohl noch einige Zeit verstreichen, bis das Aktienbarometer sich im internationalen Wettbewerb einen Namen gemacht hat.

Hinderlich ist hier vor allem die etwas seltsam anmutende Index-Konzeption, die von der verantwortlichen Mehrländerbörse EURONEXT erst im Dezember 2005 erneuert wurde. Während es sich andernorts immer mehr durchsetzt, dass die Marktkapitalisierung des Streubesitzes eines Unternehmens das entscheidende Kriterium für eine Berücksichtigung im Index ist, schaut man beim BEL 20 vor allem auf die Börsenumsätze. Damit ein Mitglied im Index verbleiben darf, müssen mindestens 25 Prozent der insgesamt ausstehenden Aktien von bestehenden Mitgliedern pro Jahr gehandelt werden. Um für eine Aufnahme in Betracht gezogen zu werden, müssen es mindestens 30 Prozent sein. Momentan schaffen nur 19 Werte diese Hürde. Nach den Index-Regeln darf die Anzahl der Mitglieder zwischen zehn und 20 Werten liegen.

Bei der jährlichen Neugewichtung im Dezember greifen die Macher des BEL 20 auf den „Free Float Value" zurück, der über 15 Prozent liegen muss. Liegt der Streubesitz zwischen 15 und 20 Prozent, geht der entsprechende Wert mit 20 Prozent seiner Marktkapitalisierung in die Berechnung ein. In gleicher Weise steigt die berücksichtigte Marktkapitalisierung in Fünf-Prozent-Schritten bis zum Höchstwert von 100 Prozent. Diese Mechanik findet ganz ähnlich beim niederländischen AEX Anwendung. Das hängt nicht nur damit zusammen, dass die Börse Amsterdam wie auch Brüssel im EURONEXT-Verbund sind, sondern dass der Handel in den Benelux-Staaten recht dünn ist, was irrationale Kursausschläge fördert. Beim Blick auf die Sektoren sticht die extreme Bankenlastigkeit ins Auge. Etwa 40 Prozent des BEL20 kommen von den drei Finanzwerten Fortis, Dexia und KBC. Das einzige Schwergewicht, das nicht diesem Finanzsektor entspringt, ist der Versorgerwert Suez.

Kennzahlen per 30.11.2005

	1 Jahr	3 Jahre	5 Jahre	10 Jahre
Hoch	3.422	3.422	3.422	3.682
Tief	2.851	1.427	1.427	1.427
Performance	+19,1%	+63,6%	+13,6%	+127,7%
Volatilität	+8,9%	+16,1%	+19,2%	+18,3%

Index-Anbieter: EURONEXT Brüssel (www.euronext.com)
Bloomberg-Kürzel: BEL20 <Index>

Verlauf seit 01.01.1991

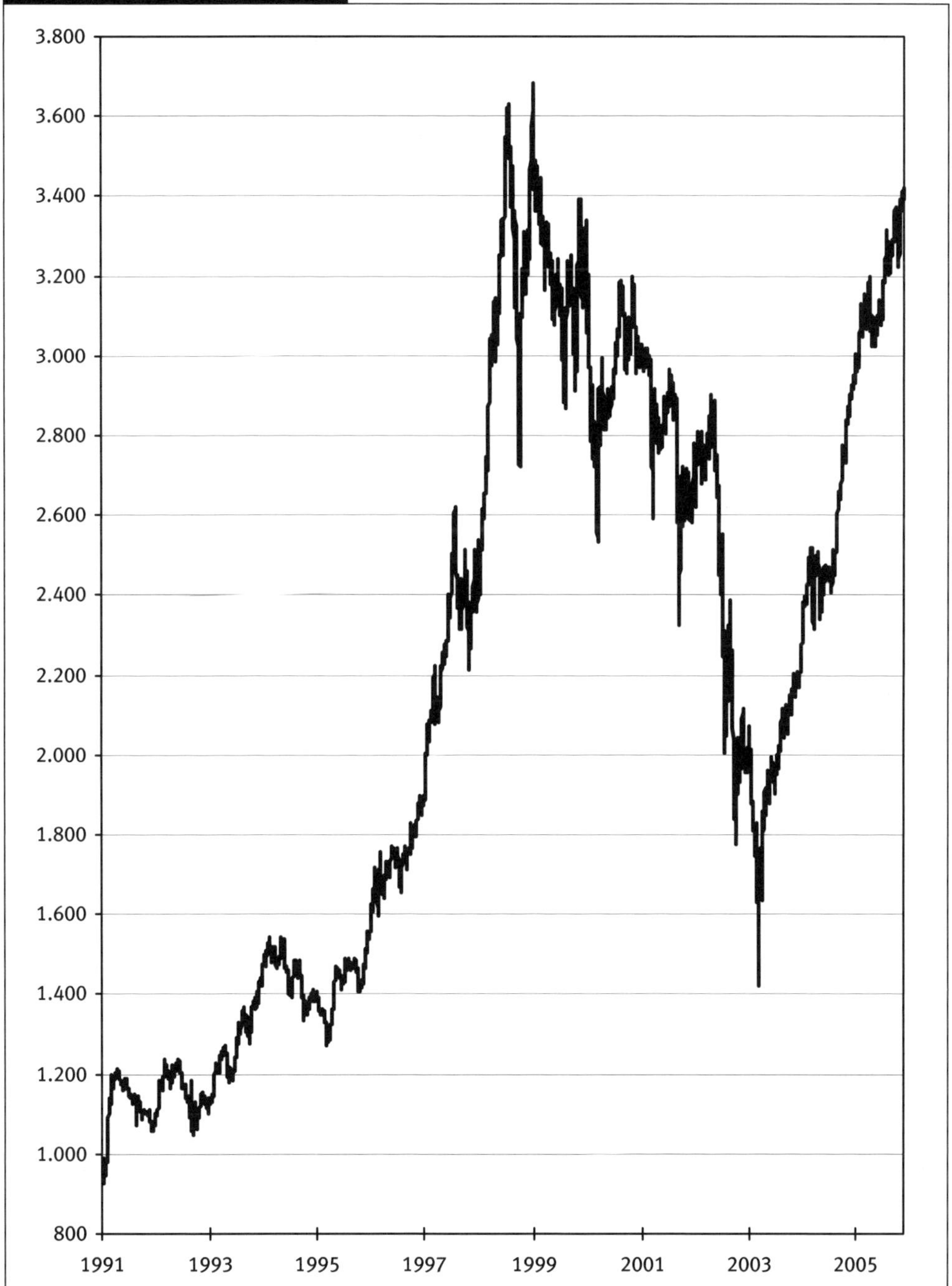

MIB 30 Index

Kurzprofil

Der MIB 30 notiert optisch so hoch wie kein anderer Index. Allein daraus schon auf eine besonders starke Langfrist-Performance zu schließen wäre jedoch ein fataler Fehler. Grund für die schöne Optik ist allein der Umstand, dass die Italiener ihren Index 1993 gleich bei 10.000 Punkten gestartet haben und nicht, wie international üblich, bei 1.000 Zählern. Auch von der Konzeption her tanzt der MIB 30 ein wenig aus der Reihe. Grundkriterien für die Aktienauswahl sind zwar die Marktkapitalisierung und die Börsenumsätze. Es wird jedoch kein kombiniertes Ranking erstellt, sondern beide Parameter werden in einer einzigen Zahl, dem „Indicator of Liquidity and Capitalisation" (ILC), zusammengezogen. Bei der halbjährlichen Reallokation ziehen dann die 30 Titel mit dem besten ILC-Wert in den Index ein. Von „Free Float Value" hat man in Mailand scheinbar noch nichts gehört; gewichtet wird ausschließlich anhand der reinen Marktkapitalisierung, was freilich die noch in Staatsbesitz befindlichen Werte begünstigt.

Trotz des etwas eigentümlichen Konzepts gelingt dem Index eine gute Abbildung der breit diversifizierten italienischen Wirtschaftslandschaft. So beträgt der Anteil der im MIB 30 gelisteten Unternehmen etwa 60 Prozent des gesamten italienischen Aktienmarktes. Dennoch stellen nur fünf Werte etwa 50 Prozent des Index: Im Einzelnen handelt es sich um die Energiekonzerne ENI und ENEL, die Telecom Italia, den Versicherungskonzern Generali und die Großbank Undicredito Italiano. Vor diesem Hintergrund stellt sich – wie bei allen nationalen Länderindizes der Euro-Zone – aus Sicht des deutschen Anlegers auch beim MIB 30 die Frage nach der Daseinsberechtigung. Die interessanten italienischen Titel sind ohnehin schon in den Indizes der EURO-STOXX-Familie adäquat berücksichtigt, sodass sich selbst bei einem positiven Trend an den Finanzmärkten kaum Gründe für ein isoliertes Italo-Investment finden lassen.

Außerdem drückt der „Stiefel Europas" an anderer Stelle: Die Aufweichung der Strafverfolgung bei illegalen Bilanzfälschungen zeigt den landestypisch lockeren Umgang mit Daten und Fakten. Diese deplatzierte „Lebensfreude" kommt bei Anlegern jedoch nicht unbedingt an. Zumal Top-Manager, wie der Fall Parmalat zeigt, nicht unbedingt zögern, die Grenzen der „kreativen Bilanzbeschönigung" zu übertreten.

Kennzahlen per 30.11.2005

	1 Jahr	3 Jahre	5 Jahre	10 Jahre
Hoch	35.109	35.109	46.590	51.093
Tief	29.821	20.539	20.539	13.153
Performance	+14,3%	+30,2%	-26,7%	+157,1%
Volatilität	10,2%	14,3%	20,6%	22,5%

Index-Anbieter:	Milan Stock Exchange (www.borsaitalia.it)
Bloomberg-Kürzel:	MIB30 ‹Index›

Verlauf seit 01.01.1993

RP versus EURO STOXX 50

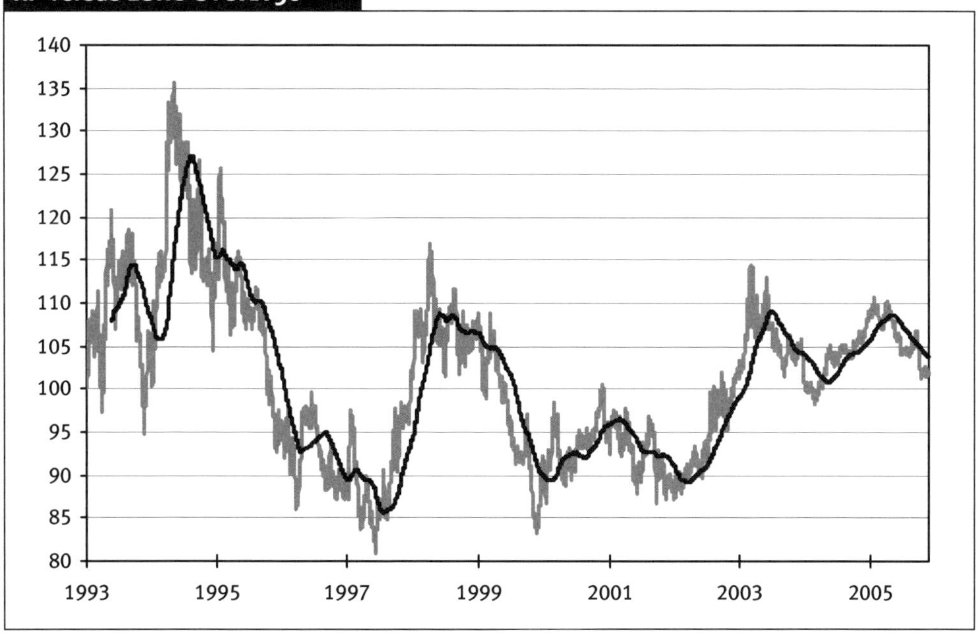

IBEX 35 Index

Kurzprofil

Spaniens Wirtschaft wächst deutlich über dem EU-Durchschnitt. Dieser Erfolg ist nicht nur der Modernisierung und Liberalisierung der spanischen Wirtschaft, sondern vor allem den enormen Fördermaßnahmen durch die Europäische Union zu verdanken. Innerhalb von nur sechs Jahren flossen rund 57 Milliarden Euro aus dem Etat der europäischen Staatengemeinschaft in die ehemalige Kolonialmacht – damit ist das Land größter Nettoempfänger der EU. Auch die Misere am Arbeitsmarkt ist noch lange nicht beendet: Trotz beträchtlicher Erfolge seit Mitte der 1990er-Jahre hat Spanien mit knapp elf Prozent weiterhin eine der höchsten Arbeitslosenquoten innerhalb der EU.

Strukturelle Probleme weist auch der Leitindex der iberischen Halbinsel, der IBEX 35, auf: Anders als beim DAX, wo Auswahl und Gewichtung der Einzelaktien anhand der Börsenumsätze und der Marktkapitalisierung erfolgen, ziehen die Spanier in jeder Disziplin nur ein Kriterium heran. Das begünstigt die Bildung von Schwergewichten. Folgerichtig reklamieren allein die fünf größten Titel rund die Hälfte des Index für sich. Diese sind gleichzeitig auch im EURO STOXX 50 enthalten, weshalb es kaum verwundert, dass der IBEX nahezu einen identischen Verlauf zeigt wie das europäische Blue-Chip-Barometer.

Ein spezifischer Anlagehintergrund lässt sich somit kaum ausmachen, was erneut unsere These stützt, dass die Zeit der nationalen Indizes der einzelnen Euro-Länder langsam, aber sicher abläuft. Erschwerend kommt im Falle des IBEX noch die mangelnde Branchendiversifikation hinzu. Fast 60 Prozent des Index entfallen auf die Bereiche Telekommunikation und Finanzdienstleitungen. Zwar zählen Spaniens Unternehmen in diesen Segmenten zur europäischen Spitze; doch wer darauf setzen will, kauft besser gleich die entsprechenden Sektor-Indizes der STOXX- bzw. EURO-STOXX-Familie.

Kennzahlen per 30.11.2005

	1 Jahr	3 Jahre	5 Jahre	10 Jahre
Hoch	10.919	10.919	10.919	12.765
Tief	8.693	5.452	5.365	3.510
Performance	+21,5%	+57,9%	+14,6%	+200,8%
Volatilität	9,9%	15,3%	22,0%	22,3%

ABN Open End-Zertifikat

ISIN /WKN	BV	Spread	Gebühr	Anm.
NL 000 031 226 2 / 321 947	100:1	0,50%	Keine	Non-Q.

Index-Anbieter: Sociedad de Bolsas (www.bolsamadrid.es)
Bloomberg-Kürzel: IBEX ‹Index›

Verlauf seit 01.01.1992

RP versus EURO STOXX 50

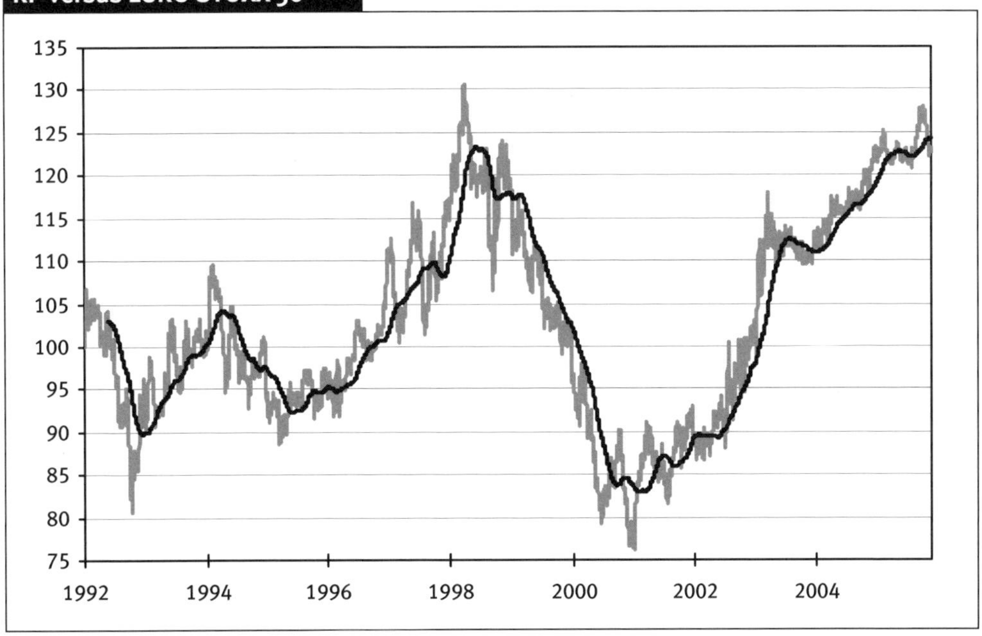

PSI 20 Index

Kurzprofil

Portugiesische Aktien sind bei deutschen Anlegern kaum bekannt. Kein Wunder, denn Portugal ist mit keiner einzigen Firma im europäischen Leitindex EURO STOXX 50 vertreten. Dabei sind einige Gesellschaften gar nicht so klein, wie man vielleicht vermuten würde. Beispiel Portugal Telecom: Die Aktie des umsatzstärksten Festnetzanbieters des Landes bringt einen Börsenwert von mehr als zehn Milliarden Euro auf die Waage. Knapp dahinter liegt die Banco Comercial Portugues. Mit einem Marktanteil von 24 Prozent ist das Geldinstitut die größte Bank des Landes. Ein weiteres Schwergewicht ist der Energieversorger Energias de Portugal. Gemeinsam vereint die Troika fast 58 Prozent der Marktkapitalisierung des PSI 20 auf sich. Und es wäre sogar noch mehr, würde in dem Leitindex nicht eine Obergrenze von 20 Prozent pro Titel gelten.

Das Auswahlbarometer PSI, was für „Portuguese Stock Index“ steht, wurde ins Leben gerufen, um Investoren eine geeignete Benchmark für den portugiesischen Aktienmarkt zu bieten. Mittlerweile hat sich der PSI 20 als Basis für Futures und Optionen etabliert. Der Index bildet die Entwicklung der 20 liquidesten Aktien des portugiesischen Aktienmarkts ab. Wie inzwischen international üblich, gehen in die Berechnung der Indexkapitalisierung nur die frei handelbaren Aktien („Free Float“) ein. Überprüft wird die Zusammensetzung halbjährlich, jeweils im Januar und Juli. Basis ist eine Liste, welche die Aktien ausschließlich nach dem Börsenumsatz sortiert. Demnach müssen alle PSI-Mitglieder zu den 22 liquidesten Werten gehören. Für eine Aufnahme ist es sogar erforderlich, dass ein Anwärter auf Rang 18 oder besser kommt.

Entscheidungen über Umstellungen sowie die Berechnung des PSI 20 obliegen der Vierländerbörse EURONEXT, der sich der Handelsplatz Lisabon 2002 angeschlossen hat. Während der PSI 20 ein reiner Kursindex ist, bietet EURONEXT auch einen Performance-Index an: Der PSI 20 TR („Total Return“) wird berechnet, als ob Dividenden in den Index reinvestiert würden. Ausgehend vom fiktiven Startdatum der beiden Auswahlbarometer am 31. Dezember 1992 mit der Basis von jeweils 3.000 Punkten notiert der PSI 20 TR mittlerweile um mehr als 3.000 Punkte höher als der PSI 20.

Kennzahlen per 30.11.2005

	1 Jahr	3 Jahre	5 Jahre	10 Jahre
Hoch	8.177	8.177	11.194	14.823
Tief	7.398	5.219	5.083	3.781
Performance	+7,9%	+33,9%	-22,0%	+114,0%
Volatilität	7,9%	10,3%	14,0%	17,2%

Index-Anbieter:	EURONEXT Lisabon (www.euronext.com)
Bloomberg-Kürzel:	PSI20 ‹Index›

Verlauf seit 01.01.1993

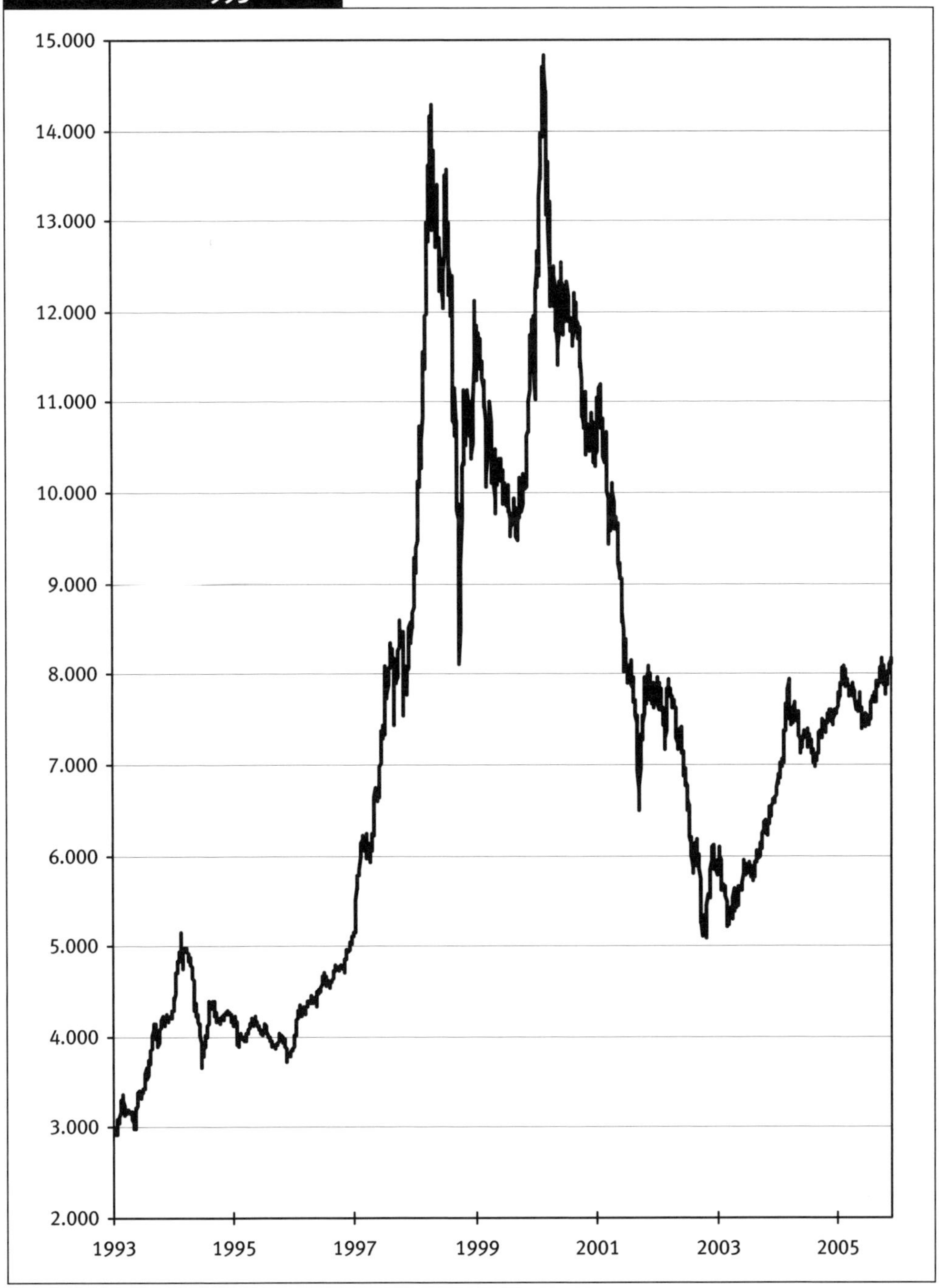

DJ STOXX Nordic 30 Index

Kurzprofil

Aktien aus dem hohen Norden wissen seit etlichen Jahren zu gefallen. Das wichtigste Barometer für Anteilscheine aus Schweden, Norwegen, Finnland und Dänemark ist der STOXX Nordic 30. Von der Super-Baisse erholte sich der Index in den vergangenen drei Jahren mit einem satten Plus von 53 Prozent. Und dabei bleiben sogar, wie bei den Leitindizes der STOXX-Familie üblich, Dividendenzahlungen außen vor. Sorgten in den 90er-Jahren vor allem die Handy-Giganten Nokia und Ericsson für Musik, sind die beiden Titel seit Jahren die Sorgenkinder in vielen breit gestreuten Portfolios. Noch immer notieren die Werte meilenweit von den einstigen Höchstkursen entfernt. Umso bemerkenswerter ist, dass Nokia und Ericsson mit jeweils rund zehn Prozent Anteil noch immer die Schwergewichte im STOXX Nordic 30 sind. Innerhalb des Barometers hat derweil eine bemerkenswerte Rotation stattgefunden. Zwölf der 30 Werte kletterten 2005 auf neue historische Höchststände. Überhaupt erleben die nordischen Aktienmärkte derzeit die längste Aufwärtsbewegung seit 1987.

Die aktuellen Zugpferde sind Ölwerte aus Norwegen (Statoil, Norsk Hydro) und Reederei-Aktien wie die dänische AP Moller-Maersk. Mit einem Anteil von einem Viertel stellen jedoch die Finanzdienstleister den größten Brocken. Prominent gewichtet sind dabei die Nordea Bank, die Danske Bank und Svenska Handelsbanken. Von der Ländergewichtung her ist Schweden mit 57 Prozent dominant. Das Land stellt mit 18 Mitgliedern auch den Löwenanteil. Norwegen, Finnland und Dänemark müssen sich mit jeweils vier Teilnehmern zufrieden geben. Seit dem zyklischen Tief im März 2003 hat der Index um mehr als 80 Prozent zugelegt und damit den DJ STOXX 600, aus dem sich die 30 Werte rekrutieren, hinter sich gelassen. Obwohl es im Crash zuvor die Technologietitel, und damit auch die damals noch dominanteren Werte Nokia und Ericsson, besonders hart traf, sorgte die ausgewogene Zusammensetzung des STOXX Nordic 30 dafür, dass er nicht noch stärker in die Knie ging.

Kennzahlen per 30.11.2005

	1 Jahr	3 Jahre	5 Jahre	10 Jahre
Hoch	6.446	6.446	7.282	8.792
Tief	5.180	3.069	3.069	1.656
Performance	+19,1%	+52,7%	-7,2%	+253,8%
Volatilität	11,3%	16,7%	24,1%	23,3%

ABN Open End-Zertifikat

ISIN /WKN	BV	Spread	Gebühr	Anm.
NL 000 040 015 8 / ABN 1NK	100:1	1,50%	Keine	Non-Q.

Index-Anbieter: STOXX Ltd. (www.stoxx.com)
Bloomberg-Kürzel: DK5F <Index>

Verlauf seit 01.01.1992

RP versus STOXX 50

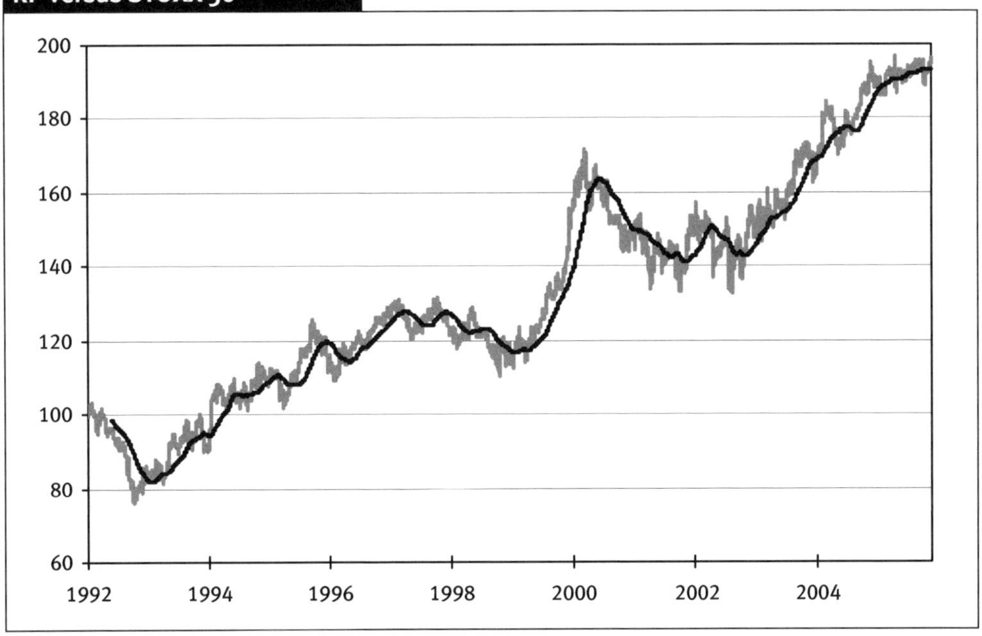

OMX Stockholm 30 Index

Kurzprofil

„Das Schwergewicht aus Schweden", so bewarb einst der Handyhersteller Ericsson eine neue Modellserie. Mobiltelefone haben im Laufe der Zeit aber mächtig abgespeckt. Ganz anders der Telecomkonzern. Mit einer Free-Float-Kapitalisierung von rund 325 Milliarden Schwedischen Kronen (cirka 35 Milliarden Euro) oder knapp 15 Prozent Index-Gewicht ist die Telefonaktie LM Ericsson mit Abstand das Dickschiff im OMX 30.

Der schwedische Leitindex beherbergt die 30 größten und liquidesten Titel an der Stockholmer Börse. Dazu zählen auch namhafte Unternehmen wie Nordea Bank, TeliSonera sowie der Moderiese Hennes & Mauritz (H&M). Zusammen bringt das Quartett rund 40 Prozent der gesamten Index-Kapitalisierung auf die Waage. Vor allem H&M polierte zuletzt sein Image kräftig auf. Der weltgrößte Bekleidungskonzern bringt es mittlerweile auf mehr als 1.000 Läden, in denen sogar Spitzendesigner Karl Lagerfeld seine Outfits darbietet. Gut für die Aktie: Das H&M-Papier legte im letzten Dreivierteljahr um mehr als 50 Prozent zu.

Große Aufregung am schwedischen Aktienmarkt herrschte zuletzt 2003, als sich das Volk gegen einen Euro-Beitritt stemmte. Experten prophezeiten dem Leitindex herbe Kursverluste. Doch zu kurz gedacht. Trotz des „Nein" im Referendum schenkte die Anlegergemeinschaft den Skandinaviern in den vergangenen zwei Jahren höchste Beachtung. Der OMX 30 stieg seither um knapp zwei Drittel. Auf und davon machte sich in dieser Zeit das heutige Schwergewicht. Die Ericsson-Aktie, die als einziger schwedischer Titel auch im STOXX 50 geführt wird, vervierfachte ihren Wert.

Um im europäischen Vergleich konkurrenzfähig zu bleiben, ist der Börsenbetreiber OMX derzeit mit dem Aufbau eines nordisch-baltischen Aktienmarktes beschäftigt. Das Unternehmen besitzt bereits die Börsen in Stockholm, Helsinki, Tallinn, Riga und Wilna. Erst kürzlich haben die Nordlichter die Fusion mit der Copenhagen Stock Exchange bekannt gegeben. Bis 2006 will der Betreiber alle Handelsplätze unter einem Dach vereinen. Damit wäre OMX der sechstgrößte Börsenplatz in Europa.

Kennzahlen per 30.11.2005

	1 Jahr	3 Jahre	5 Jahre	10 Jahre
Hoch	923	923	1.161	1.539
Tief	728	432	421	318
Performance (in SEK)	+22,6%	+58,4%	-16,8%	+165,7%
Performance (in Euro)	+14,8%	+50,5%	-24,0%	+147,9%
Volatilität (in SEK)	11,5%	17,2%	25,3%	24,8%
Volatilität (in Euro)	12,2%	18,2%	27,3%	26,9%

Index-Anbieter: OMX Group (www.omxgroup.com)
Bloomberg-Kürzel: OMX <Index>

Verlauf seit 01.01.1992

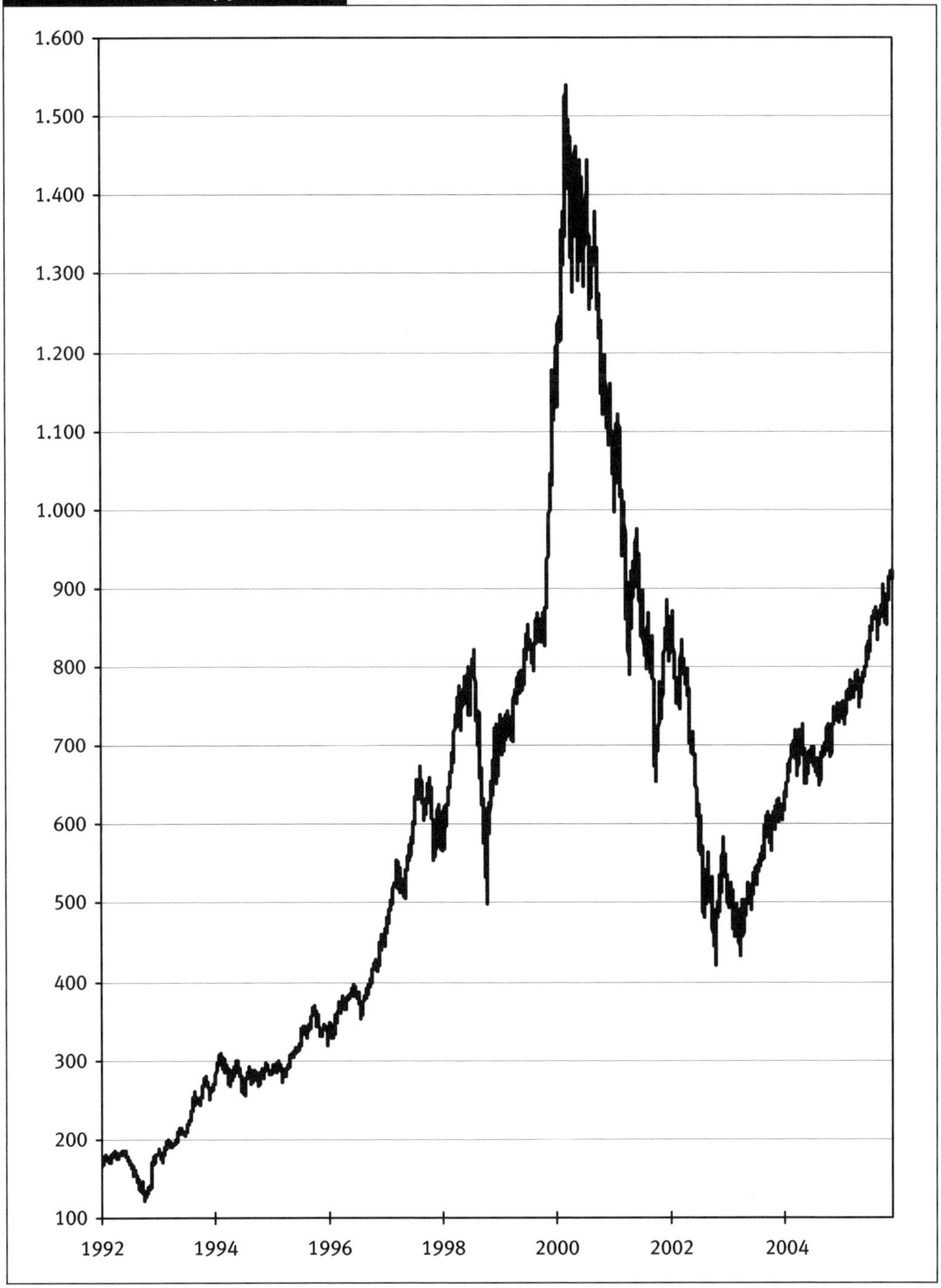

FTSE/ASE Athens Stock Exchange 20 Index

Kurzprofil

2004 war das Jahr der Griechen. Zuerst feierten die Hellenen den Sieg der Fußball-Europameisterschaft in Portugal. Dann brach das Olympiafieber aus. Nach 108 Jahren beherbergte das Ursprungsland wieder die Olympischen Spiele. Viele Experten zweifelten anfangs daran, dass diese sportlichen Großereignisse stark genug seien, um sich nachhaltig in den Aktienkursen niederzuschlagen. Doch sie wurden eines Besseren belehrt. Die Jubelstimmung infizierte nicht nur Sportfans. Auch die Börse setzte zu einer Hausse an. Der Leitindex FTSE/ASE 20 verbuchte 2004 ein Plus von 33 Prozent. Damit hat er sein europäisches Pendant, den DJ EURO STOXX 50, in die Schranken gewiesen. Dieser brachte es im gleichen Zeitraum auf „lediglich" 13 Prozent.

Dennoch schaffte es bis dato kein Einheimischer, in den erlauchten Kreis der 50 Blue Chips vorzudringen. Grund: Der griechische Markt ist übersät mit Leichtgewichten. Er bringt insgesamt nur knapp 70 Milliarden Euro auf die Waage – etwa so viel wie beispielsweise die Deutsche Telekom allein. Die dominierenden Player kommen aus der Finanz- und Telecombranche. Mit der National Bank of Greece, der EFG Eurobank Ergasias und der Alpha Bank zählen allein drei Kreditinstitute zu den höchstbewerteten Unternehmen des Landes. Ihr Börsenwert zwischen fünf und 6,5 Milliarden Euro nimmt sich allerdings im Vergleich zum DAX ziemlich bescheiden aus. Der mit Abstand schwerste Wert ist die National Bank of Greece mit knapp 20 Prozent Index-Anteil. Aber auch Griechenlands größte Telefongesellschaft Hellenic Telecommunication Organization bringt es an der vierten Stelle auf rund ein Zehntel. Zusammen repräsentiert das Quartett mehr als die Hälfte der Marktkapitalisierung.

Entstanden ist der Index aus einer Partnerschaft zwischen der Börse Athen und FTSE International; er wurde im September 1997 ins Leben gerufen. Der FTSE/ASE 20 ist auch der erste Index in Griechenland, der die Basis für Termingeschäfte bildet. Seit September 2000 können risikoerprobte Anleger Optionen und Futures an der Futures-Börse ADEX handeln.

Kennzahlen per 30.11.2005

	1 Jahr	3 Jahre	5 Jahre	10 Jahre
Hoch	1.970	1.970	2.138	n/a
Tief	1.456	703	703	n/a
Performance	+31,1%	+109,3%	+3,1%	n/a
Volatilität	14,8%	17,8%	21,3%	n/a

ABN Open End-Zertifikat

ISIN /WKN	BV	Spread	Gebühr	Anm.
NL 000 041 403 5 / ABN 2B1	100:1	0,80%	Keine	Non-Q.

Index-Anbieter: FTSE und Börse Athen (www.ase.gr)
Bloomberg-Kürzel: FTASE <Index>

Verlauf seit 01.01.1998

Korrelation EURO STOXX 50

CECE-EURO Index

Kurzprofil

Seit der politischen und wirtschaftlichen Öffnung Osteuropas hat das attraktive Marktpotenzial der ehemaligen Ostblockstaaten das Interesse westlicher Investoren und Unternehmen zunehmend geweckt. In den Folgejahren wurden die Länder mit der höchsten Wettbewerbsfähigkeit mit Kapitalzuflüssen und Direktinvestitionen geradezu überflutet. Vorreiter bei der Zusammenarbeit mit dem ehemaligen Ostblock waren und sind seit dem Fall des Eisernen Vorhangs die Österreicher. Daher ist es kaum verwunderlich, dass auch die führenden Aktienbarometer für die Region von der Wiener Börse berechnet werden. Neben regionalen Benchmarks – CTX (Tschechien), HTX (Ungarn) und PTX (Polen) – ermittelt man in der Alpenrepublik auch den CECE-EURO, der diese Einzelindizes bündelt.

Durch die Zahl von insgesamt 26 berücksichtigten Aktien werden die nationalen Platzhirsche auf Normalmaß zurechtgestutzt. Die aus den Marktkapitalisierungen resultierende Ländergewichtung entspricht den realwirtschaftlichen Größenverhältnissen: So entfallen 50 Prozent auf Polen, 30 Prozent auf Tschechien und 20 Prozent auf Ungarn. Ausgewogen ist auch die Branchenstruktur: Rund 85 Prozent des Index werden von jenen Wirtschaftszweigen gestellt, die für die Entwicklung eines Emerging Markets von besonderer Bedeutung sind. Konkret sind das die Sektoren Finanzen, Telekommunikation und Energie/Versorgung. Oberstes Gebot bei der Zusammensetzung des CECE ist denn auch nicht die möglichst breite Marktabbildung, sondern die Investierbarkeit. Daher haben nur Aktien, die sich sowohl durch einen hohen Börsenwert als auch durch konstant liquide Börsenumsätze auszeichnen, vor dem CECE-Gremium eine Chance auf Einbeziehung in den Index. Durch die recht hohe politische Stabilität und eine deutlich festere Währung bewegen sich die drei Länder auf einem für Schwellenländer untypisch hohen Niveau. Alles in allem also eine rundum gelungene Kombi-Lösung.

Kennzahlen per 30.11.2005

	1 Jahr	3 Jahre	5 Jahre	10 Jahre
Hoch	2.260	2.260	2.260	n/a
Tief	1.433	747	643	n/a
Performance	+49,5%	+140,1%	+138,4%	n/a
Volatilität	19,7%	18,3%	21,0%	n/a

ABN Open End-Zertifikat

ISIN /WKN	BV	Spread	Gebühr	Anm.
NL 000 021 200 9 / ABN 0EW	100:1	1,50%	Keine	Non-Q.

Index-Anbieter: Wiener Börse (www.indices.cc)
Bloomberg-Kürzel: CECEEUR ‹Index›

Verlauf seit 01.01.1999

RP versus EURO STOXX 50

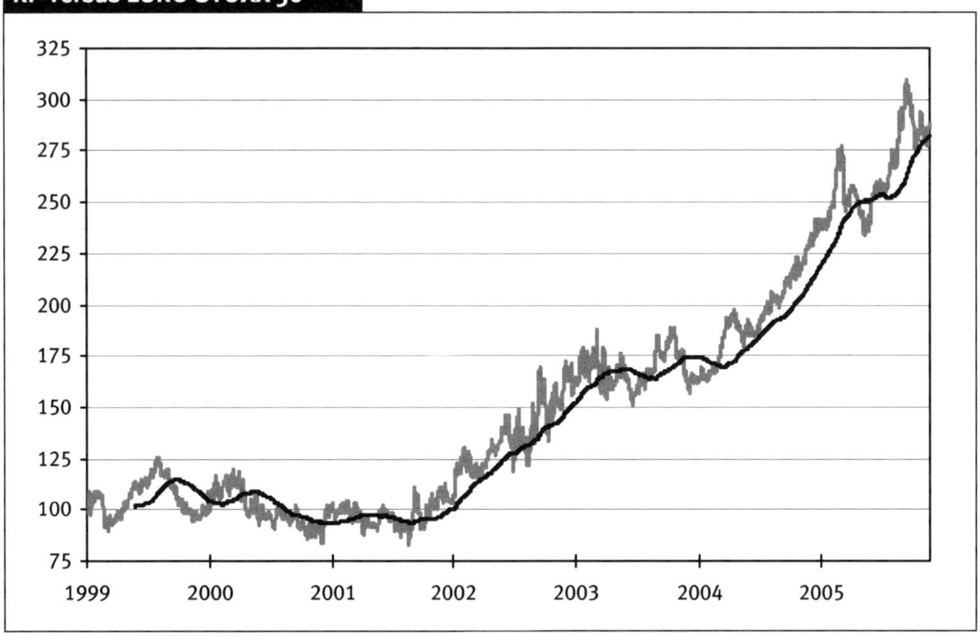

DJ STOXX EU Enlarged Market Index

Kurzprofil

Der Indexanbieter STOXX Ltd. hat sich sichtlich Zeit gelassen. Erst Ende Oktober 2004, also mit einem knappen halben Jahr Verzögerung, reagierte er auf die Erweiterung der Europäischen Union. Der Dow Jones STOXX EU Enlarged Total Market Index soll die Börsenperformance der zehn am 1. Mai 2004 beigetretenen Länder messen. Im Einzelnen sind das Zypern, Tschechien, Estland, Ungarn, Lettland, Litauen, Malta, Polen, Slowakei und Slowenien. Der relativ breit gefasste Aktienkorb dient zugleich als Universum, aus dem sich der Auswahlindex Dow Jones STOXX EU Enlarged 15, einem Blue-Chip-Index für die Beitrittsregion, speist.

STOXX Ltd. hat sich zum Ziel gesetzt, mit dem marktbreiten Index rund 95 Prozent der in den Beitrittsländern gehandelten Streubesitz-Aktien abzudecken. Daher ist wohl das wichtigste Aufnahmekriterium der Börsenwert des „Free Float Values" des einzelnen Unternehmens. Darüber hinaus finden nur Stammaktien Berücksichtigung, die über einen lückenlosen Handelsverlauf verfügen: Werte, bei denen in den vergangenen drei Monaten an mehr als zehn Handelstagen kein Handel stattfand, bleiben außen vor. Erfreut werden Anleger zur Kenntnis nehmen, dass der Index den Total-Market-Ansatz verfolgt und dementsprechend Dividendenzahlungen in den Index einfließen.

Vierteljährlich findet eine Überprüfung der Index-Zusammensetzung statt. Mitte 2005 umfasste der EU Enlarged 109 Aktien. Der regionale Schwerpunkt kommt aus Polen. Die Aktien unseres Nachbarn tragen mit gut 40 Prozent zum Index bei. Verschwindend klein fällt dagegen mit nur 0,2 Prozent der Anteil Lettlands aus. Der schwerste Einzelwert kommt allerdings aus Ungarn: OTP, die größte Geschäftsbank des Landes, bringt es auf einen Anteil von 14,08 Prozent. Insgesamt gibt die Finanzbranche mit mehr als einem Drittel Index-Gewicht klar den Ton. Auch die Öl- und Gaswerte sowie die Telecomunternehmen spielen mit 17 beziehungsweise 16 Prozent eine tragende Rolle.

Die Performance des Index lässt sich bis Silvester 2002 zurückverfolgen. Mit diesem Tag startet die Berechnung des EU Enlarged Totel Market bei 100 Punkten. Mittlerweile steht das Börsenbarometer bei mehr als 200 Punkten. Ein Investment in den breit gefassten europäischen Index Dow Jones STOXX 600 brachte im selben Zeitraum „nur" 40 Prozent ein. Kein Wunder: Bis dato haben die Neulinge nicht in dem Benchmark-Barometer Einzug gehalten. STOXX Ltd. lässt sich eben Zeit!

Kennzahlen per 30.11.2005

	1 Jahr	2 Jahre	3 Jahre	5 Jahre
Hoch	247	247	n/a	n/a
Tief	161	106	n/a	n/a
Performance	+44,9%	+120,0%	n/a	n/a
Volatilität	17,7%	15,7%	n/a	n/a

Index-Anbieter: STOXX Ltd. (www.stoxx.com)
Bloomberg-Kürzel: EUETMP <Index>

Verlauf seit 01.01.2003

WIG 20 Index

Kurzprofil

Osteuropas Börsen waren in der jüngeren Vergangenheit die eindeutigen Stars am weltweiten Börsenhimmel. Einer der allergrößten Highflyer war dabei die Börse in Warschau, die eine lange Geschichte besitzt: Bereits im Jahr 1817 handelten die ersten Marktteilnehmer, damals jedoch hauptsächlich noch festverzinsliche Wertpapiere. Nach dem Zweiten Weltkrieg war es aber mit der Herrlichkeit zunächst vorbei. Doch gleich nach dem Fall des Eisernen Vorhangs starteten schon 1989 die ersten Wiederbelebungsversuche des einst florierenden Börsenhandels. Und tatsächlich: Im April 1991 öffnete die Warschauer Börse wieder ihre Pforten und gab der noch jungen polnischen Marktwirtschaft einen zentralen Impulsgeber. Drei Jahre später war dann die Zeit für den WIG 20 Index reif. Dieser enthält die 20 größten und liquidesten Unternehmen Polens, die nach ihrer jeweiligen Marktkapitalisierung gewichtet sind. Aus einer Branche dürfen dabei nicht mehr als fünf Werte stammen.

Einmal pro Jahr, jeweils im März, wird die Zusammensetzung des Kurs-Index überprüft; vierteljährlich kommt es zu einer Anpassung der Gewichtung. Sollte jedoch ein Unternehmen mit einer entsprechenden Marktkapitalisierung neu in den Handel kommen, führt die Warschauer Börse bei Bedarf auch außerplanmäßige Index-Anpassungen durch. Das polnische Marktbarometer wird alle 15 Sekunden während der heimischen Handelszeiten berechnet. Der WIG 20 steht im Wettbewerb mit dem von der Wiener Börse berechneten PTX, der allerdings derzeit nur elf Werte enthält und auf Basis der an der Wiener Börse ermittelten Kurse berechnet wird. Die beiden Index-Schwergewichte sind mit einem Anteil von rund 14 Prozent Polski Koncern Naftowy Orlen, die größte Ölraffineriegesellschaft Zentraleuropas, und der Kupfer- und Silberproduzent KGHM. Rang drei und vier nehmen Bank Pekao und der Telecomkonzern TPSA ein.

Kennzahlen per 30.11.2005

	1 Jahr	3 Jahre	5 Jahre	10 Jahre
Hoch	2.565	2.565	2.565	2.565
Tief	1.825	1.070	990	772
Performance (in POZ)	+37,2%	+107,2%	+55,6%	+203%
Performance (in Euro)	+46,9%	+111,1%	+54,6%	+162,2%
Volatilität (in POZ)	17,0%	19,3%	22,7%	27,7%
Volatilität (in Euro)	20,7%	22,4%	26,2%	31,5%

ABN Open End-Zertifikat

ISIN /WKN	BV	Spread	Gebühr	Anm.
DE 000 393 750 4 / 393 750	10:1	2,25%	1,00% p.a.	Non-Q.

Index-Anbieter: Warsaw Stock Exchange (www.wse.com.pl)
Bloomberg-Kürzel: WIG20 <Index>

Verlauf seit 01.01.1995

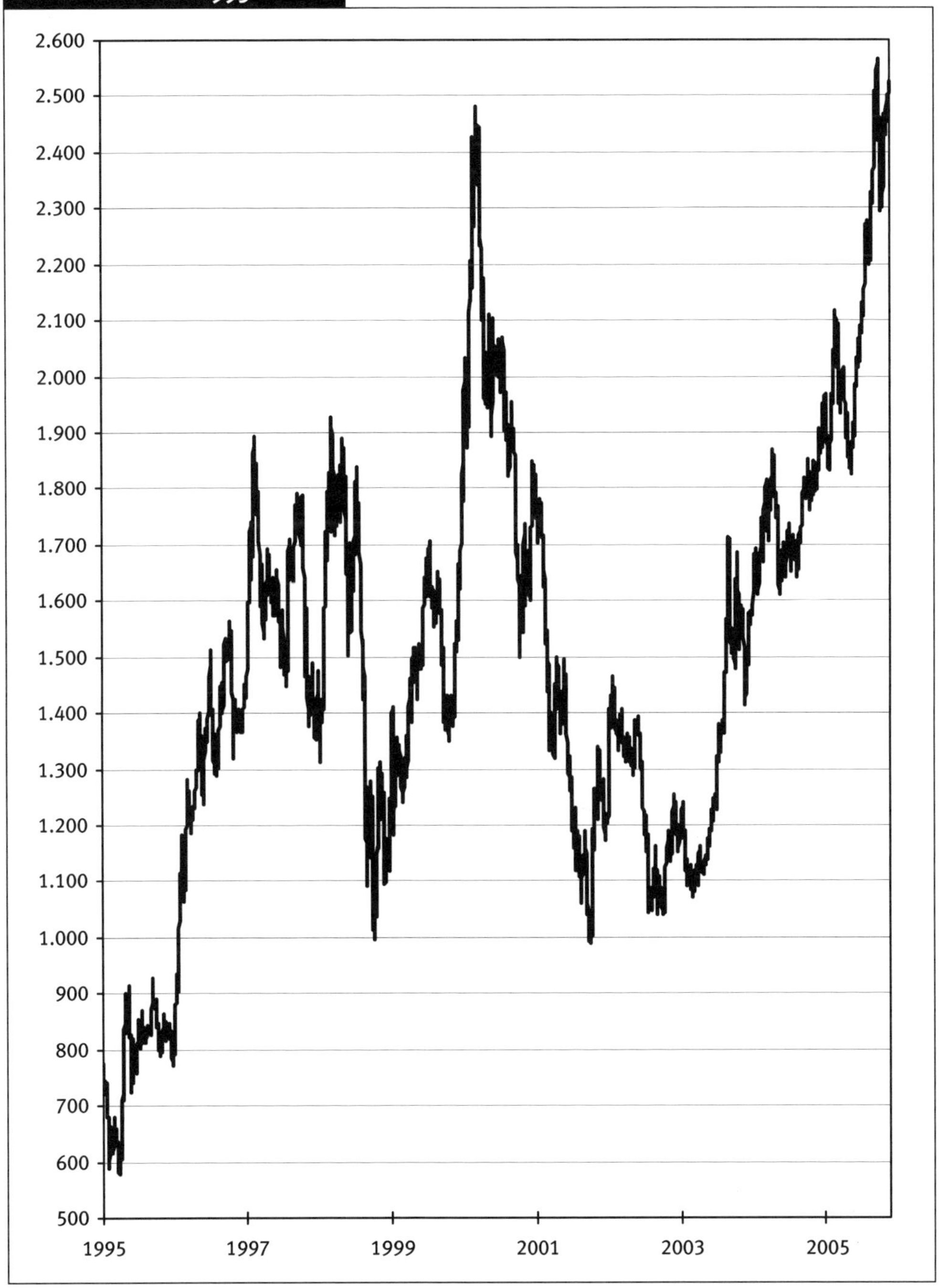

PTX-EURO Polish Traded Index

Kurzprofil

Der PTX-EURO Polish Traded Index spiegelt als viel beachtete Benchmark die Wertentwicklung des polnischen Aktienmarkts in Euro wider. Allerdings wurde der PTX nicht in Polen, sondern in Österreich von der Wiener Börse entwickelt. Der Marktplatz der Alpenrepublik hat früh seine Nachbarschaft zu den ehemaligen Ostblockstaaten als Chance begriffen und die CECE-Index-Familie aus der Taufe gehoben, in der neben dem PTX auch der CTX (Tschechische Republik) und der HTX (Ungarn) vertreten sind. Nach Angaben der Wiener Börse fließen in die Einzel-Indizes nur hoch kapitalisierte und liquide Standardwerte der entsprechenden Länder. Dabei werden alle Marktbarometer grundsätzlich sowohl in Euro als auch in US-Dollar berechnet.

Dass die osteuropäischen Börsen nach wie vor im Stadium von Emerging Markets stecken, demonstriert die enge Index-Auswahl: Obwohl Warschau der zweitgrößte osteuropäische Börsenplatz ist, bildet der Index mit nur elf Blue Chips 52 Prozent der gesamten Marktkapitalisierung und rund 44 Prozent des Handelsvolumens aller in Warschau gehandelten Unternehmen ab. Die „polnische Auswahl-Elf" stellt damit eine Konzentration des nationalen WIG 20 dar, der zwar schon im April 1994 als Börsenbarometer für die heimischen Blue Chips ins Leben gerufen wurde, sich aber dennoch nicht durchsetzen konnte.

Hand in Hand mit dem hohen Selektionsgrad geht eine starke Klumpenbildung beim PTX-EURO: Bereits vier Werte stellen rund zwei Drittel des gesamten PTX-EURO. Von der gesamten Marktkapitalisierung von etwa 25 Milliarden Euro sind rund 24,5 Prozent auf das Schwergewicht Telekom Polska zurückzuführen. Ihr schließt sich der Raffinerien- und Tankstellenbetreiber PKN Orlen mit ebenfalls mehr als 20 Prozent an. Mit einigem Abstand folgen einige Vertreter des Finanzsektors. Bank Pekao, die mehrheitlich der italienischen Großbank UniCredito gehört, kommt auf ca. 15 Prozent. PKO Bank Polski (13 Prozent) und die zur Bank Austria gehörende BPH (10 Prozent) bilden das breite Mittelfeld des PTX-Euro. Am unteren Ende der Skala findet sich auch ein Vertreter aus dem Hightech-Sektor. Allerdings ist Prokom Software, die polnische Antwort auf SAP, mit 1,3 Prozent das absolute Leichtgewicht. Bei einem Investment ist daher auf jeden Fall der breitere Drei-Länder-Index CECE-EURO dem PTX-EURO vorzuziehen. Hier erreicht der Diversifikationsgrad einfach ein höheres Niveau.

Kennzahlen per 30.11.2005

	1 Jahr	3 Jahre	5 Jahre	10 Jahre
Hoch	1.595	1.595	1.595	1.595
Tief	997	549	549	467
Performance	+52,8%	+115,8%	+66,9%	+198,2%
Volatilität	23,5%	24,5%	28,3%	34,0%

Index-Anbieter: Wiener Börse (www.wiener-boerse.at)

Bloomberg-Kürzel: PTXEUR <Index>

Verlauf seit 01.01.1995

RP versus CECE-EURO

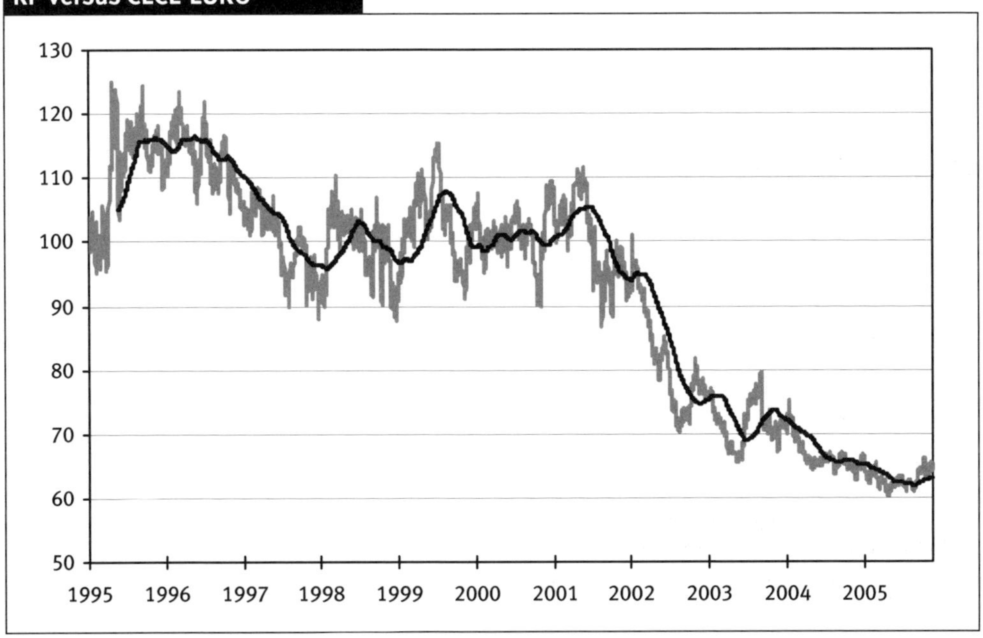

BUX Index

Kurzprofil

In der Formel 1 spielt Ungarn schon lange eine Rolle. 1986 debütierte die Rennsportserie in Budapest und startete damit erstmals in einem Ostblockstaat. Seit einigen Jahren mischt Ungarn auch an der Börse bei den Allerschnellsten mit. Der Leitindex BUX hat sich seit der Jahrtausendwende mehr als verdoppelt. Ein wahres Kursfeuerwerk entzündete der Beitritt zur Europäischen Union im Mai 2004. Ausgehend von dem historischen Datum sprintete der BUX um mehr als 9.000 Punkte nach oben und übersprang am 20. Juli 2005 erstmals die 20.000-Punkte-Marke. Zum Vergleich: 1991 ging der BUX mit einem Ausgangsstand von 1.000 Punkten ins Rennen.

Allerdings stottert der ungarische Konjunkturmotor in letzter Zeit ein wenig, nachdem das Wachstum 2004 mit vier Prozent den höchsten Wert seit vier Jahren erreicht hatte. Im ersten Quartal 2005 fiel die Rate auf 2,9 Prozent zurück. Trotzdem hat sich das Donauland früh von den Fesseln des Kommunismus gelöst und ein wirtschaftsfreundliches Umfeld geschaffen. So baut die VW-Tochter Audi seit mehr als zehn Jahren in der Stadt Györ Motoren und ist mittlerweile sowohl größter Exporteur als auch Investor Ungarns. Wenngleich die Ingolstädter nicht im BUX vertreten sind, ist das Beispiel doch sinnbildlich für die Wandlung und den Aufstieg des Puszta-Staates.

Der Index bringt gut 25 Milliarden Euro auf die Waage und stellt damit rund 58 Prozent aller in Ungarn börsennotierten Gesellschaften. Im BUX selbst wiederum geben vier von zwölf vertretenen Unternehmen klar den Ton an. Fast 90 Prozent des Index entfallen auf Magyar Telecom, OTP Bank, den Öl- und Gaskonzern MOL und den Pharmawert Gedeon Richter. Mit einem Anteil von knapp 32 Prozent ragt OTP heraus. Die größte Geschäftsbank Ungarns ist schwerpunktmäßig im Privatkundengeschäft aktiv – 60 Prozent der ungarischen Baufinanzierungen laufen über den Marktführer.

Kennzahlen per 30.11.2005

	1 Jahr	3 Jahre	5 Jahre	10 Jahre
Hoch	23.672	23.672	23.672	23.672
Tief	14.162	7.031	5.671	1.471
Performance (in HUF)	+49,2%	+166,5%	+207,3%	+1325,3%
Performance (in Euro)	+44,5%	+150,2%	+221,2%	+946,9%
Volatilität (in HUF)	22,6%	19,5%	21,1%	28,7%
Volatilität (in Euro)	24,3%	21,6%	23,1%	30,6%

ABN Open End-Zertifikat

ISIN /WKN	BV	Spread	Gebühr	Anm.
DE 000 393 751 2 / 393 751	1:1	2,25%	1,00% p.a.	Non-Q.

Index-Anbieter: Budapest Stock Exchange (www.bse.hu)
Bloomberg-Kürzel: BUX ‹Index›

Verlauf seit 01.01.1991

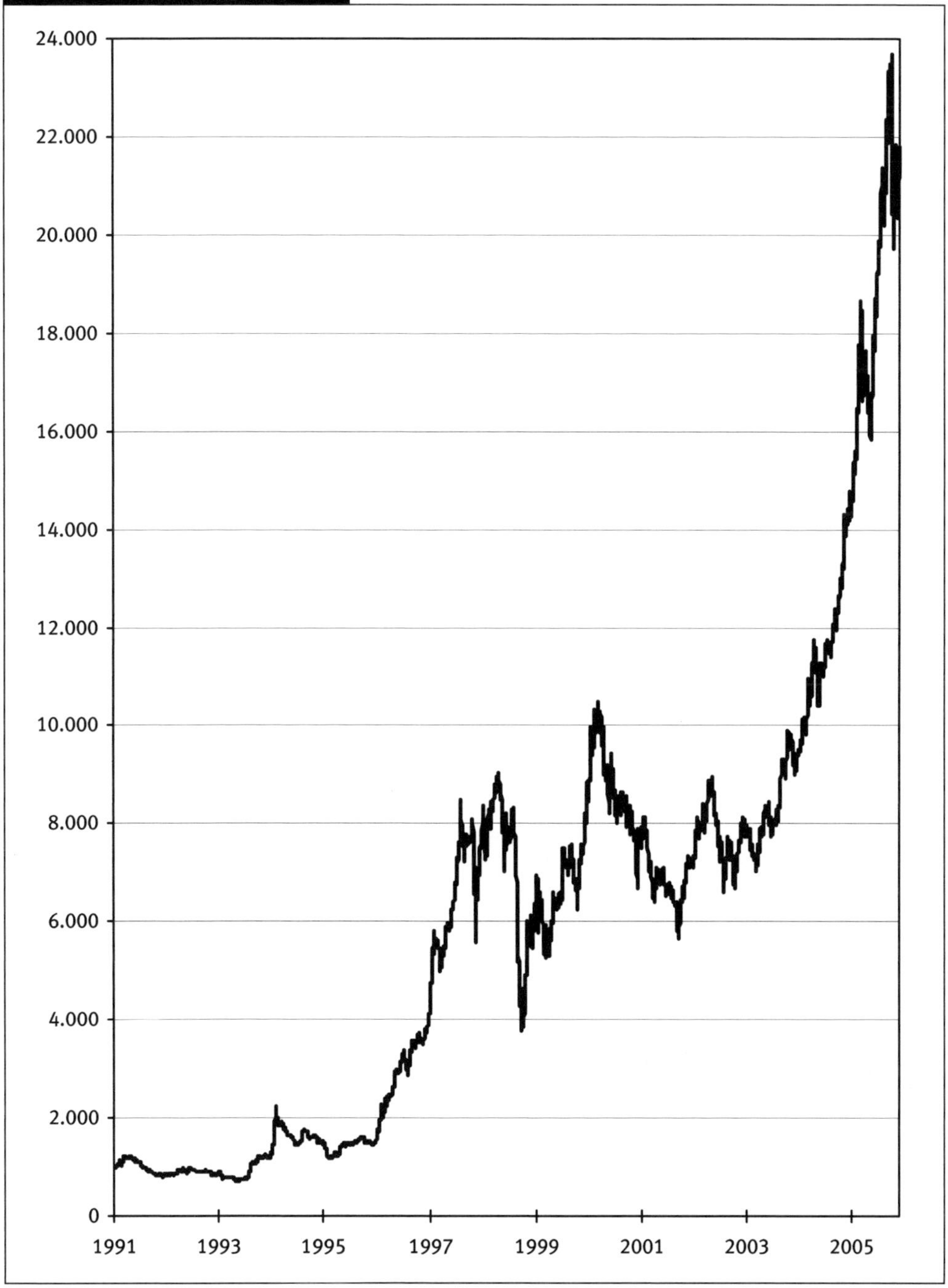

HTX-EURO Hungarian Traded Index

Kurzprofil

Wie auch die übrigen osteuropäischen EU-Beitrittsländer machte der ungarische HTX in der Vergangenheit nicht nur durch relative Stärke, sondern auch durch tatsächlich positive Performance auf sich aufmerksam. Über eine Sicht von drei Jahren konnte sich die von der Wiener Börse berechnete Benchmark mehr als verdoppeln. Damit spiegelt die Börsenentwicklung das exakte Bild der ökonomischen Verhältnisse im Land der Magyaren wider. Mit einem Wirtschaftswachstum von vier Prozent (2004) bleibt Ungarn leicht hinter dem Durchschnitt der postkommunistischen Reformstaaten Osteuropas zurück. Das der bisherigen EU-Mitgliedsstaaten wurde aber deutlich übertroffen. Auch in puncto Arbeitslosenzahlen konnte Ungarn im vergangenen Jahr mit einer Quote um die sechs Prozent glänzen; damit lag das ehemaligen Königreich rund acht Prozentpunkte unter dem Durchschnitt der anderen EU-Beitrittsländer.

Wichtigster Erfolgsfaktor war bislang die konsequente Privatisierungspolitik mit investitionsfreundlichen gesetzlichen Rahmenbedingungen. Nachdem die Privatisierungen nun aber weitgehend abgeschlossen sind und der Konkurrenzdruck der EU-Beitrittsländer untereinander immer größer wird, hat die ungarische Regierung einige Projekte ins Leben gerufen, um den dadurch bedingten Investitionsrückgang zu kompensieren. So bemüht man sich um die Ansiedelung von Forschungszentren und bewirbt seine strategische Lage bei ausländischen Firmen. Getreu dem Motto „Schuster, bleib bei deinen Leisten!“ besinnt man sich nun auch wieder auf traditionelle Stärken im technischen und IT-Bereich.

Wer in Ungarn anlegen will, sollte beachten, dass der HTX mit acht Werten nicht gerade breit aufgestellt ist. Zwar wirkt der Branchen-Mix mit je rund einem Viertel Energie / Versorgung, Telekommunikation, Finanzen und Pharma ausgewogen. Allerdings beanspruchen alleine die vier Schwergewichte Magyar Telekom, Magyar Olay Gazi, OTP Bank und Richter Gedeon knapp 90 Prozent des Index für sich – eine logische Konsequenz aus der Tatsache, dass eigentlich nur die Ex-Monopolisten eine Kapitalisierung aufweisen, die einen wirklich liquiden Handel zulässt.

Kennzahlen per 30.11.2005

	1 Jahr	3 Jahre	5 Jahre	10 Jahre
Hoch	4.707	4.707	4.707	4.707
Tief	2.958	1.575	1.201	434
Performance	+40,2%	+125,9%	+188,2%	+840,6%
Volatilität	23,9%	21,7%	23,5%	31,5%

Index-Anbieter: Wiener Börse AG (www.wiener-boerse.at)

Bloomberg-Kürzel: HTXEUR ‹Index›

Verlauf seit 01.01.1995

RP versus CECE-EURO

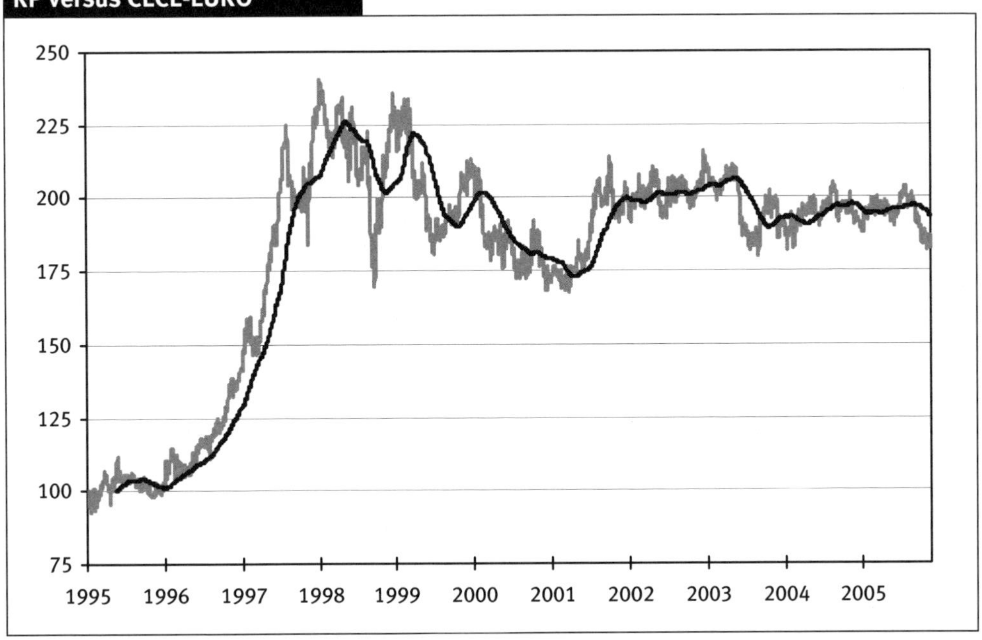

CTX-EURO Czech Traded Index

Kurzprofil

Was im Westen früher die Bundesrepublik Deutschland war, ist unter den postkommunistischen Reformstaaten Osteuropas heute die Tschechische Republik: Musterknabe. Binnen 15 Jahren ist es der Regierung in Prag gelungen, aus einem rückständigen Agrarland eine moderne Dienstleistungsgesellschaft zu machen. Nach einer kurzen „Atempause" im Jahr 2002 befindet sich die Tschechische Republik wieder auf Wachstumskurs. Im Jahr 2004 konnte die Volkswirtschaft das Bruttoinlandsprodukt um 0,6 auf 4,0 Prozent gegenüber dem Vorjahr steigern – und auch im Jahr 2005 soll dieses Niveau gehalten werden. Grund für die positive Entwicklung waren die Investitionen ausländischer Unternehmen. Diese lagen im letzten Jahr zwar mit rund 3,6 Milliarden Euro rund fünf Milliarden Euro unter dem Rekordhoch aus dem Jahr 2002. Man muss aber bedenken, dass rund die Hälfte der 2002 getätigten Direktinvestitionen aus dem Privatisierungsprojekt der Gasindustrie stammten.

Ganz frei von Sorgen ist man freilich auch in der „Goldenen Stadt" nicht. Dafür sind die Arbeitslosenquote zu hoch und die Situation der öffentlichen Kassen zu angespannt. Das Budgetdefizit im tschechischen Staatshaushalt konnte im Jahr 2004 zu Lasten der Steuerzahler zwar weiter auf rund drei Milliarden Euro gesenkt werden. Dennoch liegt man mit einer tatsächlichen Verschuldungsquote von über fünf Prozent gemessen am Bruttoinlandsprodukt noch immer deutlich über der Norm. Bis 2006 will die Regierung allerdings das Defizit bis auf vier Prozent reduzieren, um damit in Reichweite der im Maastricht-Vertrag geduldeten drei Prozent zu gelangen.

Nichtsdestotrotz steht das Land hervorragend da, was seinen Niederschlag schon in den Aktienkursen gefunden hat. Seit Anfang 2002 hat sich der CTX mehr als verdreifacht. In diesem Zeitraum legte das Kursbarometer für tschechische Aktien um gut 1.000 Punkte zu. Der größte Kritikpunkt an dem von der Wiener Börse berechneten „Czech Traded Index" ist auf die noch relativ junge und daher aufkeimende Volkswirtschaft Tschechiens zurückzuführen: Mit nur sieben Aktien ist der Index einfach zu eng gefasst und daher nur für wahre spekulative Anlegernaturen interessant. Konservative Langfrist-Investoren setzen stattdessen auf den Osteuropa-Gesamtindex CECE.

Kennzahlen per 30.11.2005

	1 Jahr	3 Jahre	5 Jahre	10 Jahre
Hoch	2.028	2.028	2.028	2.028
Tief	1.263	578	366	323
Performance	+50,9%	+201,8%	+270,5%	+197,3%
Volatilität	21,0%	20,2%	24,0%	26,6%

Index-Anbieter: Wiener Börse AG (www.wiener-boerse.at)
Bloomberg-Kürzel: CTXEUR ‹Index›

Verlauf seit 01.01.1995

RP versus CECE-EURO

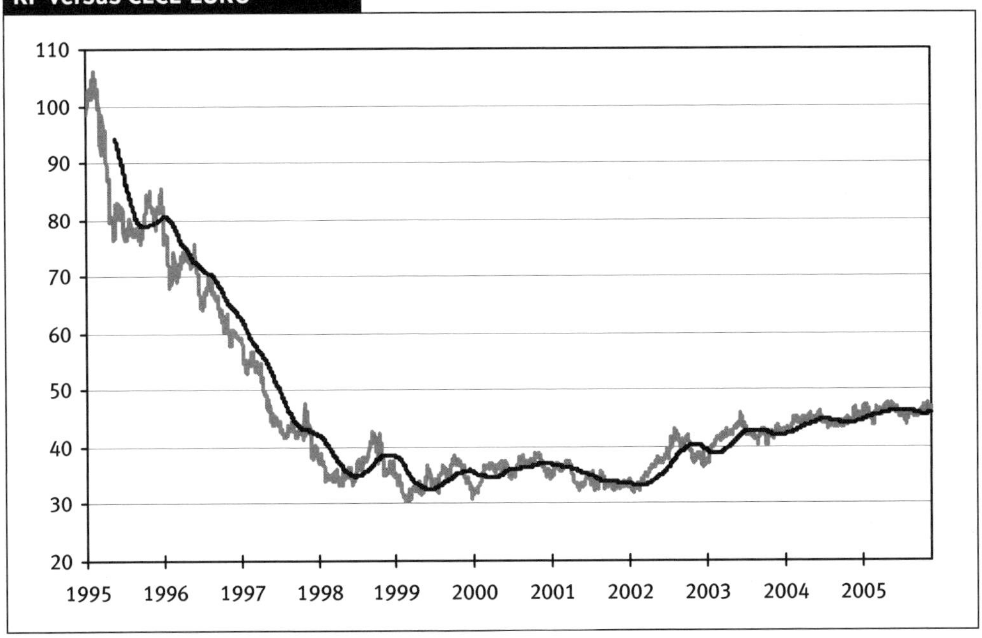

PX-D Index

Kurzprofil

Die „Erfolgsstory Ost" hat auch in Tschechien Einzug gehalten. Seit dem EU-Beitritt am 1. Mai 2004 legte der Aktienindex PX-D um mehr als 70 Prozent zu. Als Kurs-Index bildet der PX-D Index die Wertentwicklung von derzeit neun tschechischen Aktien ab, wobei die Mitgliedszahl nicht fix ist. Berechnet wird das Barometer von der „Praha Stock Exchange". Das starke Interesse internationaler Investoren an tschechischen Aktien zeigt sich auch im zuletzt hohen Handelsvolumen. So konnte die Börse Prag im ersten Halbjahr 2005 in puncto Handelsumsatz sogar die Wiener Börse hinter sich lassen. Das ist insofern überraschend, als die tschechische Börse im Vergleich mit Wien, Warschau oder Budapest die geringste Marktkapitalisierung aufweist. Der Blue-Chip-Index kommt auf einen Börsenwert von rund 40 Milliarden Euro. Zum Vergleich: Allein DaimlerChrysler bringt mehr auf die Waage.

Von den derzeit neun Index-Mitgliedern ragen Erste Bank und der Energieversorger CEZ heraus. Zusammen steuern die beiden Gesellschaften knapp 60 Prozent der Kapitalisierung des 1999 gegründeten Index bei. Ein weiteres Schwergewicht ist die Telefongesellschaft Cesky Telekom, die sich seit Juni 2005 mehrheitlich im Besitz der spanischen Telefónica befindet. Neben den Blue Chips sorgten in der jüngsten Vergangenheit auch kleinere Unternehmen wie Zentiva für Furore. Der führende tschechische Hersteller von Generika ist mit seinen ausgezeichneten Vertriebskanälen in Osteuropa bei den boomenden Nachahmerprodukten bestens positioniert. Börsianer honorieren das dynamische Wachstum: Auf Sicht eines Jahres hat sich die Zentiva-Aktie mehr als verdoppelt. Auch wenn kurzfristig keine 100 Prozent mehr für den Gesamtmarkt drin sind. Die weiteren Aussichten für tschechische Aktien sind allemal gut.

Kennzahlen per 30.11.2005

	1 Jahr	3 Jahre	5 Jahre	10 Jahre
Hoch	3.728	3.728	3.728	n/a
Tief	2.434	1.130	770	n/a
Performance (in CZK)	+40,7%	+203,6%	+209,7%	n/a
Performance (in Euro)	+50,9%	+223,8%	+273,0%	n/a
Volatilität (in CZK)	19,4%	18,0%	23,3%	n/a
Volatilität (in Euro)	21,2%	19,0%	24,4%	n/a

ABN Open End-Zertifikat

ISIN /WKN	BV	Spread	Gebühr	Anm.
DE 000 393 752 0 / 393 752	1:1	2,25%	1,00% p.a.	Non-Q.

Index-Anbieter: Praha Stock Exchange (www.pse.cz)
Bloomberg-Kürzel: PX-D <Index>

Verlauf seit 15.01.1999

ROTX (Rumänien)

Kurzprofil

Wie heißt es so schön im allgemeinen Sprachgebrauch: „Andere Länder, andere Sitten." Im Fall des rumänischen Leitindex ROTX (Romanion Traded Index) trifft diese Redensart besonders zu. Den Index gibt es erst seit kurzem, er entstand im März 2005 als Gemeinschaftsprodukt der Wiener und Bukarester Börse. Beim ROTX handelt es sich um einen Preis-Index, der sowohl in lokaler Währung als auch in Euro und Dollar berechnet wird.

Was die Index-Konzeption angeht, ist der ROTX – vorsichtig ausgedrückt – gewöhnungsbedürftig. Schon die Auswahlkriterien unterscheiden sich von international anerkannten Standards: Während die Mitgliedschaft bei DAX und Co. auf rein quantitativen Eigenschaften beruht, ist beim ROTX vieles reine Ermessenssache. Zwar berücksichtigt das zuständige Komitee auch die beiden objektiven Merkmale Marktkapitalisierung und Börsenumsatz, aber Punkte wie Sektorzugehörigkeit, Handelbarkeit oder Marktinteresse erlauben einen großen Entscheidungsspielraum.

Wer letztendlich in den Index kommt bzw. rausfliegt, darüber entscheidet das ROTX Committee. Das ist eine Interessengemeinschaft der Wiener und Bukarester Börse, die sich zur Index-Überprüfung vierteljährlich zusammenfindet. Auch hier gibt es eine Eigenart: In den Index können nur Aktien aufgenommen werden, die bereits auf einer speziellen Watchlist stehen. Die Aufnahme in die Watchlist wiederum erfolgt durch das Committee. Zudem ist keine feste Anzahl von Index-Mitgliedern vorgeschrieben. So kommt es, dass sich der ROTX aktuell aus nur sechs Einzeltiteln zusammensetzt. Drei davon kommen auf eine Gesamtgewichtung von knapp 75 Prozent.

Die Hoffnung auf eine Aufnahme Rumäniens in die EU bestimmt den Handelsverlauf des ROTX. Seit dem 1. Januar 2002 hätte sich der ROTX in lokaler Währung mehr als verzehnfacht. Die Europa-Krise mit dem französischen Nein zur Verfassung sowie dem gescheiterten Gipfel drückten zwischenzeitlich auf die Stimmung.

Kennzahlen per 30.11.2005

	1 Jahr	3 Jahre	5 Jahre	10 Jahre
Hoch	11.391	11.391	11.391	n/a
Tief	5.539	2.485	1.949	n/a
Performance (in CZK)	+104,1%	+349,0%	+447,2%	n/a
Performance (in Euro)	39,1%	30,0%	26,8%	n/a
Volatilität (in CZK)	11.391	11.391	11.391	n/a
Volatilität (in Euro)	5.539	2.485	1.949	n/a

Index-Anbieter:	Wiener / Bukarester Börse (www.wiener-boerse.de)
Bloomberg-Kürzel:	ROTXEUR ‹Index›

Verlauf seit 01.01.2002

RP versus EURO STOXX 50

RDX-EURO Russian Depositary Index

Kurzprofil

Aufgrund zahlreicher Restriktionen gestaltet sich der direkte Aktienerwerb in Russland recht schwierig. Auch lässt in den meisten Titeln die Liquidität zu wünschen übrig. Die einzig sinnvolle Möglichkeit, in Russland zu investieren, sind somit – von wenigen Ausnahmen abgesehen – die so genannten „Global Depositary Receipts" oder GDRs. Dabei handelt es sich um Wertpapiere, die als Pendant zu echten, von einer Partnerbank im jeweiligen Land gehaltenen Aktien sämtliche Kursbewegungen und Dividendenzahlungen reproduzieren. Doch auch bei diesen „Ersatzaktien", die für zahlreiche Werte verfügbar sind, besteht oft kein effizienter Markt. Daher ist es nicht verwunderlich, dass die Wiener Börse in ihren Index der GDRs russischer Unternehmen nur wenige ausgewählte Titel einbezieht.

Im Gegensatz zu den meisten Kursbarometern liegt dem RDX somit kein quantitativer, sondern ein qualitativer Auswahlprozess zugrunde. Jedes Vierteljahr tritt das Index-Komitee zusammen und entscheidet anhand von Faktoren wie Marktkapitalisierung, Liquidität, Markt- und Sektorrepräsentativität über Neuaufnahmen und Abgänge. Lediglich bei der Gewichtung wird wieder Index-typisch vorgegangen. Jedes Vierteljahr erfolgt eine Neuverteilung anhand der um Streubesitzfaktoren bereinigten Marktkapitalisierung, wobei das maximale Gewicht einzelner Titel auf 25 Prozent begrenzt ist.

Mit nur acht enthaltenen Unternehmen und seinem über 80-prozentigen Engagement im Öl- und Gasbereich ist der Russian Depositary Index alles andere als ein breit aufgestelltes Aktienbarometer. Entscheidend für die Performance ist hier also weniger der Fortschritt des Moskauer Riesenreiches auf dem Weg zum entwickelten Industrieland als vielmehr der internationale Markterfolg der russischen Rohstoffbranche. Investoren müssen also eine gehörige Portion Wagemut aufbringen beziehungsweise eingefleischte Russland-Fans sein. Der RDX bleibt also weiterhin ein Sekundärinvestment, schließlich kann man von steigenden Rohstoffpreisen auch anderweitig profitieren. Das primäre Osteuropa-Investment ist der Beitrittsländer-Index CECE-EURO.

Kennzahlen per 30.11.2005

	1 Jahr	3 Jahre	5 Jahre	10 Jahre
Hoch	1.380	1.380	1.380	n/a
Tief	647	438	294	n/a
Performance	+84,0%	+155,9%	+285,8%	n/a
Volatilität	29,4%	33,8%	40,9%	n/a

ABN Open End-Zertifikat

ISIN /WKN	BV	Spread	Gebühr	Anm.
DE 000 852 670 8 / 852 670	10:1	1,75%	Keine	Non-Q.

Index-Anbieter: Wiener Börse AG (www.wiener-boerse.de)
Bloomberg-Kürzel: RDXSET <Index>

Verlauf seit 01.01.1996

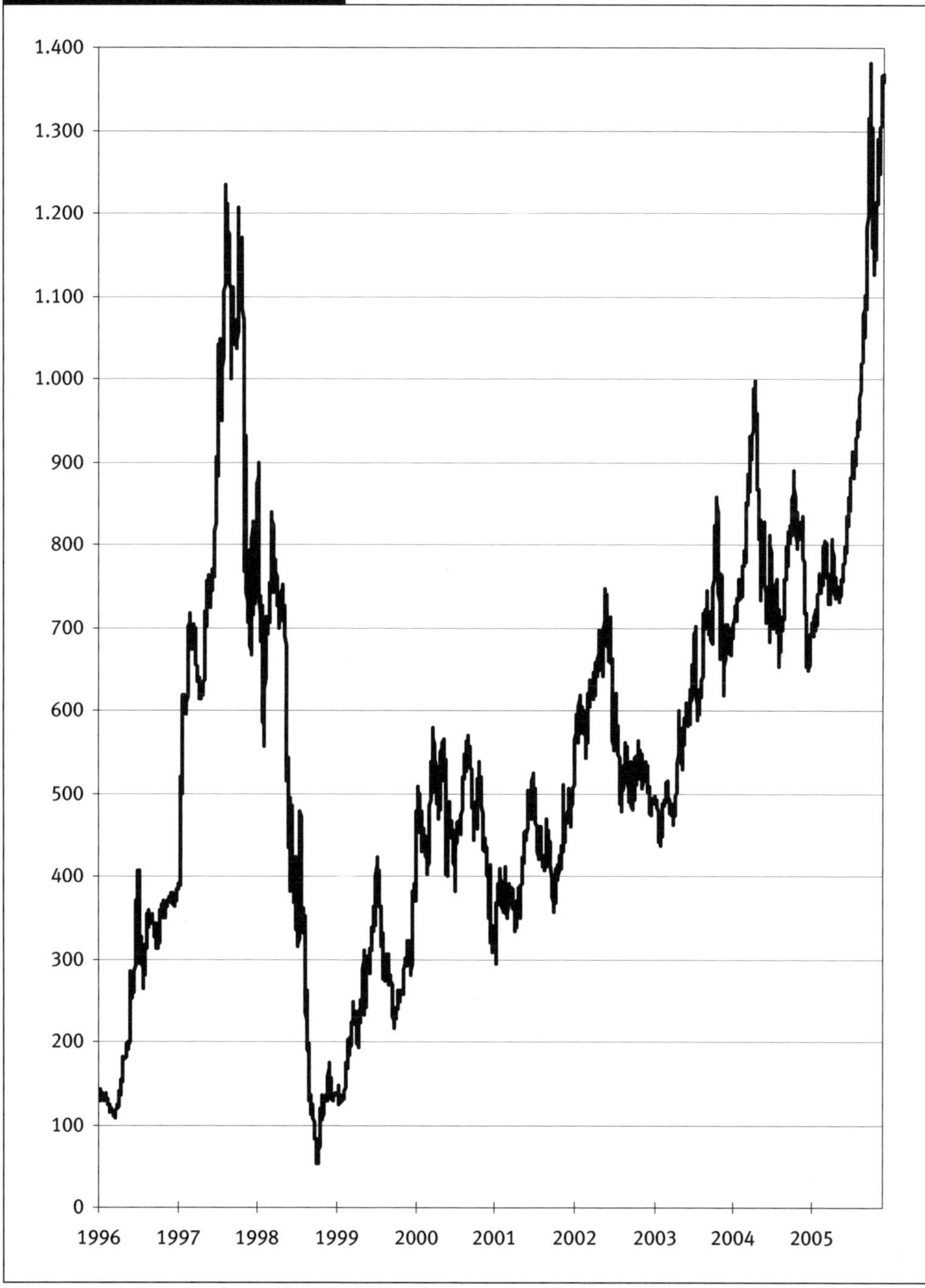

Tel Aviv 25 Index

Kurzprofil

„Politische Börsen haben kurze Beine", heißt es eigentlich unter Anlegern. Im Fall Israel stimmt dies aber nur bedingt. Die Wirtschaft im Heiligen Land reagiert äußerst sensibel auf den Friedensprozess vor Ort. Nach den beiden mageren Jahren 2001 und 2002 kletterte das Bruttosozialprodukt im vergangenen Jahr erneut um 4,3 Prozent. Bereits in 2003 und 2003 ging es um vier Prozent nach oben. Beflügelt durch neue Dialoge zwischen Israelis und den Palästinensern zeigte dabei die Binnenkonjunktur deutliche Erholungstendenzen, der Tourismussektor entspannte sich und aus dem Ausland strömten verstärkt Direktinvestitionen ins Land. Auch der Aktienmarkt münzte diese Aufbruchstimmung in deutliche Kursgewinne um: Der Tel Aviv 25 Index kletterte in den vergangenen drei Jahren um 151 Prozent.

Doch mit dem überraschenden Sieg der radikal-islamischen Hamas bei der Wahl des Palästinenserparlaments Ende Januar 2006 setzen deutliche Gewinnmitnahmen ein. Kein Wunder, die demokratisch gewählte Hamas erkennt Israel nicht als Staat an und propagiert dessen Auslöschung. Investoren fürchten daher zu Recht, dass der Friedensprozess nicht nur völlig zum Erliegen kommen, sondern auch eine neue Gewaltspirale in Gang gesetzt werden könnte. Diese Ängste werden zusätzlich durch die Tatsache bestärkt, dass der Iran die Hamas finanziell unterstützt. Wie angespannt die geopolitische Situation derzeit ist, zeigen die gewaltsamen Proteste in der arabischen Welt auf die viel umstrittenen Mohammed-Karikaturen. Diese Spannungen belasten die „wissensbasierte" Wirtschaft Israels. Der daraus resultierende Bewertungsabschlag zu anderen Schwellenländern könnte durch den sich abzeichnenden „Kampf der Kulturen" noch größer werden. Deswegen bietet sich ein Einstieg im Moment nur für wirklich hart gesottene Anleger an.

Kennzahlen per 27.02.2006

	1 Jahr	3 Jahre	5 Jahre	10 Jahre
Hoch	852	852	852	852
Tief	635	319	294	177
Performance (in ILS)	+25,7%	+151,3%	+72,3%	+267%
Performance (in Euro)	+30,3%	+133,7%	+16,8%	n/a
Volatilität (in ILS)	15,7%	17,6%	19,6%	20,9%
Volatilität (in Euro)	19,3%	21,9%	24,5%	n/a

ABN Open End-Zertifikat

ISIN /WKN	BV	Spread	Gebühr	Anm.
NL 000 002 997 3 / ABN 8W8	10:1	1,50%	Keine	Non-Q.

Index-Anbieter: Tel Aviv Stock Exchange (www.tase.co.il)
Bloomberg-Kürzel: TA-25 <Index>

Verlauf seit 01.01.1992

Dow Jones Turkey Titans 20 Index

Kurzprofil

Haussestimmung an den Börsen am Bosporus: Türkei-Anleger setzen auf die Europaphantasie. So hat der mögliche EU-Beitritt der Türkei den Istanbuler Aktienmarkt in den vergangenen Monaten gehörig in Fahrt gebracht und für kräftige Kursgewinne gesorgt. Als Price-Index kreiert bleiben bei dem Kursbarometer alle Dividendenzahlungen – außer Sonderausschüttungen – unberücksichtigt.

Eingeführt wurde der Dow Jones Turkey Titans 20 am 31. Dezember 2002 mit einem Startwert von 100 Punkten. Er setzt sich aus den größten und liquidesten Aktien des Landes zusammen. Der Index-Anbieter Dow Jones hat dabei alle Gesellschaften ausgewählt, die an der Istanbul Stock Exchange gehandelt werden. Vor allem die Finanzwerte nehmen am türkischen Markt eine führende Rolle ein. Denn allein die vier Dickschiffe Turkiye Is Bankasi, Akbank, Haci Omer Sabanci und Turkiye Garanti Bankasi – allesamt aus dem Finanzsektor – machen knapp 40 Prozent der gesamten Marktkapitalisierung des Dow Jones Turkey Titans 20 (rund 20,5 Milliarden Euro) aus.

Doch sorgen auch andere Branchen für Bewegung im Index. So machte Anfang 2005 die Telefongesellschaft Turkcell von sich reden. Denn der bislang vergebliche Übernahmeversuch durch den skandinavischen Telecomkonzern TeliaSonera trieb den Aktienkurs des heimischen Mobilfunk-Providers auf ein neues Allzeithoch. Das Ölunternehmen Turkiye Petrol – mit sieben Prozent Index-Kapitalisierung auf Platz fünf – profitiert vor allem von der steigenden Nachfrage und somit von den deutlich höheren Preisen für das schwarze Gold. Die weiteren Aussichten für den Bosporus sind zweigeteilt. Trotz der zuletzt guten Performance des Auswahl-Index bleibt die Börse in Istanbul ein Spiegelbild des politischen Geschehens: Scheitern die Beitrittsbemühungen, könnte der Aktienmarkt auf breiter Front nachgeben.

Kennzahlen per 30.11.2005

	1 Jahr	3 Jahre	5 Jahre	10 Jahre
Hoch	365	365	365	365
Tief	219	54	37	2
Performance (in TRL)	+66,4%	+440,5%	+634,3%	18058%
Performance (in Euro)	+98,1%	+418,0%	+171,3%	n/a
Volatilität (in TRL)	25,3%	48,5%	52,4%	52,1%
Volatilität (in Euro)	32,3%	55,4%	65,0%	n/a

ABN Open End-Zertifikat

ISIN /WKN	BV	Spread	Gebühr	Anm.
NL 000 042 723 5 / ABN 4HJ	10:1	1,50%	Keine	Non-Q.

Index-Anbieter: Dow Jones & Company (www.dowjones.com)

Bloomberg-Kürzel: TR2oI ‹Index›

Verlauf seit 01.01.1993

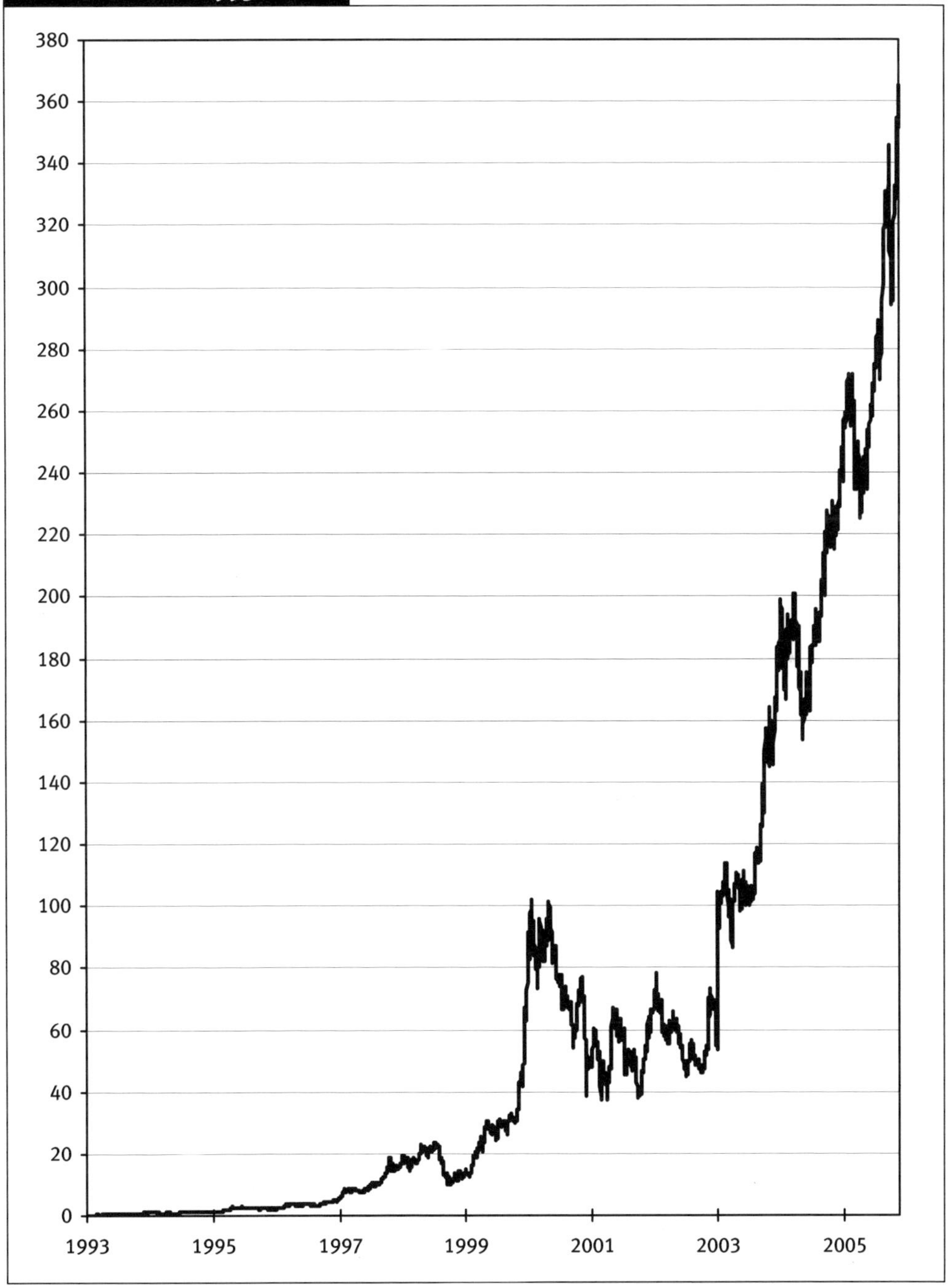

Dow Jones Industrial Average

Kurzprofil

Auch in der hektischen Börsenwelt haben Mythen noch immer ihren Platz. Dieser Eindruck drängt sich zumindest beim Dow Jones Industrial Average auf. Dieser Urvater aller Aktien-Indizes gilt mittlerweile seit mehr als 100 Jahren als der Seismograph für die Stimmung an den internationalen Finanzmärkten. Dabei ist „der Dow“ Anachronismus pur – noch heute wird er nach dem Mechanismus berechnet, den seine Erfinder anno 1896 ersonnen haben. „Preisgewichtung“ nennt sich dieses Verfahren; das heißt, dass alle Index-Mitglieder entsprechend ihrem absoluten Aktienkurs in den Index einfließen. Diese veraltete Methodik treibt seltsame Blüten. So kommen Giganten à la Microsoft im Index nur auf ein geringes Gewicht, da hier zahlreiche Aktiensplits für einen optisch niedrigen Aktienkurs sorgen. Einige Unternehmen mit hohem Aktienkurs sind daher Index-Schwergewichte, obwohl sie hinsichtlich der Kapitalisierung eher schmalbrüstig daher kommen.

Sämtliche Errungenschaften der modernen Index-Theorie wie etwa die Gewichtung nach dem „Free Float Value“ sind am Flaggschiff einfach spurlos vorübergegangen. Auch was die Auswahl der Einzelwerte angeht, ist „der Dow“ weit von modernen Standards entfernt. Über die Zusammensetzung entscheidet ein Gremium unter Führung des *Wall Street Journal* auf Basis des subjektiven Parameters der Repräsentativität für die US-Wirtschaft. Aktualisierungen finden nur höchst selten statt; der Tausch vom April 2004 (AT&T, Kodak und Intl. Paper raus; AIG, Pfizer und Verizon rein) war das erste Revirement nach fünf Jahren. Mythos hin, Tradition her – Standardinvestment für die USA ist der modern konzipierte und obendrein breitere S&P 500.

Kennzahlen per 30.11.2005

	1 Jahr	3 Jahre	5 Jahre	10 Jahre
Hoch	10.941	10.941	11.338	11.723
Tief	10.012	7.524	7.286	5.033
Performance (in US-Dollar)	+3,6%	+21,5%	+3,8%	+112,9%
Performance (in Euro)	+16,8%	+2,4%	-23,2%	+130,2%
Volatilität (in US-Dollar)	10,3%	13,1%	18,0%	17,6%
Volatilität (in Euro)	14,0%	17,9%	22,8%	21,8%

ABN Open End-Zertifikate

ISIN /WKN	BV	Spread	Gebühr	Anm.
DE 000 543 743 8 / 543 743	100:1	0,25%	Keine	Non-Q.
NL 000 041 248 4 / ABN 19N	100:1	0,50%	Variabel	Quanto

Index-Anbieter: Dow Jones & Company (www.dowjones.com)
Bloomberg-Kürzel: INDU <Index>

Verlauf seit 01.01.1985

RP versus MSCI World

Standard & Poor's 500 Index

Kurzprofil

Bereits 1943 hat das für seine unerbittlichen Kredit-Ratings bekannte Research-Haus Standard & Poor's einen eigenen Index ins Leben gerufen, den S&P 500. Mit 500 Werten bietet der S&P 500 die notwendige Tiefe, die ein Investment in den größten Aktienmarkt der Welt haben sollte. Über die Auswahl der berücksichtigten Einzelwerte entscheidet Standard & Poor's anhand der Börsenwerte und der Handelsumsätze. Ein drittes, nicht gänzlich objektives Kriterium ist die Branchenrepräsentativität; die Anteile der einzelnen Sektoren sollen die aktuelle Branchenstruktur der amerikanischen Wirtschaft abbilden. Daher ist der Einzugsbereich des S&P 500 auch nicht auf die legendäre „Wall Street", den Sitz der New York Stock Exchange (NYSE), beschränkt. Vielmehr fließen auch Werte der American Stock Exchange (AMEX) und der Technologiebörse NASDAQ in den Index mit ein.

Bei der Auswahl der Titel achtet Standard & Poor's auf eine gewisse Solidität – Unternehmen ohne Gewinnaussichten haben somit keine Chance, einer der 500 Titel zu werden. Außen vor bleiben leider auch die Dividenden, da der S&P 500 ein reiner Kurs-Index ist. Das stört allerdings bei weitem nicht so wie beim EURO STOXX 50. Vor allem wegen der Praxis des Aktienrückkaufs bewegen sich die Dividendenrenditen jenseits des Atlantiks auf einem deutlich niedrigeren Niveau als auf dem Alten Kontinent. Letztendlich stellt sich die Frage, ob der S&P 500 in jedem Anlegerdepot vertreten sein muss. Dass die hiesigen Märkte sich dauerhaft von der Wall Street abkoppeln können, erscheint uns als allzu kühner Traum, weshalb ein Investment in den S&P 500 außer der Währungsstreuung kaum „Added Value" für das Portfolio bringt.

Kennzahlen per 30.11.2005

	1 Jahr	3 Jahre	5 Jahre	10 Jahre
Hoch	1.268	1.268	1.380	1.527
Tief	1.138	801	777	598
Performance (in US-Dollar)	+6,4%	+33,4%	-5,0%	+106,4%
Performance (in Euro)	+20,0%	+12,4%	-29,7%	+123,1%
Volatilität (in US-Dollar)	10,2%	13,3%	18,3%	18,1%
Volatilität (in Euro)	13,8%	18,0%	23,1%	22,2%

ABN Open End-Zertifikate

ISIN /WKN	BV	Spread	Gebühr	Anm.
DE 000 559 132 5 / 559 132	10:1	0,25%	Keine	Non-Q.
DE 000 A0A B87 5 / A0A B87	100:1	0,50%	Variabel	Quanto

Index-Anbieter: Standard & Poor's (www.standardandpoors.com)

Bloomberg-Kürzel: SPX <Index>

Verlauf seit 01.01.1985

RP versus Dow Jones

S&P 400 Mid Cap Index

Kurzprofil

Der Pionier unter den Mid-Cap-Indizes ist in den USA zu Hause und wurde von Standard & Poor's im Jahr 1991 als S&P Mid Cap 400 aufgelegt. Seitdem hat er sich als der maßgebliche Vergleichsindex für Fondsmanager etabliert, die in US-Unternehmen aus der zweiten Reihe investieren. Die Auswahl der 400 Unternehmen des S&P Mid Cap 400 erfolgt nach Marktkapitalisierung, Liquidität und Branchenzugehörigkeit. In puncto Liquidität gilt als Orientierung, dass das jährliche Volumen der gehandelten Papiere mindestens auf den Quotient 0,3 gegenüber dem durchschnittlichen Börsenwert kommen muss. Zudem ist ein „Free Float“ von mindestens 50 Prozent vorgeschrieben. Der am stärksten vertretene Sektor ist der Finanzdienstleistungsbereich mit gut 18 Prozent, gefolgt von den Branchen Konsumgüter, dem Gesundheitswesen und Geschäftsdienstleistungen. Das Gros der Unternehmen weist einen Börsenwert zwischen einer und vier Milliarden US-Dollar auf. Allerdings kommen allein fünf Schwergewichte im Jahr 2005 auf eine Marktkapitalisierung jenseits der acht Milliarden US-Dollar.

Ausgewogenheit spielt dennoch eine große Rolle: Die zehn Unternehmen mit dem höchsten Börsenwert kommen auf weniger als zehn Prozent des Index-Werts. Der hohe Diversifikationsgrad wirkt sich auch positiv auf die Performance aus. In den vergangenen fünf Jahren legte das Barometer mehr als 50 Prozent zu. Damit muss sich das Mid-Cap-Segment keinesfalls hinter seinem großen Bruder, dem S&P 500 Index, verstecken, der im gleichen Zeitraum sogar ein Minus hinnehmen muss. Einen großen Anteil am guten Abschneiden hat dabei der Energie-Subindex. Denn mit Murphy Oil und Lennar Corp. sind gleich zwei Ölgesellschaften unter den fünf Index-Schwergewichten zu finden.

Kennzahlen per 30.11.2005

	1 Jahr	3 Jahre	5 Jahre	10 Jahre
Hoch	743	743	743	743
Tief	627	385	373	208
Performance (US-Dollar)	+15,1%	+63,5%	+52,7%	+235,5%
Performance (in Euro)	+29,8%	+37,8%	+13,0%	+262,7%
Volatilität (in US-Dollar)	12,4%	14,2%	19,1%	18,6%
Volatilität (in Euro)	15,6%	18,4%	23,6%	22,5%

ABN Open End-Zertifikat

ISIN /WKN	BV	Spread	Gebühr	Anm.
NL 000 040 626 2 / ABN 1UP	10:1	0,50%	Keine	Non-Q.

Index-Anbieter: Standard & Poor's (www.standardandpoors.com)
Bloomberg-Kürzel: MID <Index>

Verlauf seit 01.01.1985

RP versus S&P 500

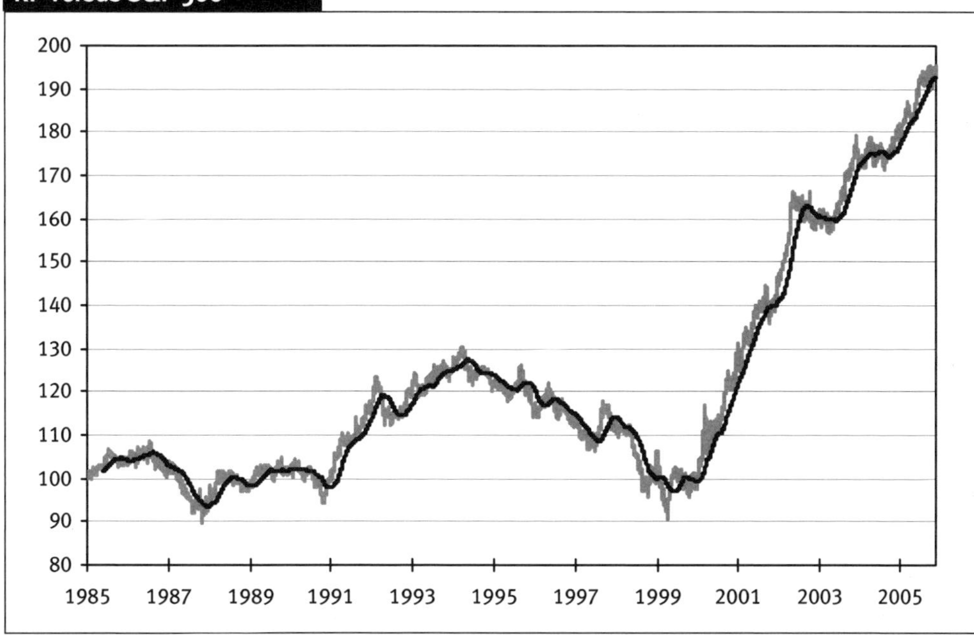

NASDAQ 100 Index

Kurzprofil

Was der Dow Jones Industrial Average für die Finanzmärkte an sich darstellt, ist der NASDAQ 100 für den Technologiesektor – uneingeschränktes Leitbarometer. Passend zur Struktur der vollautomatischen Handelsplattform (National Association of Security Dealers Automated Quotation – kurz NASDAQ) sind hier vor allem Titel aus jenen Bereichen gelistet, die sich eine zeitlang mit dem Titel „New Economy" schmücken durften: Software, Hardware, Telekommunikation, Netzwerk-Infrastruktur, IT-Dienstleistung sowie Biotechnologie. Doch unter all den Einzelwerten stechen zwei Unternehmen als besonders schwergewichtig hervor: Der Softwaregigant Microsoft bildet die einflussreichste Determinante des NASDAQ 100, dicht gefolgt vom Chiphersteller Intel. Konzeptionell folgt der NASDAQ 100 der guten alten KISS-Regel („Keep it simple, stupid!"): Die quartalsweise Auswahl und Gewichtung anhand der Marktkapitalisierung ist die wohl einfachste Methode, einen repräsentativen und fortlaufenden Index aufzustellen. Aufgrund der hohen Liquidität sind darüber hinausgehende Kriterien wie Streubesitz oder Handelsumsätze ohnehin von untergeordneter Bedeutung.

Wer ein diversifiziertes Engagement in weltweit führenden Hightech-Unternehmen sucht, kommt am NASDAQ 100 nicht vorbei. Gute Nerven sind hier unabkömmlich, denn die Kursausschläge fallen deutlich stärker aus als in den Standardmärkten. Dem klar höheren Risiko stehen jedoch auch deutlich bessere langfristige Performance-Chancen gegenüber. Es gibt genügend „günstige" Zertifikate auf den NASDAQ 100 im Angebot, wobei eine fehlende Dividendenanrechnung kein wirklicher Kritikpunkt sein kann, da die meisten Unternehmen ohnehin nichts an ihre Aktionäre ausschütten.

Kennzahlen per 30.11.2005

	1 Jahr	3 Jahre	5 Jahre	10 Jahre
Hoch	1.701	1.701	2.973	4.705
Tief	1.407	957	805	534
Performance (in US-Dollar)	+6,4%	+49,9%	-33,3%	+181,7%
Performance (in Euro)	+20,0%	+26,3%	-50,6%	+204,6%
Volatilität (in US-Dollar)	13,9%	20,4%	36,1%	35,3%
Volatilität (in Euro)	17,2%	24,5%	39,9%	38,4%

ABN Open End-Zertifikat

ISIN /WKN	BV	Spread	Gebühr	Anm.
DE 000 543 744 6 / 543 744	100:1	0,03 Euro	Keine	Non-Q.
NL 000 019 440 5/ ABN 8HY	100:1	0,50–1,00%	Variabel	Quanto

Index-Anbieter: The NASDAQ Stock Market, Inc. (www.nasdaq.com)
Bloomberg-Kürzel: NDX <Index>

Verlauf seit 01.01.1986

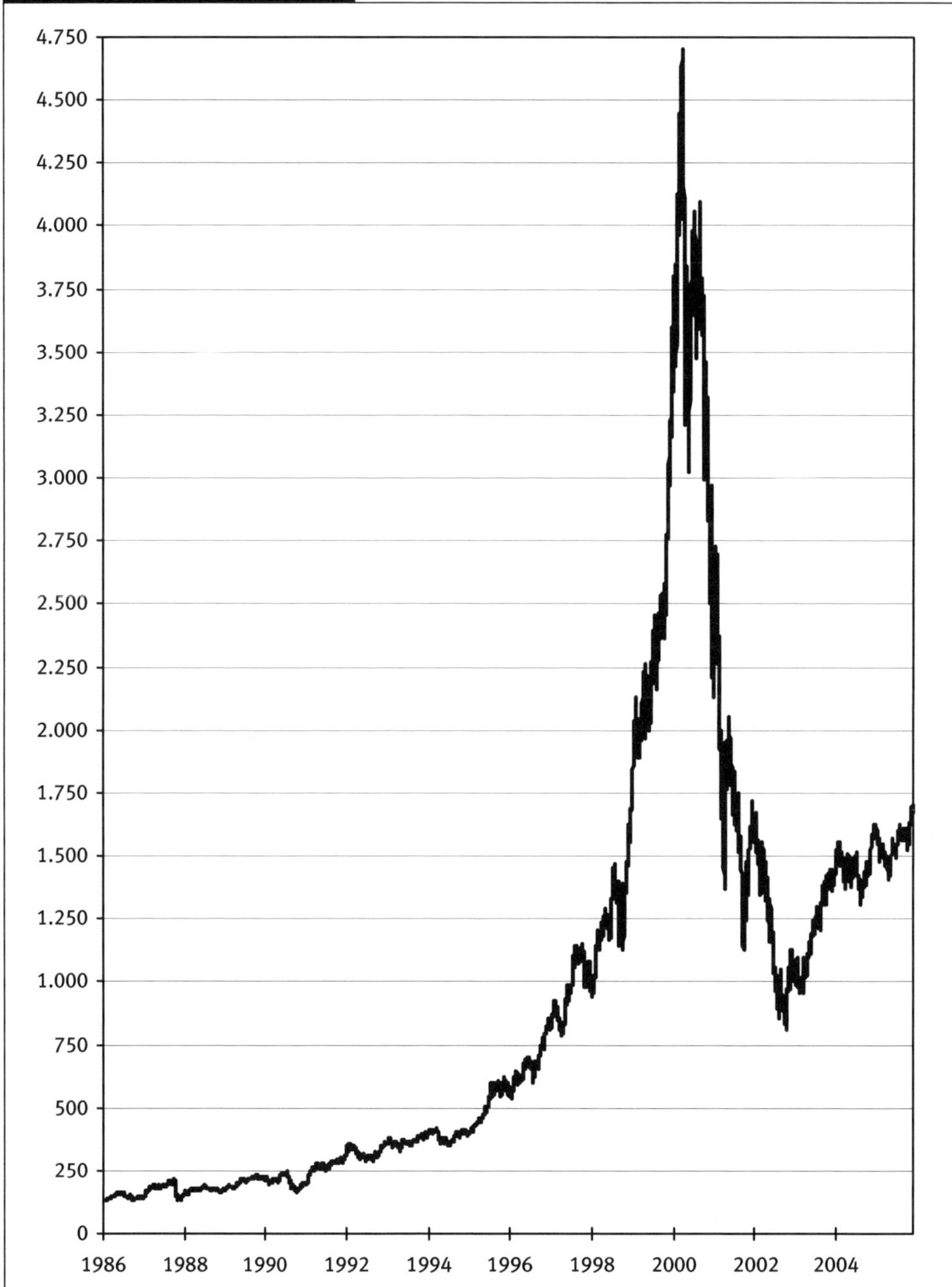

S&P TSX 60 Index

Kurzprofil

Um die Zusammensetzung und laufende Berechnung des kanadischen Blue-Chip-Index TSX 60 kümmern sich der Index-Anbieter Standard & Poor's und die Börse in Toronto gemeinsam. Als Grundlage dient der marktbreite Leitindex S&P/TSX Composite. In die 60er-Auswahl schaffen es nur in Kanada beheimatete Unternehmen mit hohem Börsenumsatz und einem entsprechenden Marktwert des Streubesitzes.

Mit einem Anteil von mehr als einem Drittel dominieren die Finanzwerte den Index. Aus dem Sektor stammen sieben der zehn größten Werte, allen voran Royal Bank of Canada. Das größte Geldhaus des Landes trägt 6,5 Prozent zum Börsenbarometer bei. Aus Branchensicht können nur die Energiewerte mit 26 Prozent den Finanzfirmen das Wasser reichen. Insgesamt bringen es die 60 Mitglieder auf eine Marktkapitalisierung von 863 Milliarden kanadischen Dollar (CAD), was knapp 600 Milliarden Euro entspricht.

In puncto Performance tritt der TSX 60 seit der Jahrtausendwende auf der Stelle. Allerdings haben sich die kanadischen Blue Chips – im Gleichschritt mit vielen großen Aktienmärkten – deutlich von der Baisse Anfang des Jahrzehnts erholt: In den vergangenen drei Jahren legte der S&P/TSX 60 um 64 Prozent zu. Die Grundlage hierfür lieferte die kanadische Wirtschaft. Sie zeigte sich in den vergangenen Jahren ähnlich robust wie die Konjunktur des großen Nachbarn USA. 2004 legte das Bruttoinlandsprodukt um 2,9 Prozent zu. Für 2005 liegen noch keine endgültigen Daten vor, es wird aber ein Wachstum von 2,7 Prozent erwartet. Als Konjunkturbremse erweist sich immer wieder die Aufwertung der heimischen Währung gegenüber dem US-Dollar. Sie bremst die Exporte und drosselt damit die starke Binnenwirtschaft. Nichtsdestotrotz ist die Grundtendenz sehr positiv. Im Juni 2005 schrumpfte die Arbeitslosenquote auf 6,8 Prozent.

Kennzahlen per 30.11.2005

	1 Jahr	3 Jahre	5 Jahre	10 Jahre
Hoch	627	627	627	696
Tief	498	355	319	245
Performance (CAD)	+21,7%	+64,0%	+16,3%	+145,4%
Performance (in Euro)	+39,6%	+86,1%	+13,1%	+229,7%
Volatilität (in CAD)	11,4%	11,7%	16,0%	17,9%
Volatilität (in Euro)	14,8%	15,3%	19,5%	21,7%

ABN Open End-Zertifikat

ISIN /WKN	BV	Spread	Gebühr	Anm.
NL 000 042 417 4 / ABN 4FM	10:1	1,00%	Keine	Non-Q.

Index-Anbieter: Standard & Poor's (www.standardandpoors.com)
Bloomberg-Kürzel: SPTSX60 <Index>

Verlauf seit 01.01.1995

RP versus S&P 500

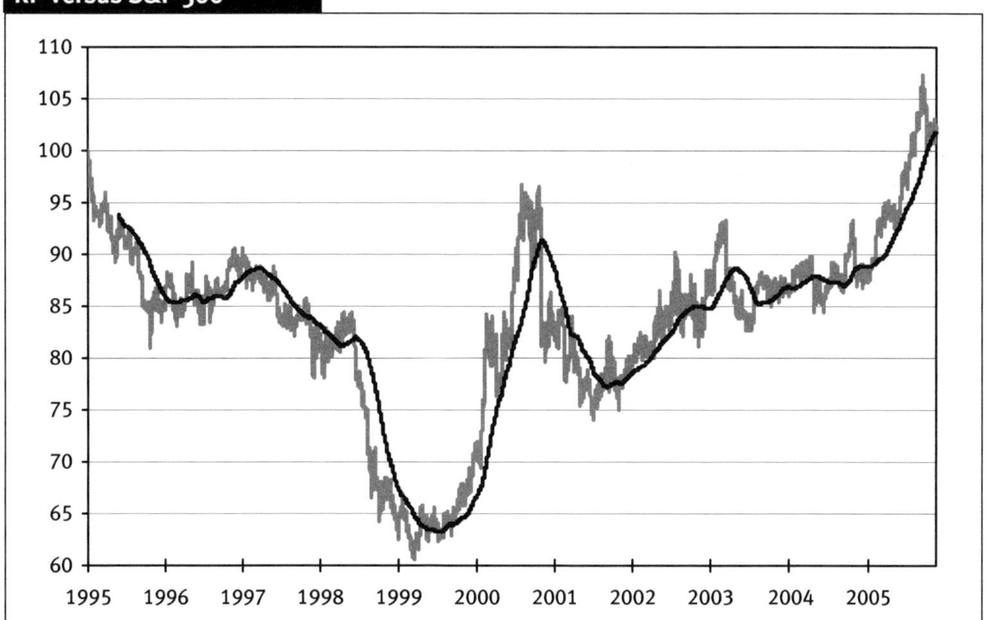

Nikkei 225 Index

Kurzprofil

Um die Stimmung am japanischen Aktienmarkt wiederzugeben, wird in den Medien in der Regel der Nikkei 225 angeführt. Kein Wunder also, dass Investoren den „Nikkei" mit Japan gleichsetzen. Die große Berühmtheit ist mit Sicherheit auf einen gewissen Gewohnheitseffekt zurückzuführen: Immerhin wird der Nikkei 225 bereits seit 1950 von Japans größtem Finanzverlag, der *Nihon Keizai Shimbun Inc.*, kontinuierlich berechnet und veröffentlicht. Wegen dieser langen Historie muss das Kursbarometer auch in der Derivatewelt immer wieder als Basiswert herhalten.

Trotz seiner Popularität weist der Nikkei 225 einen großen Makel auf. Ähnlich wie beim Dow Jones Industrial Average in den USA ist die Berechnungsmethode beim Nikkei 225 völlig veraltet: Nach dem Prinzip der Kursgewichtung wird der Index-Stand einfach aus der Addition der Kurswerte ermittelt. Was in den USA wegen der zahlreichen Aktiensplits leidlich funktioniert, stellt in Japan die Marktverhältnisse so richtig auf den Kopf. Denn hier stehen Aktien mit ein paar hundert Yen Dividendentiteln im Hunderttausender-Bereich gegenüber. Zwar sollen Korrekturfaktoren die schlimmsten Verzerrungen glätten, trotzdem finden sich Firmen wie NTT DoCoMo, die eigentlich das moderne Japan repräsentieren, am unteren Ende der Skala wieder. Zu den Schwergewichten zählen dagegen – nur dank eines optisch hohen Kurses – viele Industrietitel (vor allem aus dem Montan- und Transportsektor), die ihre besten Zeiten schon längst hinter sich haben. Bislang sträuben sich die Verantwortlichen gegen die dringend notwendige Modernisierung des Nikkei 225 und nehmen in puncto Aktienauswahl allenfalls kosmetische Korrekturen vor. Trotzdem konnte sich der wesentlich fortschrittlichere TOPIX als Nippons Leitindex bislang nicht durchsetzen.

Kennzahlen per 30.11.2005

	1 Jahr	3 Jahre	5 Jahre	10 Jahre
Hoch	14.987	14.987	15.169	22.667
Tief	10.757	7.608	7.608	7.608
Performance (in JPY)	+36,5%	+61,4%	+1,5%	-20,7%
Performance (in Euro)	+32,7%	+39,7%	-30,6%	-26,7%
Volatilität (in JPY)	12,6%	18,4%	22,7%	22,8%
Volatilität (in Euro)	15,6%	21,7%	25,5%	26,6%

ABN Open End-Zertifikat

ISIN /WKN	BV	Spread	Gebühr	Anm.
DE 000 609 820 5 / 609 820	100:1	0,40%	Variabel	Quanto

Index-Anbieter: Nihon Keizai Shimbun (www.nni.nikkei.co.jp)
Bloomberg-Kürzel: NKY <Index>

Verlauf seit 01.01.1985

TOPIX

Kurzprofil

Wenn Profis in den japanischen Aktienmarkt investieren, setzen sie meist auf den TOPIX. Aus gutem Grund: Hinsichtlich des Index-Konzepts ist das von der Tokyo Stock Exchange berechnete Kursbarometer dem Nikkei 225 meilenweit überlegen, obwohl Letzterer gemeinhin als japanischer Leitindex gehandelt wird. Denn während der Nikkei 225 seine Einzeltitel nach dem bloßen Kursstand berücksichtigt, erfolgt die Gewichtung beim TOPIX nach der Marktkapitalisierung. Ab Mitte 2006 sollen die Mitglieder sogar nach dem international anerkannten Standard des „Free Float"-Ansatzes in den Index einfließen. Demnach wird für die Index-Berechnung nur der Streubesitz einer Gesellschaft herangezogen. Das macht Sinn, weil nur Aktien, die sich nicht im festen Besitz befinden, auch frei gehandelt werden können. So ist eine bessere Abbildung der realistischen Marktverhältnisse möglich, was ja das Ziel eines Index ist.

Grundsätzlich umfasst der TOPIX alle Aktien des ersten Handelssegments, in dem zurzeit rund 1.600 Werte gelistet sind. Damit weist der TOPIX eine wesentlich größere Auswahl auf als der Nikkei 225. Dies bringt allerdings angesichts der schon passablen Selektionsbreite des Nikkei mit 225 Titeln keinen wirklich zusätzlichen Diversifikationsnutzen. Zum Vergleich: Der DAX kommt mit 30 Werten aus. Hieran haben sich die Börsenexperten in Tokio offenbar ein Beispiel genommen und aus dem ersten Handelssegment nur die 30 kapitalisierungsstärksten und liquidesten Aktien ausgewählt, um den Auswahlindex „TOPIX Core 30 Index" zu bilden. Angesichts der handfesten Vorteile sollte es eigentlich nur eine Frage der Zeit sein, bis der TOPIX den Nikkei 225 als japanischen Leitindex ablöst. Gegen den TOPIX spricht eigentlich nur die kurze Historie: Er startete im April 1998 mit einem Anfangsstand von 1.000 Punkten.

Kennzahlen per 30.11.2005

	1 Jahr	3 Jahre	5 Jahre	10 Jahre
Hoch	1.545	1.545	1.545	1.755
Tief	1.084	771	771	771
Performance (in JPY)	+39,8%	+72,1%	+12,7%	+3,6%
Performance (in Euro)	+36,0%	+49,0%	-23,0%	-4,3%
Volatilität (in JPY)	12,3%	16,7%	19,6%	19,6%
Volatilität (in Euro)	15,4%	20,2%	22,8%	23,7%

ABN Open End-Zertifikat

ISIN /WKN	BV	Spread	Gebühr	Anm.
DE 000 905 764 6 / 905 764	100:1	1,00%	Variabel	Quanto

Index-Anbieter: Tokyo Stock Exchange (www.tse.or.jp)
Bloomberg-Kürzel: TPXW ‹Index›

Verlauf seit 01.01.1985

RP versus Nikkei 225

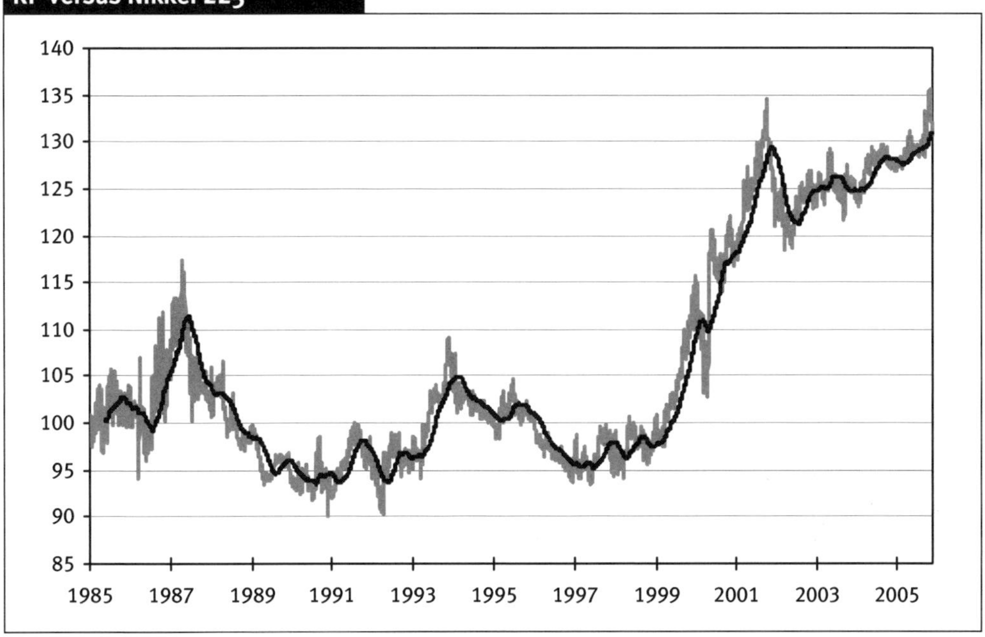

HSI Hang Seng Index

Kurzprofil

Der HSI Hang Seng Index bildet die Wertentwicklung der 33 größten in Hongkong ansässigen Unternehmen ab. Im Hinblick auf den Anlagehintergrund erscheint der HSI Hang Seng als eine Art „Zwitter“: Einerseits ist die ehemalige Kronkolonie selbst ein hoch entwickelter Markt; andererseits bezieht der Index einen Großteil der fundamentalen Phantasie aus China, dem mit Abstand wachstumsstärksten Schwellenland der Erde. Genauso ambivalent präsentiert sich auch die Index-Konzeption. Gut gefällt das mehrstufige Auswahlverfahren. Wer zum erlauchten Kreis des HSI gehören will, muss nicht nur eine starke Kapitalisierung und hohe Börsenumsätze mitbringen, sondern auch operativ überzeugen. Ebenfalls eine Rolle spielt der Faktor Branchenrepräsentativität; die Zusammensetzung des Kursbarometers soll die realwirtschaftlichen Verhältnisse möglichst genau abbilden.

Das jedoch misslingt gründlich – denn bei der Gewichtung der Einzeltitel wird kein Limit gezogen. So kommt es, dass HSBC mehr als ein Drittel des Index für sich beansprucht. Zusammen mit China Mobile und Hutchison Whampoa kommt der Finanzkonzern sogar auf ein Gewicht von gut 51 Prozent. Diese Namen machen gleichzeitig auf eine weitere Eigenheit aufmerksam: Der HSI enthält zahlreiche Unternehmen, die zwar in Hongkong ansässig sind, deren Geschäft jedoch so international aufgestellt ist, dass man kaum von einem echten Länder-Index sprechen kann. Das macht den Hang Seng per se keineswegs zu einem schlechten Investment. Doch wer wirklich auf China setzen will, sollte sich lieber den HSCEI, den Hang Seng China Enterprises Index, ansehen.

Kennzahlen per 30.11.2005

	1 Jahr	3 Jahre	5 Jahre	10 Jahre
Hoch	15.466	15.466	16.164	18.302
Tief	13.355	8.409	8.409	6660,42
Performance (in HKD)	+6,2%	+48,3%	+6,8%	+52,2%
Performance (in Euro)	+19,8%	+25,7%	-21,2%	+75,3%
Volatilität (in HKD)	11,3%	15,1%	19,1%	26,9%
Volatilität (in Euro)	13,7%	18,1%	22,2%	29,3%

ABN Open End-Zertifikate

ISIN /WKN	BV	Spread	Gebühr	Anm.
DE 000 571 860 5 / 571 860	10:1	1,50%	Keine	Non-Q.
DE 000 A0A BG2 1 / A0A BG2	100:1	1,50%	Variabel	Quanto

Index-Anbieter: Wertpapierbörse Hongkong (www.hkex.com.hk)
Bloomberg-Kürzel: HSI ‹Index›

Verlauf seit 01.01.1990

EUR/HKD

HSCEI Hang Seng China Enterprises Index

Kurzprofil

Wer schon immer wissen wollte, wann Chinas wirtschaftspolitische Revolution denn eigentlich begonnen hat, sollte auf den 8. August 1994 zurückblicken. An diesem Tag startete der HSCE – der Vorläufer des Hang Seng China Enterprises Index (HSCEI), der erste Index mit ausschließlich „echten" chinesischen Aktien. Im Gegensatz zur Index-Mutter Hang Seng Composite Index (HSCI) sind im HSCEI nur H-Share-Aktien zugelassen. Das „H" steht für den Börsenplatz Hongkong, an dem die Titel gehandelt werden. Voraussetzung für eine Aufnahme ist, dass die Gesellschaft in der Volksrepublik China eingetragen ist und von den dortigen Behörden eine Genehmigung für ein Listing in Hongkong erhalten hat. Im Gegensatz zu den A- und B-Shares dürfen H-Shares auch von ausländischen Privatanlegern erworben werden. Wie alle Indizes aus der Hang-Seng-Serie wird der HSCEI jedes Halbjahr von der Börse Hongkong überprüft. Automatisch aufgenommen werden H-Share-Unternehmen, die sich für den HSCI – der die nach Marktkapitalisierung 200 größten Unternehmen der Börse Hongkong umfasst – qualifiziert haben. Umgekehrt gilt: Fällt eine H-Share-Aktie aus dem HSCI, wird sie auch aus dem HSCEI genommen. Für die Rangfolge im Index entscheidend ist die durchschnittliche Marktkapitalisierung der vergangenen zwölf Monate. Das ist nicht ganz unproblematisch. So hat die haussierende Nachfrage nach Ölaktien die Gewichtung von Petrochina auf rund 40 Prozent ansteigen lassen. Zusammen mit dem Sektorkollegen Sinopec Corporation kommt das Schwergewicht sogar auf einen Index-Anteil von mehr als 50 Prozent. Eine breite Streuung sieht jedenfalls anders aus. Trotzdem: Wer in China investieren möchte, kommt am HSCEI nicht vorbei – auch wenn ihm mittlerweile der FTSE Xinhua China 25 den Rang als Nummer eins streitig macht.

Kennzahlen per 30.11.2005

	1 Jahr	3 Jahre	5 Jahre	10 Jahre
Hoch	5.539	5.539	5.539	7.499
Tief	4.502	1.908	1.543	1.009
Performance (in HKD)	+1,3%	+163,7%	+214,5%	+48,0%
Performance (in Euro)	+14,2%	+123,5%	+132,1%	+70,4%
Volatilität (in HKD)	16,3%	26,0%	27,2%	39,7%
Volatilität (in Euro)	18,1%	27,7%	29,3%	41,3%

ABN Open End-Zertifikate

ISIN /WKN	BV	Spread	Gebühr	Anm.
DE 000 685 964 8 / 685 964	4,34:1	1,50%	Keine	Non-Q.
DE 000 A0A BG3 9 / A0A BG3	10:1	2,00%	Variabel	Quanto

Index-Anbieter: Wertpapierbörse Hongkong (www.hkex.com.hk)
Bloomberg-Kürzel: HSCEI <Index>

Verlauf seit 01.01.1994

RP versus HSI Hang Seng

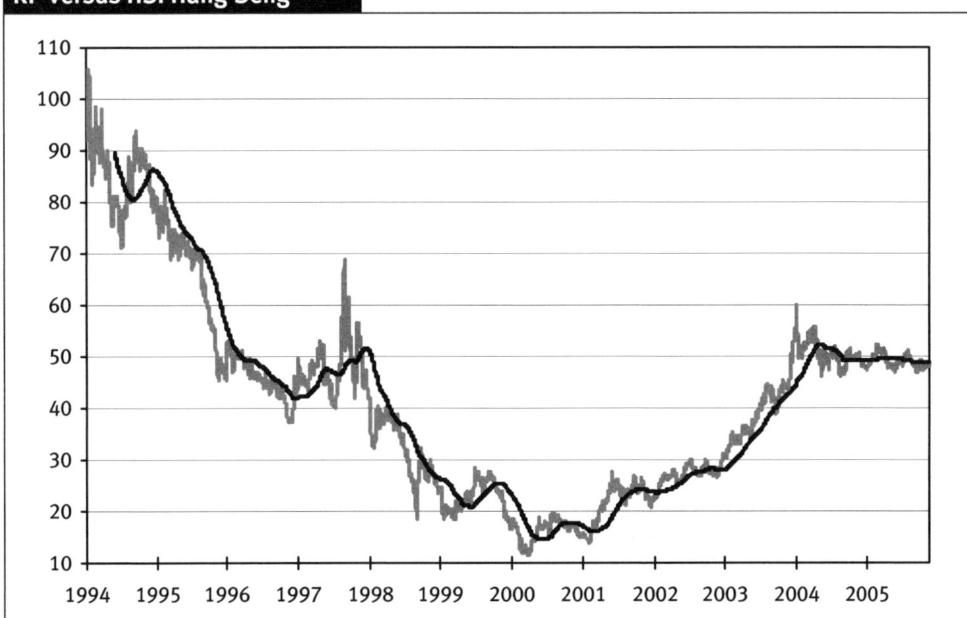

Shenzhen B-Share Index

Kurzprofil

Bereits jetzt ist China der größte Empfänger von ausländischen Direktinvestitionen. Der Einstieg in chinesische Aktien gestaltet sich für ausländische Investoren jedoch schwierig. Die meisten Titel entfallen auf staatliche oder halbstaatliche Konzerne. Dementsprechend unsicher ist eine Prognose der wahren Ertragsstärke der Unternehmen, da diese häufig auf staatliche Hilfe zählen können. Ausländer gehen daher auf Nummer sicher und kaufen vor allem H-Shares. Das sind Anteilscheine von Unternehmen, die in Hongkong gelistet sind und den gleichen Transparenzanforderungen unterliegen, wie es am internationalen Börsenplatz Hongkong auch sonst üblich ist.

Wer es spekulativer mag, kauft auch B-Shares. Diese notieren an der Börse Shanghai in US-Dollar, in Shenzhen dagegen in Hongkong-Dollar, und sind seit Februar 2001 auch Inlands-Chinesen zugänglich. Der seit Februar 1992 aufgelegte Shenzhen B-Share-Index enthält 55 Firmen mit Sitz in der Volksrepublik China. Dabei schlagen jedoch vier Schwergewichte zu Buche: Mit Abstand größter Wert ist der Logistikkonzern China International Marine Containers mit mehr als 20 Prozent. Ihm folgen mit weitem Abstand die landesweit größte Immobiliengesellschaft China Vanke mit rund sechs Prozent, der Energiekonzern Guangdong Electric Power mit ebenfalls rund sechs Prozent und der Autobauer Chaonqing Changan Automobile mit rund fünf Prozent.

Die Öffnung der Börse für einheimische Anleger sorgte für eine wahre Kursexplosion bei den B-Shares. Die Folge dieser Euphorie: Zahlreiche Firmen hatten als B-Shares zeitweise eine wesentlich höhere Bewertung als in ihrem H-Share-Listing in Hongkong. Doch mittlerweile hat der Shenzhen B-Share Index seinen Performance-Vorsprung gegenüber dem Hang Seng China Enterprises Index (HSCEI) schon wieder fast komplett aufgebraucht.

Kennzahlen per 30.11.2005

	1 Jahr	3 Jahre	5 Jahre	10 Jahre
Hoch	277	316	436	436
Tief	187	185	119	42
Performance (in HKD)	-18,9%	-0,5%	+62,3%	+209,0%
Performance (in Euro)	-8,5%	-15,7%	+19,8%	+255,9%
Volatilität (in HKD)	26,8%	25,3%	34,0%	39,5%
Volatilität (in Euro)	27,1%	26,6%	35,1%	40,3%

ABN Open End-Zertifikat

ISIN /WKN	BV	Spread	Gebühr	Anm.
NL 000 044 890 0 / ABN 5RP	1:1	2,50%	Keine	Non-Q.

Index-Anbieter:	Wertpapierbörse Shenzhen (www.szse.cn)
Bloomberg-Kürzel:	SZBSHR‹Index›

Verlauf seit 01.01.1994

RP versus HSCEI

FTSE/Xinhua China 25 Index

Kurzprofil

Der FTSE / Xinhua China 25 Index wurde kurz nach der Jahrtausendwende von der britischen FTSE-Gruppe in Partnerschaft mit der führenden chinesischen Finanznachrichtenagentur Xinhua Financial Network ins Leben gerufen. Er spiegelt die Kursentwicklung von 25 chinesischen – für ausländische Anleger handelbare – Aktien wieder. Bei der Erarbeitung des Regelwerks waren die beiden Initiatoren darauf bedacht, den hohen internationalen Ansprüchen gerecht zu werden. So findet die Berechnung des in Hongkong-Dollar veröffentlichten Index in Echtzeit alle 15 Sekunden statt.

Auch in anderen Punkten erfüllt der FTSE / Xinhua China 25 internationale Kriterien. Die Mitgliedsunternehmen werden nach der handelbaren Marktkapitalisierung gewichtet und vierteljährlich durch das Index-Komitee überprüft. Auf diese Weise ist stets eine aktuelle Zusammensetzung gewährleistet. Um zu vermeiden, dass einzelne Titel im Index eine zu große Bedeutung gewinnen, wurde eine Obergrenze eingeführt. So wird die Gewichtung bei zehn Prozent gekappt. Das heißt: Auch Unternehmen, denen auf Basis der Marktkapitalisierung eigentlich ein höheres Gewicht zustehen würde, sind im Index nur mit maximal zehn Prozent berücksichtigt. Damit hat der China 25 einen großen Vorteil gegenüber dem Konkurrenten Hang Seng China Enterprises (HSCEI), der unter extremer Klumpenbildung leidet.

Ein weiterer Pluspunkt des Xinhua China 25 gegenüber dem HSCEI: Der FTSE-Ableger enthält nicht nur H-Shares wie der Hang-Seng-Rivale, sondern auch Red Chips. Bei dieser Aktienart handelt es sich um Papiere von Unternehmen, an denen die Volksrepublik China eine wesentliche Beteiligung hält und die ihr Hauptgeschäft im chinesischen Binnenmarkt tätigen. Darunter sind so bekannte Gesellschaften wie die Mobilfunk-Riesen China Mobile oder China Unicom. Anders als beim HSCEI ist der Telecomsektor mit rund 20 Prozent Gewicht die bedeutendste Branche im Index, gefolgt von den Rohstoff- und Transportwerten. Was die Performance betrifft, zeigt sich ein ähnliches Chartbild wie beim HSCEI. Beide Indizes machten im Jahr 2003 einen fulminanten Sprung nach oben, dann begann eine Konsolidierungsphase, die seit April 2004 wieder in einen klaren Aufwärtstrend übergegangen ist.

Kennzahlen per 30.11.2005

	1 Jahr	3 Jahre	5 Jahre	10 Jahre
Hoch	8.846	9.737	9.737	n/a
Tief	7.827	4.234	4.081	n/a
Performance (in HKD)	+6,2%	+102,5%	+92,6%	n/a
Performance (in Euro)	+19,7%	+71,6%	+46,5%	n/a
Volatilität (in HKD)	15,7%	21,9%	21,0%	n/a
Volatilität (in Euro)	17,8%	23,8%	23,1%	n/a

Index-Anbieter: FTSE / Xinhua Financial Networks (www.ftse.com)
Bloomberg-Kürzel: FXTID <Index>

Verlauf seit 01.01.2001

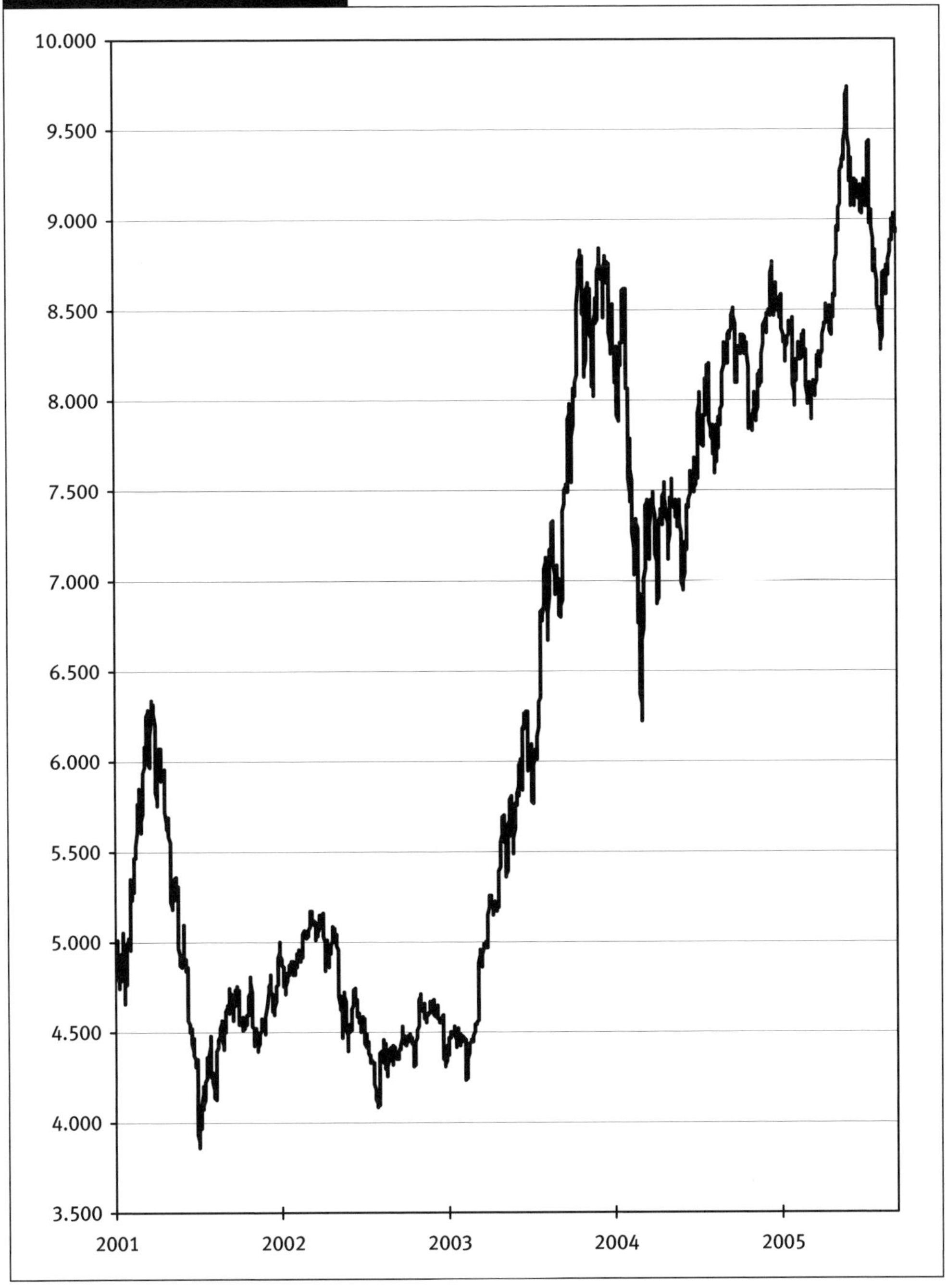

NIFTY 50 Index

Kurzprofil

Neben China gilt Indien als Hoffnungsträger für die Weltwirtschaft. Was die beiden Riesen mit ihrer Milliardenbevölkerung und dem enormen Marktpotenzial lange Zeit unterschied, war die ungleiche Wahrnehmung bei den Anlegern. Während chinesische Aktien wie China Telecom einer breiten Öffentlichkeit schon lange bekannt sind, führten indische Blue Chips wie das Softwarehaus Tata Consult oder der Telecomkonzern Bharti Televe weitgehend ein Mauerblümchendasein. Obwohl sich das mittlerweile geändert hat, besteht noch immer immenses Wachstumspotenzial. Abgebildet ist die geballte Wirtschaftskraft Indiens im S&P CNX NIFTY 50. Gemanagt wird er von der National Stock Exchange of India (NSE). Als Partner hat sich der Börsenbetreiber aus Mumbai den bekannten US-Index-Anbieter S&P ins Boot geholt. Der NIFTY 50 ist ein Preis-Index mit 50 Aktien aus 24 Branchen. Im Gegensatz zum von der Börse Bombay berechneten Aktien-Index SENSEX, bei dem die freie Marktkapitalisierung das zentrale Gewichtungskriterium darstellt, spielt beim NIFTY 50 die Liquidität der Aktien die entscheidende Rolle. Gemeint ist damit aber nicht der Turn-over, also die Handelsumsätze, sondern die „impact costs“. Diese berechnen sich aus einem System, das die Geld- und Brief-Kurse auf der einen Seite und die Transaktionen auf der anderen Seite als Basis nimmt. Das ist für Außenstehende nicht immer einfach nachvollziehbar, worunter die Transparenz des Index leidet. Dafür liefert der NIFTY 50 mit Blick auf den eher dünnen indischen Aktienmarkt ein besseres Bild von der tatsächlichen „Wichtigkeit“ von bestimmten Papieren als der Market-Cap-Ansatz. Ein weiterer Vorteil gegenüber dem SENSEX, in dem nur 30 Werte vertreten sind, ist die realitätsnähere Abbildung der indischen Wirtschaft. Zu den gewichtigsten Unternehmen gehören vor allem Firmen aus der IT- und Softwarebranche, was Indiens Ruf als Hightech-Schmiede untermauert.

Kennzahlen per 30.11.2005

	1 Jahr	3 Jahre	5 Jahre	10 Jahre
Hoch	2.712	2.712	2.712	2.712
Tief	1.903	924	854	788
Performance (in INR)	+35,4%	+152,6%	+109,1%	+207,6%
Performance (in Euro)	+48,3%	+124,3%	+56,7%	+168,7%
Volatilität (in INR)	17,3%	22,1%	22,1%	25,4%
Volatilität (in Euro)	20,1%	25,4%	25,3%	28,0%

ABN Open End-Zertifikat

ISIN /WKN	BV	Spread	Gebühr	Anm.
NL 000 020 216 6 / 256 685	1:1	2,50%	Keine	Non-Q.

Index-Anbieter: National Stock Exchange of India (www.nseindia.com)
Bloomberg-Kürzel: NIFTY <Index>

Verlauf seit 01.01.1992

EUR/INR

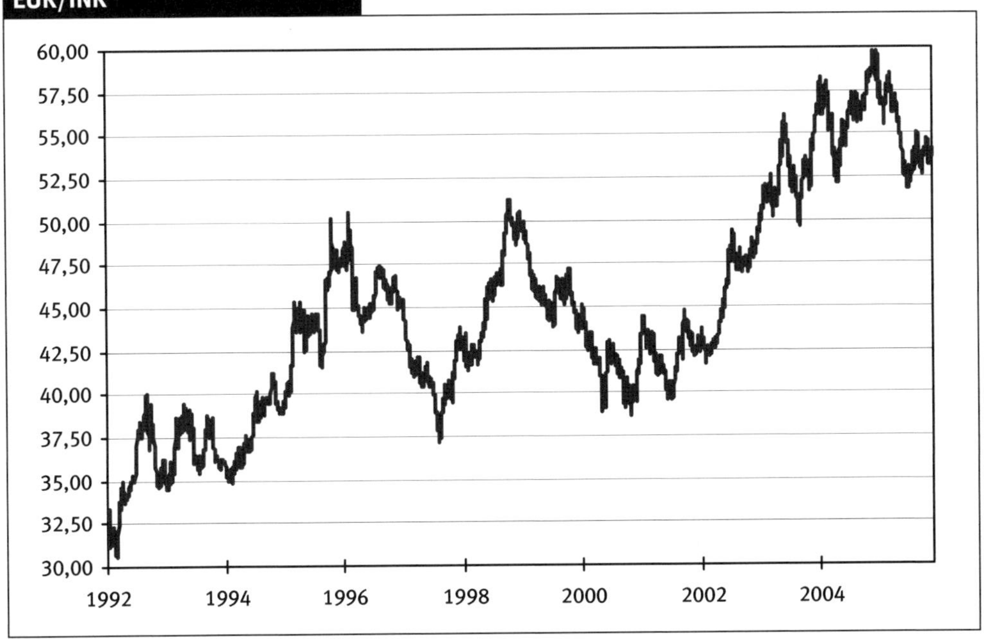

KOSPI 200 Index

Kurzprofil

Ein rasante Wirtschaftsentwicklung und die Tatsache, dass Südkorea die siebtgrößte Handelsnation der Welt ist, können nicht über eine Vielzahl von externen und internen Problemen hinwegtäuschen, mit denen die ehemalige japanische Kolonie konfrontiert ist. Neben politischen und sozialen Konflikten kämpft die koreanische Wirtschaft auch heute noch mit den Folgen eines zu ungestümen, kreditfinanzierten Wirtschaftswachstums. Diese konnten bislang auch durch einen harten Reformkurs und ein umfassendes Restrukturierungsprogramm nicht völlig aus der Welt geschafft werden. Immer wieder kommt es zu Rückschlägen, Korruptionsaffären und Skandalen. Die Benchmark für das stark exportabhängige Land ist der KOSPI 200. Der Index umfasst 200 koreanische Standardaktien, die entsprechend ihres Börsenwerts gewichtet sind. Insgesamt beläuft sich die Marktkapitalisierung auf rund 400 Milliarden Dollar – das entspricht in etwa 93 Prozent des Gesamtmarkts in Seoul oder immerhin knapp 60 Prozent der Kapitalisierung unseres heimischen DAX. Viele KOSPI-200-Mitglieder sind freilich längst keine rein koreanischen Unternehmen mehr. Multinationale Konzerne wie der Elektronik-Riese Samsung, der Autobauer Hyundai, der Handy- und Flachbildschirmspezialist LG oder das Daewoo-Konglomerat erwirtschaften den überwiegenden Teil ihrer Umsätze im Ausland. Weil die meisten Unternehmen zudem eine sehr geringe Eigenkapitaldecke haben und somit auf üppige „Cashflows" aus dem Ausland angewiesen sind, sehen zahlreiche Marktbeobachter den KOSPI 200 als Frühindikator für die Weltwirtschaft an. Langsam, aber sicher honoriert auch die Börse den spektakulären Aufstieg Koreas vom agrarlastigen Armenhaus Asiens hin zur modernen Industrie- und Dienstleistungsgesellschaft. Trotzdem: Seit seinem Start am 3. Januar 1990 konnte der Index um lediglich 71,35 Prozent zulegen, was einer Rendite von 3,43 Prozent p.a. entspricht.

Kennzahlen per 30.11.2005

	1 Jahr	3 Jahre	5 Jahre	10 Jahre
Hoch	166	166	166	166
Tief	108	66	58	32
Performance (in KRW)	+46,3%	+80,3%	+161,4%	+58,3%
Performance (in Euro)	+67,4%	+76,0%	+123,7%	n/a
Volatilität (in KRW)	17,3%	23,6%	28,5%	36,5%
Volatilität (in Euro)	20,5%	27,1%	33,0%	n/a

ABN Open End-Zertifikat

ISIN /WKN	BV	Spread	Gebühr	Anm.
DE 000 571 515 5 / 571 515	1:1.000	4,00%	Keine	Non-Q.

Index-Anbieter:	Korea Stock Exchange (www.krx.co.kr/webeng)
Bloomberg-Kürzel:	KOSPI2 ‹Index›

Verlauf seit 01.01.1990

EUR/KRW

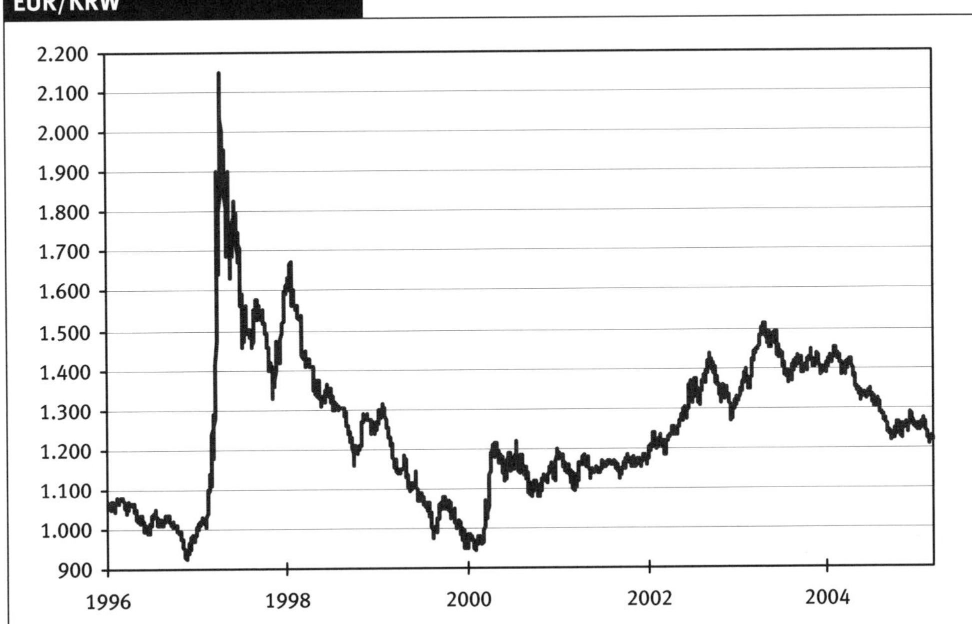

S.E.T. 50 Index

Kurzprofil

Unterdurchschnittlich hat sich der Aktienmarkt Thailands in den vergangenen zwei Jahren entwickelt. Nach einem äußerst schwachen Jahr 2004 – der Leitindex S.E.T. 50 verlor 7,9 Prozent – konnten sich die Kurse trotz Tsunami-Katastrophe Ende 2004 immerhin über der Marke von 450 Punkten stabilisieren. Dabei gibt es genügend Anlass für eine kräftige Erholung: Die Partei von Premier Thaksin Shinawatra hat ihre Mehrheit deutlich ausgebaut. Damit kann die Regierung ihre erklärte Privatisierungspolitik weiter vorantreiben. Zudem setzt Shinawatra vor allem auf den inländischen Konsum. Das macht den Tigerstaat, im Gegensatz zu seinen asiatischen Nachbarn, weniger von der wirtschaftlichen Entwicklung im Rest der Welt abhängig. 2004 brachte es das „Land des Lächelns“ auf ein Wirtschaftswachstum von sechs Prozent. Ökonomen sagen dem Königreich erneut einen Anstieg des Bruttoinlandprodukts voraus. Die höchsten Schätzungen reichen bis zu 6,25 Prozent.

Mit einem Kurs-Gewinn-Verhältnis von knapp zehn ist der Aktienmarkt immer noch moderat bewertet. Die durchschnittliche Dividendenrendite beträgt stolze vier Prozent. Daneben sorgen zahlreiche Börsengänge für gute Stimmung. Einer davon dürfte von Thailands größtem Energieversorger PTT kommen. Das Index-Schwergewicht plant seine zwei Raffinerien zu fusionieren und sie im laufenden Jahr an die Börse zu bringen. Der Index startete am 16. August 1995 bei 100 Punkten. Leider kein guter Zeitpunkt, denn kurz darauf schlitterte die asiatische Welt in eine schwere Krise. Doch der Beinahe-Bankrott hatte auch sein Gutes: Radikale Wirtschaftsreformen führten zu ansehnlichen Wachstumsraten. Trotz der Konsolidierungsphase in den vergangenen zwei Jahren hat der thailändische Aktienmarkt diesen Tiefschlag ganz gut verdaut.

Kennzahlen per 30.11.2005

	1 Jahr	3 Jahre	5 Jahre	10 Jahre
Hoch	523	523	523	n/a
Tief	446	223	170	n/a
Performance (in THB)	+1,4%	+99,7%	+142,2%	n/a
Performance (in Euro)	+9,1%	+77,5%	+89,1%	n/a
Volatilität (in THB)	15,9%	21,5%	23,6%	n/a
Volatilität (in Euro)	18,9%	24,5%	26,4%	n/a

ABN Open End-Zertifikat

ISIN /WKN	BV	Spread	Gebühr	Anm.
NL 000 032 286 5 / 330 670	1:10	2,50%	Keine	Non-Q.

Index-Anbieter: The Stock Exchange of Thailand (www.set.or.th)
Bloomberg-Kürzel: SET50 ‹Index›

Verlauf seit 01.01.1997

EUR/THB

Straits Times Index (Singapur)

Kurzprofil

Singapur ist für seine penible Reinlichkeit bekannt. Schon für öffentliches Spucken oder das Nicht-Betätigen der Spüle in öffentlichen Toiletten drohen hohe Geldstrafen. Spätestens beim Drogenschmuggel hört der Spaß ganz auf; hier kennt der Stadtstaat kein Pardon und verhängt auch gegen Ausländer regelmäßig die Todesstrafe. Verantwortlich für diese international oft kritisierte, harte Haltung ist die „People's Action Party", die das politische Geschehen seit der Unabhängigkeit im Jahr 1965 dominiert. Angesichts des praktisch herrschenden Einparteiensystems ist die Insel zwischen Malaysia und Indonesien nach westlichen Standards nicht wirklich demokratisch geprägt. Trotzdem gilt Singapur sowohl bei Touristen als auch bei vielen Firmen noch immer als ideales Einstiegsland für Asien. Von diesen Vorteilen profitierte natürlich auch der heimische Aktienmarkt lange Zeit, der – gemessen an der Marktkapitalisierung – zu 60 Prozent im Straits Times Index gebündelt ist. Dieser Leitindex hat die weltweite Schwächeperiode zwischen 2000 und 2003 schon wieder fast komplett ausgebügelt und visiert neue Höchststände an.

Allerdings ändern sich langsam die Investitionsströme. Immer mehr Geld fließt direkt in die boomenden Regionen China und Indien. Das erklärt auch die auf Jahressicht eher enttäuschende Performance des Marktbarometers, das angesichts von 50 Index-Mitgliedern breit diversifiziert daherkommt. Dabei achtet die Wertpapierbörse „Singapore Exchange" bei der Index-Zusammensetzung vor allem auf die Branchenzugehörigkeit, um die realwirtschaftlichen Bedingungen adäquat abzubilden. Hierbei wird zunächst die Marktkapitalisierung der sieben Branchen Handel, Finanzen, Industrie, Immobilien, Dienstleistung, Transport / Kommunikation sowie Mischkonzerne getrennt voneinander berücksichtigt. Erst danach zieht man den Marktwert der einzelnen Sektorenvertreter als Gewichtungskriterium heran. Mindestens einmal im Jahr wird die Zusammensetzung geprüft und unter Umständen angepasst. Bei Bedarf werden natürlich auch außerordentliche Anpassungen vorgenommen.

Kennzahlen per 30.11.2005

	1 Jahr	3 Jahre	5 Jahre	10 Jahre
Hoch	2.377	2.377	2.377	2.583
Tief	1.999	1.214	1.214	805
Performance (in THB)	+13,4%	+65,3%	+17,8%	+29,4%
Performance (in Euro)	+23,7%	+45,4%	-9,5%	n/a
Volatilität (in THB)	9,8%	13,9%	17,0%	22,3%
Volatilität (in Euro)	12,3%	16,7%	19,8%	n/a

Index-Anbieter: Singapore Exchange (www.sgx.com)
Bloomberg-Kürzel: STI <Index>

Verlauf seit 01.01.1985

EUR/SGD

JSX Liquid Index

Kurzprofil

Kein anderes Land wurde von der Tsunami-Katastrophe, die Weihnachten 2004 weite Küstengebiete des Indischen Ozeans verwüstete, härter getroffen als Indonesien. Mehr als die Hälfte der insgesamt fast 300.000 Todesopfer kamen in dem Inselstaat um. Erstaunlicherweise ging die Flutkatastrophe am indonesischen Aktienmarkt spurlos vorüber. Nach der Schreckensmeldung hat der Jakarta SX LQ45 Index seinen Aufwärtstrend unbeirrt fortgesetzt und fast täglich ein neues Allzeithoch erklommen. Der Anstieg spiegelt die derzeit gute Konjunkturlage in Indonesien und die damit verbundene rasante Gewinnentwicklung vieler Unternehmen wider. Wie sein Name bereits andeutet, enthält der LQ45 die 45 liquidesten Aktien der Börse Jakarta. Gemeinsam repräsentieren sie jeweils mehr als 70 Prozent der Kapitalisierung und der Handelsumsätze aller am Gesamtmarkt gelisteten Titel. Um in das Auswahlbarometer aufgenommen zu werden, muss ein Papier seit mindestens drei Monaten an der Börse Jakarta notiert sein und in der maßgeblichen Auswahlliste zu den 60 meistgehandelten Aktien gehören. Weitere, international eher unübliche Kriterien zielen auf die Finanzlage und die Wachstumsperspektiven der Firma. Über die Zusammensetzung entscheidet zwei Mal pro Jahr ein Team aus unabhängigen Finanzmarktexperten. Der Austausch findet dann jeweils im Februar und August statt. Die Fluktuation ist hoch: Allein bei der Umstellung im Februar 2005 wurden zwölf Unternehmen ausgewechselt. Aktuell ist PT Telekomunikasi Indonesia – der größte Telekommunikationsanbieter des Landes – das Schwergewicht im Index. Da unter den Top Ten mehrere Banken anzutreffen sind, ist es nicht weiter verwunderlich, dass der Finanzsektor mit mehr als einem Viertel der Kapitalisierung der „schwerste" Brocken im Index ist. Der LQ45 wurde bis zum 13. Juli 1994 zurückberechnet und das Ausgangsniveau auf 100 Punkte festgelegt. Das Allzeittief erreichte das Barometer im Oktober 1998 bei weniger als 50 Punkten.

Kennzahlen per 30.11.2005

	1 Jahr	3 Jahre	5 Jahre	10 Jahre
Hoch	263	263	263	263
Tief	201	81	67	49
Performance (in IDR)	+10,9%	+184,8%	+177,6%	+120,5%
Performance (in Euro)	+12,1%	+115,0%	+93,4%	-42,4%
Volatilität (in IDR)	21,5%	22,9%	25,4%	34,0%
Volatilität (in Euro)	25,8%	27,6%	32,8%	53,0%

ABN Open End-Zertifikat

ISIN /WKN	BV	Spread	Gebühr	Anm.
NL 000 040 016 6 / ABN 1NH	1:1.000	5,00%	Variabel	Non-Q.

Index-Anbieter: Jakarta Stock Exchange (www.jsx.co.id)
Bloomberg-Kürzel: LQ45 <Index>

Verlauf seit 01.01.1995

EUR/IDR

MSCI Taiwan Index

Kurzprofil

Eines müssen Anleger auf alle Fälle mitbringen, wenn sie in taiwanesische Aktien investieren: gute Nerven. Der MSCI Taiwan, berechnet vom Index-Anbieter Morgan Stanley Capital International (MSCI), schwankte in den vergangenen 15 Jahren zwischen 100 und 500 Punkten. Für Kursausschläge – vor allem in der Computerbranche – sorgen auch die regelmäßigen Erdbeben in der Region. Denn ein Großteil der in PCs verwendeten Bauelemente wird in dem asiatischen Land hergestellt. Nach dem letzten großen Beben im September 1999 mussten viele Produktionsanlagen in Taiwan wegen Stromausfalls für einige Tage abgeschaltet werden. Das löste weltweit Lieferengpässe aus und verhagelte so manchem Computerhersteller das Quartalsergebnis.

Anfang 2000 musste der MSCI Taiwan aber nicht wegen der Erdstöße kräftig Federn lassen, sondern wegen des Platzens der Spekulationsblase bei Hightechaktien. Von einem Niveau von mehr als 450 Punkten gab er bis zum Tief gut eineinhalb Jahre später rund 300 Punkte oder zwei Drittel seines Werts ab. Bis heute hat sich an den Branchenschwerpunkten nichts geändert: Hardware und Halbleiter decken gemeinsam etwa die Hälfte der Index-Kapitalisierung ab. Mit respektablem Abstand folgen Grundstoffe und Banken. Wie international üblich werden die Gewichte im dem 100 Werte umfassenden MSCI-Auswahlbarometer nur anhand der frei handelbaren Aktien vergeben. Demnach ist „Taiwan Semiconductor Manufacturing" (TSMC) – der weltgrößte Auftragsproduzent von Mikrochips – mit mehr als 13 Prozent die Nummer eins im Index. Und last, but not least: Für Belastungen am taiwanesischen Aktienmarkt könnte zudem das angespannte Verhältnis des Tigerstaates zu China sorgen, das Taiwan seit jeher als abtrünnige Teilrepublik sieht.

Kennzahlen per 30.11.2005

	1 Jahr	3 Jahre	5 Jahre	10 Jahre
Hoch	271	301	301	454
Tief	235	178	156	156
Performance (in TWD)	+7,0%	+30,0%	+8,7%	+30,0%
Performance (in Euro)	+15,8%	+13,8%	-22,0%	n/a
Volatilität (in TWD)	14,1%	21,7%	26,2%	27,2%
Volatilität (in Euro)	17,8%	25,0%	29,6%	n/a

ABN Open End-Zertifikat

ISIN /WKN	BV	Spread	Gebühr	Anm.
NL 000 033 142 9 / 325 999	1:10	1,50%	Keine	Non-Q.

Index-Anbieter: Morgan Stanley Capital International (www.msci.com)
Bloomberg-Kürzel: TAMSCI ‹Index›

Verlauf seit 01.01.1988

EUR/TWD

KLCI Composite Index

Kurzprofil

Der Kuala Lumpur Stock Exchange Composite Index – oder kurz KLSE Composite – ist der meistbeachtete Gradmesser des malaysischen Aktienmarkts. Immerhin 100 der fast 1.000 an der Börse Kuala Lumpur gelisteten Papiere sind in dem Index vertreten und dort nach ihrer Marktkapitalisierung gewichtet. Wie bei allen asiatischen Börsenbarometern lassen sich auch am malaysischen Index die Auswirkungen der Asienkrise sehr gut ablesen: Ausgehend von mehr als 1.200 Punkten Anfang 1997 rutschte der Index bis zum Herbst 1998 auf fast 250 Zähler ab – ein Verlust von fast 80 Prozent in rund eineinhalb Jahren. Im Sog der weltweiten Aktieneuphorie erholte sich der Composite bis Anfang 2000 auf ziemlich genau 1.000 Punkte. Der anschließende Absturz fiel weit weniger dramatisch aus als zum Beispiel an der amerikanischen NASDAQ oder beim DAX. Ein Grund dafür dürfte in der Zusammensetzung des Index liegen, der relativ wenige Technologieaktien enthält. Gerade mal fünf Unternehmen mit einem Gewicht von weniger als einem Prozent werden dieser Sparte zugerechnet. Absolutes Schwergewicht ist mit einem Index-Anteil von fast 50 Prozent die Branche „Trading Services“. Darunter ist ein buntes Sammelsurium aus 32 Gesellschaften wie dem Spielkasinobetreiber Genting, dem Flughafen Malaysia Airport und Telekom Malaysia zusammengefasst. Die größte Telefongesellschaft des Landes ist gleichzeitig der drittschwerste Titel im Index. Mehr Kapitalisierung bringen nur das führende Geldinstitut Malayan Banking sowie der wichtigste Stromversorger des Landes, Tenaga Nasional, auf die Waage. Die Wurzeln der malaysischen Börse reichen bis ins Jahr 1930 zurück. Erst vor kurzem mussten sich Händler an eine neuen Namen ihres Arbeitgebers gewöhnen: Im April 2004 wurde die Kuala Lumpur Stock Exchange in „Bursa Malaysia“ umbenannt.

Kennzahlen per 30.11.2005

	1 Jahr	3 Jahre	5 Jahre	10 Jahre
Hoch	953	953	953	1.272
Tief	861	616	553	263
Performance (in MYR)	-2,3%	+42,4%	+22,8%	-5,8%
Performance (in Euro)	+10,8%	+20,9%	-8,6%	n/a
Volatilität (in MYR)	7,8%	10,5%	13,3%	27,2%
Volatilität (in Euro)	11,3%	13,9%	16,9%	n/a

ABN Open End-Zertifikat

ISIN /WKN	BV	Spread	Gebühr	Anm.
NL 000 040 018 2 / ABN 1PF	10:1	2,00%	Keine	Non-Q.

Index-Anbieter: Bursa Malaysia (www.bursamalaysia.com)
Bloomberg-Kürzel: KLCI ‹Index›

Verlauf seit 01.01.1980

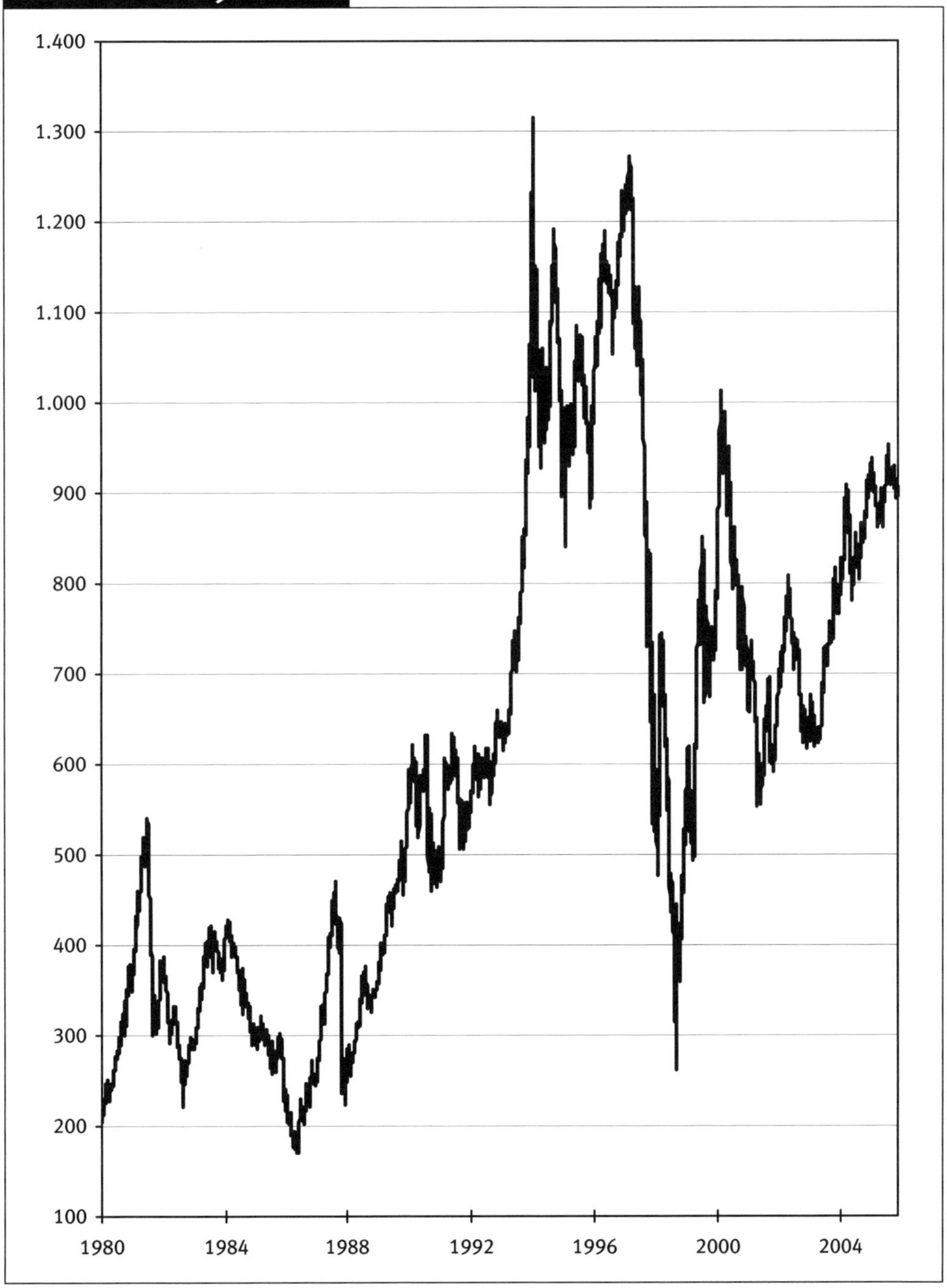

FTSE Latibex Top Index

Kurzprofil

Was die Wiener Börse für den Aktienmarkt in Osteuropa darstellt, ist die in Madrid ansässige BME Bolsas y Mercados Espanoles für die Börsen in Lateinamerika: Wachstumsmotor und Garant für Transparenz. Die Spanier haben freilich nicht nur eine Index-Familie konzipiert, sondern gleich ein komplettes Handelssegment aufgesetzt. Die Latibex-Plattform ermöglicht dem Anleger den effizienten Zugang zu Südamerika-Aktien, verbunden mit besonderen Publizitätspflichten der Unternehmen und einer Kursfeststellung in Euro. Weil der damit verbundene Aufwand sich für die Firmen erst ab einer gewissen Größenordnung lohnt, darf das Latibex-Listing durchaus als Qualitätsmerkmal verstanden werden. Allerdings bleibt es nicht aus, dass die Repräsentativität unter diesen hohen Anforderungen leidet. Schließlich schaffen lediglich 15 Werte den Sprung in den Blue-Chip-Index.

Das erst seit Anfang 2003 berechnete Kursbarometer umfasst derzeit ausschließlich brasilianische, mexikanische und chilenische Titel. Dabei stellt das Land am Zuckerhut ca. 50 Prozent des Index. Dies spiegelt sich auch bei der Verteilung der Schwergewichte wider. Von den fünf größten Indexmitgliedern, die jeweils neun bis zehn Prozent des Index ausmachen, kommen vier aus Brasilien. Darunter finden sich das Telecomunternehmen America Movil, die Privatbank Banco Bradesco, der Öl- und Gaskonzern Petrobas sowie der Erzschürfer Vale Do Rio. Alle anderen Unternehmen sind mit etwa sechs bis sieben Prozent im Index gewichtet. Länder wie Argentinien, Uruguay, Peru oder Venezuela werden mangels Masse nicht abgedeckt.

Dennoch ist der in Kooperation mit den Spezialisten von FTSE (Financial Times-Stock Exchange) entwickelte Index an sich kein schlechtes Einstiegsinvestment für die dritte große Emerging-Markets-Region neben Osteuropa und China / Südostasien. Entsprechend rasant ging es zuletzt nach oben: Seit Anfang 2003 haben sich die Kurse mehr als verdreifacht. Dabei profitierten die Latino-Aktien vor allem von der weltweiten Rohstoff-Hausse. Zudem bemühen sich die Staaten sichtlich, die Strukturprobleme zu beseitigen. Vor allem Brasilien machte in dieser Hinsicht zuletzt große Fortschritte. Trotz allem muss man dem Markt ein gewisses Rückschlagspotenzial zusprechen.

Kennzahlen per 30.11.2005

	1 Jahr	3 Jahre	5 Jahre	10 Jahre
Hoch	3.131	3.131	3.131	n/a
Tief	1.682	881	871	n/a
Performance	+80,8%	+205,3%	+85,6%	n/a
Volatilität	23,4%	22,3%	24,1%	n/a

Index-Anbieter: FTSE Group (www.ftse.com)
Bloomberg-Kürzel: LATIBEXT ‹Index›

Verlauf seit 01.01.2000

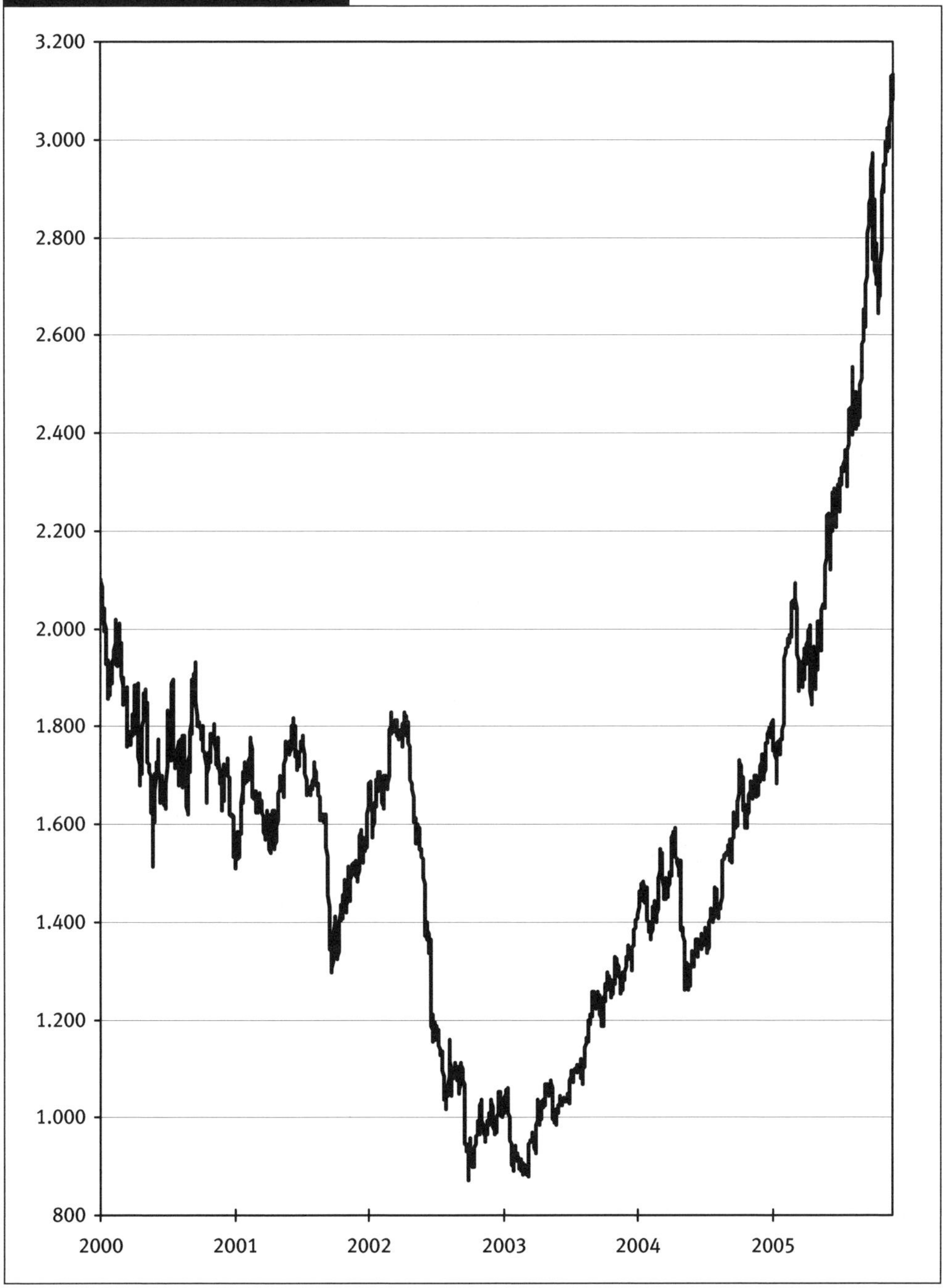

BOVESPA Index

Kurzprofil

Der berühmte Karneval von Rio war kaum vorbei, da stieg in Sao Paulo die nächste Party: Anfang März 2005 überschritt der Wert aller an der heimischen Börse notierten Unternehmen erstmals die Marke von einer Billion Real (knapp 300 Milliarden Euro). Fast zeitgleich markierte der Leitindex BOVESPA ein neues Allzeithoch. Damit legte das Barometer innerhalb von zwei Jahren um sage und schreibe 186 Prozent zu. Zuvor hatten sich die Investoren scharenweise aus dem lateinamerikanischen Staat zurückgezogen. Grund: Die Wirtschaft lag am Boden, und gleichzeitig lasteten enorme Zinsforderungen auf der Staatskasse. Obendrein übernahm Anfang 2003 mit Luiz Inácio Lula da Silva ein Regierungschef das Ruder, dessen Vergangenheit als Gewerkschaftsfunktionär bei den Börsianern keine allzu großen Hoffnungen aufkommen ließ. Doch der schlicht „Lula“ genannte Politiker strafte die Kritiker Lügen. Er brachte Brasiliens Staatshaushalt mit einem konsequenten Sparkurs auf Vordermann. Gleichzeitig legte die Konjunktur des 170 Millionen Einwohner zählenden Landes einen beeindruckenden Turnaround hin: Nachdem die Wirtschaft 2003 noch schrumpfte, nahm das Bruttoinlandsprodukt im Jahr darauf um 5,2 Prozent zu – das ist die höchste Rate seit zehn Jahren. Dabei profitierte Brasilien stark vom weltweiten Boom der Rohstoffmärkte. Kehrseite der Medaille sind aufkommende Inflationstendenzen. Folglich hat die brasilianische Zentralbank den Leitzins in mehreren Schritten von 16 auf mittlerweile 19,25 Prozent angehoben. Der Run auf die Samba-Aktien hat aber nicht nachgelassen. Der BOVESPA vereint insgesamt 53 Unternehmen. Vier der fünf schwersten Werte kommen aus dem Rohstoffsektor. Darunter der Ölmulti Petrobras und der weltweit größte Eisenerzproduzent Companhia Vale do Rio Doce. Mit gut zehn Prozent Anteil kommt das Schwergewicht allerdings aus der Telekommunikationsbranche: Tele Norte Leste Participacoes oder vereinfacht Telemar ist der größte Festnetzanbieter in Südamerika.

Kennzahlen per 30.11.2005

	1 Jahr	3 Jahre	5 Jahre	10 Jahre
Hoch	31.945	31.945	31.945	31.945
Tief	23.610	9.995	8.371	4.035
Performance (in BRL)	+27,0%	+203,7%	+140,2%	+628,9%
Performance (in Euro)	+77,3%	+324,7%	+60,4%	n/a
Volatilität (in BRL)	25,3%	26,0%	29,3%	36,7%
Volatilität (in Euro)	28,1%	33,8%	41,7%	n/a

ABN Open End-Zertifikat

ISIN /WKN	BV	Spread	Gebühr	Anm.
NL 000 019 476 9 / ABN 2MJ	100:1	1,5–2,5%	Keine	Non-Q.

Index-Anbieter: Sao Paulo Stock Exchange (www.bovespa.com.br)
Bloomberg-Kürzel: IBOV ‹Index›

Verlauf seit 01.01.1995

EUR/BRL

FTSE/JSE Africa Top 40 Index

Kurzprofil

Der FTSE/JSE Africa Top 40 bezieht sich mit Südafrika auf das mit Abstand am weitesten fortgeschrittene Land Afrikas. Seit Einführung der Demokratie vor gut acht Jahren mauserte sich der ehemalige Apartheid-Staat zum Musterknaben. Der JSE Africa Top 40 wurde erst im Juni 2002 eingeführt und setzt sich aus den nach Marktkapitalisierung 40 größten Werten der Börse Johannesburg zusammen. In Bezug auf die Performance-Berechnung spielen Währungseinflüsse eine wichtige Rolle, denn der Südafrikanische Rand ist großen Turbulenzen unterworfen.

Bei Südafrika denkt man vor allem an Rohstoffe. Den Index aber dominieren ganz andere Branchen. Ganz vorne liegen Banken und Versicherungen, die mit Nedcor auch das Schwergewicht stellen. Die Nummer zwei kommt mit Network Healthcare aus dem Gesundheitswesen. Der Titel bringt in etwa so viel auf die Waagschale wie alle im Index vertretenen Minenwerte zusammen. Dank der weltweiten Rohstoffhausse rücken der Bergbau und die Agrarindustrie aber wieder verstärkt in den Fokus der Anleger, was sich – obwohl die verarbeitende Industrie und der Tourismus immer wichtiger werden – über kurz oder lang auch in der Index-Gewichtung niederschlagen dürfte. Viele Experten befürchten trotzdem, dass die Aktienhausse in Südafrika zu Ende geht. Ein ahnsehnlicher Teil der Gewinne der letzten Jahre sei auf das Phänomen der so genannten „Carry Trades“ zurückzuführen. Dabei leihen sich institutionelle Anleger billiges Geld und schleusen es in Hochzins-Währungen. Dabei gehörte Südafrika zu den großen Favoriten, bei denen umfangreiche Mittel in Zinstiteln und Aktien angelegt wurden. Nichtsdestotrotz: Solange der weltweite Rohstoffhunger hoch bleibt, erhält auch die Aktienhausse am Kap der Guten Hoffnung genügend Nahrung.

Kennzahlen per 30.11.2005

	1 Jahr	3 Jahre	5 Jahre	10 Jahre
Hoch	15.924	15.924	15.924	n/a
Tief	10.939	6.764	6.753	n/a
Performance (in ZAR)	+35,0%	+69,4%	+105,5%	n/a
Performance (in Euro)	+36,5%	+104,8%	+81,1%	n/a
Volatilität (in ZAR)	14,6%	17,2%	19,3%	n/a
Volatilität (in Euro)	17,8%	20,0%	22,3%	n/a

ABN Open End-Zertifikat

ISIN /WKN	BV	Spread	Gebühr	Anm.
NL 000 021 014 4 / 256 688	100:1	2,00%	Keine	Non-Q.

Index-Anbieter: FTSE / JSE (www.ftse.com)
Bloomberg-Kürzel: TOP40 ‹Index›

Verlauf seit 01.01.1996

S&P/ASX 200 Index

Kurzprofil

Beim Blick auf den fünften Kontinent müssen Deutschlands Politiker vor Neid erblassen. Die australische Wirtschaft wächst um knapp drei Prozent. Anders als hierzulande hält nicht zuletzt der Konsum den Konjunkturmotor am Laufen. Kein Wunder, liegt doch die Arbeitslosenrate auf dem niedrigsten Stand seit fast drei Jahrzehnten. Dabei spielen der ehemals britischen Strafkolonie dank ihrer immensen Bodenschätze natürlich die deutlich anziehenden Rohstoffpreise in die Hände. Von diesem Boom profitierte auch der Aktienmarkt in Down Under, für den die Index-Experten von Standard & Poor's den ASX 200 Index als Marktbarometer entwickelten. Der als Kurs-Index konzipierte ASX 200 hätte sich in der Vergangenheit aber noch besser entwickelt, wenn die fetten Dividenden – in der Vergangenheit bescherten die Unternehmen aus dem Land der Kängurus und Koalas Ausschüttungsrenditen von zeitweise mehr als fünf Prozent – berücksichtigt würden.

Die insbesondere im Vergleich mit dem DAX oder dem DJ Euro STOXX 50 recht hohe Zahl von 200 berücksichtigten Werten deutet zunächst auf eine ziemlich breite Diversifikation hin. Dieser Eindruck täuscht jedoch. Das vierteljährlich auf Basis des „Free Float Value" neu zusammengestellte Kursbarometer birgt erhebliche Klumpenrisiken. Der Finanzsektor (inkl. börsennotierter Immobilienfonds) und die Rohstoffbranche kommen zusammen auf über 60 Gewichtungsprozente, während andere Wirtschaftszweige wie Technologie oder Pharma dramatisch unterbewertet sind. Auch mit der Einzelwertstreuung ist es nicht weit her: Die Hälfte des Index entfällt auf die 15 größten Titel, allen voran auf den Rohstoff-Konzern BHP Billion, der allein knapp acht Prozent für sich beansprucht.

Kennzahlen per 30.11.2005

	1 Jahr	3 Jahre	5 Jahre	10 Jahre
Hoch	4.672	4.672	4.672	4.672
Tief	3.887	2.700	2.700	2.030
Performance (in AUD)	+17,9%	+51,4%	+41,5%	+119,3%
Performance (in Euro)	+27,0%	+68,3%	+46,4%	+151,7%
Volatilität (in AUD)	9,7%	9,0%	10,4%	12,3%
Volatilität (in Euro)	13,9%	13,6%	15,8%	18,1%

ABN Open End-Zertifikat

ISIN /WKN	BV	Spread	Gebühr	Anm.
NL 000 047 214 0 / ABN 02Z	100:1	1,50%	Keine	Non-Q.

Index-Anbieter: Standard & Poor's (www.standardandpoors.com)
Bloomberg-Kürzel: AS51 ‹Index›

Verlauf seit 01.01.1993

RP versus MSCI World

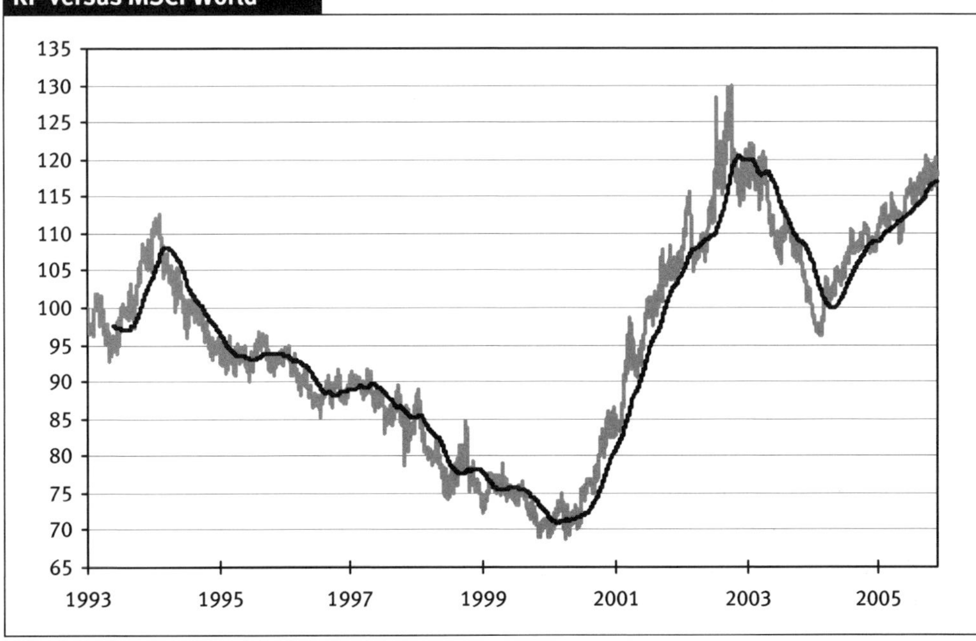

MSCI World Index

Kurzprofil

Der von einer Tochtergesellschaft der US-Bank Morgan Stanley berechnete MSCI World Index bündelt rund 1.500 Aktien aus 23 Ländern und gilt damit völlig zu Recht als die am breitesten aufgestellte internationale Benchmark. Die einzelnen Aktien treten dabei völlig in den Hintergrund, was unter Risikogesichtspunkten vielleicht noch gar nicht so schlecht ist. Umso entscheidender wird die geographische Verteilung – und genau an diesem Punkt fängt die Sache an, kritisch zu werden: Dass US-Unternehmen dominieren; das ist ja noch irgendwie verständlich, schließlich sind die Vereinigten Staaten die größte Volkswirtschaft der Welt. Trotzdem wiegt das Gewicht von 56 Prozent schon sehr erdrückend. Auch Japan (zehn Prozent) sowie vor allem Großbritannien (elf Prozent) und die Schweiz (drei Prozent) erscheinen überrepräsentiert, während die Euroland-Protagonisten Deutschland (2,5 Prozent) und Frankreich (vier Prozent) kaum zum Zuge kommen. Das liegt freilich nicht daran, dass man im Hause MSCI etwas gegen die europäische Gemeinschaftswährung hätte, sondern an den Marktgegebenheiten. Relativ zum Bruttosozialprodukt gibt es in den angelsächsischen Ländern sowie bei den Eidgenossen ungleich mehr börsennotierte Unternehmen als hierzulande, die obendrein wesentlich höher kapitalisiert sind. Der MSCI World stößt deshalb klar an die Grenzen dessen, was ein Index als Investmentvehikel leisten kann. So, wie viele Köche bekanntermaßen jeden Brei verderben, gerät der rein mechanische Mix aus zu vielen zu unterschiedlichen Märkten zu einem Eintopf. Besonders Euroland-Investoren leiden darunter, denn letztendlich ergibt sich teilweise ein doppeltes Währungsrisiko. Zunächst werden für die Index-Berechnung sämtliche Aktienkurse aus aller Herren Länder in US-Dollar konvertiert; bei MSCI-Zertifikaten muss dann aber wieder die Rolle rückwärts – sprich die Umwandlung in Euro – erfolgen. Die hohe Zahl von 1.500 Index-Mitgliedern täuscht darüber hinweg, dass einige wichtige Anlagesegmente vom MSCI World sträflichst vernachlässigt werden. Nebenwerte, die wie der MDAX andere Zyklen ausprägen als die großen Blue Chips, vermisst man ebenso wie Aktien aus Schwellenländern. Nur Unternehmen aus der so genannten Ersten Welt haben Zutritt zum Index.

Kennzahlen per 30.11.2005

	1 Jahr	3 Jahre	5 Jahre	10 Jahre
Hoch	1.244	1.244	1.259	1.449
Tief	1.115	711	704	704
Performance (in US-Dollar)	+9,2%	+47,7%	+2,4%	+72,3%
Performance (in Euro)	+23,1%	+24,5%	-24,3%	+86,3%
Volatilität (in US-Dollar)	8,1%	10,9%	14,5%	13,7%
Volatilität (in Euro)	10,2%	14,7%	18,5%	17,3%

Index-Anbieter: MSCI Morgan Stanley (www.msci.com)
Bloomberg-Kürzel: MXWO <Index>

Verlauf seit 01.01.1985

DJ Global Titans 50 Index

Kurzprofil

„Nomen est omen" – wo sollte dieser Spruch mehr Geltung haben als beim DJ Global Titans 50 Index? Hinter ihm verbergen sich die 50 größten multinationalen Konzerne der Welt. Sie sollen zusammen die Aktienperformance internationaler Unternehmen, deren Tätigkeitsfelder sich über mehrere Volkswirtschaften erstrecken, abbilden. Als weitere Ziele nennt der Index-Anbieter Dow Jones & Company Stabilität und geringes Risiko. Als Grundlage für die Berechnung dient der breite Dow Jones World Index, der Small und Mid Caps sowie Blue Chips aus 34 Ländern enthält. Selbstredend handelt es sich bei den Mitgliedern des Titans 50 um namhafte Großkonzerne mit einer gehörigen Portion Börsenwert. So repräsentierte der Index Ende Mai 2005 knapp ein Viertel des weltweit gehandelten Aktienkapitals.

Insgesamt bringen es die 50 Mitglieder auf einen Gesamtwert von 6,44 Billionen US-Dollar. Nur wenige Gesellschaften ragen aus der Titanen-Ansammlung heraus. Ganz oben steht mit einem Anteil von gut sechs Prozent der amerikanische Ölriese Exxon Mobil. Dagegen erscheint die Telefongesellschaft Bell South mit 0,8 Prozent Gewicht schon wie ein Zwerg. Generell geben die USA den Ton an. 29 der 50 Mitglieder sind in der größten Volkswirtschaft der Welt beheimatet. Sie sorgen für knapp zwei Drittel des Index-Werts. Aus Ländersicht auf Platz zwei steht Großbritannien: Die Zahl der von der Insel kommenden Titanen hat sich seit dem Start auf acht verdoppelt. Deutschland musste dagegen kräftig Federn lassen. Während in der Anfangsformation noch vier heimische Konzerne auftauchten, hält heute nur noch Siemens, auf Platz 43 der Gewichtsrangliste, die schwarz-rot-goldene Fahne hoch. Der Münchener Konzern ist alleine, seit DaimlerChrysler im Juni 2005 aus dem Index fiel.

In puncto Branchen dominieren die Finanzwerte mit einem Gewicht von gut 20 Prozent – unter anderem tauchen die Bankenriesen Citigroup, HSBC und Bank of America auf. Stark gewichtet sind auch die Öl- und Gaswerte, der Bereich Health Care sowie Technologieaktien. Allem Gigantismus zum Trotz fällt die Performance verhältnismäßig mau aus. Seit dem Jahr 1999 weist der MSCI World Index regelmäßig eine klare Outperformance gegenüber der Titanenauswahl auf.

Kennzahlen per 30.11.2005

	1 Jahr	3 Jahre	5 Jahre	10 Jahre
Hoch	200	200	246	294
Tief	188	135	135	130
Performance (in US-Dollar)	+3,8%	+22,0%	-16,9%	+50,8%
Performance (in Euro)	+17,0%	+2,8%	-38,5%	+63,1%
Volatilität (in US-Dollar)	8,0%	11,6%	16,6%	15,9%
Volatilität (in Euro)	11,0%	15,7%	20,5%	19,4%

Index-Anbieter: Dow Jones & Company (www.dowjones.com)
Bloomberg-Kürzel: DJGT <Index>

Verlauf seit 01.01.1992

RP versus MSCI World

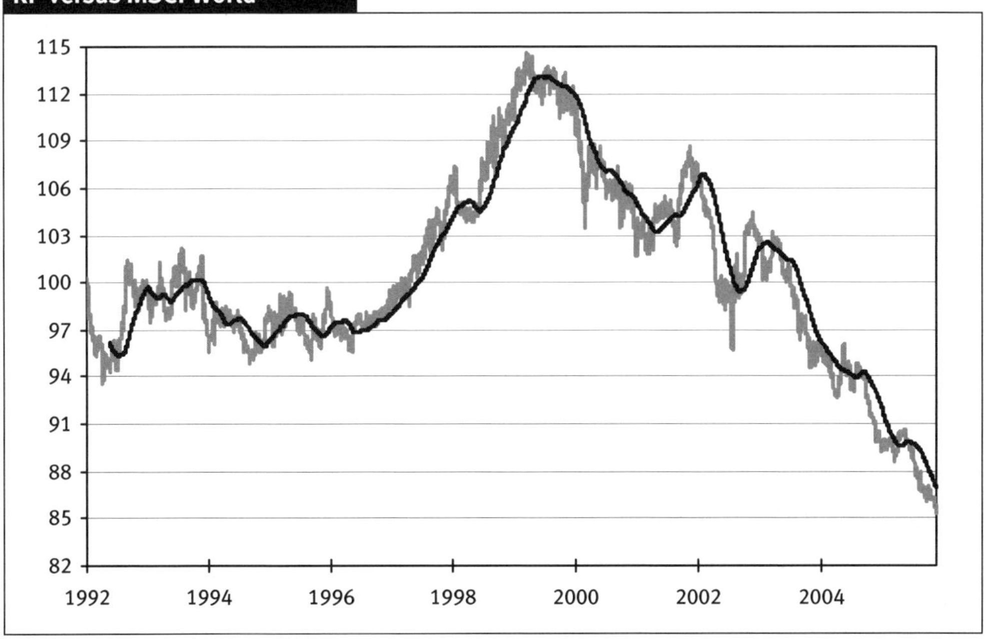

DJ STOXX 600 Automobiles & Parts Index

Kurzprofil

Die Automobilbranche kämpft zurzeit an allen Fronten: Da sind zum einen die hohen Rohstoffkosten, etwa für Öl und Stahl, die die Produktion verteuern. Auf der anderen Seite lahmt die Nachfrage. Sowohl in den USA, dem größten Automarkt der Welt, als auch in Westeuropa stagnieren die Verkäufe. Dazu tobt jenseits des Atlantiks ein harter Preiswettbewerb, der die Anbieter zur Gewährung hoher Rabatte zwingt. Positiv für die europäische Automobilbranche ist aber natürlich die Dollarerholung. Damit wird man vor allem in den USA wettbewerbsfähiger und kann nicht nur den angeschlagenen Lokalmatadoren General Motors und Ford besser die Stirn bieten, sondern auch den asiatischen Autobauern. Daher konnte der Dow Jones STOXX Automobile & Parts Index auf Jahressicht wieder überzeugen und eine Performance von mehr als 20 Prozent aufs Parkett legen. Das ist erfreulich, da er der einzige Branchenindex ist, in dem deutsche Konzerne noch ganz weit vorne stehen. Von den 14 gelisteten europäischen Unternehmen kommen sechs aus der Bundesrepublik. An zweiter Stelle der Nationenwertung folgt Frankreich mit den Flaggschiffen Renault und PSA.

Der mit Abstand schwerste Index-Wert kommt aber wieder aus Deutschland. Es ist DaimlerChrysler mit einem Anteil von rund 30 Prozent. Die Börse hatte die bloße Ankündigung, dass der bisherige Chrysler-Chef Dieter Zetsche das Ruder in der Konzernzentrale in Stuttgart übernimmt, mit einem Kurssprung von zehn Prozent gefeiert – an einem einzigen Tag. Doch auch andere Titel verleihen dem Branchenindex immer wieder erfreuliche Impulse. Dazu zählt etwa die gute Performance bei Porsche. Die Sportwagenschmiede sorgte mit der strategischen Aufstockung ihres Anteils an Volkswagen für Schlagzeilen. Noch besser lief es bei Continental: Der Reifenhersteller, mit neun Prozent Anteil ebenfalls ein Schwergewicht, blickt auf eine phänomenale Kursentwicklung zurück. Seit dem Turnaround im Jahr 2002 hat sich die Aktie versiebenfacht.

Kennzahlen per 30.11.2005

	1 Jahr	3 Jahre	5 Jahre	10 Jahre
Hoch	251,6	251,6	259,0	342,0
Tief	187,0	121,4	121,4	121,4
Performance	+22,3%	+24,4%	+3,4%	+71,3%
Volatilität	14,5%	22,6%	27,4%	25,1%

ABN Open End-Zertifikat

ISIN /WKN	BV	Spread	Gebühr	Anm.
DE 000 827 442 4 / 827 442	10:1	1,00%	Keine	Non-Q.

Index-Anbieter: STOXX Ltd. (www.stoxx.com)
Bloomberg-Kürzel: SXAP ‹Index›

Verlauf seit 01.01.1992

RP versus STOXX 600

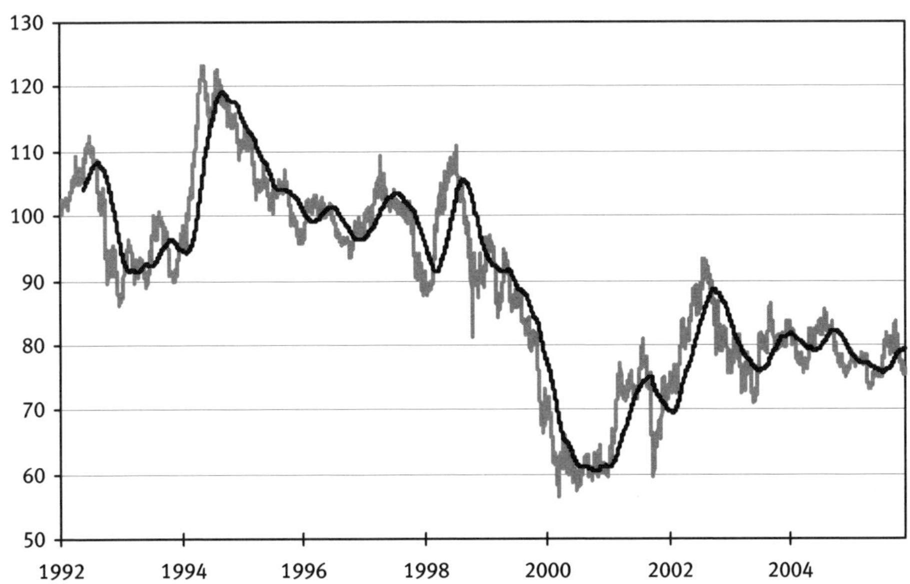

DJ STOXX 600 Chemicals Index

Kurzprofil

Die großen Spieler der Chemiebranche sitzen vereint auf dem Alten Kontinent. Das weltgrößte Unternehmen in diesem Sektor ist BASF. Da wundert es kaum, dass die Deutschen auch im Dow Jones STOXX 600 Chemicals die führende Rolle eingenommen haben. Mit einem Börsenwert von über 30 Milliarden Euro repräsentiert der Blue Chip mehr als 20 Prozent des Index. Auch an der zweiten Stelle steht eine inländische Gesellschaft: Bayer. Der letzte große Clou der Leverkusener war die Ausgliederung eines Großteils des Polymer-Geschäfts in die Tochter Lanxess. Frisch an der Börse schaffte der deutsche Spinn-off als Leichtgewicht ebenfalls den Einzug in den Branchenindex.

Insgesamt sind derzeit 19 Unternehmen in dem Branchenbarometer gelistet. Mit einem Anteil von 50 Prozent stammt das Gros aus dem Euro-Raum. Aber auch die Eidgenossen mischen mit fünf Chemiefirmen kräftig mit, allen voran Syngenta mit sechs Prozent Gewicht. Die Aktie des auf Landwirtschaft spezialisierten Unternehmens kennt seit zwei Jahren nur eine Richtung: Norden. Das Papier legte um mehr als das Doppelte zu.

Beklagen kann sich die Chemiebranche generell nicht. Die zuletzt fetten Jahre schlagen sich auch in den Kursen nieder. Auf Jahressicht hat der Sektor rund 27 Prozent zugelegt. Doch es drohen auch Gefahren. Vor allem das teure Öl belastet die exportorientierte Branche. Des Weiteren macht Asien mit zweistelligen Zuwachsraten den Europäern das Leben schwer. Hand in Hand mit dieser Entwicklung sinkt freilich der Weltmarktanteil. Auch der europäische Chemieverband Cefic meldet Bedenken an. Auf Grund von zahlreichen Wettbewerbsnachteilen könnte der Weltmarktanteil demnach bis 2015 von derzeit knapp 30 auf bis zu 16 Prozent absinken.

Kennzahlen per 30.11.2005

	1 Jahr	3 Jahre	5 Jahre	10 Jahre
Hoch	324,4	324,4	330,1	330,1
Tief	253,6	151,5	151,5	142,4
Performance	+26,9%	+39,3%	+5,6%	+123,0%
Volatilität	12,1%	18,9%	21,4%	20,2%

ABN Open End-Zertifikat

ISIN /WKN	BV	Spread	Gebühr	Anm.
DE 000 827 428 3 / 827 428	10:1	1,00%	Keine	Non-Q.

Index-Anbieter: STOXX Ltd. (www.stoxx.com)
Bloomberg-Kürzel: SX4P <Index>

Verlauf seit 01.01.1992

RP versus STOXX 600

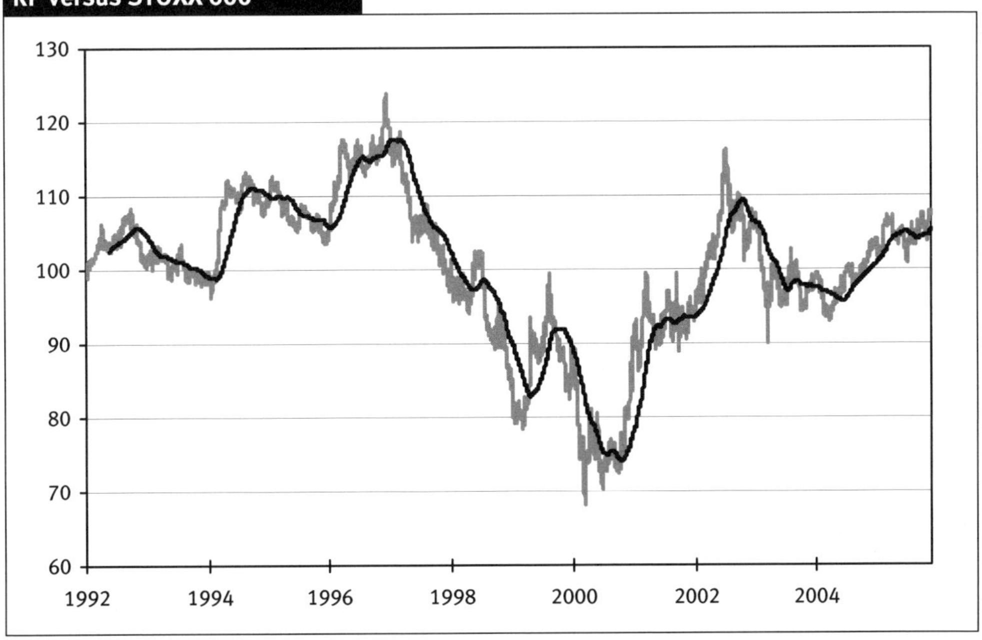

DJ STOXX 600 Construction & Materials Index

Kurzprofil

Sylvester 2004 konnte die deutsche Bauwirtschaft ein wenig erfreuliches Jubiläum begehen: Die Branche hatte das zehnte Rezessionsjahr in Folge hinter sich gebracht. Eine schnelle Besserung ist nicht in Sicht. Angesichts dieser Situation verwundert es nicht, dass die beiden im Dow Jones STOXX Construction & Materials vertretenen deutschen Unternehmen ihr Heil längst jenseits der Grenze suchen.

So entfällt beim Bauriesen Hochtief weniger als ein Fünftel des Geschäfts auf den Heimatmarkt. Der ebenfalls im Branchenindex vertretene Baustoffkonzern HeidelbergCement erwirtschaftet gar nur noch ein gutes Zehntel seiner Umsätze hierzulande. Zu den Schwergewichten unter den 30 im Dow Jones STOXX Construction & Materials vertretenen Aktien zählt das Duo ohnehin nicht. Während HeidlbergCement auf Rang elf steht, rangiert Hochtief lediglich auf Platz 25. Ganz vorne finden sich mit Saint Gobain und Lafarge zwei französische Baustoffkonzerne. Der Erstgenannte bringt es auf ein Index-Gewicht von 13,8 Prozent. Saint Gobain ist mit einem Jahresumsatz von 32 Milliarden Euro der weltgrößte börsennotierte Baustoffproduzent.

Mit von der Partie ist natürlich auch der weltgrößte Ziegelproduzent aus Österreich: Wienerberger setzt seit längerem auf Wachstum mittels Zukäufen. Und die Strategie schien anfangs auch aufzugehen: 2004 steigerten die Österreicher den Gewinn um mehr als 60 Prozent. Allerdings war 2005 erst einmal Konsolidierung angesagt. Nichtsdestotrotz hat das Management bereits weitere Akquisitionen angekündigt. Stichwort Übernahmen: Im Zuge eines solchen Deals hat der Dow Jones STOXX Construction & Materials zuletzt ein Mitglied verloren. Im Herbst 2004 sorgte der mexikanische Zementhersteller Cemex mit dem Kauf des britischen Konkurrenten RMC für einen Paukenschlag. Am 1. März 2005 verabschiedete sich die RMC-Aktie von der Börse.

Kennzahlen per 30.11.2005

	1 Jahr	3 Jahre	5 Jahre	10 Jahre
Hoch	279,2	279,2	279,2	279,2
Tief	211,2	121,4	121,4	110,2
Performance	+30,0%	+69,9%	+37,7%	+143,9%
Volatilität	11,0%	15,4%	17,7%	16,5%

ABN Open End-Zertifikat

ISIN /WKN	BV	Spread	Gebühr	Anm.
DE 000 827 429 1 / 827 429	10:1	1,00%	Keine	Non-Q.

Index-Anbieter: STOXX Ltd. (www.stoxx.com)
Bloomberg-Kürzel: SXOP ‹Index›

Verlauf seit 01.01.1992

RP versus STOXX 600

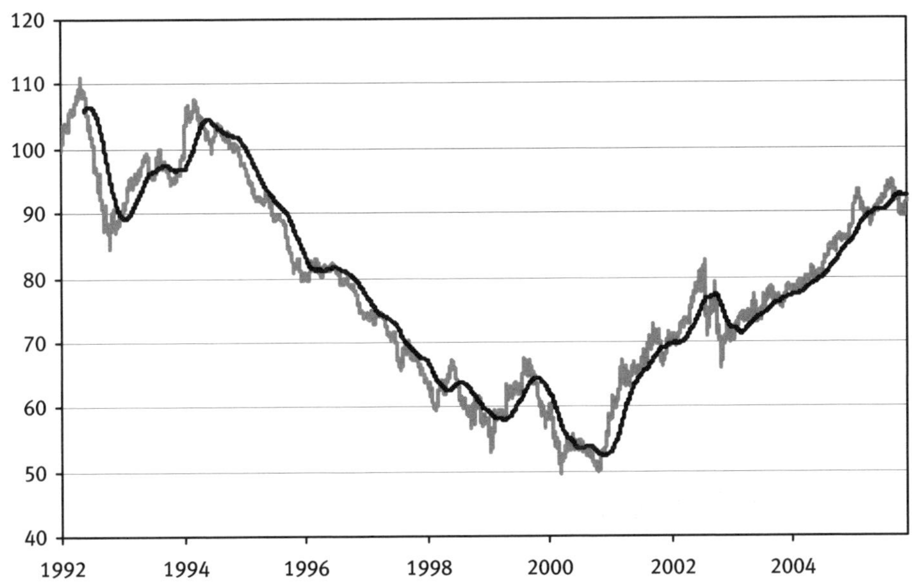

DJ STOXX 600 Industrial Goods & Services Index

Kurzprofil

Europas Industrie muss sich auf einem globalen Markt behaupten. Keine einfache Aufgabe. Vergleicht man das Wirtschaftswachstum der vergangenen Jahre mit dem der USA oder gar Chinas, liegt der Alte Kontinent deutlich zurück. Doch bei näherer Betrachtung kristallisiert sich auch der ein oder andere Gewinner heraus. Beispiel EADS: 2003 hat der Luft- und Raumfahrtkonzern erstmals mehr Flugzeuge verkauft als die ewige Nummer eins Boeing. Mit dem Start des Riesenvogels Airbus A380 hat EADS die „Amis" auch auf technischer Ebene in die Schranken gewiesen. Das britische Rüstungsunternehmen BAE Systems, das auch an Airbus beteiligt ist, hat die Nase bei Sonarsystemen für U-Boote und Minenjagdsystemen vorne. Und der deutsche Elektronikkonzern Siemens ist führend in der Medizintechnik.

All diese Unternehmen haben eines gemeinsam: Sie sind im Dow Jones STOXX 600 Industrials Goods & Services enthalten. Siemens steht mit einem Anteil von rund 15 Prozent mit Abstand an der Spitze des Branchenbarometers. Stärkste Nation ist Großbritannien mit 34 Unternehmen: Zusammengerechnet kommen die Gesellschaften auf 70 Milliarden Pfund beziehungsweise 100 Milliarden Euro Börsenwert. Das entspricht knapp einem Drittel der gesamten Index-Kapitalisierung. Die Deutschen haben zwar nur sechs Unternehmen im Rennen. Doch mit einem Marktwert von 73 Milliarden Euro bilden sie nach den Briten das „zweitschwerste" Land.

Von dem steilen Kursrutsch direkt nach der Jahrtausendwende hat sich das Sektorbarometer inzwischen wieder erholt. Seit dem Frühjahr 2003 geht es langsam, aber sicher nach oben. Allein im vergangenen Jahr machte der Index 25 Prozent gut – und das trotz Alstom: Der französische Mischkonzern stand 2004 kurz vor der Pleite. Da zeigen sich die Vorteile einer breiten Diversifikation.

Kennzahlen per 30.11.2005

	1 Jahr	3 Jahre	5 Jahre	10 Jahre
Hoch	237,2	237,2	361,8	409,8
Tief	186,9	117,9	117,9	117,9
Performance	+25,1%	+41,7%	-31,3%	+70,8%
Volatilität	10,5%	15,1%	19,5%	18,0%

ABN Open End-Zertifikat

ISIN /WKN	BV	Spread	Gebühr	Anm.
DE 000 827 435 8 / 827 435	10:1	1,00%	Keine	Non-Q.

Index-Anbieter: STOXX Ltd. (www.stoxx.com)
Bloomberg-Kürzel: SXNP <Index>

Verlauf seit 01.01.1992

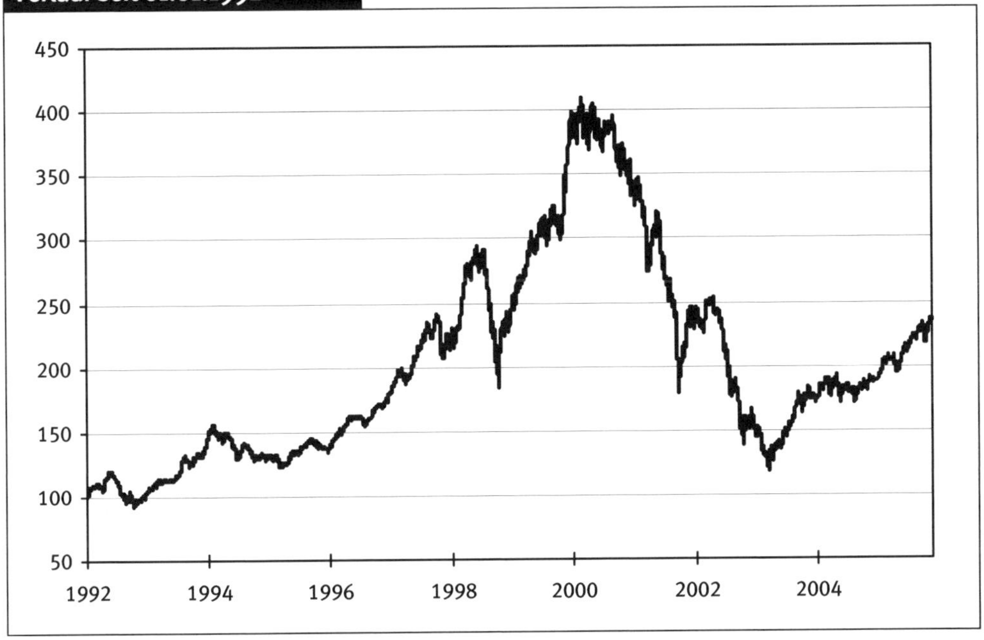

RP versus STOXX 600

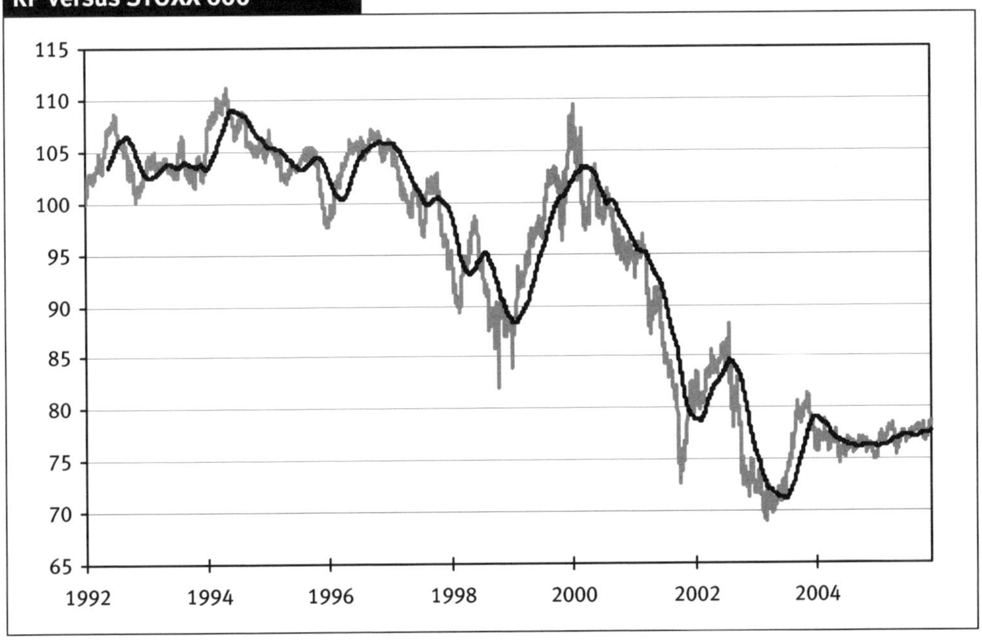

AMEX Defense Index

Kurzprofil

Spätestens mit den Terroranschlägen vom 11. September 2001 in New York ist ein verteidigungspolitischer Paradigmenwechsel eingeleitet worden: Die Abschreckungsmaschinerien aus dem Kalten Krieg haben sich überlebt; gefragt sind nun flexible Interventionsarmeen für Hightech-Feldzüge und Spezial-Operationen bei der Terrorismusbekämpfung. Dieser Notwendigkeit, mit innovativen Waffen- und Schutzsystemen auf neuartige Bedrohungen zu reagieren, können sich die europäischen Staaten genauso wenig verschließen wie ein „demokratischer" US-Präsident, der bei der nächsten Wahl vielleicht den als „Buddy" der Rüstungsbranche geltenden George W. Bush ablöst. So hart es auch ist: Im Geschäft mit dem Krieg geht es um Milliarden. Daher verwundert es nicht, dass die American Stock Exchange ihren AMEX Defense Index nur zehn Tage nach den Anschlägen auf das World Trade Center lanciert hat.

Doch reinrassige Rüstungswerte sind auch im Land der Cowboys ziemlich rar. Die bedeutenden Militärzulieferer verfügen in der Regel auch über „zivile" Unternehmensbereiche, wodurch die Partizipation am – aus menschlicher bzw. ethisch-moralischer Sicht ohnehin fragwürdigen – Megatrend Rüstung mehr oder weniger stark verwässert wird. Der Flugzeughersteller Boeing beispielsweise ist zwar ein bedeutender Militärzulieferer, hängt jedoch auch stark vom zivilen Luftfahrtgeschäft ab. Auch der Rüstungskonzern Lockheed Martin setzt in Zukunft auf eine zivile Alternative: So wird der Anteil von Flugzeugen und Raumfahrt am Umsatz in Zukunft auf etwa ein Drittel schrumpfen, wohingegen im Bereich ziviler Informationstechnologie höhere Wachstumsraten erwartet werden. Der AMEX Defense Index ist deshalb vielleicht nicht nur in ethisch-moralischer Hinsicht fragwürdig.

Kennzahlen per 30.11.2005

	1 Jahr	3 Jahre	5 Jahre	10 Jahre
Hoch	999	999	n/a	n/a
Tief	834	415	n/a	n/a
Performance (in US-Dollar)	+8,6%	+84,1%	n/a	n/a
Performance (in Euro)	+22,4%	+55,1%	n/a	n/a
Volatilität (in US-Dollar)	13,5%	15,4%	n/a	n/a
Volatilität (in Euro)	16,3%	19,3%	n/a	n/a

ABN Open End-Zertifikat

ISIN /WKN	BV	Spread	Gebühr	Anm.
DE 000 927 994 3 / 927 994	10:1	2,50%	Keine	Non-Q.

Index-Anbieter: American Stock Exchange (www.amex.com)

Bloomberg-Kürzel: DFI <Index>

Verlauf seit 01.01.2002

RP versus S&P 500

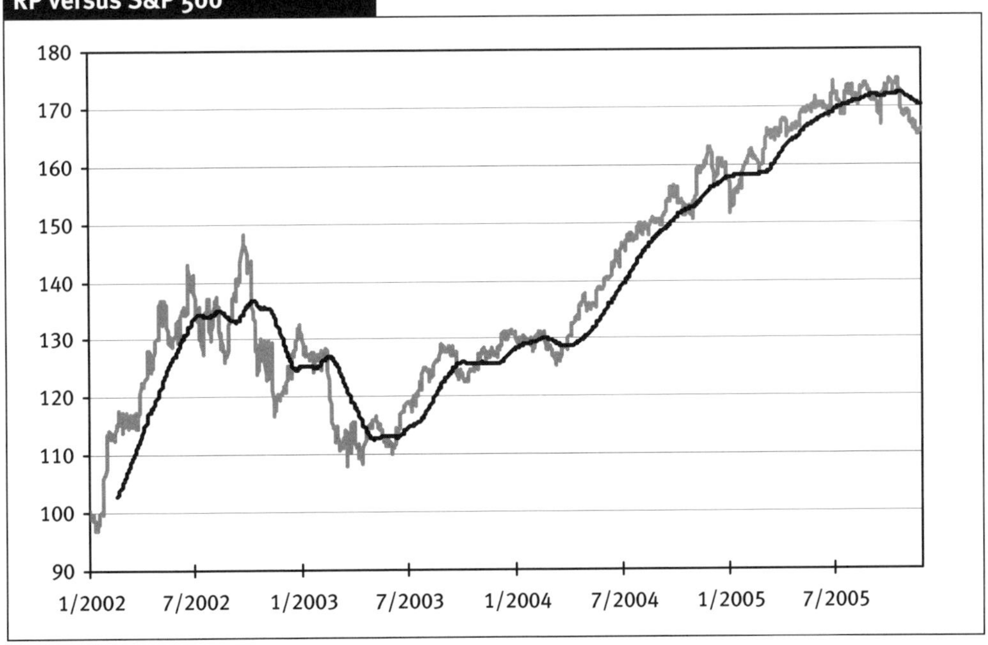

Dow Jones STOXX 600 Healthcare Index

Kurzprofil

Gesundheit fürs Depot – unter diesem Motto bildeten die Aktien der großen Pharmakonzerne über Jahrzehnte hinweg den Grundstock konservativ ausgerichteter Portfolios, zusammen mit den ebenfalls als „Witwen-und-Waisen-Papiere" angesehenen Bank- und Versicherungstiteln. Diese Einschätzung lässt sich heute freilich nicht mehr aufrechterhalten. In den Jahren 2001 und 2002 haben die Pillendreher genauso stark verloren wie der Gesamtmarkt und waren damit alles andere als ein sicherer Hafen.

Mittlerweile haben sich die Aktienkurse wieder spürbar entspannt. Trotzdem wird die Forschung nach neuen Wirkstoffen und Medikamenten immer kostenintensiver; parallel dazu ist das öffentliche Gesundheitswesen fast überall auf der Welt denselben Einschnitten ausgesetzt wie in Deutschland. Nur bei „Blockbuster"-Präparaten à la Viagra sind noch konstant hohe Preise durchsetzbar. Das verleitet natürlich, auf den erhofften „großen Wurf" hinzuarbeiten. Dabei birgt die Konzentration auf wenige Bestseller-Medikamente auch immense Risiken, vor allem wenn Patente auslaufen oder plötzlich schwer wiegende Nebenwirkungen festgestellt werden.

Schwierige Zeiten also für die von britischen und schweizerischen Konzernen dominierte europäische Pharma-Szene. Insgesamt 33 europäische Unternehmen aus den Bereichen Pharma, Biotech und Medizintechnik sind in dem Dow Jones STOXX 600 Healthcare Index versammelt. Aufgrund der strikten Gewichtung nach Marktkapitalisierung geben die beiden britischen Pharmagiganten GlaxoSmithKline und AstraZeneca den Ton an und machen allein schon ein Drittel der Gewichtung aus. Ein weiteres Drittel entfällt auf das Schweizer Duo Novartis und Roche. Frankreich schickt mit Sanofi-Aventis mit einem Anteil von mehr als zehn Prozent ebenfalls ein Schwergewicht ins Rennen. Dahinter ist das Feld jedoch breit gestreut.

Kennzahlen per 30.11.2005

	1 Jahr	3 Jahre	5 Jahre	10 Jahre
Hoch	432,9	432,9	516,4	522,7
Tief	326,3	250,2	250,2	172,0
Performance	+28,7%	+28,1%	-18,7%	+144,3%
Volatilität	10,8%	15,9%	19,9%	19,5%

ABN Open End-Zertifikat

ISIN /WKN	BV	Spread	Gebühr	Anm.
DE 000 827 434 1 / 827 434	10:1	1,00%	Keine	Non-Q.

Index-Anbieter: STOXX Ltd. (www.stoxx.com)
Bloomberg-Kürzel: SXDP <Index>

Verlauf seit 01.01.1992

RP versus STOXX 600

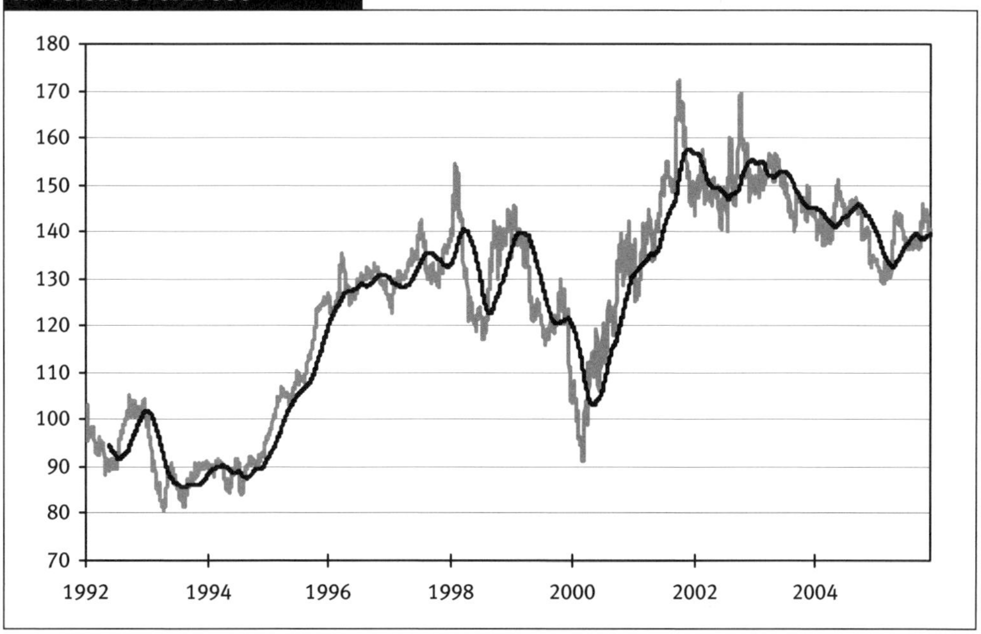

AMEX Pharmaceuticals Index

Kurzprofil

Der AMEX Pharmaceuticals Index wurde im Oktober 1997 ins Leben gerufen und umfasst 15 an US-Börsen gehandelte Unternehmen. Dabei sind die beiden US-Giganten Johnson&Johnson und Pfizer mit einem Gewicht von jeweils rund 17 Prozent die „größten Brocken" im Index. Als europäische Vertreter sind die britischen Pharmawerte GlaxoSmithKline (GSK), AstraZeneca sowie Sanofi Aventis dabei. Etwas aufgelockert wird die Pharmariege durch zwei Firmen aus dem Generikabereich. Mehr als ein dekoratives Beiwerk bilden Ivax und King Pharma mit Anteilen unter 0,5 Prozent jedoch nicht. In puncto Gewichtung tummelt sich im Mittelfeld dagegen Amgen, das weltgrößte Biotechunternehmen, das auf einen Börsenwert von 65 Milliarden US-Dollar kommt.

Die Zusammensetzung folgt einem klaren Konzept: Der AMEX Pharmaceutical Index ist eher defensiv ausgerichtet und soll Healthcare-Fonds mit einem niedrigen Risikoprofil als Benchmark dienen. Seine beste Zeit hatte der Index zwischen 1994 und 1999: In diesem Zeitraum kletterte er von 74 auf 400 Punkte. Das waren die „Goldenen Zeiten" von Big Pharma, als Unternehmen wie Pfizer die „blaue Pille" Viagra und andere Medikamente mit Milliardenpotenzial auf den Markt brachten.

Dieses Kursfeuerwerk ist ebenso längst passé wie die Risikoprämie, die Big Pharma bei den Investoren genoss: Patentabläufe, rückläufige Gewinne, leere Forschungspipelines und Fehlschläge prägen inzwischen das Bild. Im Jahr 2004 schlossen nur sechs der insgesamt 15 Titel im Plus. Allein der 25-Prozent-Anstieg von Schwergewicht Johnson&Johnson verhinderte Schlimmeres.

Kennzahlen per 30.11.2005

	1 Jahr	3 Jahre	5 Jahre	10 Jahre
Hoch	337	353	449	450
Tief	300	278	244	139
Performance (in US-Dollar)	+1,6%	-2,3%	-30,9%	+118,2%
Performance (in Euro)	+14,5%	-17,7%	-48,8%	+135,9%
Volatilität (in US-Dollar)	11,7%	14,7%	19,1%	21,6%
Volatilität (in Euro)	14,8%	18,6%	22,7%	24,6%

ABN Open End-Zertifikat

ISIN /WKN	BV	Spread	Gebühr	Anm.
DE 000 687 483 7 / 687 483	10:1	1,0–1,5%	Keine	Non-Q.

Index-Anbieter: American Stock Exchange (www.amex.com)
Bloomberg-Kürzel: DRG <Index>

Verlauf seit 01.01.1993

RP versus S&P 500

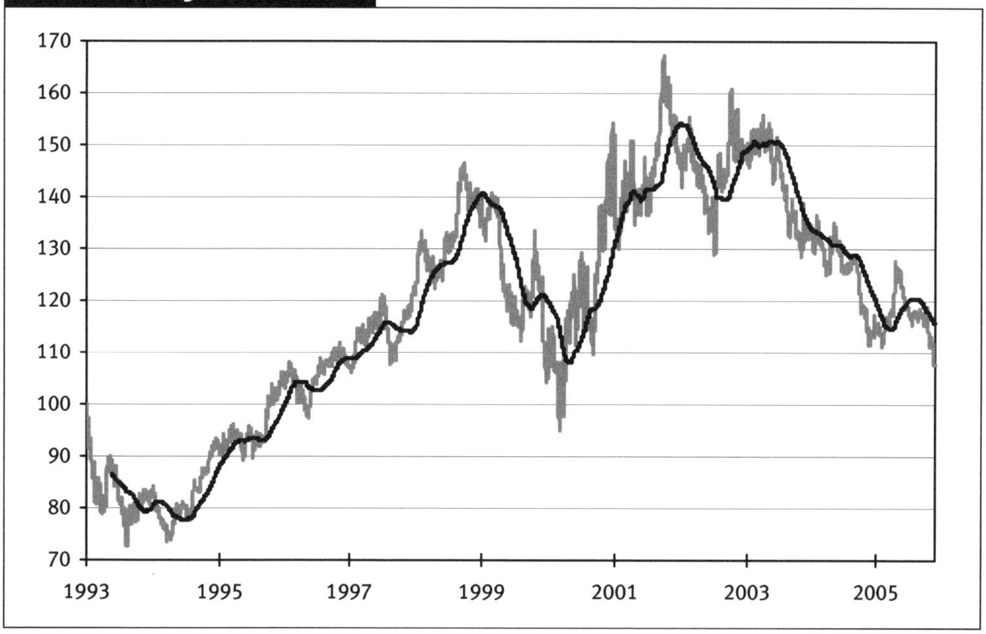

NASDAQ Biotechnology Index

Kurzprofil

Dass Biotechnologie als langfristiger Megatrend in jedes gut diversifizierte Portfolio gehört, ist inzwischen weitgehend unumstritten. Dabei steht der Anleger allerdings vor der Qual der Wahl – denn neben dem altbekannten AMEX Biotech Index gibt es auch ein von der Computerbörse NASDAQ berechnetes Sektorbarometer, das deutlich breiter aufgestellt ist: Während die AMEX sich auf einen gleichgewichteten Mix aus 17 Blue Chips der Branche beschränkt, umfasst das Pendant vom New Yorker Times Square sämtliche Titel mit einem Börsenwert von mehr als 100 Millionen US-Dollar. Daraus resultiert die stattliche Zahl von 163 Index-Mitgliedern, die halbjährlich nach Handelsliquidität und Marktkapitalisierung gewichtet werden. Am meisten profitiert davon die längst zum Milliardenkonzern avancierte Amgen, die auf rund 16 Prozent Index-Anteil kommt.

Weil die zehn größten Werte zusammengenommen aber lediglich zwei Fünftel des Index dominieren, wird trotzdem ein stattlicher Diversifikationsgrad erreicht – was für den Anleger in den letzten Jahren allerdings ein Nachteil war: Seit dem Jahr 2000 hat das unter dem Kürzel NBI geführte Kursbarometer konstant schlechter abgeschnitten als der AMEX Biotech. Klare Aussage dieser Underperformance: Kleine Labor-Boutiquen und Start-ups haben das Vertrauen von Anlegern aufs Erste verspielt und sind „out"; nach dem Ende der „New Economy"-Spekulation haben die Investoren sich immer stärker auf die großen Marktführer fokussiert. Da die Branche in den vergangenen Monaten zunehmend vom Übernahmefieber gepackt wurde, könnte sich dieser Trend jedoch bald umkehren.

Kennzahlen per 30.11.2005

	1 Jahr	3 Jahre	5 Jahre	10 Jahre
Hoch	813	845	1.217	1.597
Tief	641	467	404	255
Performance (in US-Dollar)	+8,9%	+40,4%	-25,3%	+202,5%
Performance (in Euro)	+22,7%	+18,3%	-44,8%	+227,1%
Volatilität (in US-Dollar)	18,6%	24,0%	35,4%	35,7%
Volatilität (in Euro)	21,0%	27,1%	38,6%	38,4%

ABN Open End-Zertifikate

ISIN /WKN	BV	Spread	Gebühr	Anm.
NL 000 019 439 7 / ABN 9NJ	10:1	1,0–1,5%	0,75% p.a.	Non-Q.
NL 000 019 443 9 / ABN 8LH	10:1	1,0–1,5%	Variabel	Quanto

Index-Anbieter: NASDAQ New York (www.nasdaq.com)

Bloomberg-Kürzel: NBI ‹Index›

Verlauf seit 01.01.1994

RP versus AMEX Biotech

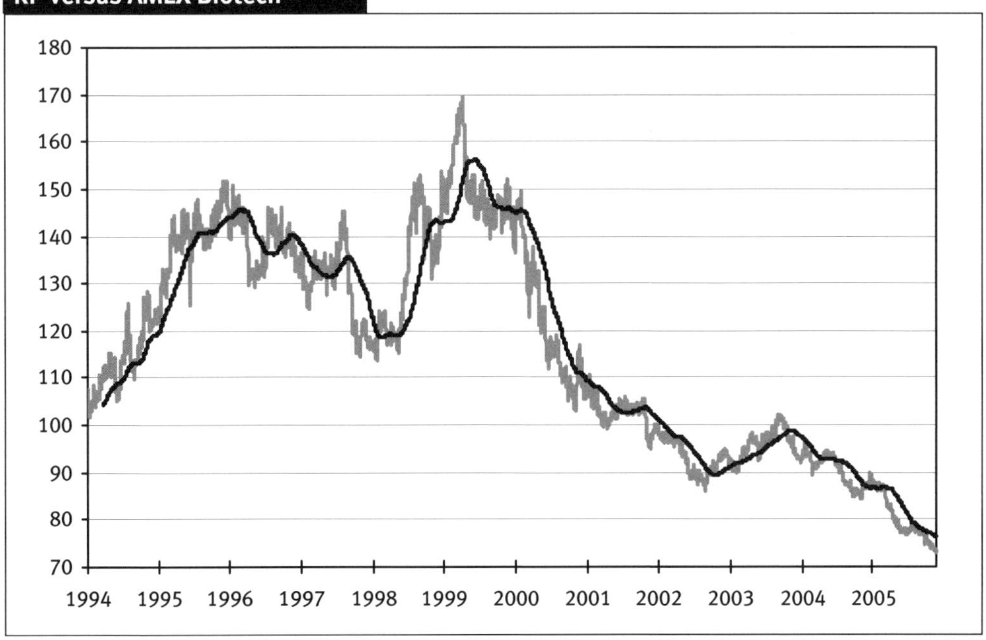

AMEX Biotechnology Index

Kurzprofil

Inzwischen zweifelt kaum jemand mehr daran: Die größten Geißeln der Menschheit sind wohl nur mit den Mitteln der Bio- und Gen-Technologie zu bekämpfen. Wie man dazu ethisch, moralisch oder religiös steht, ist Privatsache; dem Anleger dürfte die Reagenzglas-Branche langfristig jedoch gesunde Gewinne bescheren. Die Biotechnologie hat freilich schon längst die Labors verlassen. Das neue Wissen findet nicht nur in der Gesundheitsbranche Anwendung, sondern auch in der Landwirtschaft, der Lebensmitteltechnologie, der Chemie und im Umweltschutz. Damit ist die Biotechnologie ein typischer Innovationstreiber mit „Servicecharakter" für andere Disziplinen.

Wer in diesen Megatrend investieren will, kommt am AMEX Biotech Index (BTK) nicht vorbei, obwohl das Indexkonzept alles andere als avantgardistisch ist – Schlichtheit steht über Komplexität. Die Rekrutierung und Gewichtung der Index-Mitglieder erfolgt im Wesentlichen anhand der Marktkapitalisierung. Durch die vierteljährliche Reallokationsfrequenz erreicht das Kursbarometer einen hohen Aktualitätsgrad, der gerade im schnelllebigen Biotechsegment wichtig ist. Nützlich ist auch die Wiederherstellung der Gleichgewichtung aller Werte an jedem Stichtag – auf diese Weise werden bei Unternehmen, deren Kurs in vorausgegangenen Quartal überproportional gestiegen ist, implizit Gewinne mitgenommen, die dann automatisch in die Nachzügler fließen. Doch trotz der guten fundamentalen Situation sind Rückschläge nie auszuschließen. Für diese „Muss-Depotbeimischung" sollten Anleger also ausreichend Zeit mitbringen – sehr volatile Phasen zwischen euphorischer Erwartung und Enttäuschung über die für die Umsetzung erforderlichen Zeiträume sind hier an der Tagesordnung.

Kennzahlen per 30.11.2005

	1 Jahr	3 Jahre	5 Jahre	10 Jahre
Hoch	691	691	703	801
Tief	484	312	280	105
Performance (in US-Dollar)	+29,8%	+82,4%	+16,0%	+518,2%
Performance (in Euro)	+46,3%	+53,7%	-14,2%	+568,3%
Volatilität (in US-Dollar)	20,9%	25,8%	38,5%	40,4%
Volatilität (in Euro)	23,2%	29,0%	41,7%	42,9%

ABN Open End-Zertifikate

ISIN /WKN	BV	Spread	Gebühr	Anm.
DE 000 610 670 1 / 610 670	10:1	1,0–1,5%	Keine	Non-Q.
DE 000 A0A B88 3 / A0A B88	10:1	2,00%	Variabel	Quanto

Index-Anbieter: American Stock Exchange (www.amex.com)
Bloomberg-Kürzel: BTK <Index>

Verlauf seit 01.01.1992

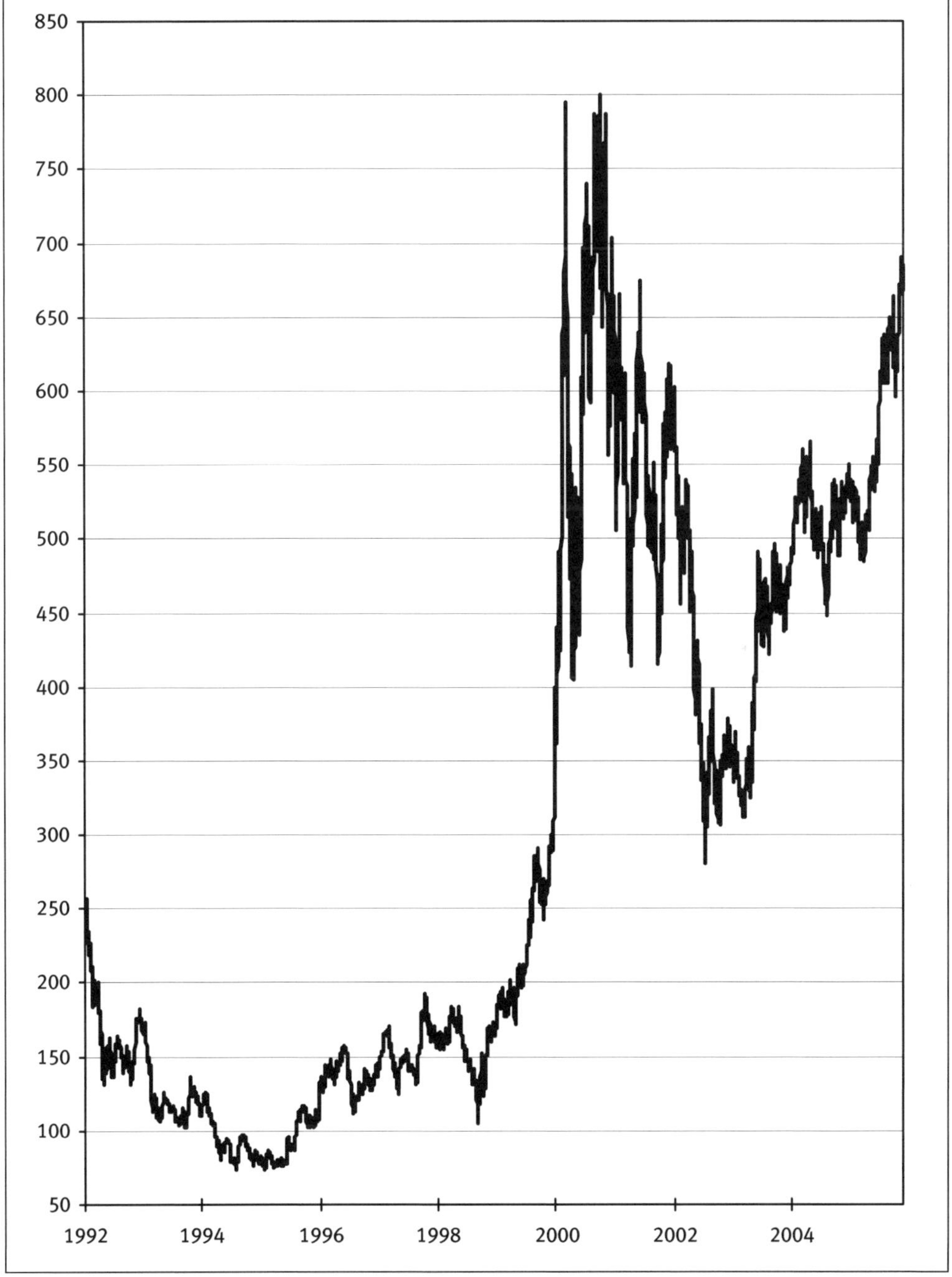

DJ STOXX 600 Retail Index

Kurzprofil

Seit Jahren befindet sich der deutsche Einzelhandel in der Krise, da sich die Konsumenten hierzulande zurückhalten. Daher ist es wenig verwunderlich, dass es nur zwei deutsche Unternehmen zu einer Mitgliedschaft im Dow Jones STOXX 600 Retail Index gebracht haben. Mit einem Gewicht von etwas mehr als drei Prozent ist Metro nicht einmal mehr unter den Top Ten platziert. Wäre ein Großteil des Handelsriesen nicht in fester Hand, wäre allerdings ein Platz weiter vorne drin. Denn das Auswahlbarometer berücksichtigt zeitgemäß nur den Börsenwert des Streubesitzes.

Auf einem der hinteren Ränge rangiert mit Celesio das zweite deutsche Unternehmen. Das mag überraschen, doch ist der Pharmahändler per Definition dem Bereich Retail zugeordnet. Insgesamt sind 28 Konzerne aus acht Ländern in der Auswahl aufgeführt. Ins Auge sticht die starke Gewichtung von Gesellschaften aus Großbritannien. Insgesamt sind 18 Handelsfirmen von der Insel dabei, allen voran Tesco. Die Supermarktkette rangiert gemessen an den Erlösen in Europa nur knapp hinter Carrefour und Metro auf Platz drei und deckt fast ein Fünftel der gesamten Index-Kapitalisierung des STOXX Retail ab.

Carrefour wiederum ist für die relativ hohe Gewichtung französischer Unternehmen verantwortlich und wird dabei von Pinault Printemps Redoute und Casino Guichard unterstützt. Während aus Belgien zwei Händler dabei sind, entsenden Finnland, Holland, Schweden und Spanien immerhin noch jeweils einen Vertreter. Zusammengerechnet stehen alle im Index enthaltenen Handelsunternehmen mit einer Marktkapitalisierung von 230 Milliarden Euro für etwa 3,5 Prozent des Börsenwerts aller STOXX-600-Firmen. Anders als im „Mutterindex" ist die Zahl der im Retail-Auswahlbarometer gelisteten Mitglieder variabel. Die Anpassung erfolgt vierteljährlich.

Kennzahlen per 30.11.2005

	1 Jahr	3 Jahre	5 Jahre	10 Jahre
Hoch	259	259	315	394
Tief	236	155	155	155
Performance	+3,9%	+12,9%	-21,9%	+51,1%
Volatilität	+9,5%	+15,3%	+18,0%	+16,8%

ABN Open End-Zertifikat

ISIN /WKN	BV	Spread	Gebühr	Anm.
DE 000 827 439 0 / 827 439	10:1	1,00%	Keine	Non-Q.

Index-Anbieter: STOXX Ltd. (www.stoxx.com)
Bloomberg-Kürzel: SXRP <Index>

Verlauf seit 01.01.1992

RP versus STOXX 600

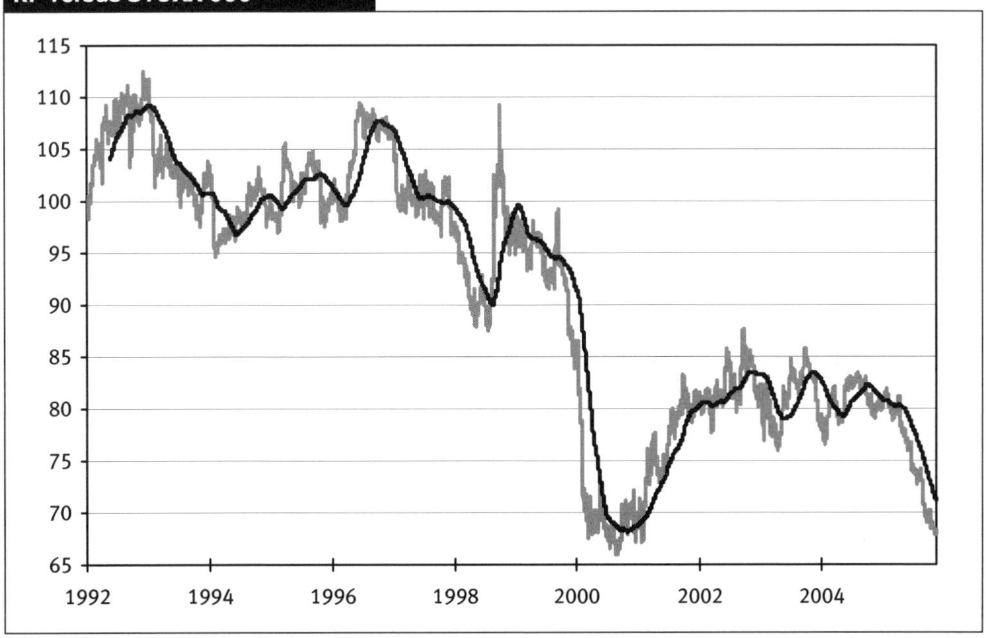

DJ STOXX 600 Personal & Household Index

Kurzprofil

Gemäß dem Motto „Geiz ist geil“ nimmt die Konsumbereitschaft vor allem in Deutschland immer weiter ab. Wenn die größte Wirtschaftsnation Europas in den Kaufstreik tritt, bekommen das auch die anderen Länder auf dem Alten Kontinent zu spüren – wie der niederländische Elektronikkonzern Philips Electronics. Das Unternehmen bewegt sich mit Flachbildschirmen und Halbleitern in einem hochzyklischen Geschäft. Daher setzen die Holländer verstärkt auf den Bereich „Medical Systems“. Schließlich ist das Geschäft mit medizinischen Geräten nicht derart konjunkturabhängig. Darüber hinaus wird man wohl auch einen strategischen Blick auf die demographische Entwicklung in den westlichen Industriestaaten geworfen und sich ausgerechnet haben, dass der Markt mit medizinischen Geräten angesichts der immer älter werdenden Bevölkerung in den kommenden Jahren kräftig wachsen wird. Gelingt Philips dieser Schwenk, färbt dies mit Sicherheit auch positiv auf die Wertentwicklung des Dow Jones STOXX 600 Personal & Household Index ab. Denn Philips ist mit einem Börsenwert von 29 Milliarden Euro das Schwergewicht im Index.

Deutlich krisenfester laufen die Geschäfte dagegen bei den Luxusgüterherstellern. So fuhren LVMH, Bulgari und der Uhrenspezialist Richemont in den vergangenen Jahren dicke Gewinne ein. Auch Lifestyle- und Sportartikel sind gefragt. Die zwei langjährigen Rivalen Adidas und Puma aus dem fränkischen Herzogenaurach glänzen mit hohen Wachstumsraten, was die Aktienkurse nach oben treibt. Im Vorfeld der Fußballweltmeisterschaft 2006 dürfte das Interesse an den beiden Titeln weiter hoch bleiben. Doch spielen die beiden mit einer gemeinsamen Index-Kapitalisierung von rund vier Prozent nur eine kleine Nebenrolle. Ganz anders die ersten sieben Werte: Philips Electronics, British American Tobacco, L'Oréal, LVMH Moët Hennessy, Reckitt Benckiser und Imperial Tobacco. Das Septett repräsentiert zwei Drittel des Index-Werts. Insgesamt sind 31 Gesellschaften in dem Branchenbarometer enthalten, die zusammen 310 Milliarden Euro auf die Waage bringen. Dabei haben die Euroländer mit einer Anzahl von 15 Unternehmen gegenüber Großbritannien, Schweden und der Schweiz das Nachsehen. Dennoch vereint das Euro-Paket die Hälfte der Index-Kapitalisierung auf sich.

Kennzahlen per 30.11.2005

	1 Jahr	3 Jahre	5 Jahre	10 Jahre
Hoch	313	313	313	314
Tief	244	168	168	135
Performance	+27,7%	+42,4%	+13,2%	+128,9%
Volatilität	+10,2%	+15,1%	+20,1%	+19,2%

Index-Anbieter: STOXX Ltd. (www.stoxx.com)
Bloomberg-Kürzel: SXQP <Index>

Verlauf seit 01.01.1992

RP versus STOXX 600

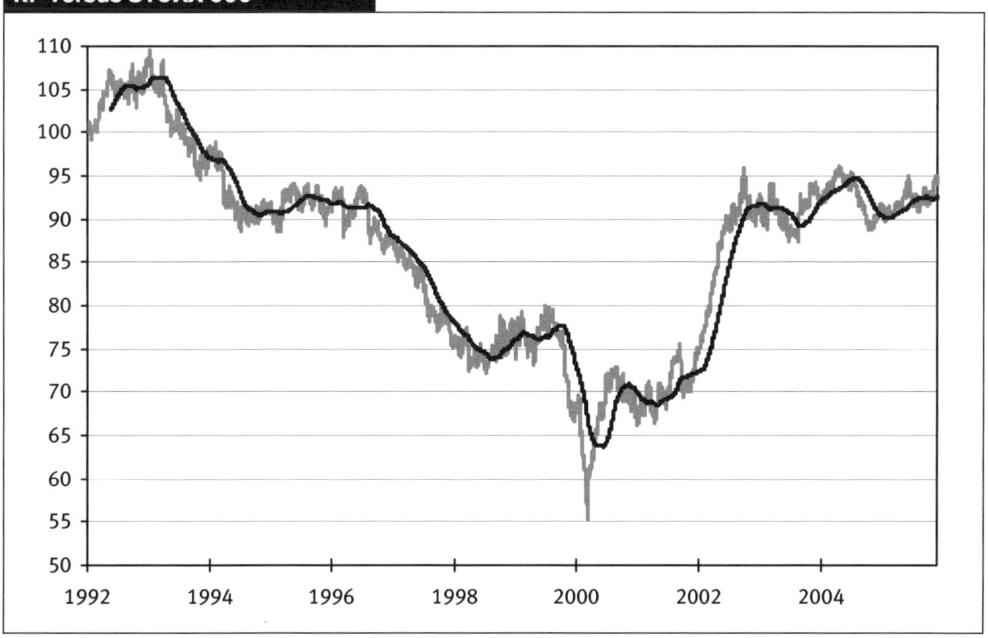

DJ STOXX 600 Travel & Leisure Index

Kurzprofil

Allen Naturkatastrophen, Seuchen und Terroranschlägen zum Trotz: Reise- und Freizeitaktien zeigen eine robuste Entwicklung. Seit dem Börsentief im März 2003 entwickelte sich der Dow Jones STOXX 600 Travel & Leisure Index mehr oder weniger im Gleichschritt mit dem Gesamtmarkt. Das war nicht immer der Fall: Sein Allzeithoch erreichte das zurzeit 27 Titel umfassende europäische Branchenbarometer bereits deutlich vor dem Ende der Jahrhunderthausse, nämlich Mitte 1998. Danach koppelte sich der Index negativ von der allgemeinen Börsenentwicklung ab. Und die Turbulenzen, die den Sektor nach dem 11. September 2001 durchrüttelten, bedürfen ohnehin keiner weiteren Erläuterung.

Doch die Krise scheint überwunden. Das durchschnittliche Gewinnwachstum der im DJ STOXX 600 Travel & Leisure enthaltenen Firmen wird zurzeit auf fast 30 Prozent geschätzt. Die Dividendenrendite beträgt immerhin 2,5 Prozent. Sorgenkinder bleiben die Fluggesellschaften. Sie tun sich in einem Umfeld hoher Ölpreise, magerer Erträge und immer noch großer Überkapazitäten weiter schwer. Da verwundert es kaum, dass sich unter den zehn Index-Schwergewichten lediglich eine Airline befindet. Dabei handelt es sich ausgerechnet um die aufmüpfige Ryanair – und das, obwohl der Anteilschein des irischen Billigfliegers im letzten Jahr nach heftigen Gewinnwarnungen recht deutlich zurechtgestutzt wurde.

Unter den fünf Index-Schwergewichten finden sich dagegen mit Accor, Hilton und Intercontinental drei weltweit vertretene Hotelketten. Vor allem ihnen kommt es zugute, dass die Reisebranche nach drei mageren Jahren seit 2004 wieder wächst. Insbesondere in den USA und Asien läuft das Geschäft wie geschmiert. Das hilft auch der prominent im Index gewichteten Carnival-Aktie. Bei dem Unternehmen handelt es sich um die weltgrößte Kreuzfahrt-Reederei. Das Schwergewicht Nummer eins hat mit der Reisebranche interessanterweise nur peripher zu tun: Die britische Compass Group hat eine globale Spitzenstellung im Catering-Service inne. Ohnehin ist die starke Gewichtung Großbritanniens auffallend: Von den Top Ten stammen sieben von der Insel. Aus Deutschland kommen mit TUI und Lufthansa nur zwei Werte.

Kennzahlen per 30.11.2005

	1 Jahr	3 Jahre	5 Jahre	10 Jahre
Hoch	160	160	188	222
Tief	133	87	87	87
Performance	+19,9%	+35,1%	-6,7%	+61,3%
Volatilität	+11,2%	+17,8%	+22,3%	+20,9%

Index-Anbieter: STOXX Ltd. (www.stoxx.com)
Bloomberg-Kürzel: SXTP <Index>

Verlauf seit 01.01.1992

RP versus STOXX 600

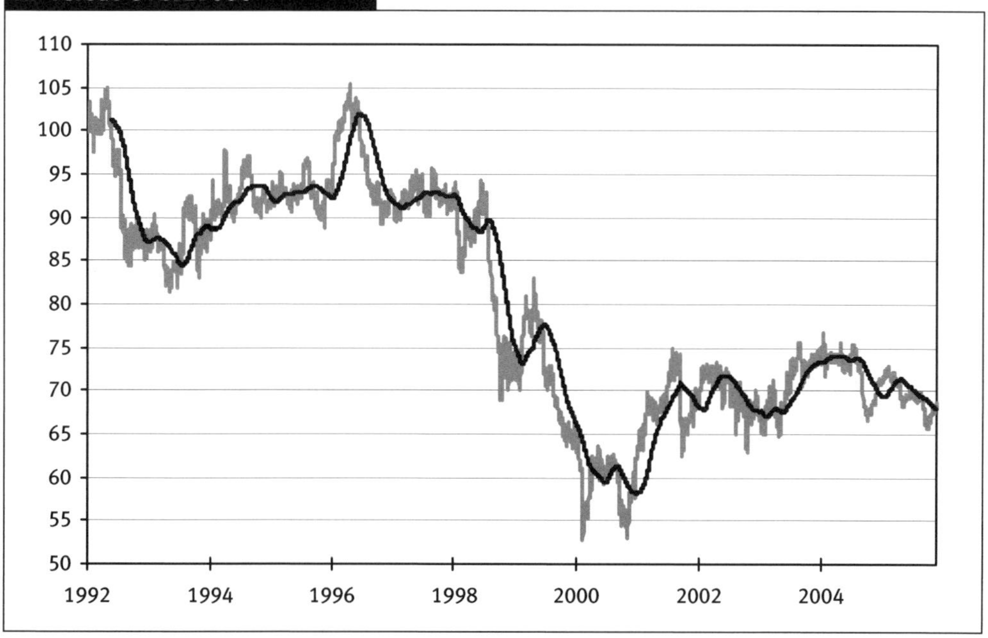

DJ STOXX 600 Food & Beverage Index

Kurzprofil

Gegessen und getrunken wird immer – egal wie es um die wirtschaftliche Entwicklung bestellt ist. Aktien von Lebensmittel- und Getränkeproduzenten gelten daher als defensives Investment. Dass die These berechtigt ist, zeigt ein Performance-Vergleich des STOXX Subindex „Food & Beverage“ mit dem alle Branchen umfassenden Dow Jones STOXX 600. Seit dem Börsentief im März 2003 hat der Gesamtmarkt um fast 90 Prozent zugelegt. Der Nahrungsmittel-Index verbuchte während der Hausse dagegen ein vergleichsweise bescheidenes Plus von 55 Prozent. Dieses Hinterherhinken verwandelt sich allerdings in schwierigen Börsenphasen, die an den etablierten Märkten in den kommenden Jahren ja durchaus wieder anstehen könnten, in einen Vorteil. In der schlimmsten Baisse der Nachkriegsgeschichte, der Phase zwischen März 2000 und März 2003, schaffte der Sektor mit minus 35 Prozent eine um 24 Prozentpunkte bessere Performance als der Gesamtmarkt.

Der Dow Jones STOXX 600 Food & Beverage Index umfasst insgesamt 27 Werte, was eine breite Streuung vorgaukelt. Dass dem nicht so ist, zeigt ein Blick auf die Gewichtung der Einzelaktien. Satte 30 Prozent macht die schweizerische Nestlé aus, was zu einem nicht unerheblichen Klumpenrisiko führt. In großem Abstand folgen mit einem gerade noch prozentual zweistelligen Gewicht der britische Spirituosenanbieter Diageo, der so bekannte Labels wie Smirnoff, Johnny Walker oder Baileys vertreibt, und der niederländisch-britische Konsumkonzern Unilever, zu dessen Produktportfolio einige der weltweit bekanntesten Marken wie Knorr, Lipton, Iglo, Dove und Omo gehören. Überhaupt die Briten: Die Erfinder des Kapitalismus dominieren mit zehn Werten und mehr als 35 Prozent Gewichtung auch dieses Branchenbarometer. Deutsche Unternehmen muss man dagegen mit der Lupe suchen – und findet mit der Südzucker AG ein einziges. Das Gewicht liegt bei bescheidenen 0,4 Prozent, womit der Wert zu den kleinsten Index-Mitgliedern gehört.

Kennzahlen per 30.11.2005

	1 Jahr	3 Jahre	5 Jahre	10 Jahre
Hoch	260,8	260,8	267,3	267,3
Tief	205,3	165,5	165,5	117,2
Performance	+24,4%	+23,4%	+2,1%	+118,0%
Volatilität	9,1%	13,2%	15,8%	16,3%

ABN Open End-Zertifikat

ISIN /WKN	BV	Spread	Gebühr	Anm.
DE 000 827 432 5 / 827 432	10:1	1,00%	Keine	Non-Q.

Index-Anbieter: STOXX Ltd. (www.stoxx.com)
Bloomberg-Kürzel: SX3P <Index>

Verlauf seit 01.01.1992

RP versus STOXX 600

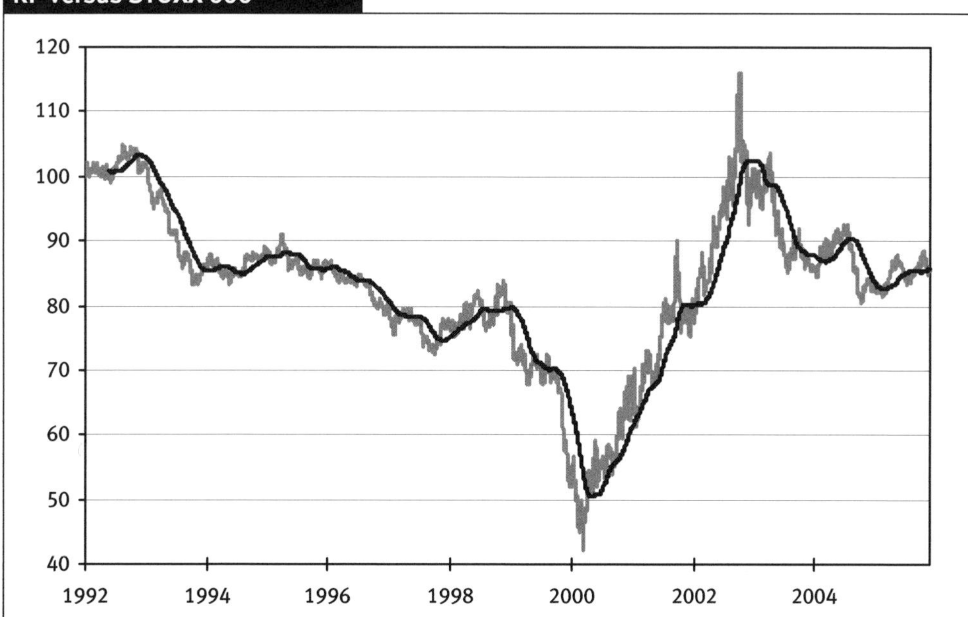

AMEX Tobacco Index

Kurzprofil

In Zeiten wachsenden Gesundheitsbewusstseins und immer strenger werdender Tabakkonsumbestimmungen in der westlichen Welt haben es Tabakkonzerne nicht gerade leicht. Die Tabakhersteller versuchen daher, neue Absatzmärkte zu erschließen, um den schwindenden Absatzzahlen einen Riegel vorzuschieben. Daher scheinen die Emerging Markets das „Marlboro Country" von morgen zu sein. Beim weltgrößten Tabakkonzern Altria Group (Philip Morris) tragen jedenfalls hauptsächlich die internationalen Aktivitäten, natürlich vor allem in Osteuropa und Asien, zum Wachstum bei und kompensieren die rückläufigen Umsätze in Westeuropa und Nordamerika.

Auch den britischen Tabakkonzern British American Tobacco zieht es nach China. Im Reich der Mitte erhielt man von der Regierung die Genehmigung für ein geplantes Joint Venture. Damit stößt das Unternehmen, das neben Gallaher Group der einzige Non-US-Konzern im AMEX Tobacco Index ist, in einen der vielversprechendsten Märkte vor. Dass sich die Branche bewegt, zeigt auch die Fusion der US-amerikanischen Tochter von British American Tobacco, Brown & Williamson, mit R. J. Reynolds. Dabei entstand der Tabakriese Reynolds American, der mit einem US-Marktanteil von rund 30 Prozent hinter Altria zum zweitgrößten Zigarettenkonzern aufstieg.

Die Indexzusammensetzung wird vierteljährlich überprüft, und die Werte werden gegebenenfalls ausgetauscht. Gleichzeitig erfolgt eine Gleichgewichtung. Dementsprechend werden dann alle aktuell neun Index-Werte auf ein Gewicht von 11,11 Prozent justiert. Wie lukrativ das Geschäft mit dem blauen Dunst ist, zeigt die Index-Performance: Seit März 2000 konnten sich die Kurse der Zigaretten-Multis fast vervierfachen.

Kennzahlen per 30.11.2005

	1 Jahr	3 Jahre	5 Jahre	10 Jahre
Hoch	606	606	606	n/a
Tief	545	322	273	n/a
Performance (in US-Dollar)	+5,7%	+68,3%	+111,0%	n/a
Performance (in Euro)	+19,2%	+41,8%	+56,1%	n/a
Volatilität (in US-Dollar)	13,3%	15,2%	18,1%	n/a
Volatilität (in Euro)	16,7%	18,7%	21,6%	n/a

ABN Open End-Zertifikat

ISIN /WKN	BV	Spread	Gebühr	Anm.
DE 000 687 484 5 / 687 484	10:1	1,0–2,0%	Keine	Non-Q.

Index-Anbieter: American Stock Exchange (www.amex.com)
Bloomberg-Kürzel: TOBX <Index>

Verlauf seit 01.01.1997

RP versus S&P 500

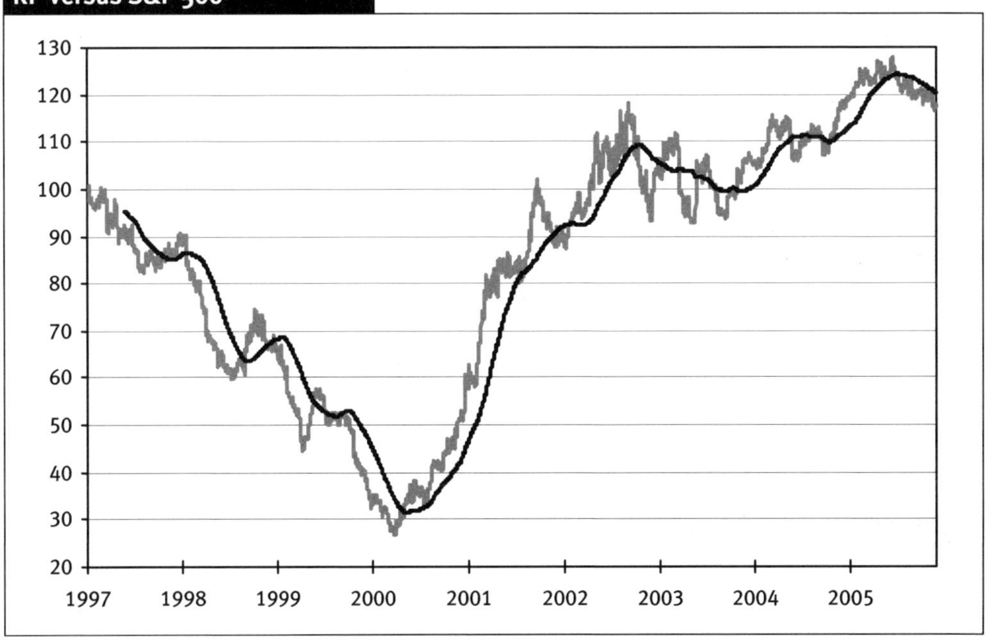

DJ STOXX 600 Technology Index

Kurzprofil

Das Platzen der Internetblase traf Technologiewerte natürlich besonders schwer. Das lässt sich auch am Kursverlauf des Dow Jones STOXX 600 Technology ablesen, der die europäischen „Tech-Werte" vereint. Das Branchenbarometer verlor zwischen 2000 und 2003 fast 90 Prozent seines Wertes. Von dieser Kurserosion hat sich der Technologie-Index noch längst nicht erholt. Zwar haben sich die Kurse von den Tiefs im März 2003 auf rund 300 Zähler verdoppelt, doch die einstigen Höchstnotierungen bei mehr als 1.220 Zählern erscheinen vom aktuellen Kursstand nach wie vor unerreichbar fern.

Dabei hätte sich der Index schon viel besser erholen können, wenn das Schwergewicht Nokia mitgespielt hätte. Der finnische Handyhersteller stellt rund 30 Prozent des Index und blickt oftmals zurückhaltend in die Zukunft. Das drückte natürlich auf die Stimmung. Doch der neue Vorstandschef Olli-Pekka Kallasvuo, der im Juni 2006 in die Fußstapfen des langjährigen CEO Norma Ollila treten wird, zeigt sich optimistischer. Seiner Einschätzung nach wird der weltweite Handyabsatz im Jahr 2006 um zehn Prozent steigen. Damit würde die Marke von drei Milliarden Mobilfunkverträgen weltweit geknackt werden, womit Nokia bislang erst für das Jahr 2010 rechnete. Kommt es tatsächlich zu dieser Zunahme, profitiert auch das zweite Schwergewicht im Index, Ericsson. Die Schweden machen mehr als 20 Prozent im Index aus. SAP nimmt als Europas größtes Softwarehaus mit einem Anteil von rund 15 Prozent den dritten Rang ein.

Somit bildet das Trio annährend zwei Drittel des gesamten Index-Werts ab. Das ist schon eine gewaltige Klumpenbildung, besonders wenn man bedenkt, dass der Dow Jones STOXX 600 Technology insgesamt 25 Unternehmen beherbergt. Ein großes Währungsrisiko brauchen Anleger dagegen nicht wirklich zu fürchten. Denn unter den Top Ten sind lediglich zwei Fremdwährungen anzutreffen.

Kennzahlen per 30.11.2005

	1 Jahr	3 Jahre	5 Jahre	10 Jahre
Hoch	291	315	916	1.227
Tief	227	154	146	146
Performance	+13,3%	+20,0%	-61,8%	+67,3%
Volatilität	15,8%	27,5%	40,8%	36,4%

ABN Open End-Zertifikat

ISIN /WKN	BV	Spread	Gebühr	Anm.
DE 000 827 440 8 / 827 440	10:1	1,00%	Keine	Non-Q.

Index-Anbieter: STOXX Ltd. (www.stoxx.com)
Bloomberg-Kürzel: SX8P ‹Index›

Verlauf seit 01.01.1992

RP versus STOXX 600

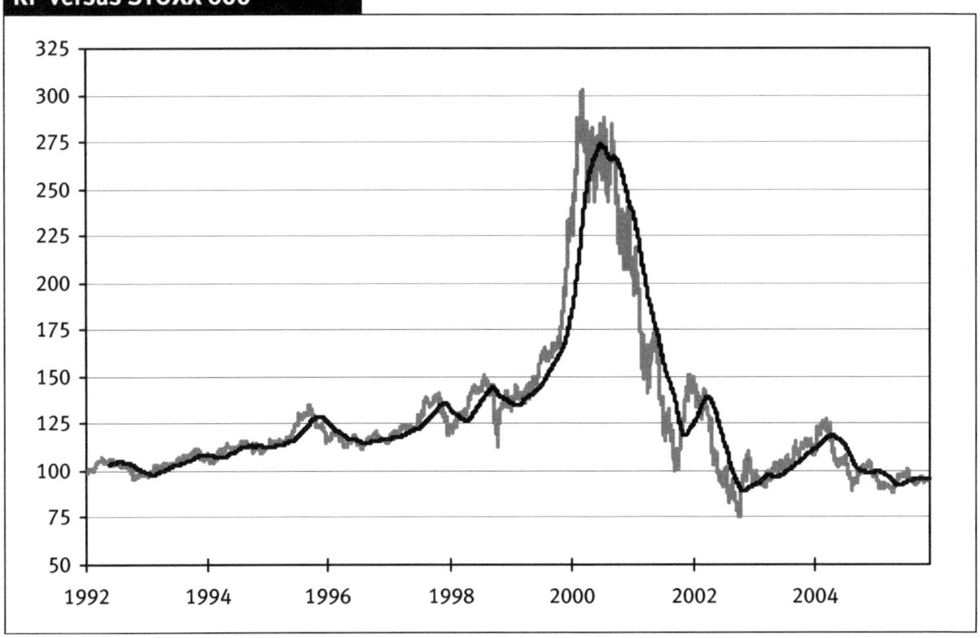

DJ STOXX 600 Telecommunications Index

Kurzprofil

Einst waren sie der Wegbereiter für den Börsenboom, nun sind sie bloß noch Mitläufer – die Aktien der großen Telekommunikationsunternehmen konnten in der letzten Zeit keinerlei Sonderkonjunktur mehr entfalten und hinken dem Gesamtmarkt nur noch hinterher. Doch bereits das ist ein Erfolg: Viele Analysten hatten den „Telcos" noch schwerere Zeiten prophezeit, da sich für das einst mit milliardenschweren Träumen gestartete Abenteuer UMTS weiterhin keine soliden Finanzierungsquellen abzeichnen. Immerhin gelang den meisten Unternehmen in den letzten zwei Jahren ein deutlicher Abbau der Verbindlichkeiten. Obendrein treibt der neue Trend zur kostenlosen Internet-Telefonie („Voice-over-IP") den Telefon-Dienstleistern neue Sorgenfalten auf die Stirn. So positionierte sich das Auktionshaus eBay mit dem Kauf des Internet-Telefonie-Dienstleisters Skype für 2,6 Milliarden Dollar in dem schnell wachsenden Markt. Zudem will Google die Stadt San Francisco in einer Art Versuchsprojekt mit einem dichten Netzwerk von „Hot Spots" versorgen, um die mobile Einwahl ins World Wide Web zu ermöglichen, was auch die technische Voraussetzung für mobile Internet-Telefonie darstellt.

Damit kündigt sich nicht nur beim Festnetzgeschäft, sondern auch im Mobilfunkbereich ein neuer Evolutionssprung an. Vor diesem Hintergrund erscheint die Reintegration der einst mit Pauken und Trompeten an die Börse gebrachte T-Online in den Mutterkonzern Deutsche Telekom in einem völlig neuen Licht. Im Dow Jones STOXX 600 Telecommunications Index nimmt der deutsche Ex-Monopolist mit einem Anteil von fast zehn Prozent Rang vier ein und stellt zusammen mit Vodafone, Telefónica und France Télécom fast zwei Drittel des gesamten Branchenbarometers. Dabei dominiert Vodafone den Index mit einem Gewicht von 30 Prozent. Unter Diversifikation versteht man gemeinhin etwas anderes. Daher bietet sich der Index allenfalls im Rahmen kurzfristiger Branchenallokationsmodelle, nicht jedoch für ein singuläres Investment an.

Kennzahlen per 30.11.2005

	1 Jahr	3 Jahre	5 Jahre	10 Jahre
Hoch	299	299	583	1.054
Tief	267	181	172	123
Performance	-0,6%	+15,9%	-47,2%	+114,9%
Volatilität	12,1%	17,9%	28,8%	27,9%

ABN Open End-Zertifikat

ISIN /WKN	BV	Spread	Gebühr	Anm.
DE 000 827 441 6 / 827 441	10:1	1,00%	Keine	Non-Q.

Index-Anbieter: STOXX Ltd. (www.stoxx.com)
Bloomberg-Kürzel: SXKP <Index>

Verlauf seit 01.01.1992

RP versus STOXX 600

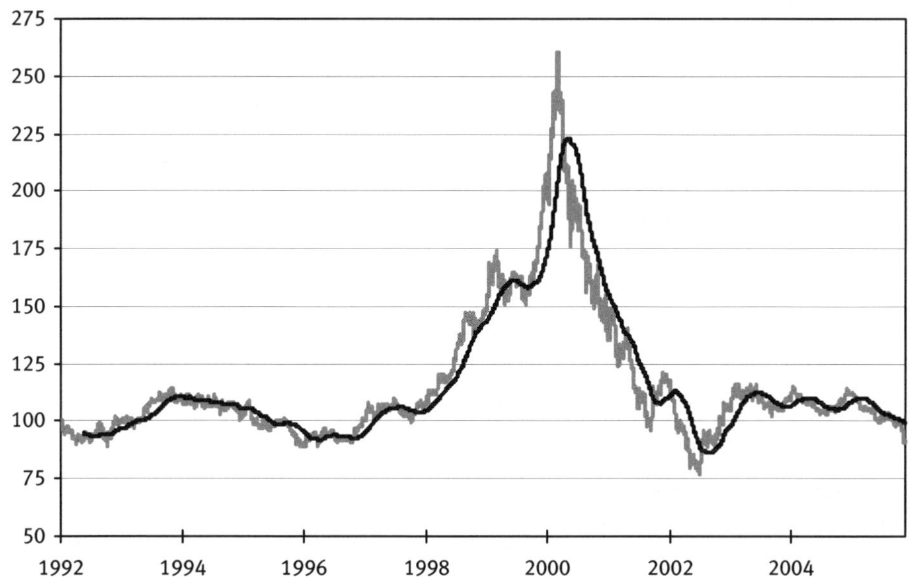

DJ STOXX 600 Media Index

Kurzprofil

Dafür, dass Medien zur Jahrtausendwende als das „Öl des 21. Jahrhunderts" gehandelt wurden, hat sich der entsprechende STOXX-Subindex ziemlich mau entwickelt. Abgesehen von einem kurzen Rausch, der zwischen November 1999 und März 2000 fabulöse 150 Prozent Kursgewinn brachte, läuft das Branchenbarometer dem Gesamtmarkt permanent hinterher; seit rund zwei Jahren befindet sich der Index in einer ausgeprägten Seitwärtsphase und entwickelte sich damit deutlich schlechter als der durch den Mutterindex Dow Jones STOXX 600 repräsentierte Gesamtmarkt.

Dabei versammelt der Medien-Index (abgesehen vom Schwergewicht Vivendi Universal, dem mit Wassermilliarden zusammengeklaubten und 2002 fast an seinen Schulden erstickten Imperium des „New Economy"-Napoleons Jean-Marie Messier) durchaus gestandene Unternehmen mit großer Tradition. Darunter finden sich Fernsehsender (Mediaset, TF1), Verlagshäuser (Pearson, Lagardère, Daily Mail), Informationsdienstleister (Reuters, Pagesjaunes), Marketingagenturen (WPP, Publicis) und Plakatkleber (JCDecaux).

Doch so bunt der Mix aus insgesamt 43 Werten, die zusammen auf eine beachtliche Marktkapitalisierung von mehr als 220 Milliarden Euro kommen, auch sein mag – fast jedes Index-Mitglied leidet unter der nun seit drei Jahren andauernden Werbe-Zurückhaltung der Industrie. Nur wenigen Gesellschaften ist es wie Rupert Murdochs britischem Pay-TV-Sender gelungen, ihr Geschäftsmodell auf breitere Füße zu stellen. Da dieser Transformationsprozess wohl noch einige Zeit in Anspruch nehmen wird, ist ein Engagement in Zertifikaten auf den Dow Jones STOXX 600 Media Index zunächst eine Spekulation auf eine kräftige Konjunkturerholung in Europa und der damit zusammenhängenden Wiederbelegung des brach liegenden Werbegeschäfts.

Kennzahlen per 30.11.2005

	1 Jahr	3 Jahre	5 Jahre	10 Jahre
Hoch	222	222	469	772
Tief	197	122	122	122
Performance	+8,5%	+11,7%	-48,5%	+22,7%
Volatilität	10,7%	20,1%	27,1%	25,6%

ABN Open End-Zertifikat

ISIN /WKN	BV	Spread	Gebühr	Anm.
DE 000 827 437 4 / 827 437	10:1	1,00%	Keine	Non-Q.

Index-Anbieter: STOXX Ltd. (www.stoxx.com)
Bloomberg-Kürzel: SXMP <Index>

Verlauf seit 01.01.1992

RP versus STOXX 600

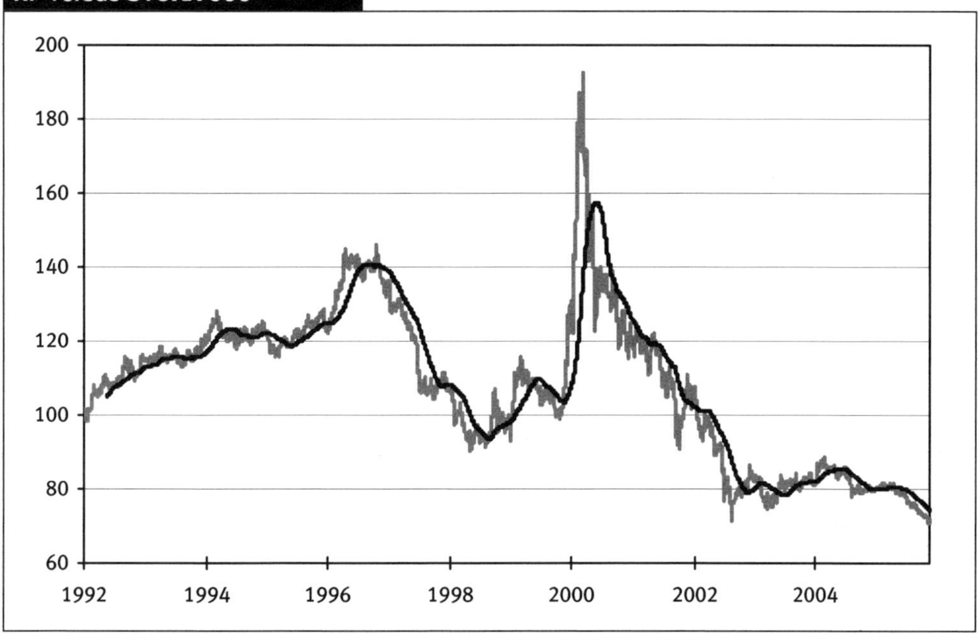

DJ Internet Commerce Index

Kurzprofil

Fünf Jahre, nachdem die „New Economy"-Blase mit viel Getöse geplatzt ist, haben sich die noch existierenden Internet-Aktien an der Börse rehabilitiert. Mit fast 30 Prozent Plus in den vergangenen zwölf Monaten hat der Dow Jones Internet Commerce Index deutlich besser abgeschnitten als der NASDAQ 100; mit einer kumulierten Marktkapitalisierung von fast 250 Milliarden US-Dollar bringt das Web-Barometer schon wieder ein beachtliches Gewicht auf die Waage.

Im Gegensatz zu früher ist diese Performance allerdings kein Indiz für eine Blasenbildung, sondern Ausweis wirtschaftlicher Stärke – Amazon, eBay oder Yahoo! sind nicht nur zu globalen Marken avanciert, sondern arbeiten inzwischen auch hoch profitabel. Dabei sind die Wachstumsraten immer noch deutlich höher als in anderen Branchen. Eitel Sonnenschein herrscht dennoch nicht, denn zumindest hinter dem Zwölf-Monats-Gewinn steht ein dickes Fragezeichen: Ausgerechnet den „großen Drei" gelang zuletzt nur eine müde Seitwärtsbewegung. Getragen wurde der Anstieg folglich vor allem von der Kursvervierfachung von Google seit dem Börsengang im August 2004.

Glücklicherweise wird das Gewicht einzelner Aktien im Rahmen der quartalsweise Überprüfung stets auf höchstens zehn Prozent zurechtgestutzt, sodass der Suchmaschinenbetreiber keinen beherrschenden Einfluss auf den Index ausübt; ein Ende der Kursrallye bei dem mittlerweile mit mehr als 80 Milliarden US-Dollar bewerteten Unternehmen würde das Sentiment dennoch empfindlich eintrüben. Obwohl die Web-Industrie langfristig noch immer über ein immenses Potenzial verfügt, ist bei Neuengagements deshalb momentan Vorsicht geboten.

Kennzahlen per 30.11.2005

	1 Jahr	3 Jahre	5 Jahre	10 Jahre
Hoch	147	147	147	n/a
Tief	96	40	30	n/a
Performance (in US-Dollar)	+27,9%	+196,1%	+114,0%	n/a
Performance (in Euro)	+44,1%	+149,5%	+58,3%	n/a
Volatilität (in US-Dollar)	19,1%	27,7%	42,7%	n/a
Volatilität (in Euro)	21,4%	30,6%	46,1%	n/a

ABN Open End-Zertifikat

ISIN /WKN	BV	Spread	Gebühr	Anm.
DE 000 687 485 2 / 687 485	1:1	1,5–2,0%	Keine	Non-Q.

Index-Anbieter: Dow Jones & Company (www.dowjones.com)
Bloomberg-Kürzel: DJECOM <Index>

Verlauf seit 01.01.1998

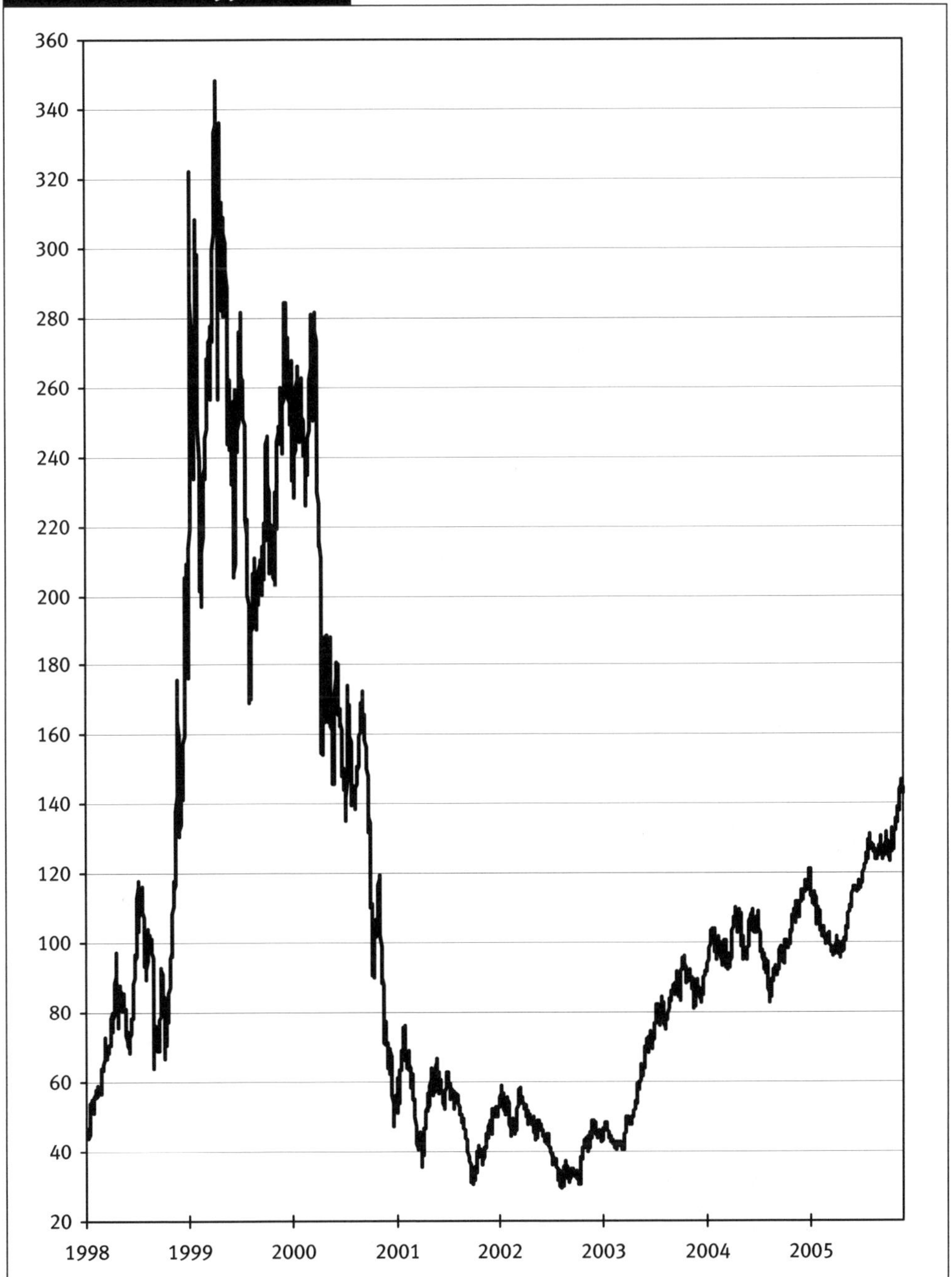

DJ Internet Services Index

Kurzprofil

Nach dem Zusammenbruch der übertriebenen Interneteuphorie in den 1990er-Jahren ist es verständlich, dass Anleger alle Aktien, die mit dem World Wide Web zu tun haben, äußerst kritisch gegenüberstehen. Eines steht jedoch fest: Das Internet hat seinen prophezeiten Siegeszug trotz allem angetreten und ist aus dem heutigen Alltag nicht mehr wegzudenken. Selbst traditionelle Firmen wie die Deutsche Bahn verlagern ihre Geschäftsräume immer mehr von der realen in die virtuelle Welt und verkaufen ihre Bahntickets online. Diese Entwicklung ist möglich, da auf der einen Seite immer mehr Menschen Internet haben und das Internet auf der anderen Seite immer zuverlässiger wird. Für Letzteres sorgen die „Internet Service"-Unternehmen in ihrer Gesamtheit. Darunter sind nicht nur Provider zu verstehen, die den Zugang zum Internet erst ermöglichen, sondern auch Unternehmen, die die entsprechende Software für die Abwicklung von Geschäftsprozessen liefern.

Der Dow Jones Internet Services Index berücksichtigt genau solche Unternehmen, beschränkt sich allerdings auf Werte aus den USA, sodass ein Währungsrisiko besteht. Bei der Auswahl der Index-Mitglieder geht der Index-Anbieter Dow Jones & Company strikt vor: Alle Unternehmen müssen mindestens 50 Prozent ihres Umsatzes mit Internetdienstleistungen erwirtschaften. Zudem sind eine durchschnittliche Marktkapitalisierung über die vergangenen drei Monate von mindestens 100 Millionen Dollar sowie ein Aktienkurs über zehn Dollar erforderlich. Die Gewichtung der momentan 25 Werte erfolgt entsprechend der Marktkapitalisierung. Bei den vierteljährlichen Index-Anpassungen wird der Anteil jeder Aktie stets auf zehn Prozent reduziert, sodass man bei richtigen Kursraketen praktisch automatisch Gewinne mitnimmt.

Kennzahlen per 30.11.2005

	1 Jahr	3 Jahre	5 Jahre	10 Jahre
Hoch	49	49	269	n/a
Tief	40	23	15	n/a
Performance (in US-Dollar)	+6,8%	+66,4%	-75,5%	n/a
Performance (in Euro)	+20,3%	+40,2%	-81,8%	n/a
Volatilität (in US-Dollar)	19,8%	31,2%	53,9%	n/a
Volatilität (in Euro)	22,0%	34,3%	57,0%	n/a

ABN Open End-Zertifikat

ISIN /WKN	BV	Spread	Gebühr	Anm.
DE 000 687 486 0 / 687 486	1:1	1,5–2,0%	Keine	Non-Q.

Index-Anbieter: Dow Jones & Company (www.dowjones.com)
Bloomberg-Kürzel: DJISVC ‹Index›

Verlauf seit 01.01.1998

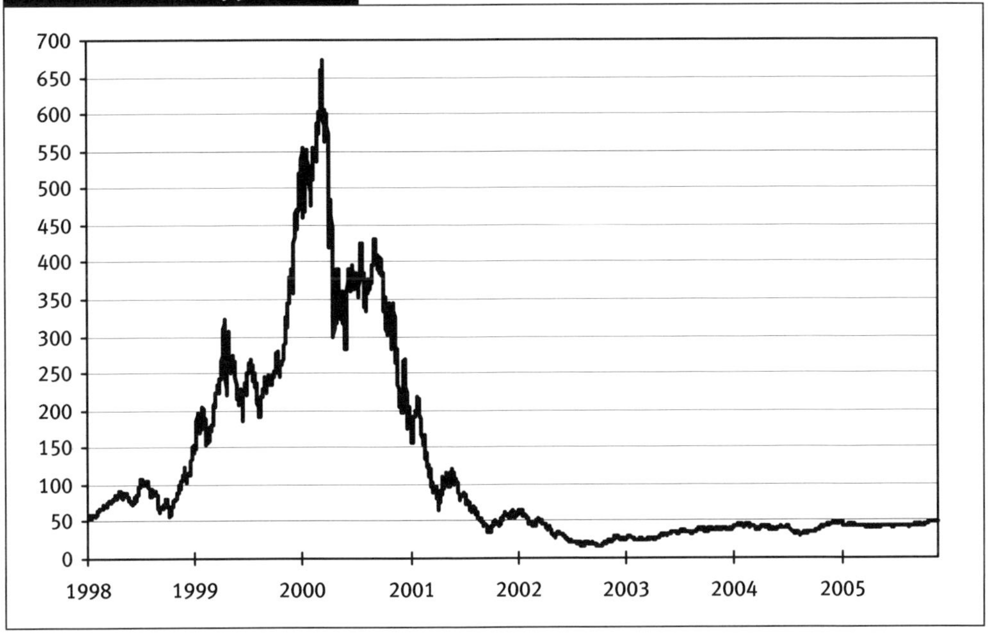

RP versus DJ Internet Comm.

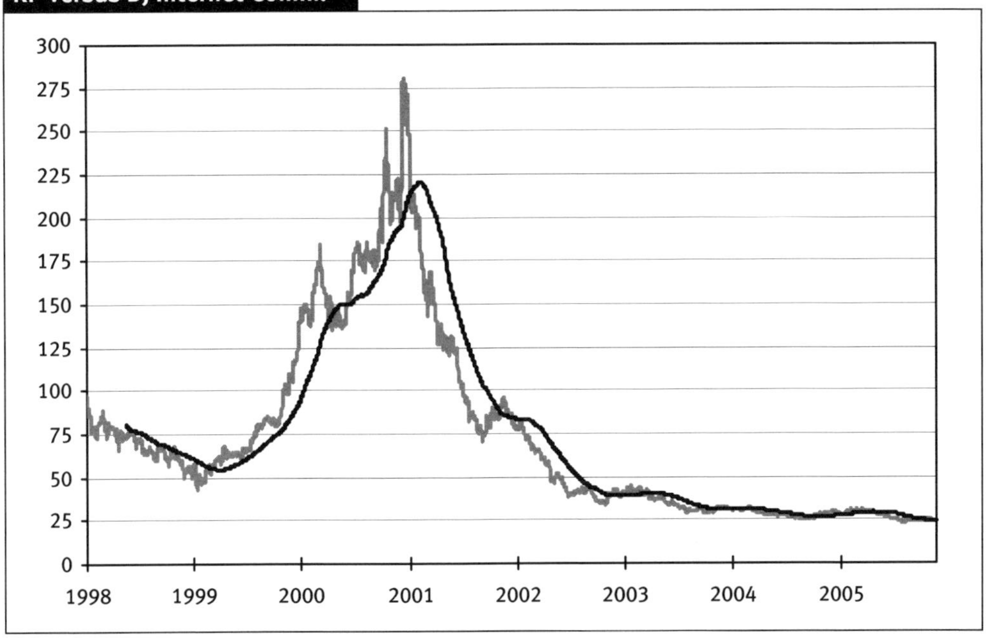

S&P Semiconductor Index

Kurzprofil

Der Halbleitersektor gehört seit Jahren zu den beliebtesten „Spielwiesen“ spekulativer Anleger – die Chip-Hersteller bieten klare Trends, heftige Kursausschläge sowie eine glasklare Positionierung als Frühindikator für die Konjunkturentwicklung: Weil Chips und Prozessoren in immer mehr Produkten des privaten und betrieblichen Lebens eine tragende Rolle spielen, sprechen steigende Auftragseingänge bei Intel, AMD & Co. für soliden Optimismus. Im Umkehrschluss sind Probleme der Halbleiterbranche oft Vorboten einer gesamtwirtschaftlichen Krise, was man zuletzt 2000/01 beobachten konnte, als einige Chip-Konzerne bereits unter Druck gekommen waren, während die übrige Industrie von einer Rezession noch nichts wissen wollte. Mit den aus diesem Zyklus resultierenden Volatilitäten, die sich üblicherweise jenseits der 30-Prozent-Marke bewegen, ist das Segment also weder etwas für schwache Nerven noch für Langfrist-Investoren.

Daran ändert sich auch nichts, wenn man Einzelwerte meidet und über einen Index gleich den kompletten Markt handelt: Da die bekannteste Benchmark des Sektors, der Philadelphia Semiconductor Index (genannt „SOX“), bislang nicht für Zertifikate lizenziert wurde, muss man notgedrungen auf das Pendant von Standard & Poor's ausweichen – und das enthält immense Klumpenrisiken. Eine Obergrenze für die Gewichtung einzelner Werte ist nicht vorgesehen, weshalb Branchenprimus Intel auf eine erdrückende Dominanz von über 50 Prozent kommt. Weiteres Problem: Der Index berücksichtigt ausschließlich US-Unternehmen, sowohl die zahlreichen asiatischen Chip-Hersteller als auch „unsere“ Infineon fehlen. Von Diversifikation oder Repräsentativität zu sprechen wäre also pure Augenwischerei. So liefert sogar das Index-Konzept ein Argument, sich nur kurzfristig mit engem Stopp zu engagieren.

Kennzahlen per 30.11.2005

	1 Jahr	3 Jahre	5 Jahre	10 Jahre
Hoch	402	468	659	1.201
Tief	306	208	180	117
Performance (in US-Dollar)	+19,0%	+34,0%	-33,2%	+159,9%
Performance (in Euro)	+34,2%	+12,9%	-50,6%	+180,9%
Volatilität (in US-Dollar)	20,0%	30,3%	46,7%	45,2%
Volatilität (in Euro)	22,4%	33,6%	50,0%	47,9%

ABN Open End-Zertifikat

ISIN /WKN	BV	Spread	Gebühr	Anm.
NL 000 040 017 4 / ABN 1NJ	10:1	1,50%	Keine	Non-Q.

Index-Anbieter: Standard & Poor's (www.standardandpoors.com)

Bloomberg-Kürzel: S5SECO <Index>

Verlauf seit 01.01.1995

RP versus NASDAQ 100

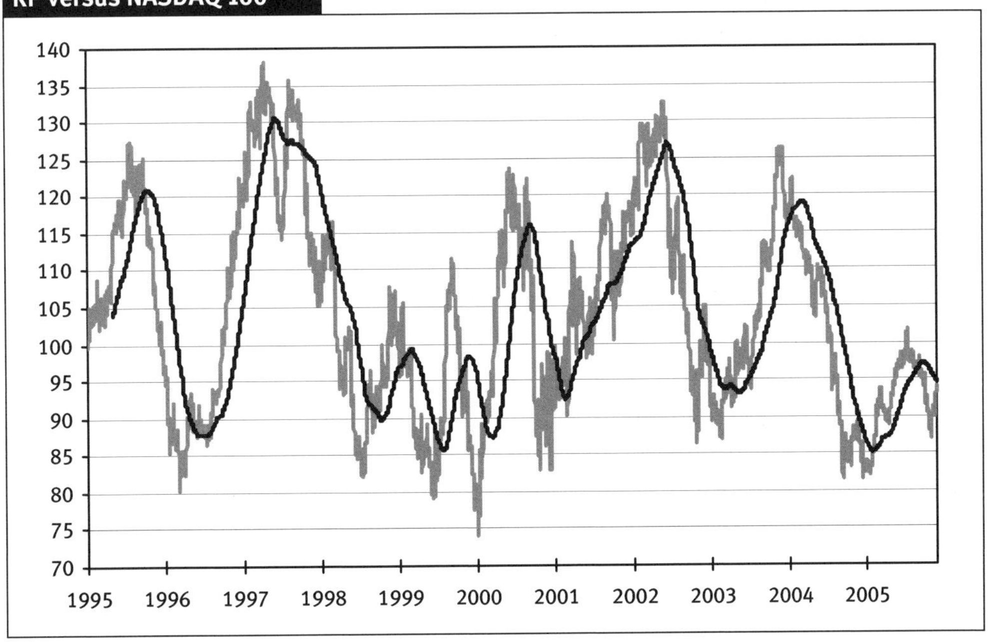

DJ STOXX 600 Oil & Gas Index

Kurzprofil

Egal ob Konsument, Unternehmer oder Investor – beinahe die ganze Welt fürchtet sich vor steigenden Ölpreisen. Für die einen bedeuten sie höhere Benzinkosten, für die anderen verteuern sie die Produktion, und an der Börse lösen sie Turbulenzen aus. Nur eine Gruppe reibt sich still und heimlich die Hände: die Fördergesellschaften. Denn höhere Ölpreise führen in der Regel zu höheren Gewinnen. Daher stehen Ölaktien momentan hoch im Kurs. Das Spiegelbild dafür liefert der Dow Jones STOXX Oil & Gas. Er repräsentiert die nach „Free Float Value"-Gewichtung größten europäischen Unternehmen der Branche, ausgewählt aus dem Dow Jones STOXX 600. Gegenwärtig handelt es sich dabei um 18 Gesellschaften mit einer geballten Marktkapitalisierung von rund 740 Milliarden Euro.

Nachdem der Ölpreis nach wie vor auf hohem Niveau notiert, stellt es keine Überraschung dar, dass der Index den Dow Jones STOXX 600 auf Jahressicht glatt outperformt hat. Die überdurchschnittliche Entwicklung dürfte sich unvermindert fortsetzen, solange der Höhenflug beim Ölpreis anhält. Zu den Index-Mitgliedern gehören so gewaltige Konzerne wie der britische Gigant BP – der mit einer Marktkapitalisierung von mehr als 230 Milliarden Euro das größte Unternehmen Europas ist – oder der französische Riese Total. Die Öl-Multis sind aber nicht nur das Aushängeschild des Dow Jones STOXX Oil & Gas, sondern auch eines seiner Probleme. Denn von den 18 Index-Mitgliedern versammeln allein die sechs größten Titel mehr als 90 Prozent des Index-Gewichts auf sich. Sollten ein oder zwei der Schwergewichte schwächeln – man denke nur an die Korrektur der Ölreserven bei Shell –, kann dies schnell zu einem falschen Bild des Gesamtmarktes führen.

Jeweils vierteljährlich im März, Juni, September und Dezember wird die Zusammensetzung geprüft und gegebenenfalls angepasst. Die üppigen Dividendenzahlungen bleiben beim alle 15 Sekunden berechneten Kurs-Index außen vor. Die „Total Return"-Variante, die Dividenden berücksichtigt, wird dagegen nur einmal am Tag nach Handelsschluss festgestellt. Obwohl das Marktbarometer rein auf Europa bezogen ist und viele wichtige Unternehmen ausklammert, gehört der Index aufgrund seiner Thematik sicherlich zu den interessantesten Vertretern der 18 STOXX-Branchensektoren.

Kennzahlen per 30.11.2005

	1 Jahr	3 Jahre	5 Jahre	10 Jahre
Hoch	426	426	426	426
Tief	302	221	221	136
Performance	+27,0%	+46,1%	+10,1%	+192,3%
Volatilität	15,8%	18,4%	23,9%	22,9%

Index-Anbieter: STOXX Ltd. (www.stoxx.com)
Bloomberg-Kürzel: SXEP ‹Index›

Verlauf seit 01.01.1992

RP versus STOXX 600

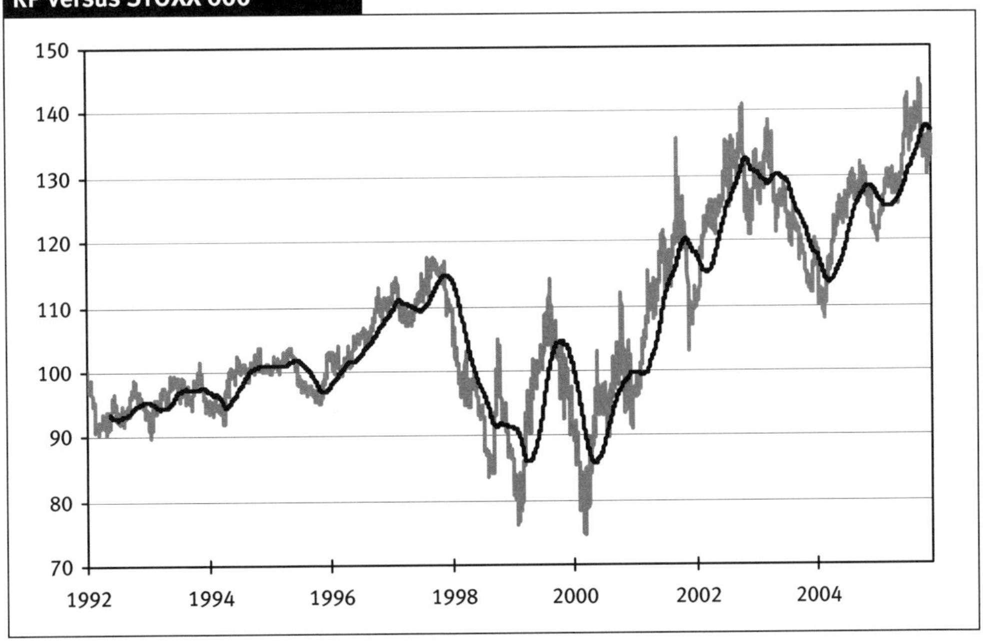

DJ STOXX 600 Basic Resources Index

Kurzprofil

Wenn es um Rohstoffe geht, sind Eisen, Kupfer und Kohle die Schlagwörter der vergangenen Jahre. In der allgemeinen Rohstoffhausse haben sich die Basismaterialien stark verteuert. So legte zum Beispiel der Preis für Kupfer auf Jahressicht um mehr als das Doppelte zu. Das spiegelt sich auch in der Performance des Dow Jones STOXX 600 Basic Resources wider. Seit Anfang 2005 hat sich der Index um fast 50 Prozent verteuert. Vor allem die Schwergewichte treiben das Auswahlbarometer an. Zusammen vereinen die drei Dickschiffe Rio Tinto, Anglo American und BHP Billiton rund 60 Prozent der Marktkapitalisierung des Index. Insgesamt zählt das Barometer 17 Unternehmen.

Der weltweite Rohstoffhunger – allen voran aus China – heizt die Geschäfte der Konzerne an. So erreichte Rio Tinto im vergangenen Jahr eine Umsatzrendite von satten 20 Prozent – Tendenz steigend. Denn ohne Eisen gibt's keinen Stahl, und der Industrialisierungsprozess in Asien und somit der Bedarf an Metallen sind ungebrochen. Auch bei BHP Billiton stehen die Zeichen auf Wachstum. Jüngst haben die Briten, die anders als Rio Tinto auch Öl fördern, den australischen Konkurrenten WMC übernommen. Damit baute der Konzern seine weltweit führende Position vor Anglo American weiter aus. Auch die Alpenrepublik ist im Dow Jones STOXX 600 Basic Resources vertreten, obwohl die österreichische Voestalpine eher zu den Leichtgewichten zählt.

Eine bohrende Frage plagt Anleger jedoch: Wie lange hält der Boom an den Rohstoffmärkten noch an? Traditionell erstrecken sich Rohstoff-Rallyes über Zeiträume von 15 bis maximal 20 Jahre. Auf Grund dieser langen Zyklen in der Vergangenheit geht das Gros der Experten davon aus, dass sich der Aufschwung noch bis 2012 fortsetzt. Abgesehen davon gab es in der jüngsten Vergangenheit keine Beispiele à la Indien und China, die dauerhaft ihren Rohstoffhunger stillen müssen.

Kennzahlen per 30.11.2005

	1 Jahr	3 Jahre	5 Jahre	10 Jahre
Hoch	383	383	383	383
Tief	263	169	169	119
Performance	+34,8%	+69,3%	+77,2%	+159,4%
Volatilität	18,1%	21,2%	23,8%	21,5%

ABN Open End-Zertifikat

ISIN /WKN	BV	Spread	Gebühr	Anm.
DE 000 827 427 5 / 827 427	10:1	1,00%	Keine	Non-Q.

Index-Anbieter: STOXX Ltd. (www.stoxx.com)

Bloomberg-Kürzel: SXPP ‹Index›

Verlauf seit 01.01.1992

RP versus STOXX 600

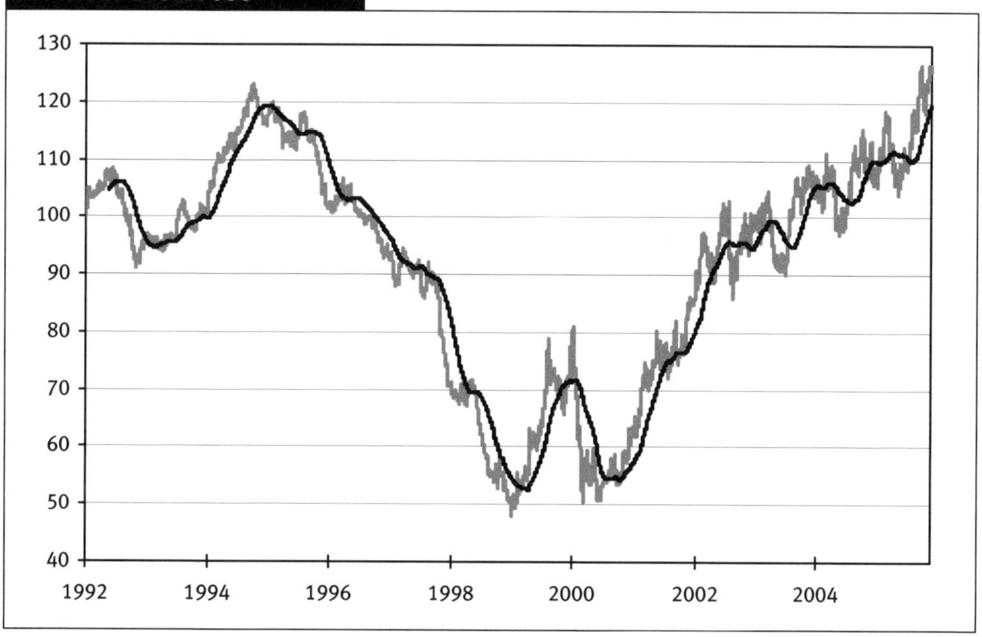

DJ STOXX 600 Utilities Index

Kurzprofil

Allgemein ist die Energieversorgungsbranche als langweilig verpönt. Doch der Sektor hat den High Tech- und Wachstumswerten in der Vergangenheit gezeigt, wo es lang geht. Denn in wirtschaftlich unsicheren Zeiten stürzen sich die Investoren auf Werte mit hoher Substanz und stabilen Gewinnausschüttungen. Und genau das bieten die Versorger, wie der Kursanstieg des entsprechenden Sektorbarometers, des Dow Jones STOXX 600 Utilities Index, demonstriert. Auf Jahressicht kletterte er um ein Viertel seines Wertes an.

Einen wesentlichen Beitrag hierzu lieferte natürlich das Schwergewicht E.ON. Der deutsche Konzern glänzt mit einer Dividendenrendite, die den Vergleich mit den Renditen von Staatsanleihen nicht scheuen muss. Während E.ON rund 15 Prozent der Indexkapitalisierung auf die Waage bringt, schafft es der italienische Versorger Enel immerhin noch auf knapp ein Zehntel. Insgesamt beheimatet das Auswahlbarometer 32 Unternehmen, deren Börsenwert sich auf mehr als 430 Milliarden Euro summiert. Davon steuern allein die zwei Deutschen Gesellschaften E.ON und RWE knapp 77 Milliarden Euro bei. Damit liegen sie nur knapp hinter den Briten, und das, obwohl 13 Unternehmen von der Insel kommen. Mit mehr als 90 Milliarden Euro verbuchen sie den Löwenanteil. Auch Frankreich schickt mit Suez ein Schwergewicht ins Rennen.

In Zukunft dürften die Energieversorger ein großer Bestandteil in den Portfolios der Großinvestoren bleiben. Denn langfristig zahlt sich ein Value-Investment, also der Vergleich von Ertragslage und Substanz eines Unternehmens mit dem Preis, den man dafür begleichen muss, aus. Für ordentliches Wachstumspotenzial sorgt obendrein die Ostphantasie: Sowohl E.ON als auch RWE bemühen sich um Förderbeteiligungen an russischen Gasfeldern.

Kennzahlen per 30.11.2005

	1 Jahr	3 Jahre	5 Jahre	10 Jahre
Hoch	331	331	331	331
Tief	261	167	167	135
Performance	+25,8%	+59,2%	+7,3%	+142,6%
Volatilität	11,7%	14,5%	16,8%	15,5%

ABN Open End-Zertifikat

ISIN /WKN	BV	Spread	Gebühr	Anm.
DE 000 827 425 9 / 827 425	10:1	1,00%	Keine	Non-Q.

Index-Anbieter: STOXX Ltd. (www.stoxx.com)
Bloomberg-Kürzel: SX6P <Index>

Verlauf seit 01.01.1992

RP versus STOXX 600

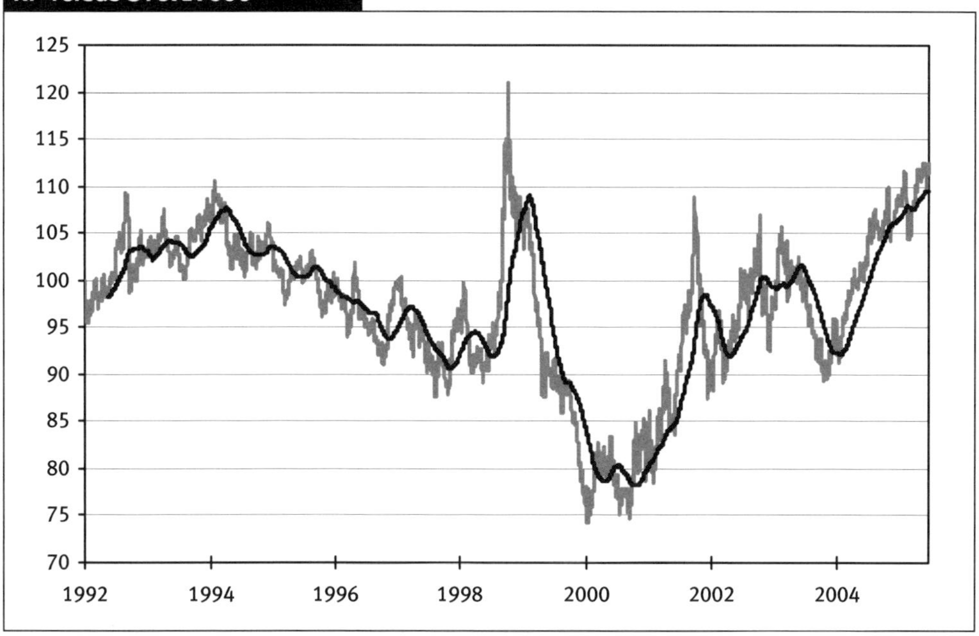

AMEX Oil Index

Kurzprofil

Der AMEX Oil Index („XOI"), das führende Kursbarometer für Unternehmen aus den Bereichen Erdöl-Exploration und Raffinerie, hat es im Laufe der Zeit zu einer gewissen Bekanntheit gebracht. An einem besonders guten Index-Konzept kann dies allerdings nicht liegen; die vierteljährliche Auswahl lässt viel von der ansonsten im Index-Bereich allgegenwärtigen Transparenz vermissen. Seltsam mutet auch die Gewichtung der Einzeltitel an: Wie beim Dow Jones Industrial Average wird hier auf das anachronistische System der Preisgewichtung zurückgegriffen. Das heißt, dass der Index-Stand durch bloße Addition der einzelnen Kurse und anschließende Division durch die Anzahl der enthaltenen Aktien errechnet wird. Was beim Dow Jones noch leidlich funktioniert, da US-amerikanische Unternehmen regelmäßig Aktiensplits durchführen, macht beim AMEX Oil keinen Sinn. Denn obwohl drei Viertel des gesamten Index aus den Vereinigten Staaten kommt, umfasst das Kursbarometer auch vier nicht-amerikanische Unternehmen.

Dass die Gleichung „steigender Ölpreis = steigende Öl-Aktien" nicht unbedingt aufgeht, zeigt die Vergangenheit. Schließlich sind Unternehmen wie Royal Dutch, TotalFinaElf oder BP zuallererst globale Blue Chips. Als solche folgen sie primär dem Gesamttrend der Aktienbörsen und sind damit stets den Launen der Börsianer ausgesetzt. In einer Aktienbaisse wie 2002 taumeln die Kurse deshalb zwangsläufig mit nach unten, unabhängig von der Entwicklung auf dem Ölmarkt. Dasselbe gilt natürlich auch im Umkehrschluss: 1997/98 hat sich der Barrelpreis mehr als halbiert, während der AMEX Oil immerhin noch ein Plus von 5 Prozent ins Ziel retten konnte.

Kennzahlen per 30.11.2005

	1 Jahr	3 Jahre	5 Jahre	10 Jahre
Hoch	1.091	1.091	1.091	1.091
Tief	692	412	412	303
Performance (in US-Dollar)	+30,7%	+122,6%	+92,5%	+221,4%
Performance (in Euro)	+47,3%	+87,6%	+42,4%	+247,5%
Volatilität (in US-Dollar)	22,7%	18,5%	21,4%	21,0%
Volatilität (in Euro)	23,3%	20,1%	23,8%	23,5%

ABN Open End-Zertifikat

ISIN /WKN	BV	Spread	Gebühr	Anm.
NL 000 047 009 4 / ABN 0RC	10:1	1,5–2,0%	Variabel	Quanto
DE 000 687 482 9 / 687 482	10:1	1,0–1,5%	Keine	Non-Q.

Index-Anbieter: AMEX American Stock Exchange (www.amex.com)
Bloomberg-Kürzel: XOI <Index>

Verlauf seit 01.01.1985

Korrelation zum Ölpreis

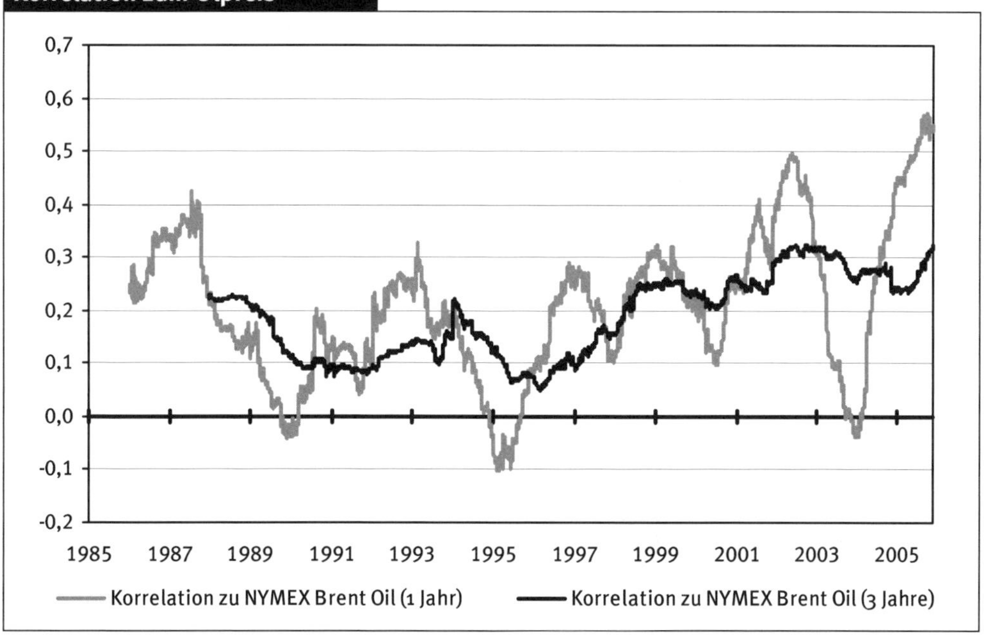

S&P Oil & Gas Refining & Marketing Index

Kurzprofil

Angesichts permanent steigender Ölpreise fühlte sich selbst US-Präsident Bush im Frühling 2004 auf den Plan gerufen. In einer Rede zur amerikanischen Energiepolitik kündigte er neben der Genehmigung von neuen Atomkraftwerken und der Erschließung von Öl- und Gasfeldern in Alaska auch den Bau weiterer Raffinerien an. Neun Vertreter der Erdöl und Erdgas verarbeitenden Industrie sorgen im S&P Oil and Gas Refining and Marketing Index für Leben. Dass auch die Geschäfte der Dienstleister in Zeiten des Rohstoffbooms wie geschmiert laufen, zeigt ein Blick auf die Performance. Seit Jahren deklassiert der S&P Oil and Gas Refining and Marketing Index nicht nur den breiten S&P 500. Auch im Rennen mit dem Barometer der „klassischen" Ölgesellschaften hat er die Nase eindeutig vorn. So schaffte der Sub-Index auf Jahressicht einen glatten Verdoppler, während der AMEX Oil sich mit einem Gewinn von rund 40 Prozent zufrieden geben muss. Zusammen bringen es die Mitglieder des Index auf einen Börsenwert von mehr als 50 Milliarden US-Dollar. Davon entfallen knapp 65 Prozent auf das Schwergewicht Valero Energy. Die Gesellschaft verfügt über eine tägliche Verarbeitungskapazität von rund 2,5 Millionen Barrel. Zusätzlich betreibt die in San Antonio beheimatete Firma 4.700 Tankstellen und ein 4.800 Meilen langes Pipelinenetz. Ende April 2004 stieg Valero zum größten nordamerikanischen Rohölverarbeiter auf: Die Texaner holten sich mit dem Kauf des Konkurrenten Premcor weitere 800.000 Barrel Tageskapazität ins Haus. Diese Taktik ist kennzeichnend für den US-Raffineriemarkt. Die Unternehmen scheuen sich davor, neue Anlagen zu bauen, und schlucken sich stattdessen gegenseitig. Folge: Die Gesamtzahl der Raffinerien ist in den USA seit 1981 von 325 auf unter 150 gesunken. So steigt mit dem Profit der Unternehmen die Angst des Präsidenten vor Sprit-Engpässen.

Kennzahlen per 30.11.2005

	1 Jahr	3 Jahre	5 Jahre	10 Jahre
Hoch	913	913	913	913
Tief	443	185	151	112
Performance (in US-Dollar)	+66,1%	+327,0%	+423,7%	+578,4%
Performance (in Euro)	+87,2%	+259,8%	+287,5%	+633,4%
Volatilität (in US-Dollar)	33,3%	24,5%	26,8%	24,2%
Volatilität (in Euro)	33,6%	25,9%	28,9%	26,6%

ABN Open End-Zertifikat

ISIN /WKN	BV	Spread	Gebühr	Anm.
NL 000 041 399 5 / ABN 2BY	10:1	1,50–2,00%	Keine	Non-Q.

Index-Anbieter:	Standard & Poor's (www.standardandpoors.com)
Bloomberg-Kürzel:	S15OILR <Index>

Verlauf seit 01.01.1995

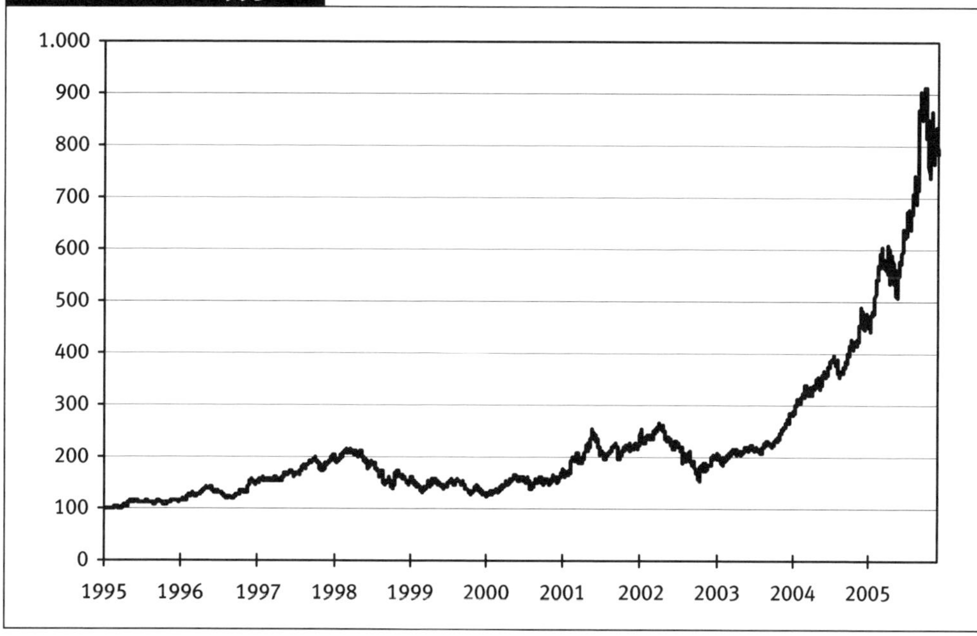

RP versus AMEX Oil

S&P Oil & Gas Drilling Index

Kurzprofil

Schon vor den Ölkonzernen ist der Rohstoffboom bei den technischen Dienstleistern der Industrie angekommen. Sie sind ständig auf der Suche nach unerschlossenen Öl- und Gasfeldern. Zehn große amerikanische Öl- und Gasbohrgesellschaften sind im Standard & Poor's Oil and Gas Drilling Index vertreten.

Dabei ragt Transocean mit einem Index-Gewicht von 30 Prozent deutlich heraus. Transocean ist das weltweit größte Unternehmen im Bereich Hochsee-Ölförderung und verfügt über 93 mobile Bohrinseln und 56 Bohrschiffe. In die Geschichte ist Transocean mit dem Weltrekord im Tiefseebohren eingegangen: Zusammen mit dem Ölkonzern ChevronTexaco schaffte es die Firma, erstmals in mehr als 10.000 Fuß (3.048 km) Meerestiefe nach Öl und Gas zu bohren. Ein heißes Rennen um Platz zwei im Index liefern sich Nabors Industries und Noble Corporation, die beide jeweils 15 Prozent auf die Waage bringen. Ein wenig die Nase vorn hat im Moment die auf dem karibischen Inselstaat Barbados ansässige Nabors, deren Umsatz in 2004 um mehr als ein Viertel auf 2,4 Milliarden US-Dollar stieg. Dabei sprang der Gewinn überproportional um 57 Prozent auf 302 Millionen Dollar.

Das zeigt, dass die Geschäfte hervorragend laufen. Experten erwarten, dass den „Drillern“ weiterhin jede Menge Arbeit ins Haus steht. Die starke Performance des S&P Oil and Gas Drilling Index könnte anhalten. Viele Erschließungsvorhaben, die vor fünf Jahren bei Barrel-Preisen um 20 US-Dollar als unrentabel verworfen wurden, rechnen sich nun auf einmal wieder, was den „Drillern“ nachhaltig volle Auftragsbücher bescheren sollte.

Kennzahlen per 30.11.2005

	1 Jahr	3 Jahre	5 Jahre	10 Jahre
Hoch	533	533	533	533
Tief	328	207	174	114
Performance (in US-Dollar)	+48,6%	+123,5%	+72,7%	+358,7%
Performance (in Euro)	+67,4%	+88,3%	+27,7%	+395,8%
Volatilität (in US-Dollar)	31,3%	30,0%	38,2%	44,1%
Volatilität (in Euro)	32,0%	31,2%	40,2%	45,9%

ABN Open End-Zertifikat

ISIN /WKN	BV	Spread	Gebühr	Anm.
NL 000 041 400 1 / ABN 2BZ	10:1	1,50–2,00%	Keine	Non-Q.

Index-Anbieter: Standard & Poor's (www.standardandpoors.com)
Bloomberg-Kürzel: S5OILD <Index>

Verlauf seit 01.01.1995

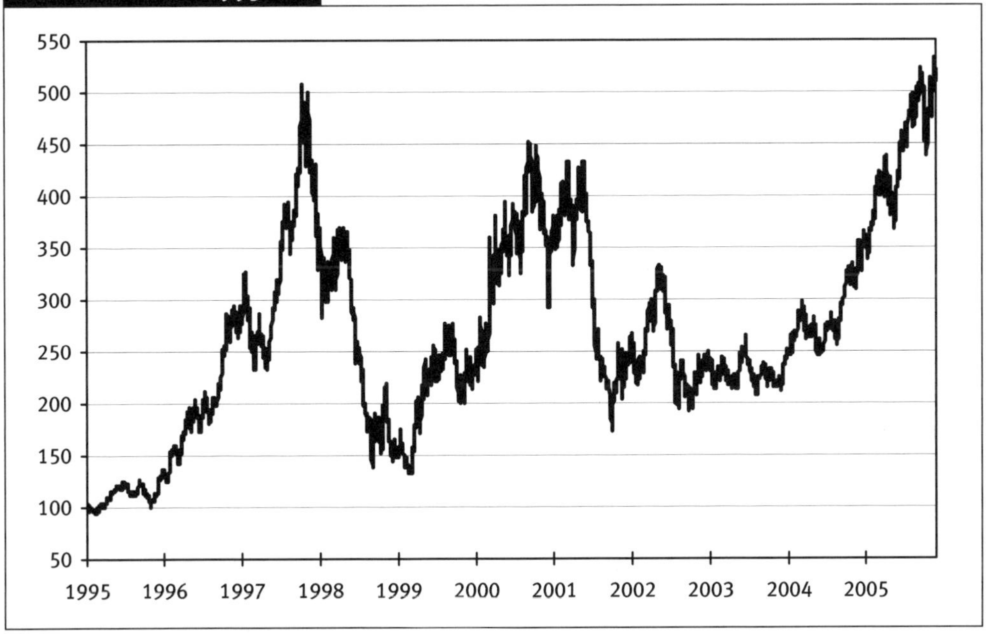

RP versus AMEX Oil

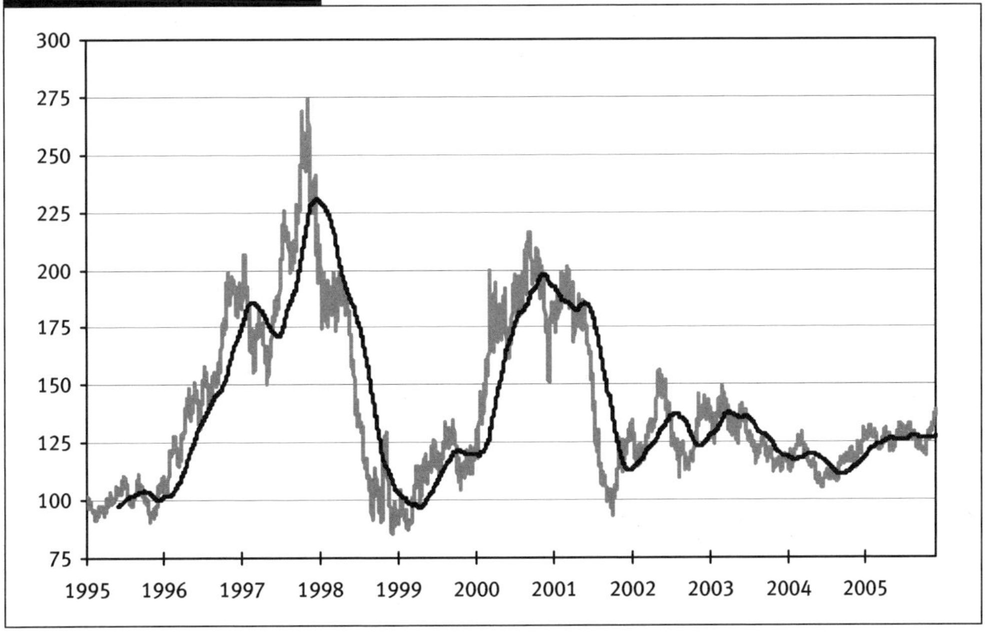

AMEX Natural Gas Index

Kurzprofil

Die Bedeutung von Erdgas hat in den vergangenen Jahrzehnten beständig zugenommen. Am Anfang des dritten Jahrtausends lief bereits knapp ein Viertel des weltweiten Primärenergieverbrauchs über den hauptsächlich aus Methan bestehende Brennstoff. Die größten Erdgasvorkommen liegen in Russland sowie im Nahen und Mittleren Osten. Dagegen sind die Vorräte der USA verhältnismäßig klein. Wegen des immensen Energiebedarfs der Amerikaner werden die Reserven zudem immer knapper. Experten erwarten, dass 2010 in den Staaten 30 Prozent des erzeugten Stroms auf Erdgas basieren. Im Jahr 1995 lag der Anteil noch bei 15 Prozent. Bereits vor zwei Jahren warnte Notenbankchef Alan Greenspan vor einem Engpass. Unternehmen, die ihr Geld mit dem begehrten Energieträger verdienen, reiben sich ob solcher Marktverhältnisse natürlich die Hände.

Der von der American Stock Exchange berechnete Gradmesser hat sich seit seiner Einführung im Oktober 1993 mehr als verdoppelt. Auf Jahressicht schaffte der AMEX Natural Gas Index immerhin ein Plus von rund 28 Prozent. Zusammen bringen die 15 Gesellschaften im Index eine Marktkapitalisierung von knapp 150 Milliarden US-Dollar auf die Börsenwaage. Russische und skandinavische Unternehmen, die auf dem Weltmarkt ebenfalls von großer Bedeutung sind, werden leider nicht erfasst, sodass man (anders als etwa beim AMEX Oil Index) nicht unbedingt von einer repräsentativen Marktabbildung sprechen kann. Ansonsten entspricht der Index jedoch den bewährten AMEX-Standards: Die Index-Mitglieder werden im Wesentlichen anhand der Marktkapitalisierung rekrutiert. An jedem Stichtag wird dabei die Gleichgewichtung aller Werte wiederhergestellt; auf diese Weise werden bei Unternehmen, deren Kurs überproportional gestiegen ist, implizit Gewinne mitgenommen.

Kennzahlen per 30.11.2005

	1 Jahr	3 Jahre	5 Jahre	10 Jahre
Hoch	436	436	436	436
Tief	272	140	109	99
Performance (in US-Dollar)	+28,4%	+164,5%	+81,0%	+204,7%
Performance (in Euro)	+44,8%	+122,9%	+33,9%	+229,4%
Volatilität (in US-Dollar)	23,6%	20,0%	26,0%	25,4%
Volatilität (in Euro)	24,8%	21,8%	28,4%	27,9%

ABN Open End-Zertifikat

ISIN /WKN	BV	Spread	Gebühr	Anm.
DE 000 687 481 1 / 687 481	10:1	1,00–2,00%	Keine	Non-Q.

Index-Anbieter: AMEX American Stock Exchange (www.amex.com)
Bloomberg-Kürzel: XNG ‹Index›

Verlauf seit 01.01.1995

RP versus AMEX Oil

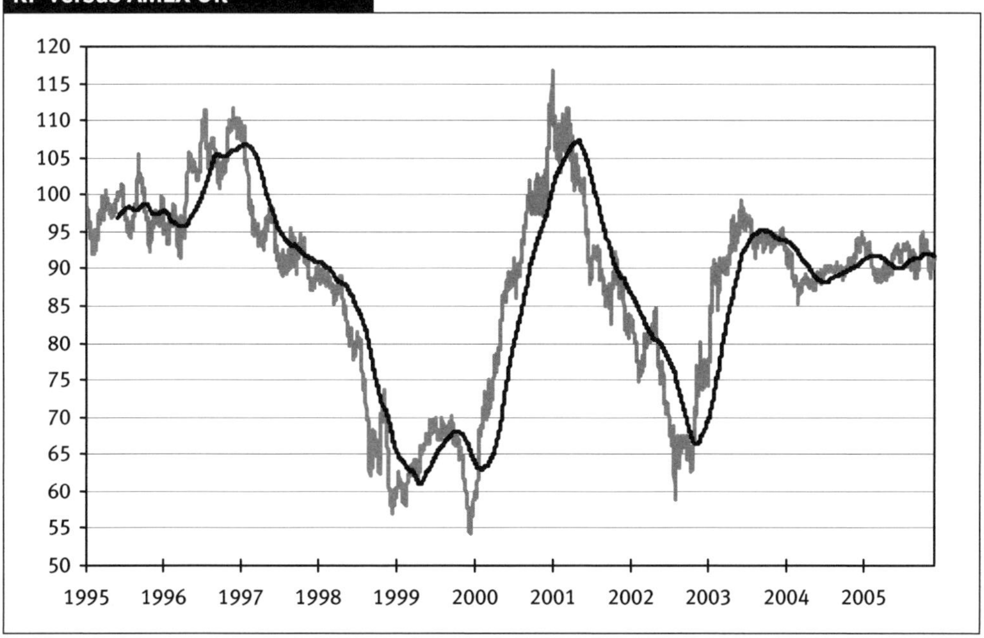

AMEX Gold Bugs Index

Kurzprofil

Viele Experten sagen dem Goldpreis eine glänzende Zukunft voraus. Die immer noch gegebene, drastische Unterinvestition der durchschnittlichen Anlegerschaft spricht ohnehin für tendenziell anziehende Notierungen. Mehr und mehr dürfte sich die Erkenntnis durchsetzen, dass Goldminentitel schon aus Schutz vor politischen und monetären Risiken in jedes ausgewogene Aktienportfolio gehören. Anteilscheine von Goldminen können direkt von der Entwicklung des Edelmetallpreises profitieren. Der AMEX Gold Bugs Index fasst 15 Schwergewichte zusammen. Für das Barometer kann sich aber nicht jeder Wert qualifizieren: Es gibt eine entscheidende Zugangsvoraussetzung, die den Goldbullen nur recht sein kann. Sie bezieht sich auf das so genannte Hedging. Viele Goldminen verkaufen ihre Produktion auf mehrere Jahre im Voraus zu einem festgelegten Preis und machen sich dadurch von Schwankungen unabhängiger. Steigt der Preis jedoch stark an, profitieren diese Produzenten zwangsläufig nicht mehr. Für den AMEX Gold Bugs Index gilt aber eine strikte Aufnahmeregel: Nur Goldminen, die auf Sicht von maximal 18 Monate auf Termin verkaufen, sind zugelassen. Anleger, die an steigende Goldpreise glauben und davon durch eine Investition in Minen überproportional profitieren wollen, setzen also auf diesen Index. Mit 15 Mitgliedern, von denen keines weniger als 4,5 Prozent auf die Waage bringt, ist der AMEX Gold Bugs breit gestreut. Die amerikanische Newmont Mining und die südafrikanische Gold Fields stehen mit einer Gewichtung von jeweils rund 15 Prozent an der Spitze der Liste. Der Index wird in US-Dollar gehandelt, was dem heimischen Anleger eine alte Problematik in Erinnerung ruft: Steigende Notierungen im Edelmetall können von einem schwachen Dollar wieder aufgezehrt werden.

Kennzahlen per 30.11.2005

	1 Jahr	3 Jahre	5 Jahre	10 Jahre
Hoch	255	257	257	n/n
Tief	166	114	41	n/n
Performance (in US-Dollar)	+2,7%	+110,0%	+477,7%	n/n
Performance (in Euro)	+15,8%	+76,9%	+327,4%	n/n
Volatilität (in US-Dollar)	30,9%	34,5%	40,2%	n/n
Volatilität (in Euro)	28,7%	31,1%	37,2%	n/n

ABN Open End-Zertifikate

ISIN /WKN	BV	Spread	Gebühr	Anm.
DE 000 687 480 3 / 687 480	1:1	1,50–2,00%	Keine	Non-Q.
DE 000 A0A B83 4 / A0A B83	10:1	2,00%	Variabel	Quanto

Index-Anbieter: AMEX American Stock Exchange (www.amex.com)
Bloomberg-Kürzel: HUI ‹Index›

Verlauf 01.01.1997

Beta zu Gold

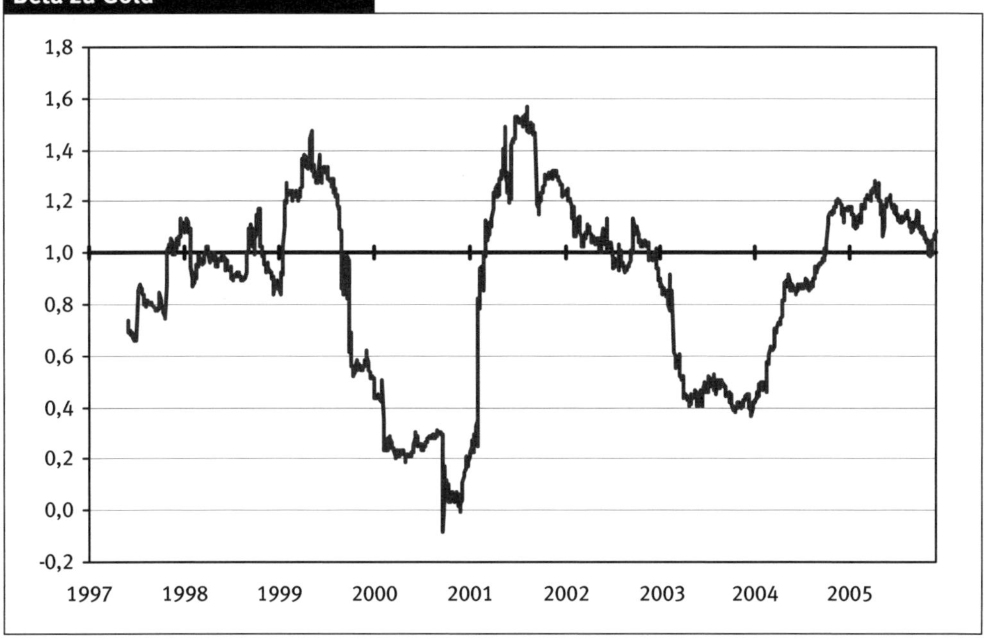

S&P Steel Index

Kurzprofil

Die Stahlbranche boomt: 2004 erreichte die weltweite Erzeugung von Rohstahl mit 1,06 Milliarden Tonnen einen neuen Rekordwert. Verantwortlich für den Aufschwung ist vor allem Chinas immenser Rohstoffbedarf. Mittlerweile sorgt das Reich der Mitte selbst für mehr als ein Viertel der globalen Produktion. Mit einem Anteil von knapp zehn Prozent rangieren die USA hinter den EU-Ländern und Japan auf Platz vier. Ein Bild von der Performance der US-Stahlkonzerne vermittelt der S&P Steel Index. Er beinhaltet derzeit 13 Mitglieder mit einer Marktkapitalisierung von insgesamt knapp 30 Milliarden US-Dollar. Mit einem Index-Anteil von 30 Prozent ragt Nucor heraus. Bei der in North Carolina ansässigen Firma ist der weltweite Stahlboom voll angekommen: 2004 sprangen die Umsätze um 82 Prozent auf 11,3 Milliarden US-Dollar nach oben. Gleichzeitig verdiente Nucor 1,1 Milliarden Dollar – so viel wie nie zuvor. Zweitschwerster Wert im Index ist United States Steel. Im Umsatzvergleich hat die Gesellschaft gegenüber Nucor allerdings die Nase vorne: Im vergangenen Jahr steigerte U.S. Steel die Erlöse um 50 Prozent auf 14,1 Milliarden US-Dollar. Damit schaffte der gemeinsam mit Nucor unter den weltweiten Top Ten der Stahlerzeuger vertretene Konzern die Rückkehr in die schwarzen Zahlen. Angesichts dieser tollen Geschäftsentwicklung ist es wenig überraschend, dass der Branchenindex den breiten Markt in den vergangenen zwei Jahren mit einer Wertverdopplung deutlich in die Schranken wies. Ganz frei von Sorgen ist die amerikanische Stahlindustrie dennoch nicht. Zum einen steigen die Kosten für das Grundmaterial Eisenerz teils drastisch. Nucor-Chef Daniel DiMicco sprach bereits von Preisaufschlägen von bis zu 90 Prozent. Zum anderen könnte eine deutliche Erholung des US-Dollars der Branche zu schaffen machen, da er den Stahlkauf für ausländische Firmen verteuern würde.

Kennzahlen per 30.11.2005

	1 Jahr	3 Jahre	5 Jahre	10 Jahre
Hoch	131	131	131	131
Tief	91	33	33	33
Performance (in US-Dollar)	+22,3%	+179,2%	+189,6%	+44,0%
Performance (in Euro)	+37,8%	+135,3%	+114,3%	+55,6%
Volatilität (in US-Dollar)	34,6%	31,7%	32,3%	27,7%
Volatilität (in Euro)	35,1%	33,1%	34,7%	30,0%

ABN Open End-Zertifikat

ISIN /WKN	BV	Spread	Gebühr	Anm.
NL 000 040 623 9 / ABN 1UN	1:1	2,50%	Keine	Non-Q.

Index-Anbieter: Standard & Poor's (www.standardandpoors.com)
Bloomberg-Kürzel: S15STEL ‹Index›

Verlauf seit 01.01.1995

RP versus S&P 500

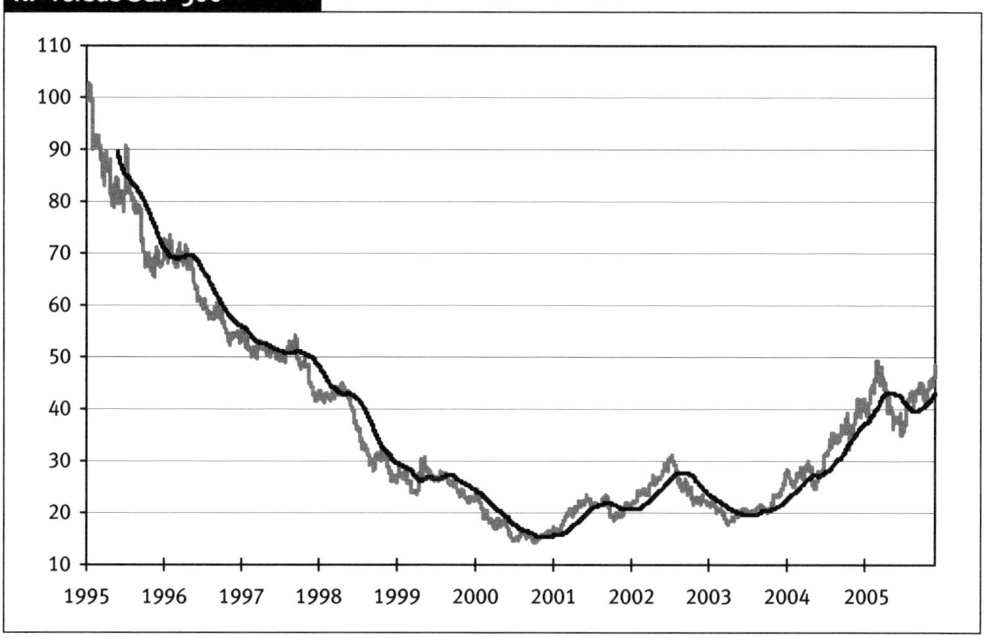

DJ STOXX 600 Banks Index

Kurzprofil

Keine Branche hat in den vergangenen fünf Jahren ein größeres Wechselbad der Gefühle erlebt als der europäische Bankensektor. Zuerst der fulminante Aufstieg durch die boomende Börsen, dann der tiefe Fall nach dem Platzen der „New Economy"-Blase. Mittlerweile ist Ruhe eingekehrt – nach milliardenschweren Restrukturierungsprogrammen sind die Gewinne der meisten Institute wieder auf dem Vormarsch. Ablesbar ist die erfreuliche Entwicklung am Dow Jones STOXX 600 Banks Index, dem wichtigsten europäischen Branchenbarometer für Bankaktien. Um mehr als 20 Prozent hat die Branche in den vergangenen zwölf Monaten zugelegt.

Die Aktienauswahl erfolgt unspektakulär vierteljährlich durch Extraktion sämtlicher der Branche zugehörigen Aktien aus dem Dow Jones STOXX 600. Aktuell umfasst der Korb 68 europäische Bankwerte. Keine Zweifel bestehen darin, wer im Dow Jones STOXX 600 Banks das Sagen hat: Es sind die britischen Geldhäuser. Von den zehn gewichtigsten Werten kommen die meisten von der Insel. Allein die beiden Ranglistenführer HSBC und Royal Bank of Scotland kommen auf eine Gewichtung von rund 19 Prozent. Erbärmlich schneidet dagegen die größte Volkswirtschaft Europas ab: Nur vier Finanzinstitute haben ihren Sitz in Deutschland. Und nach der Übernahme der Bayerischen HypoVereinsbank durch die UniCredito verbleiben nur noch Deutsche Bank, Commerzbank und Deutsche Postbank im Index. Sogar das kleine Irland hat noch ein Institut mehr vorzuweisen. Die Entwicklung in Deutschland spielt für die Index-Performance daher kaum eine Rolle. Das ist vermutlich auch besser so. Denn was Effektivität und Rentabilität betrifft, hinken die heimischen Geldhäuser der internationalen Konkurrenz ohnehin weit hinterher. Neben der erfreulichen Gewinnentwicklung hat die Bankenbranche noch reichlich Konsolidierungsbedarf – die Übernahmewelle wird weiter anhalten. Mit dieser Phantasie gehört der Bankenindex auf alle Fälle zu den aussichtsreichsten der 18 Sektorbarometer.

Kennzahlen per 30.11.2005

	1 Jahr	3 Jahre	5 Jahre	10 Jahre
Hoch	420	420	424	424
Tief	344	216	216	136
Performance	+20,5%	+38,1%	+6,8%	+201,8%
Volatilität	9,9%	16,5%	22,6%	21,5%

ABN Open End-Zertifikat

ISIN /WKN	BV	Spread	Gebühr	Anm.
DE 000 827 426 7 / 827 426	10:1	1,00%	Keine	Non-Q.

Index-Anbieter: STOXX Ltd. (www.stoxx.com)
Bloomberg-Kürzel: SX7P ‹Index›

Verlauf seit 01.01.1992

RP versus STOXX 600

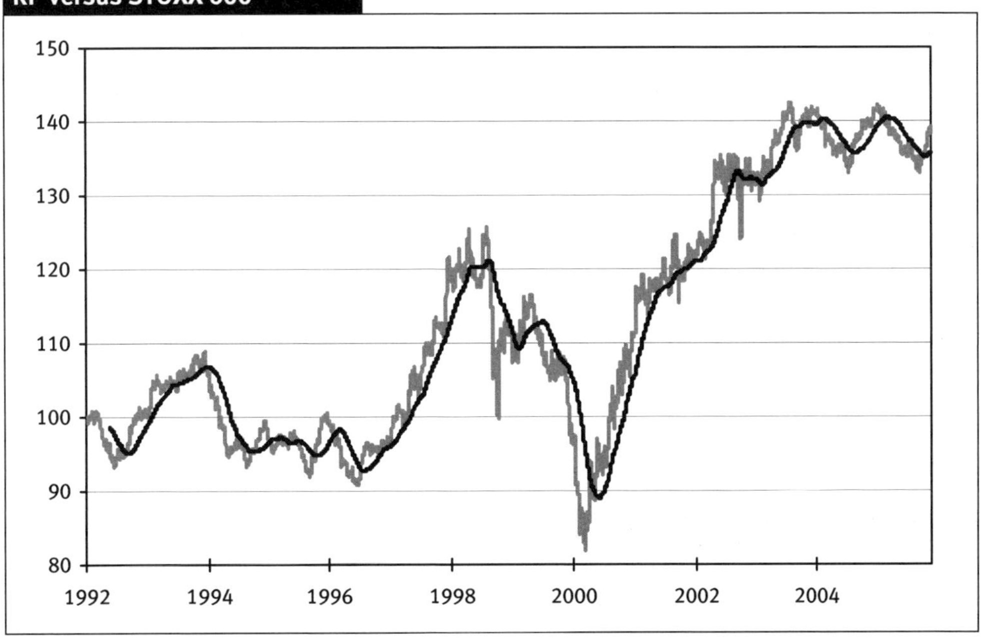

DJ STOXX 600 Financial Services Index

Kurzprofil

Im Gegensatz zu den meisten Branchenindizes, deren Mitglieder hinsichtlich Struktur und Geschäftszweck eine hohe Homogenität aufweisen, setzt sich der Dow Jones STOXX Financial Services Index aus einem bunten Haufen von Sub-Sektoren zusammen. Das mag mit Blick auf die Risikostreuung zwar kein Nachteil sein. Für einen Branchenkorb ist die Vielfalt jedoch störend. Das gilt vor allem hinsichtlich der Performance-Messung. Die größte Rolle in dem 43 Werte umfassenden Index spielen die Immobilienfinanzierer wie die deutsche Hypo Real Estate, die auch im DAX ihren einstigen Mutternkonzern Bayerische HypoVereinsbank ersetzt hat. Eine noch größere Gewichtung haben in dieser Kategorie nur noch die beiden britischen Immobilienspezialisten Lands Security Group und British Land. Denn der ausgedehnte Boom des Immobilienmarkts jenseits des Ärmelkanals bescherte den beiden Immobilienfinanzierern gute Geschäfte, was sich auch auf die Kurse positiv niederschlägt. Entsprechend nahmen die Marktkapitalisierung und damit die Bedeutung des Duos im Index zu.

Eine weitere Gruppe im Index ist die der Börsenbetreiber. Deutsche Börse, London Stock Exchange und die Mehrländerbörse EURONEXT spielen mit einer Gesamtgewichtung von weniger als zehn Prozent jedoch keine allzu große Rolle. Eine weitere Subsparte stellen die Finanzierungsgesellschaften dar. Die prominenteste darunter ist die britische 3i Group, die ihr Geschäft mit der Gewährung von Eigen- bzw. Wagniskapital macht. Mit der MAN Group, einem Hedgefunds-Anbieter, kommt ein weiteres Index-Schwergewicht von der Insel. Angesichts der britischen Dominanz beklagen Skeptiker zu Recht, dass das Börsenbarometer zu sehr von der Entwicklung in einem Land abhängig ist. Vor allem in Kombination mit der Konzentration auf die Immobilienfinanzierer stellt das eine gefährliche Mischung dar: Schließlich zeigt der britische Immobilienmarkt bereits deutliche Zeichen einer Überhitzung.

Kennzahlen per 30.11.2005

	1 Jahr	3 Jahre	5 Jahre	10 Jahre
Hoch	315	315	358	371
Tief	238	143	143	127
Performance	+30,4%	+59,0%	-8,1%	+143,2%
Volatilität	10,5%	14,6%	21,9%	20,2%

ABN Open End-Zertifikat

ISIN /WKN	BV	Spread	Gebühr	Anm.
DE 000 827 433 3 / 827 433	10:1	1,00%	Keine	Non-Q.

Index-Anbieter: STOXX Ltd. (www.stoxx.com)
Bloomberg-Kürzel: SXFP <Index>

Verlauf seit 01.01.1992

RP versus STOXX 600

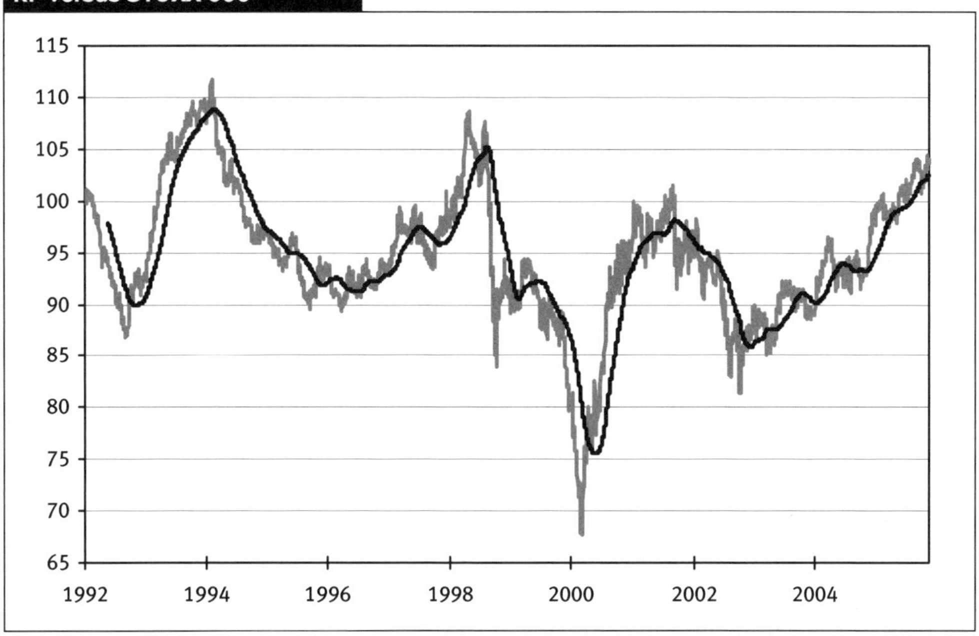

DJ STOXX 600 Insurance Index

Kurzprofil

Die Versicherungsbranche hatte es in den vergangenen Jahren nicht leicht: Terroranschläge, Börsencrash und Naturkatastrophen setzten den Bilanzen der Konzerne und damit der Performance hart zu. Vielen Unternehmen blieb nichts anderes übrig, als sich am Kapitalmarkt frisches Geld zu besorgen, um das Eigenkapital aufzubessern und damit das Rating wieder auf gesunde Füße zu stellen. Spiegelbild der turbulenten Entwicklung ist der Dow Jones STOXX 600 Insurance Index. Der Branchenindex fasst die 35 Versicherungskonzerne, die im STOXX 600 gelistet sind, in einem Korb zusammen. Trotz der breiten Auswahl stellen allein die „Top Five" ING Groep, Allianz, AXA, Generali und Zurich Financial die Hälfte des gesamten Index. Von seinen historischen Bestmarken aus dem Jahr 2000 ist der Index weit entfernt. Aber immerhin: Seit kurzem tut sich Erfreuliches. Viele der Index-Schwergewichte haben nach Jahren der Entbehrung wieder zu alter Ertragsstärke zurückgefunden. Entsprechend positiv hat sich auch der Index entwickelt.

Doch die Risiken in der Branche werden immer unkalkulierbarer, wie der Hurrikan „Katrina" gezeigt hat. Hierbei stellt auch die zunehmende Verstädterung ein versicherungstechnisches Problem dar, da hier der potenzielle Schaden und auch die Versicherungsquote in der Regel ungleich höher sind als in einem unbewohnten Landstrich. Trotzdem ist es um die Zukunft der Versicherungsbranche gar nicht so schlecht bestellt: Die höheren Risiken lassen sich die Unternehmen natürlich durch deutlich höhere Prämien bezahlen, was die Gewinne ordentlich ankurbelt – solange sich die Schadensummen in Grenzen halten. Zusätzliche Wachstumsimpulse kommen von der privaten Altersvorsorge, für die die Versicherungsbranche die nötigen Finanzprodukte bereitstellt. Die Mehrheit der Analysten geht daher davon aus, dass dem Dow Jones STOXX 600 Insurance Index reichlich Outperformance-Potenzial innewohnt.

Kennzahlen per 30.11.2005

	1 Jahr	3 Jahre	5 Jahre	10 Jahre
Hoch	234	234	468	472
Tief	178	104	104	104
Performance	+31,0%	+23,5%	-50,1%	+59,3%
Volatilität	11,8%	25,1%	30,7%	26,0%

ABN Open End-Zertifikat

ISIN /WKN	BV	Spread	Gebühr	Anm.
DE 000 827 436 6 / 827 436	10:1	1,00%	Keine	Non-Q.

Index-Anbieter: STOXX Ltd. (www.stoxx.com)

Bloomberg-Kürzel: SXIP ‹Index›

Verlauf seit 01.01.1992

RP versus STOXX 600

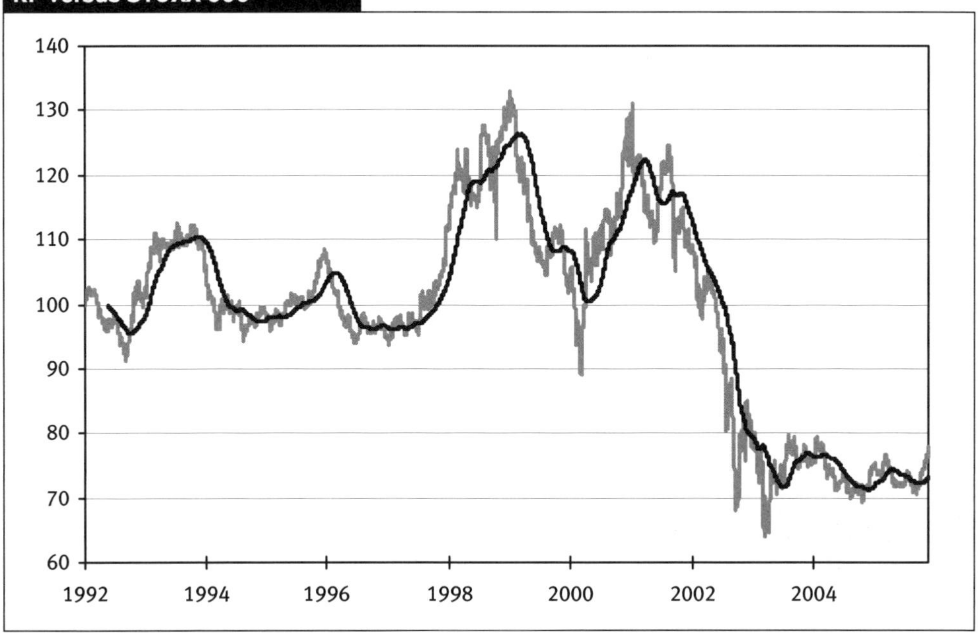

AMEX Securities Broker Dealer Index

Kurzprofil

Was wäre die Börse ohne Broker? Die Händler sind die Schnittstelle zwischen Käufern und Verkäufern und sorgen so für einen liquiden Handel. Solange die Börsenstimmung gut ist, lässt es sich von dem Geschäft auch prima leben. Das findet natürlich im Kursverlauf seinen Niederschlag: Seitdem sich die Aktienkurse in 2002/03 nach dem Platzen der Internetblase wieder gefangen haben und nach oben tendieren, ist auch der AMEX Securities Broker Dealer Index, der die zwölf größten US-Vertreter der Branche zusammenfasst, im Steigen begriffen. Allein im vergangenen Jahr stieg der Auswahl-Index um 52 Prozent. Vor allem die hohe Aktivität im Bereich Fusionen und Akquisitionen (M&A) sorgte für Kurssprünge. Zudem drängen wieder mehr Firmen an die Börse. All das spricht für eine Fortsetzung der neuerlichen Branchen-Rallye.

Die in New York ansässige Wertpapierbörse American Stock Exchange (AMEX) startete die Index-Berechnung am 15. Oktober 1993 bei einem Wert von 300 Punkten. Damit ist der Securities Broker Dealer Index einer von gut 160 Indizes, auf den die AMEX einen Optionshandel zulässt, um sich von den übermächtigen Konkurrenten NYSE und NASDAQ abzugrenzen. Wie gut sich der Index auch langfristig entwickelt hat, zeigt die Tatsache, dass das Kursbarometer bereits mehrere Splits hinter sich hat. Die zwölf US-Investmenthäuser werden im Index jeweils quartalsweise gleich gewichtet. Unter den „glorreichen“ Zwölf ist selbstverständlich auch Amerikas größtes Brokerhaus Merrill Lynch zu finden. Bereits 1914 öffnete das Geldinstitut erstmals seine Pforten an der Wall Street. Dass die Anleger der erfahrenen Geschäftspraxis von Merrill Lynch Vertrauen schenken, beweist der Kursverlauf: Seit dem Börsengang 1971 legte das Papier im Durchschnitt um elf Prozent pro Jahr zu.

Kennzahlen per 30.11.2005

	1 Jahr	3 Jahre	5 Jahre	10 Jahre
Hoch	199	199	199	199
Tief	114	69	64	16
Performance (in US-Dollar)	+52,4%	+112,4%	+96,6%	+942,3%
Performance (in Euro)	+57,8%	+79,3%	+45,7%	+1028,9%
Volatilität (in US-Dollar)	18,6%	22,8%	32,1%	34,8%
Volatilität (in Euro)	21,1%	26,1%	36,0%	37,9%

ABN Open End-Zertifikat

ISIN /WKN	BV	Spread	Gebühr	Anm.
NL 000 044 889 2 / ABN 5RN	10:1	2,50%	Keine	Non-Q.

Index-Anbieter: AMEX American Stock Exchange (www.amex.com)
Bloomberg-Kürzel: XBD <Index>

Verlauf seit 01.01.1995

RP versus S&P 500

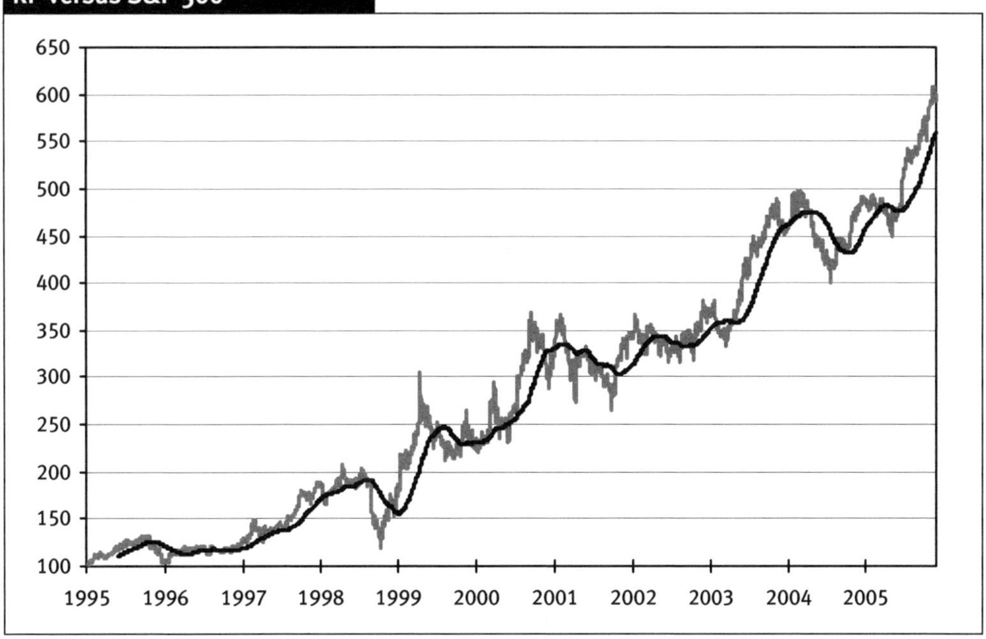

EPRA Real Estate Index

Kurzprofil

Nach dem Platzen der Internetblase wendeten sich viele Investoren im angelsächsischen Raum alternativen Anlageformen zu. Besonderer Beliebtheit erfreuten sich hierbei offene Immobilienfonds. Haus- und Grundbesitz gilt schließlich immer noch als Inbegriff der so herbeigesehnten Sicherheit. Der rege Kapitalzufluss wird allerdings zunehmend zum Bumerang – viele Fonds können die neuen Mittel nicht mehr sinnvoll investieren und horten deshalb immense Festgeld-Positionen, was in der momentanen Zinslage kräftig auf die Renditen drückt. Viel besser haben es da börsennotierte Immobiliengesellschaften. Diese erhalten in der Regel nur einmal im Rahmen des „Going Public" Kapital und stehen somit unter weitaus geringerem Investitionsdruck. Außerdem liegen im Handel mit Immobilien viel höhere Margen als in der reinen Bestandsverwaltung, die bei vielen Fonds die alleinige Ertragsquelle ist.

Um die Performance börsennotierter Immobiliengesellschaften und Real Estate Investment Trusts (REITs) darstellen zu können, hat die European Public Estate Association (EPRA) mit der britischen FTSE-Gruppe den EPRA Global Real Estate Index ins Leben gerufen. Dieser ist nach Regionen in drei Segmente unterteilt – „North America", „Europe" und „Asia" –, denen insgesamt 28 Länder zugeordnet sind. In den Index aufgenommen werden nur „echte" Immobilienfirmen, die jeweils mehr als 75 Prozent ihrer Erträge mit der Entwicklung, der Verwaltung oder dem Handel von Immobilien generieren. Ausgeschlossen sind dabei Baufinanzierer, Bauträger, Holdinggesellschaften und Themenpark-Betreiber. Außerdem müssen sich die Unternehmen durch strenge Größenkriterien qualifizieren – der „Free Float Value" muss bei mindestens 50 Millionen Euro liegen, und die Börsenumsätze müssen 25 Millionen Euro im Jahr übersteigen. Pflicht ist außerdem die Erstellung des Jahresabschlusses in englischer Sprache. Zum 30. Juni 2005 schafften 285 Unternehmen den Sprung in den Index. Dominiert wird der Index durch Gesellschaften aus der Region „North America", was angesichts des boomenden Immobilienmarktes jenseits des Atlantiks keine Überraschung ist. Der größte Wert im Index kommt jedoch aus Australien: die Westfield Group mit einem Gewicht von rund vier Prozent. Das bedeutendste europäische Mitglied ist der britische Konzern Land Securities. Deutschland ist mit nur drei Unternehmen vertreten und kommt nicht einmal auf ein Gewicht von einem Prozent.

Kennzahlen per 30.11.2005

	1 Jahr	3 Jahre	5 Jahre	10 Jahre
Hoch	2.025	2.025	2.025	n/a
Tief	1.597	949	949	n/a
Performance	+24,4%	+82,1%	+73,9%	n/a
Volatilität	9,7%	9,5%	9,9%	n/a

Index-Anbieter: European Public Estate Association (EPRA) / FTSE

Bloomberg-Kürzel: EPRA ‹Index›

Verlauf seit 01.01.2000

RP versus STOXX 600

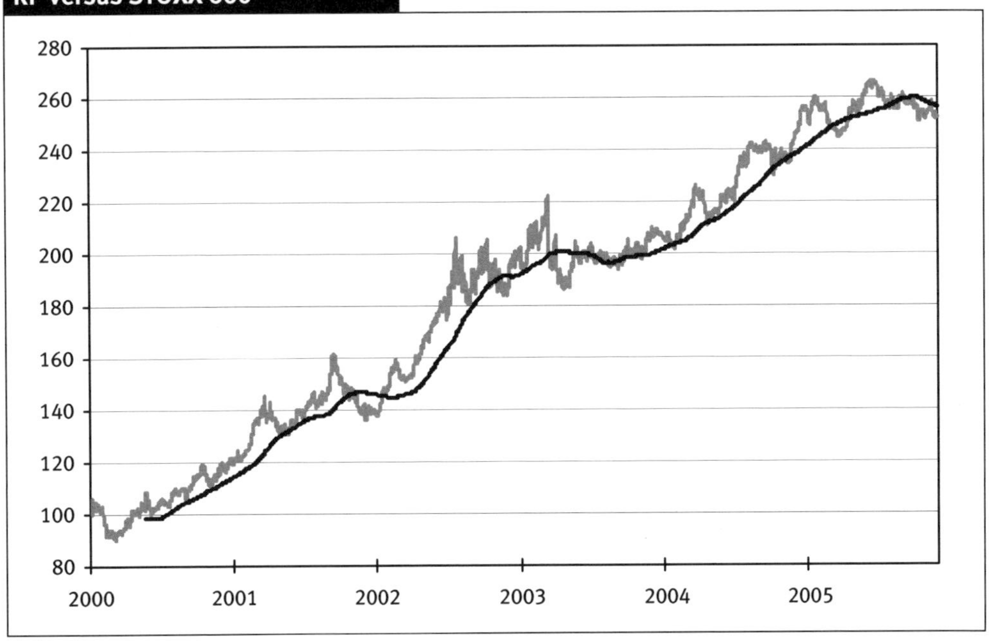

S&P Homebuilding Index

Kurzprofil

Die Wall Street feiert eine ausgedehnte „House Party". Noch vor nicht allzu langer Zeit konnte man die Häuslebauer im breiten amerikanischen Leitindex S&P 500 leicht an einer Hand abzählen. Doch das hat sich mittlerweile geändert. Denn mit dem Boom des Immobilienmarkts in den Staaten steigt auch das Interesse an Hausbauaktien. Schließlich freuen sich die entsprechenden Unternehmen sowohl über volle Auftragsbücher als auch über satte Gewinne. Daher ist die Zahl der Hausbauaktien im S&P 500 auf 16 Werte angestiegen. Diese bilden in ihrer Gesamtheit den S&P Homebuilding Index. Allerdings dominieren vier Werte das Branchenbarometer: Centex, DR Horton, Pulte Homes und Lennar stellen mehr als die Hälfte des Index. Die Performance sucht ihresgleichen. Seit der Jahrtausendwende hat der S&P Homebuilding seinen Wert mehr als verfünffacht.

Pulte Homes feiert in diesem Jahr (2005) den 55. Geburtstag. Seit der Gründung hat das in Michigan beheimatete Unternehmen mehr als 400.000 Häuser gebaut. Der Geschäftserfolg hat dafür gesorgt, dass die Gesellschaft in der vom Wirtschaftsmagazin *Fortune* veröffentlichten Liste der 500 größten amerikanischen Unternehmen immer weiter nach vorne rückt und mittlerweile Rang 181 für sich beansprucht. Im Jahr 2000 war Pulte mit Platz 432 erstmals in das bedeutende Ranking eingezogen. Auch die immer häufiger aufkommenden Warnungen, dass die Baufreude der Amerikaner im Zuge steigender Zinsen nachlassen könnte, scheinen den Branchenkrösus wenig auszumachen: Der Vorstand prognostiziert bis 2007 eine durchschnittliche jährliche Gewinnsteigerung von 20 Prozent. Doch Anleger sollten aus dem Platzen der Interneteuphorie gelernt haben, dass Bäume nicht in den Himmel wachsen.

Kennzahlen per 30.11.2005

	1 Jahr	3 Jahre	5 Jahre	10 Jahre
Hoch	1.323	1.323	1.323	1.323
Tief	781	326	201	116
Performance (in US-Dollar)	+44,6%	+226,2%	+343,7%	+794,1%
Performance (in Euro)	+63,0%	+174,9%	+228,3%	+866,6%
Volatilität (in US-Dollar)	33,9%	32,7%	39,1%	35,2%
Volatilität (in Euro)	34,7%	33,8%	41,6%	37,4%

ABN Open End-Zertifikat

ISIN /WKN	BV	Spread	Gebühr	Anm.
NL 000 042 320 0 / ABN 3MX	10:1	1,50%	Keine	Non-Q.

Index-Anbieter: Standard & Poor's (www.standardandpoors.com)
Bloomberg-Kürzel: S5HOME <Index>

Verlauf seit 01.01.1995

RP versus S&P 500

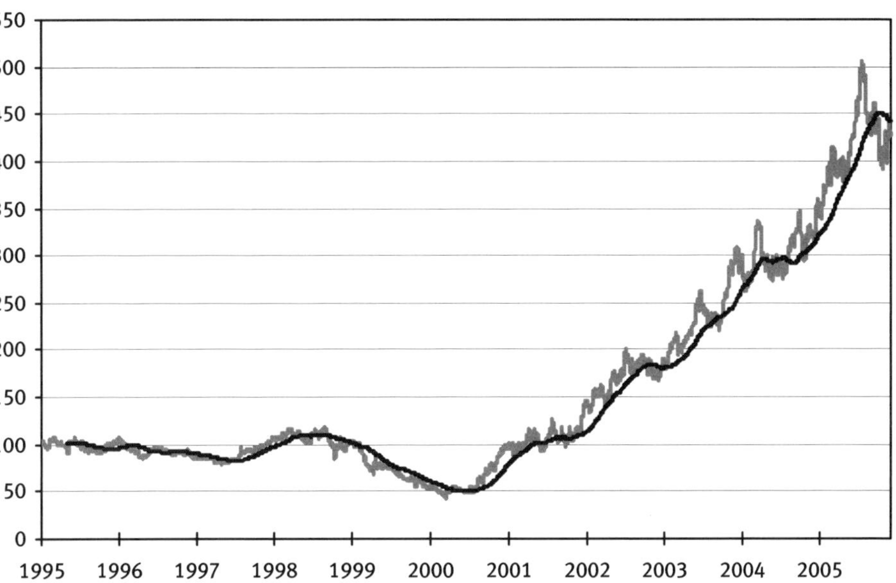

TSE Tokyo Stock Exchange REIT Index

Kurzprofil

Auf Drängen vieler japanischer Investoren, die sich einen aussagekräftigen Benchmark für den Immobiliensektor wünschten, entwickelte die Börse Tokio im März 2003 den Tokyo Stock Exchange REIT Index. Der täglich als Kurs- und Preis-Index berechnete TSE REIT bildet die Entwicklung aller an der Wertpapierbörse Tokio gelisteten Real Estate Investment Trusts (REITs) ab. Die Gewichtung erfolgt auf Basis der Marktkapitalisierung. REITs sind fondsähnliche börsennotierte Aktiengesellschaften, die ihr Kapital in Immobilienvermögen anlegen. In der Regel sind REITs steuerbegünstigt, dafür müssen die Erträge – etwa aus Mieten oder Verkaufserlösen – zu einem großen Teil an die Anteilseigner ausgeschüttet werden. Während REITs in den USA längst zum Börsenalltag gehören, wurde diese spezielle Unternehmensform in Japan erst im November 2000 zugelassen. Die Einstufung als REIT verlangt dabei eine Reihe von Kriterien: Mindestens 75 Prozent des Gesamtvermögens muss in Immobilien investiert sein. Das Gesamtvermögen muss mindestens fünf Billionen Yen betragen, wobei sich die Mindestsumme für eine Einzelanlage auf 50.000 Yen beläuft. An der Gesellschaft müssen außerdem mindestens 1.000 Aktionäre beteiligt sein.

Aktuell umfasst der TSE REIT Index 16 Unternehmen mit einer Marktkapitalisierung von insgesamt rund 2,3 Billionen Yen, was in etwa 17 Milliarden Euro entspricht. Größtes Unternehmen ist Nippon Building Fund mit einer Gewichtung von rund 20 Prozent. Was die Performance betrifft, scheint sich der japanische Immobilienmarkt nach dem Mega-Crash Anfang der 90er-Jahre wieder einer steigenden Beliebtheit zu erfreuen. Seit seiner Auflegung am 1. April 2003 hat der TSE REIT Kurs-Index mehr als 50 Prozent hinzugewonnen.

Kennzahlen per 30.11.2005

	1 Jahr	3 Jahre	5 Jahre	10 Jahre
Hoch	1.686	1.686	n/a	n/a
Tief	1.404	1.137	n/a	n/a
Performance (in JPY)	7,0%	38,5%	n/a	n/a
Performance (in Euro)	+3,7%	+29,2%	n/a	n/a
Volatilität (in JPY)	10,2%	10,6%	n/a	n/a
Volatilität (in Euro)	12,4%	14,3%	n/a	n/a

ABN Open End-Zertifikat

ISIN /WKN	BV	Spread	Gebühr	Anm.
NL 000 042 583 3 / ABN 4GS	100:1	1,50%	Variabel	Quanto

Index-Anbieter: Tokyo Stock Exchange (www.tse.or.jp)

Bloomberg-Kürzel: TSEREIT ‹Index›

Verlauf seit 01.04.2003

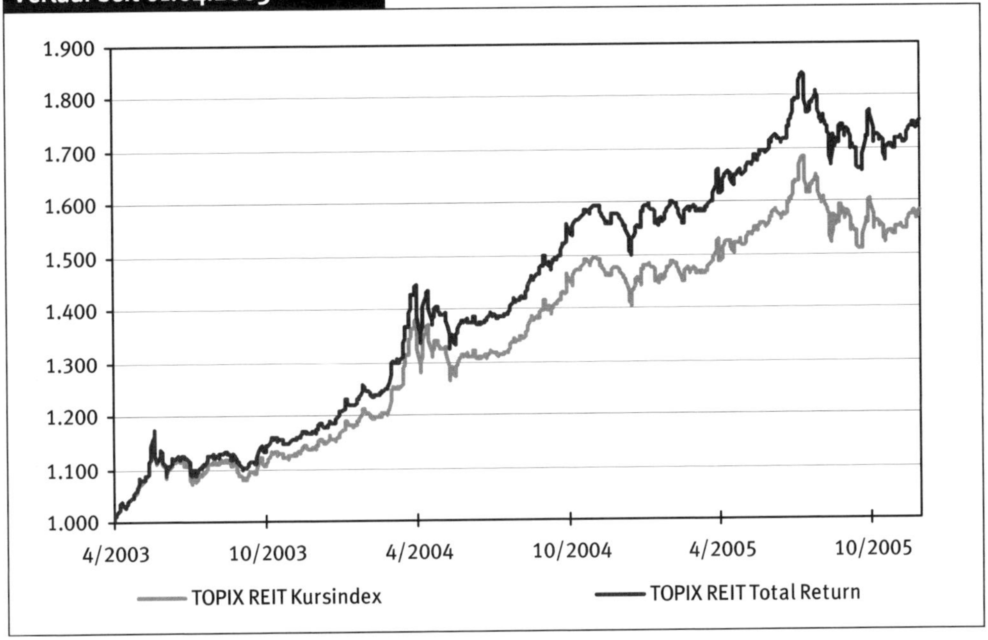

RP versus TOPIX

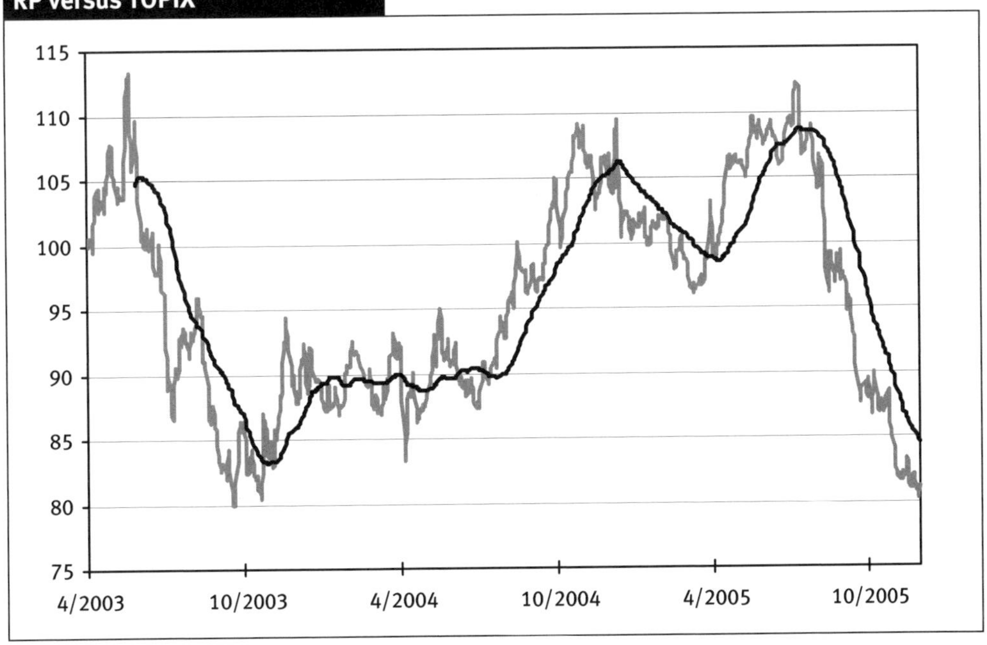

DJ EURO STOXX Sustainability Index

Kurzprofil

So mancher Anleger will nicht nur sein Vermögen mehren, sondern dabei auch noch ein reines Gewissen haben. Vor allem Stiftungen und kirchliche Einrichtungen achten inzwischen genau auf die soziale und ökologische Kompetenz der Unternehmen, in die sie investieren. Subsumiert werden diese Anstrengungen, in ökonomische Entscheidungen auch Umweltschutz, Ressourcenschonung oder die Verantwortung gegenüber Mitarbeitern und Kunden angemessen einzubinden, für gewöhnlich unter dem Modewort „Sustainability“ (zu deutsch etwa: „Nachhaltigkeit“). Die führende Research-Kapazität auf diesem Gebiet ist die Züricher SAM Sustainable Asset Management Group, die gemeinsam mit den Index-Anbietern STOXX und Dow Jones eine ganze Familie von „nachhaltigen“ Kursbarometern auf den Weg gebracht hat. An der Spitze steht der Dow Jones STOXX Sustainability Index, für den aus dem Universum des STOXX 600 die Aktiengesellschaften herausgefiltert werden, die innerhalb ihrer Branche im Hinblick auf verantwortungsvolles Wirtschaften zu den besten 20 Prozent gehören. Bei der Auswahl stützt sich SAM auf ein proprietäres „Sustainability Ranking“, das jedes Jahr auf Basis eines von den Unternehmen zu beantwortenden Fragenkatalogs neu erstellt wird.

Welche Fragen wie bewertet werden, lässt sich auf der Website zum Index erfreulicherweise sehr transparent nachvollziehen. Dennoch ist das SAM-Konzept nicht über Kritik erhaben. So wundert man sich, dass dem Index unter anderem mit BP Amoco und Royal Dutch zwei Öl-Multis angehören, deren Geschäftsgebaren zumindest in Afrika nicht gerade das Prädikat „Sustainability“ verdient. Im Hinblick auf die „Top 20 Prozent“-Regel stellt sich ohnehin die Frage, ob gewisse Branchen wie Automobile, Luftfahrt oder Ölförderung überhaupt „nachhaltig“ sein können oder ob der Kern der Geschäftstätigkeit nicht schon zwangsläufig strenge sozio-ökologische Maßstäbe verletzen muss. Der STOXX Sustainability Index ist kein reinrassiges Ethik-Investment; dafür sind die Kriterien viel zu weich. Andererseits hätten strengere Maßstäbe zur Folge, dass das Kursbarometer nur aus Spezialwerten bestünde, die wiederum schlechter investierbar wären. Insofern ist der Index ein Kompromiss-Produkt, mit dem man dem Depot bestenfalls ein „Sustainability-Flair“ verleihen kann.

Kennzahlen per 30.11.2005

	1 Jahr	3 Jahre	5 Jahre	10 Jahre
Hoch	98	98	n/a	n/a
Tief	81	52	n/a	n/a
Performance	+20,7%	+26,5%	n/a	n/a
Volatilität	10,8%	19,2%	n/a	n/a

Index-Anbieter:	STOXX Ltd. (www.stoxx.com)
Bloomberg-Kürzel:	SUTE <Index>

Verlauf seit 01.01.2002

RP versus EURO STOXX Size

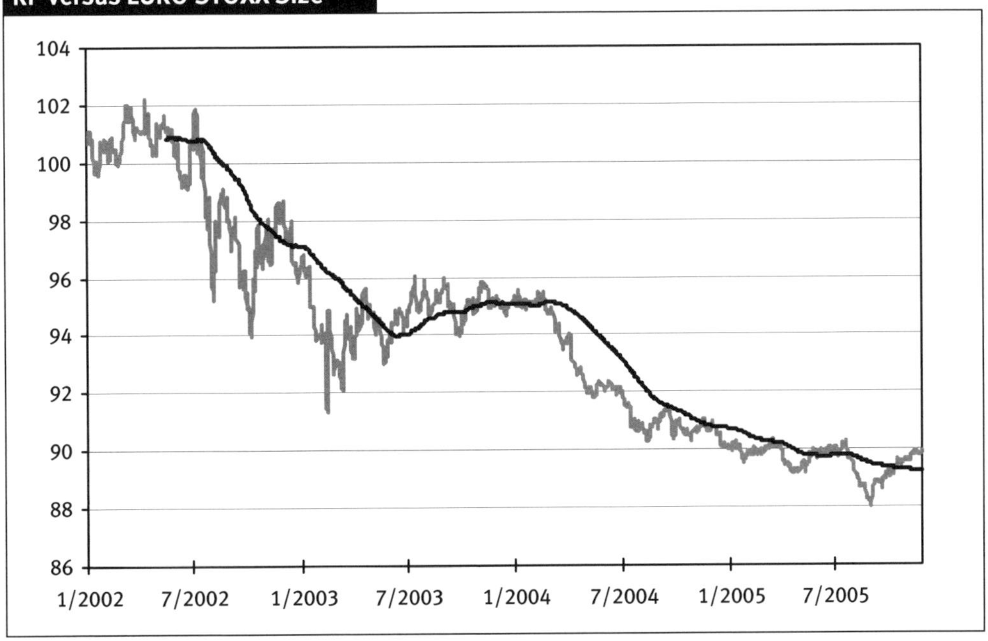

FTSE4GOOD Europe 50 Index

Kurzprofil

Beim FTSE4Good Europe 50 Index handelt es sich um ein Kursbarometer, das nur Aktien enthalten soll, die innerhalb ihrer Branche durch ein hohes Gewicht an ethischer und ökologischer Verantwortung aufmerksam machen. Begrenzt ist hier die Auswahl auf 50 Aktien aus Europa. Die Index-Zusammensetzung wird halbjährlich im März und September überprüft und gegebenenfalls modifiziert.

Die Vorgehensweise beim Labeling mit „4Good“ muss man kritisch betrachten. Bestimmte Branchen wie zum Beispiel Chemie, Öl oder Banken haben seit jeher Schwierigkeiten, Ethik und ihre Profitabsicht unter einen Hut zu bringen. So wird zu Recht gefragt, was eine BP oder eine Royal Dutch in den FTSE4Good-Indizes verloren hat. Traditionelle Umweltverschmutzer mit teils zweifelhafter Nähe zu Militärregimes (Shell/Nigeria) möchte man doch eigentlich nicht in einem ethischen Investment wiederfinden. Kritische Stimmen bezeichnen die Index-Plattform FTSE4Good gar als „extreme Mogelpackung“. Bei den „Ethik-Footsies“ reicht es bereits aus, im Geschäftsbericht die Einhaltung der Menschenrechte oder den Schutz der Natur zu versprechen. Ob das auch tatsächlich geschieht, steht auf einem ganz anderen Blatt.

Daher darf es niemanden wundern, dass bei den FTSE4Good-Indizes Firmen wie BASF, Deutsche Bank, Unilever, GlaxoSmithKline oder Vodafone vertreten sind. Sicherlich sind dies alles gute Substanzwerte. Aber hier wird der Begriff „sozial verantwortliche Anlage“ arg strapaziert. Da hilft auch nicht die Aussage, dass UNICEF, das Kinderhilfswerk der Vereinten Nationen, an der Entwicklung der Indizes beteiligt war. Faktum ist: Wer sozial verantwortlich handeln möchte und dies in einer ethisch und ökologisch verantwortlichen Geldanlage sucht, ist beim FTSE4Good-Label an der falschen Adresse.

Um kein Missverständnis aufkommen zu lassen: Die Bereiche Ethik und Umwelt sind aus der Geldanlage nicht mehr wegzudenken. Daher sind ethisch und ökologisch verantwortliche Investitionsformen sehr zu begrüßen. Mehr als fraglich ist jedoch, ob die FTSE4Good-Index-Plattform das adäquate Instrument dafür liefert.

Kennzahlen per 30.11.2005

	1 Jahr	3 Jahre	5 Jahre	10 Jahre
Hoch	3.983	3.983	n/a	n/a
Tief	3.316	2.292	n/a	n/a
Performance	+18,3%	+21,5%	n/a	n/a
Volatilität	9,8%	16,9%	n/a	n/a

Index-Anbieter: FTSE Group (www.ftse.com)
Bloomberg-Kürzel: 4EU5X <Index>

Verlauf seit 01.01.2002

RP versus STOXX 600

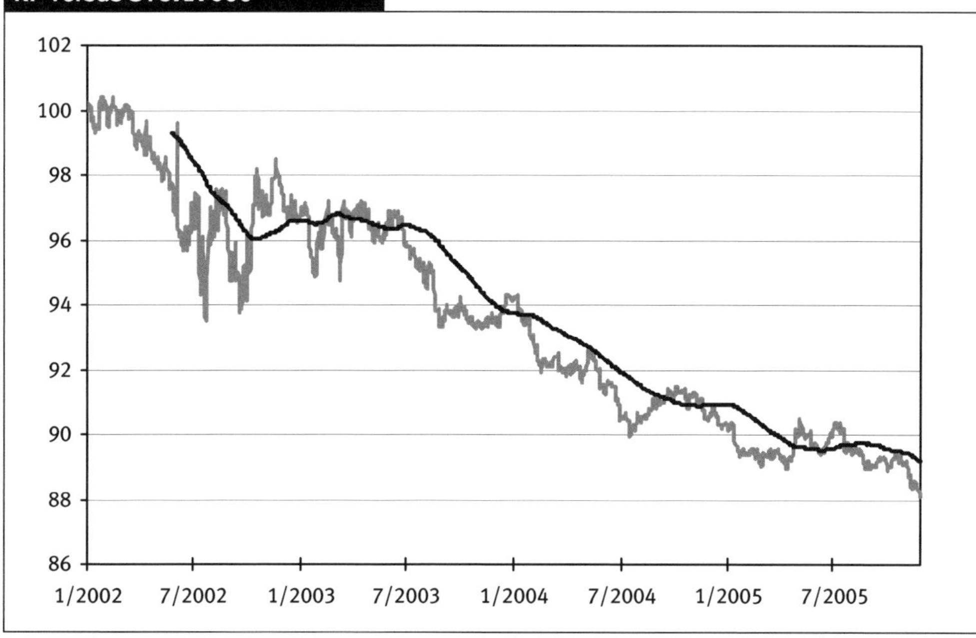

REX Index

Kurzprofil

Aktien oder Renten? Damit Anleger diese Gretchenfrage des Investierens zumindest retrospektiv beantworten können, hat die Deutsche Börse AG die REX-Familie ins Leben gerufen. Weil Rentenpapiere im Gegensatz zu Aktien – und vor allem zu Indizes – eine fest begrenzte Laufzeit haben, muss man einen Trick anwenden, um einen Renten-Index ohne Laufzeitbeschränkung darstellen zu können. Die Lösung liegt im Verwenden von synthetischen Anleihen, die nicht wirklich existieren, sondern sich jeweils aus einem ganzen Portfolio von am Markt tatsächlich erhältlichen Anleihen zusammensetzen. Für eine so gebildete, idealtypische Anleihe lässt sich nun ein fiktiver Kurs errechnen, der sich aus der Rendite von realen Schuldverschreibungen ableitet. Der REX enthält 30 solcher idealtypischer Anleihen mit ganzzahligen Laufzeiten von ein bis zehn Jahren und jeweils drei Kupontypen mit sechs, 7,5 und neun Prozent.

Ohne sich zu tief in die komplexen Details zu verlieren, ist die Grundaussage des Rentenbarometers denkbar einfach: Wie der DAX die Performance eines mit deutschen Standardaktien bestückten Portfolios widerspiegelt, misst der REX die Wertentwicklung von Bundesanleihen mit einem bis zehn Jahr(en) Restlaufzeit. Dabei muss man ganz klar zwischen dem REX-Kurs- und REX-Performance-Index unterscheiden. Während der REX-Kurs-Index lediglich Kursveränderungen der zugrunde liegenden Anleihen berücksichtigt, bezieht der „REXP“ auch die für Anleihen typischen Zinserlöse mit ein. Der REXP misst damit die Performance eines Anleihenportfolios, aus dem weder Geld abgezogen noch neues investiert wird. Die Basis für den REXP wurde am 30.12.1987 auf 100 Prozentpunkte festgelegt. Dem REX liegt dagegen keine Basis zugrunde. Der Stand des REX-Kurs-Index stellt stets einen Durchschnittskurs dar, wobei ein Stand von 100 Punkten einer Anleihe mit einer Durchschnittsrendite von 7,44 Prozent und einer Restlaufzeit von 5,49 Jahren entspricht. Wie es sich für Anleihen gehört, verzeichnet der Index im Zeitverlauf eine relativ stetige Entwicklung, trotzdem können natürlich Verluste auftreten: 1994 und 1999 war das Renditeniveau kurzfristig so deutlich angestiegen, dass die daraus resultierenden Einbußen nicht durch Zinseinnahmen kompensiert werden konnten. Ab einer Anlagedauer von zwei Jahren wurde mit deutschen Bundesanleihen bislang jedoch immer Geld verdient.

Kennzahlen per 30.11.2005

	1 Jahr	3 Jahre	5 Jahre	10 Jahre
Hoch	319,9	319,9	319,9	319,9
Tief	302,2	267,9	234,3	175,6
Performance	+3,9%	+17,2%	+34,2%	+79,0%
Volatilität	3,0%	3,2%	3,2%	+3,2%

Index-Anbieter: Deutsche Börse (www.deutsche-boerse.com)
Bloomberg-Kürzel: REX ‹Index› (Performance-Index: REXP ‹Index›)

Verlauf seit 01.01.1988

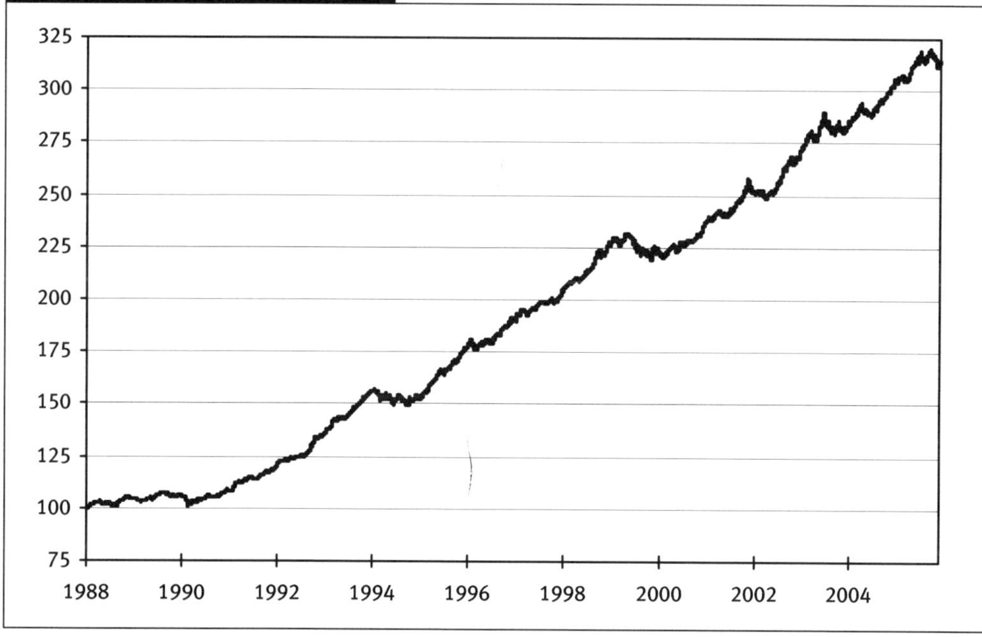

Jährliche Performance

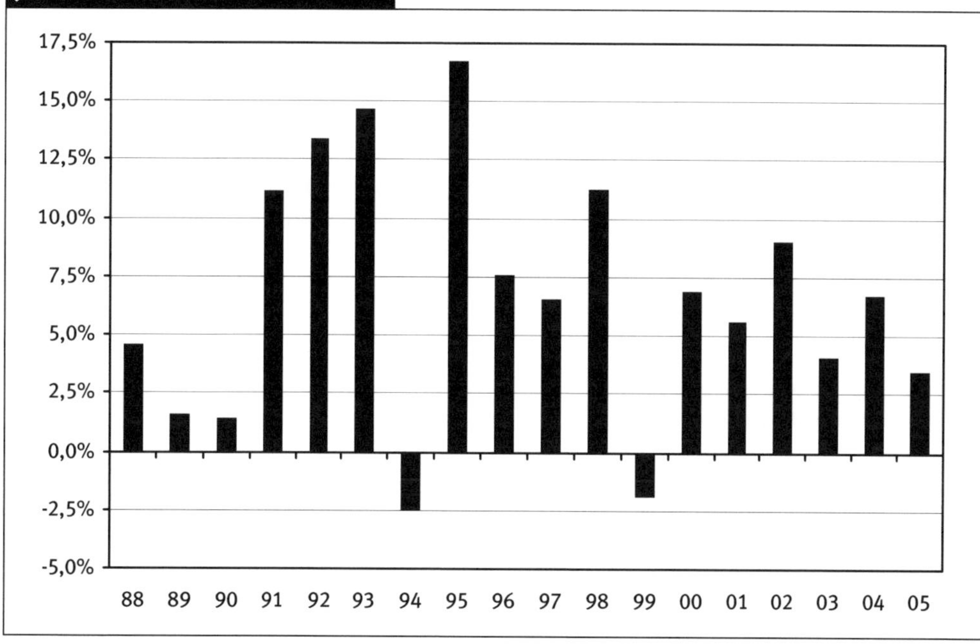

JPM EMU Government Bond 1-3 Index

Kurzprofil

JPMorgan gehört in der Rentenwelt zu den ersten Adressen. Das US-Investmenthaus unterstützt Regierungen, Unternehmen und andere Institutionen bei der Platzierung ihrer Anleihen und betätigt sich im Sekundärmarkt als einer der größten Händler. Um die eigene Expertise zu unterstreichen, berechnet und veröffentlicht die Bank auch eine weit beachtete Renten-Index-Familie. Diese setzt sich aus mehreren Indizes zusammen, die unterschiedliche Laufzeiten, verschiedene Regionen/Länder und Emittenten berücksichtigen. In diese große Index-Familie ist der JPM EMU Government Bond 1-3 Index eingebettet, der als Sub-Index die Wertentwicklung von europäischen Staatsanleihen mit einer relativ kurzen Restlaufzeit von mindestens einem bis maximal drei Jahren wiedergibt. In den Index fließen, wie die Abkürzung EMU (European Monetary Union) verrät, nur Staatspapiere aus den Teilnehmerländern der Euro-Währungsunion, wobei selbstverständlich der „Total Return"-Ansatz Anwendung findet. Das bedeutet, dass Kuponzahlungen wieder in den Index reinvestiert werden und somit den Index-Wert erhöhen.

Entsprechend der Bedeutung der einzelnen Volkswirtschaften innerhalb der Eurozone stellen Emissionen aus Deutschland, Frankreich und Italien fast 70 Prozent des berücksichtigten Index-Volumens. Während Belgien und Spanien gerade noch als Mittelschwergewichte durchgehen, spielen Finnland, Griechenland, Irland, die Niederlande, Österreich sowie Portugal ganz klar eine untergeordnete Rolle. Die Überprüfung der Mitglieder findet monatlich statt, und der Index-Kurs wird mindestens einmal pro Tag veröffentlicht. Trotz der hohen Marktnähe, der Transparenz und der Nachbildbarkeit des JPM EMU Government Bond 1-3 Index steht noch nicht fest, ob sich dieser Index am Markt auch wirklich durchsetzt. Denn neben JPMorgan haben sich auch andere Marktteilnehmer mit entsprechenden Indizes auf kurzfristige europäische Staatsanleihen positioniert. Darunter finden sich weitere namhafte US-Bankhäuser wie Salomon Smith Barney, Citigroup, Lehman Brothers und Merrill Lynch. Daneben genießen bankenunabhängige Anbieter wie EFFAS/Bloomberg mit den „Euro Bloc"-Indizes oder die Deutsche Börse mit ihrer iBoxx-Indexfamilie großes Ansehen. Einziges Manko ist hier jedoch die noch relativ kurze Kurshistorie.

Kennzahlen per 30.11.2005

	1 Jahr	3 Jahre	5 Jahre	10 Jahre
Hoch	176	176	176	176
Tief	171	159	141	114
Performance (in Euro)	+2,0%	+10,0%	+23,6%	+53,6%
Volatilität (in Euro)	0,8%	1,1%	1,2%	+1,4%

Index-Anbieter: JPMorgan (www.jpmorgan.com)
Bloomberg-Kürzel: JNEU1R3 <Index>

Verlauf seit 01.01.1995

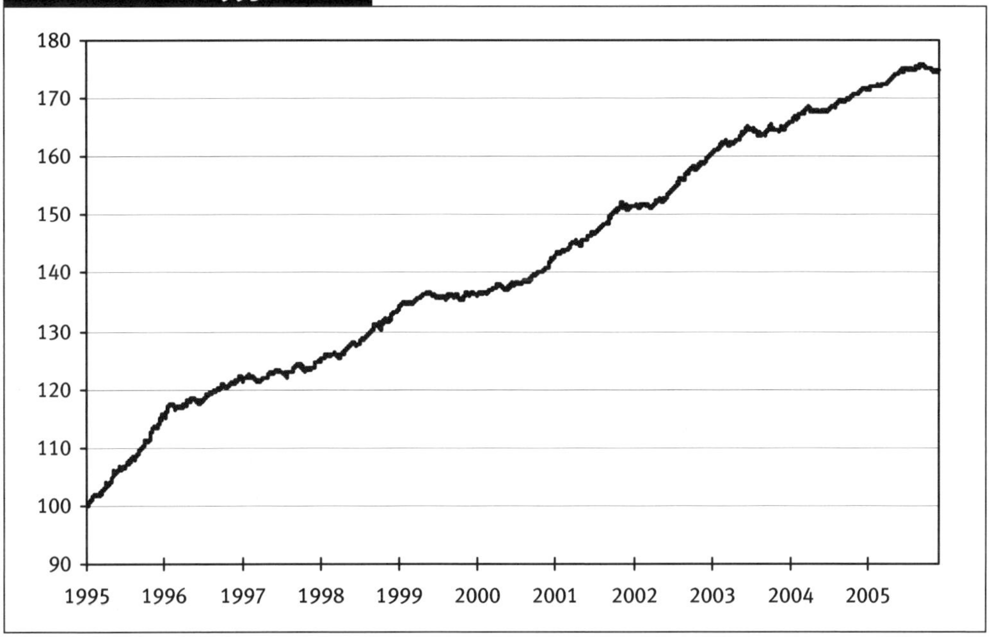

Jährlliche Performance

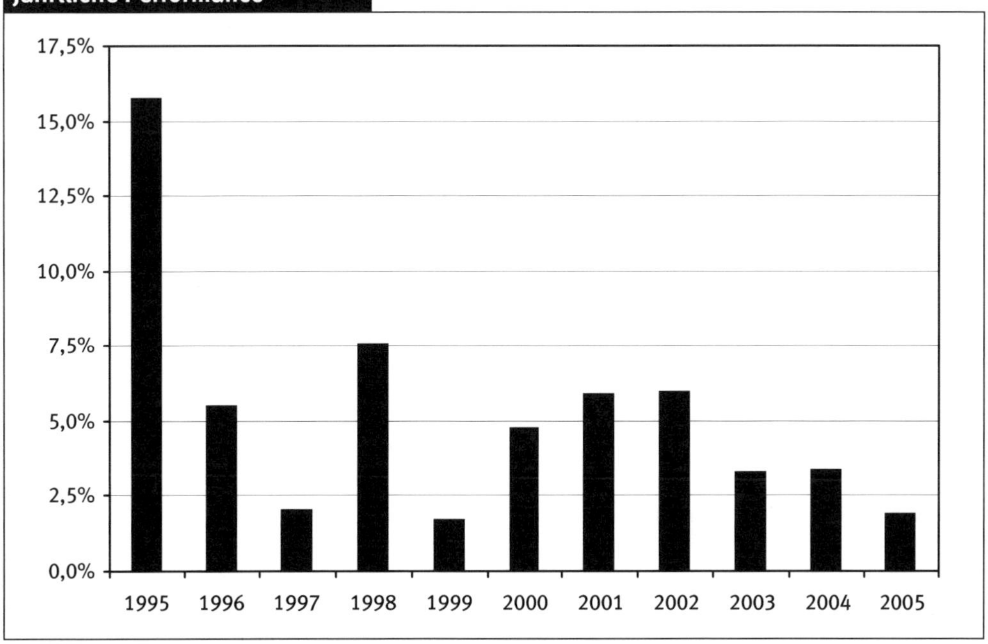

RDAX Performance-Index

Kurzprofil

Der RDAX ist ein von der Deutschen Börse ins Leben gerufener Index für Unternehmensanleihen, der ausschließlich die Performance von Anleihen der 30 DAX-Gesellschaften abbildet. Ziel der Deutschen Börse war es, einen Blue-Chip-Index für Rentenpapiere aus dem Unternehmenssektor zu schaffen – daher auch der Name RDAX. In den Index werden nur Rentenpapiere aufgenommen, die auf Euro lauten und ein „Investment Grade"-Rating haben. Das sind Anleihen, die von der Ratingagentur Standard & Poor's mindestens mit „BBB–" oder von Moody's mit „Baa" eingestuft werden. Außerdem müssen die Bonds ein ausstehendes Emissionsvolumen von mindestens 500 Millionen Euro und eine Mindestrestlaufzeit von einem Jahr aufweisen. Die Deutsche Börse berechnet und veröffentlicht den RDAX jeden Handelstag im Minutentakt sowohl als Kurs- als auch als Performance-Index. Was die Gewichtung betrifft, ist jede der Anleihen mit ihrem tagesaktuellen Marktwert im Gesamtindex vertreten. Allerdings darf das Gewicht eines einzelnen Emittenten maximal 20 Prozent betragen – alles, was darüber liegt, wird gekappt. Die Zusammensetzung des RDAX wird einmal am Monatsende überprüft und gegebenenfalls zu Beginn eines jeden neuen Monats aktualisiert.

Die Preise für die Anleihen erhält der Index-Betreiber von einer Gruppe von zehn Banken. Darunter finden sich Institute wie ABN Amro, BNP Paribas, Deutsche Bank oder UBS. Die Daten werden nach der Anlieferung einem mehrstufigen Check unterzogen, um nur plausible Anleihenpreise in die Index-Berechnung einzubeziehen. Die Zusammensetzung des RDAX variiert je nach Anzahl der am Markt befindlichen, geeigneten Anleihen. Das größte Gewicht fällt zurzeit mit einem Anteil von fast 20 Prozent auf die Deutsche Telekom, was angesichts des hohen Schuldenstandes des T-Konzerns nicht überrascht. Es folgen die Deutsche Bank sowie Volkswagen. Was das Rating betrifft, sind die meisten Anleihen – fast 50 Prozent – mit einem „A" eingestuft.

Kennzahlen per 30.11.2005

	1 Jahr	3 Jahre	5 Jahre	10 Jahre
Hoch	148	148	148	n/a
Tief	140	118	101	n/a
Performance (in Euro)	+4,5%	+24,0%	+45,4%	n/a
Volatilität (in Euro)	2,4%	2,9%	3,1%	n/a

ABN Open End-Zertifikat

ISIN /WKN	BV	Spread	Gebühr	Anm.
NL 000 004 337 0 / ABN 4CQ	1:1	0,25%	0,25% p.a.	Non-Q.

Index-Anbieter: Deutsche Börse (www.deutsche-boerse.de)
Bloomberg-Kürzel: RDAX <Index>

Verlauf seit 01.01.1999

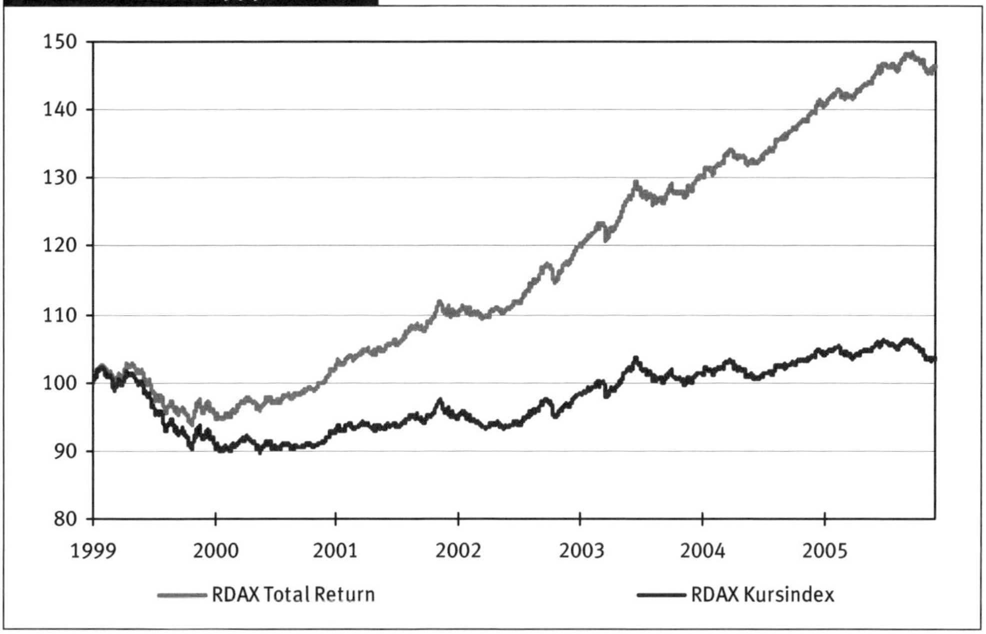

RP versus REXP

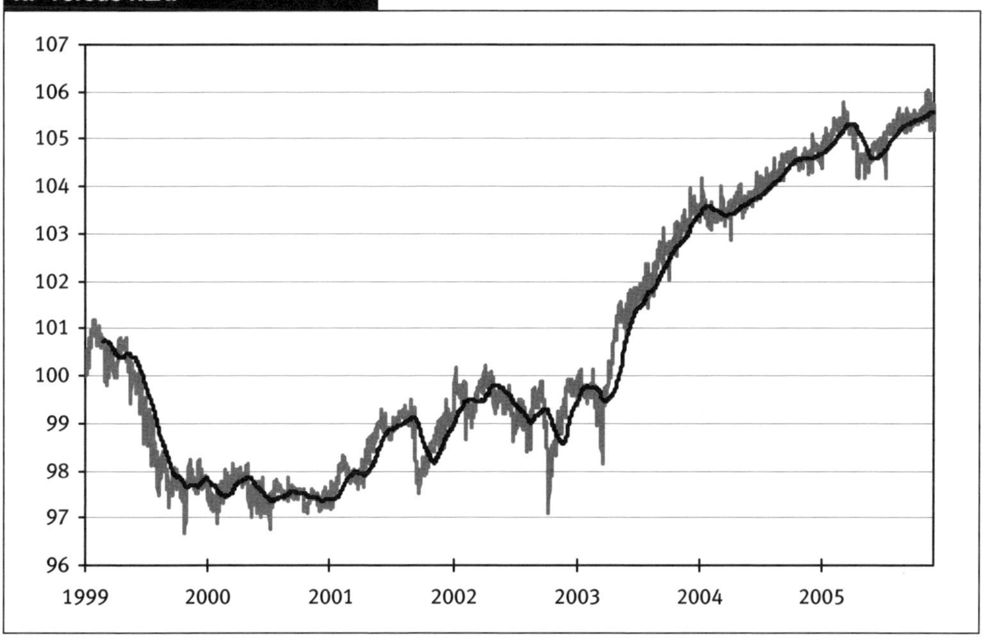

FTSE Corporate Bond Index

Kurzprofil

Besonders in unsicheren Zeiten zeigen sich Rentenpapiere oftmals robuster als Dividendentitel und erfreuen sich dank ihres geringeren Risikoprofils einer großen Beliebtheit. Doch ganz ohne Gefahren sind auch Zinsinvestments nicht. Schließlich kann es durchaus passieren, dass der Emittent einer Anleihe, z.B. ein Großkonzern, die versprochenen Zins- und Tilgungszahlungen aufgrund unvorhergesehener Liquiditätsengpässe nicht mehr leisten kann. Die Wahrscheinlichkeit eines solchen Ausfallrisikos ermitteln spezialisierte Agenturen mit Hilfe von Bonitätsprüfungen, deren Ergebnis in ein viel beachtetes Rating einfließt. Anleihen mit herausragender Qualität zeichnen sich dabei durch Noten im Investmentgrade-Bereich aus, was einem Rating von mindestens „Baa“ (Moody's) bzw. „BBB“ (Standard & Poor's) entspricht.

Nur Anleihen mit einem Investmentgrade-Rating fließen in den FTSE Euro Corporate Bond Index ein. Neben diesem Qualitätsmerkmal müssen alle berücksichtigten Unternehmensanleihen in Euro notieren und eine Laufzeit von mindestens einem Jahr haben. Darüber hinaus verlangen die beiden Index-Betreiber „London Stock Exchange“ und die Financial Times Limited ein Anleihenvolumen von mehr als 500 Millionen Euro. Die Überprüfung des Index findet einmal im Monat statt. Da die Kupons reinvestiert werden, sorgen die Zinszahlungen für zusätzliche Kursperformance im Index.

Derzeit beinhaltet der Index mehr als 300 Anleihen mit einem Nominalvolumen von insgesamt mehr als 300 Milliarden Euro. Davon basiert der größte Teil auf Bonds mit einer Laufzeit von einem bis zu drei Jahr(en). Dass es sich bei den Mitgliedern um solide Großkonzerne handelt, zeigt der Blick auf die deutschen Vertreter: Unter den 23 heimischen Unternehmen, deren Anleihen in dem Index auftauchen, sind 17 DAX-Mitglieder. Allein die Deutsche Telekom bringt zehn Schuldtitel ein. Im Vergleich zu Aktien haben sich Anleihen seit der Jahrtausendwende – begünstigt durch das Platzen der Wachstumsblase – prächtig entwickelt. Während Investoren, die ihr Geld in den Euro STOXX 50 investiert haben, immer noch in der Verlustzone stecken, freuen sich Anleger, die auf den FTSE Euro Corporate Bond Index gesetzt haben, über eine positive Performance.

Kennzahlen per 30.11.2005

	1 Jahr	3 Jahre	5 Jahre	10 Jahre
Hoch	146	146	146	n/a
Tief	138	117	101	n/a
Performance (in Euro)	-1,1%	+5,2%	+9,0%	n/a
Volatilität (in Euro)	+3,7%	+22,1%	+40,9%	n/a

Index-Anbieter: Financial Times Limited (www.ftse.com)
Bloomberg-Kürzel: FECVAP <Index>

Verlauf seit 01.07.1999

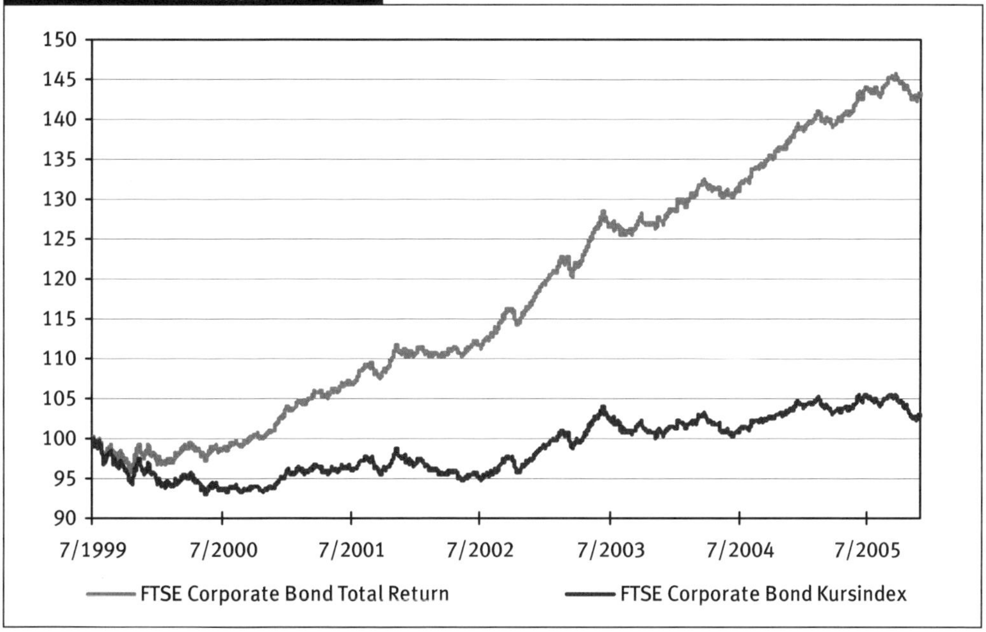

RP versus RDAX

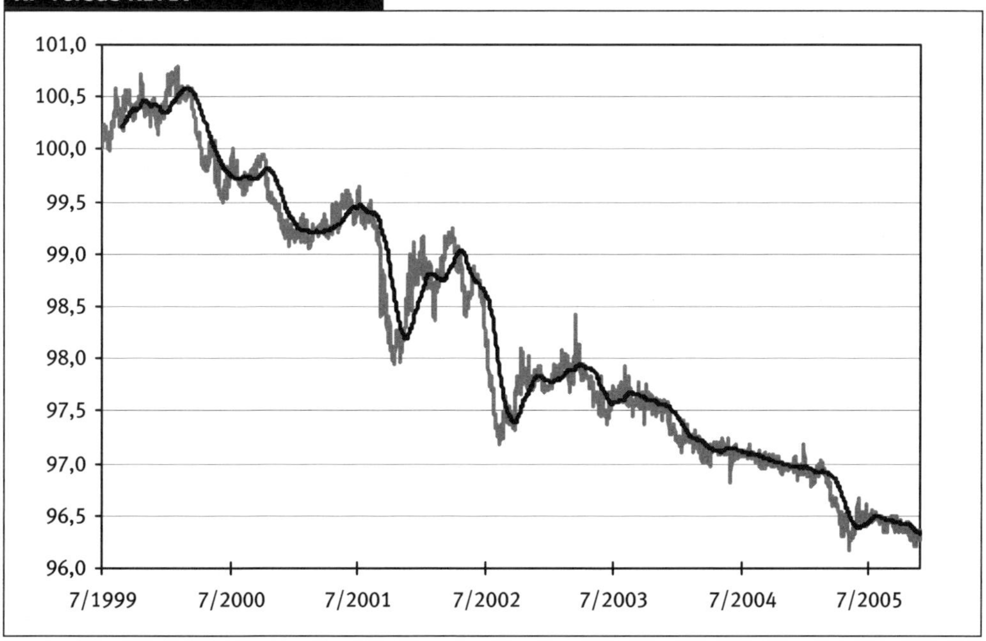

Bund Future

Kurzprofil

Während für deutsche Aktienanleger der Auswahlindex DAX das Maß aller Dinge ist, achten Anleiheninvestoren in erster Linie auf den Verlauf des Euro-Bund-Futures (kurz: Bund-Futures). Seine Veränderungen geben analog zum DAX Auskunft über die Nachfrage- und Angebotssituation an den Rentenmärkten. Dabei verhält sich der Bund-Future genau umgekehrt zu den Marktzinsen – steigen die Zinsen, fallen die Kurse des Bund-Future; sinken die Zinsen, klettern die Notierungen. Daher taugt der „Bund" gleichzeitig auch als „Gegen-Indikator" für die Zinsentwicklung von Renten.

Als Terminkontrakt (Future) ist der Bund-Future auf eine idealtypische Bundesanleihe standardisiert. Grundlage ist eine fiktive Schuldverschreibung der Bundesrepublik Deutschland mit einer Nominalverzinsung (Kupon) von sechs Prozent und einer Laufzeit von achteinhalb bis zehneinhalb Jahren. Der Käufer eines Bund-Futures erwirbt das Recht, Bundesanleihen im Wert von nominal 100.000 Euro mit der genannten Restlaufzeit zu einem bestimmten Zeitpunkt geliefert zu bekommen. Umgekehrt ist der Verkäufer verpflichtet, zum Liefertag die Anleihen bereitzuhalten.

Jährlich gibt es vier Fälligkeitstermine, die dem für Terminkontrakte oft üblichen Quartalsturnus März, Juni, September und Dezember folgen. Bund-Future-Kontrakte notieren in Prozent vom Nominalwert der fiktiven Anleihe und werden auf zwei Dezimalstellen genau berechnet. Die kleinste mögliche Preisveränderung ist 0,01 Prozent, was bei der Kontraktgröße von 100.000 Euro einem Wert von zehn Euro entspricht. Gehandelt wird der Bund-Future an der European Exchange (EUREX). Die weltgrößte vollelektronische Terminbörse für Futures und Optionen ist ein Gemeinschaftsunternehmen der Deutschen und der Schweizer Börse und wurde 1998 ins Leben gerufen. Im Euro-Bund-Future findet mit Abstand der aktivste Handel statt. Allein im November 2005 wurden 27,2 Millionen Kontrakte im Gegenwert von 3,26 Billionen Euro umgesetzt. Damit ist das Papier der mit großem Abstand am meisten gehandelte Finanzterminkontrakt auf einen auf Euro lautenden Basiswert.

Kennzahlen per 30.11.2005

	1 Jahr	3 Jahre	5 Jahre	10 Jahre
Hoch	124	124	124	124
Tief	117	111	105	95
Performance (in US-Dollar)	+1,4%	+5,9%	+10,9%	+20,9%
Performance (in Euro)	4,1%	4,9%	5,0%	+5,2%
Volatilität (in US-Dollar)	124	124	124	124
Volatilität (in Euro)	117	111	105	95

Anbieter: EUREX (www.eurexchange.com)
Bloomberg-Kürzel: RX1 ‹Comdty›

Verlauf seit 01.01.1992

Anleihenrendite

T-Note Future

Kurzprofil

Die Hauptbörse für den „US Treasury Notes"-Future ist die altehrwürdige „Chicago Board of Trade", kurz CBOT genannt. Der Handelsgegenstand des Terminkontrakts sind die als Treasury Notes oder einfach als T-Notes bezeichneten Staatsanleihen der US-Regierung. Der T-Note Future kann als kleiner Bruder des T-Bond Futures angesehen werden. Denn anders als Treasury Bonds haben Treasury Notes bei Auflage eine kürzere Laufzeit, die zwischen einem Jahr und zehn Jahren liegt. Die Kuponausschüttung findet im halbjährlichen Rhythmus statt. Damit sich die Anleger entlang der Zinsstrukturkurve besser absichern können, bietet die CBOT drei Terminkontrakte mit jeweils unterschiedlichen Restlaufzeiten der T-Notes an. Beim „Ten Year"-Kontrakt dürfen bei einer physischen Lieferung am Laufzeitende nur T-Notes mit einer Laufzeit von mindestens 6,5 und höchstens zehn Jahren geliefert werden. Dagegen berücksichtigen sowohl der „Five Year"-Kontrakt als auch der „Two Year"-Kontrakt nur T-Notes mit einer anfänglichen Laufzeit von mindestens fünf Jahren und drei Monaten. Diese Einschränkung soll für eine Grundliquidität bei den lieferbaren Anleihen sorgen. Während die Restlaufzeit beim „Five Year"-Kontrakt am Kontraktende mindestens noch vier Jahre und zwei Monate betragen muss, bezieht sich der „Two Year"-Kontrakt auf T-Notes mit Restlaufzeiten von mindestens 21 Monaten und höchstens zwei Jahren.

Die zugrunde liegenden T-Notes besitzen einen Nennwert von 1.000 Dollar. Dagegen verfügen sowohl der „Ten Year"- als auch der „Five Year"-Future über eine Kontraktgröße von 100.000 Dollar. Die kleinste handelbare Einheit stellt mit der Hälfte von 1/32stel von 100 Punkten oder 15,625 Dollar eine etwas antiquierte Maßeinheit dar. Eine Quotierung von 86-165 entspricht demnach 86 ganzen plus 16,5/32stel Punkten oder 86.515,625 Dollar. Eine ungeordnete Rolle spielt – gemessen am Handelsvolumen – der „Two Year"-Terminkontrakt, der eine Kontraktgröße von 200.000 Dollar und eine Tickgröße von einem Viertel der 1/32stel Einheit (15,625 Dollar) aufweist. Die Verfalltermine der Terminkontrakte richten sich nach den bei Finanzkontrakten üblichen Quartalsmonaten März, Juni, September und Dezember.

Kennzahlen per 30.11.2005

	1 Jahr	3 Jahre	5 Jahre	10 Jahre
Hoch	114	121	121	121
Tief	108	108	102	93
Performance (in US-Dollar)	-2,4%	-3,4%	+5,7%	+8,1%
Performance (in Euro)	+10,0%	-18,6%	-21,8%	+16,9%
Volatilität (in US-Dollar)	4,7%	6,6%	6,9%	6,2%
Volatilität (in Euro)	9,7%	10,1%	10,7%	10,6%

Anbieter: Chicago Board of Trade (www.cbot.com)
Bloomberg-Kürzel: TY1 ‹Comdty›

Verlauf seit 01.01.1995

Per-Annum-Rendite

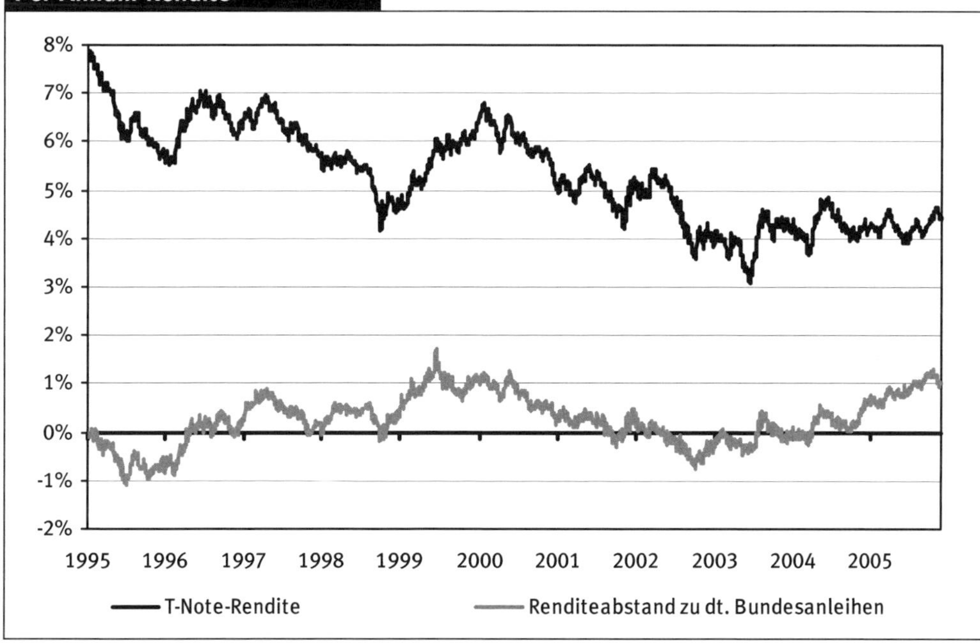

T-Bond Future

Kurzprofil

Wenn sich US-Notenbankchef Alan Greenspan im Januar 2006 in den Ruhestand verabschiedete, endete eine langjährige Ära. Legendär sind die Auftritte des „Orakels der Wall Street“ vor dem FED-Offenmarktausschuss (Federal Open Market Committee) allemal. Immer wenn der „Magier der Finanzmärkte“ hier eine Rede hielt, stockten die Weltbörsen, nicht nur um vom aktuellen Zinsentscheid Notiz zu nehmen, sondern auch um zwischen den Zeilen einen Hinweis auf die künftige Zinspolitik zu erhaschen. Denn das Zinsniveau hat über die Refinanzierungsmöglichkeiten maßgeblichen Einfluss auf die Entwicklung einer Volkswirtschaft. Auf den ersten Blick mag es etwas verwirrend erscheinen, dass bei sinkenden Zinsen die Notierungen sowohl von Aktien als auch von Anleihen nach oben gehen und bei fallenden Leitzinsen nach unten tendieren – ganz nach dem Motto: „Zinsen runter, Kurse rauf“. Für den Aktienmarkt kann diese Gegenreaktion intuitiv nachvollzogen werden: je niedriger die Anleihenrendite, desto größer die Neigung, ins chancenreichere Aktienlager zu wechseln. Beim Rentenmarkt gilt folgender Zusammenhang: Je niedriger das aktuelle Marktzinsniveau, desto attraktiver eine Anleihe mit hohem Festkupon. Dieser Renditevorteil wird aber schnell durch anziehende Einstiegspreise wieder ausgeglichen.

So verhält es sich auch mit der wohl meistbeachteten Anleihe der Welt: dem T-Bond, der in seiner Langversion auch „US Treasury Bond“ genannt wird. Wie die Bundesanleihe in Deutschland wird der T-Bond von der US-Regierung zur Finanzierung des Staatshaushalts begeben. Normalerweise gelten die Staatsanleihen westlicher Industrienationen als risikolos und genießen bei allen Rating-Agenturen ohne besondere Prüfung die höchste Bonität. Doch angesichts der Rekordverschuldung der US-Regierung wird Kritik an dieser Vorgehensweise laut. Auf absehbare Zeit wird aber wahrscheinlich keine Bonitätsprüfung von T-Bonds vorgenommen. T-Bonds werden in der Regel mit einem Nominalbetrag von 1.000 US-Dollar und einer Laufzeit von zehn bis 30 Jahren begeben. An der ältesten Terminbörse der Welt, der Chicago Board of Trade (CBOT), wird der T-Bond Future gehandelt, der sich auf einen fiktiven T-Bond mit einem Nominalwert von 100.000 US-Dollar und einer Laufzeit von 30 Jahren bezieht.

Kennzahlen per 30.11.2005

	1 Jahr	3 Jahre	5 Jahre	10 Jahre
Hoch	119	124	124	124
Tief	110	104	98	87
Performance (in US-Dollar)	+1,1%	+2,8%	+9,4%	+14,7%
Performance (in Euro)	+13,9%	-13,3%	-19,0%	+24,0%
Volatilität (in US-Dollar)	7,4%	10,1%	10,4%	9,4%
Volatilität (in Euro)	10,9%	11,7%	12,5%	12,5%

Anbieter:	Chicago Board of Trade (www.cbot.com)
Bloomberg-Kürzel:	US1 <Comdty>

Verlauf seit 01.01.1995

Per-Annum-Rendite

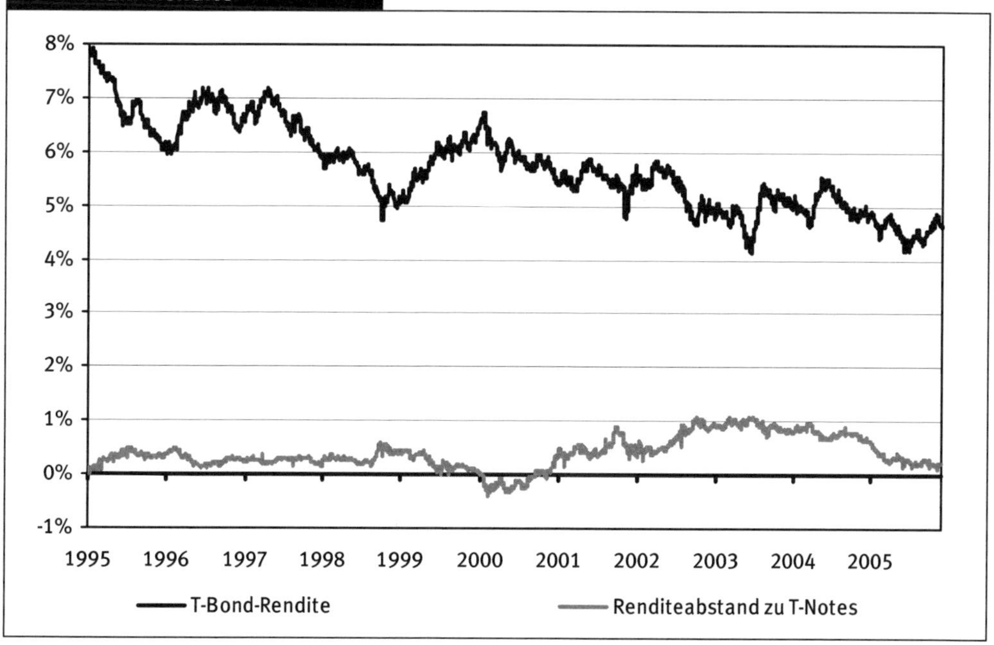

JGB Government Bond Future

Kurzprofil

Wie so oft in der Vergangenheit wurde in Japan Anfang 2005 wieder einmal über ein mögliches Ende der „Nullzinspolitik" diskutiert. In der zweitgrößten Volkswirtschaft der Welt nach den USA liegt der Leitzins hauchdünn über der Nulllinie – und das mittlerweile seit Jahren: Zum letzten Mal senkte die Bank of Japan am 18. September 2001 den Leitsatz von 0,15 auf 0,10 Prozent. Mit der extrem expansiven Geldpolitik versuchen die Notenbanker, die Spätfolgen der geplatzten Immobilien- und Aktienblase von 1990 zu bewältigen. Seit mittlerweile mehr als zehn Jahren steckt Nippon in der Deflation fest. Freilich spiegelt sich die Zinsentwicklung in Japan auch auf den Bondmärkten wider: Die Renditen notieren auf Tiefstwerten.

Auf der anderen Seite klettern die Kurse der Japanese Government Bonds (JGB) seit 1990 kontinuierlich nach oben – gut abzulesen am JGB Future: Während der Kontrakt genau auf dem Höhepunkt der Aktieneuphorie bei weniger als 90 Prozentpunkten lag, hat sich die Notiz in den vergangenen fünf Jahren um die Marke von 140 Prozent eingependelt. Zehnjährige JGB Futures werden seit dem 19. Oktober 1985 an der Tokioter Börse (Tokyo Stock Exchange, TSE) gehandelt. Der Kontrakt ist auf eine idealtypische japanische Staatsanleihe mit einem Kupon von sechs Prozent und einer Restlaufzeit von sieben bis elf Jahren standardisiert.

Der Käufer eines JGB Futures erhält das Recht, Anleihen im Nominalwert von 100 Millionen Yen geliefert zu bekommen. Die vierteljährlichen Fälligkeitstage verteilen sich auf die Monate März, Juni, September und Dezember. Das Ende der Nullzinspolitik wurde in Japan in den vergangenen Jahren schon mehrmals ausgerufen, als sich Konjunktur- und Preisdaten leicht verbesserten, woraufhin die Renditen der Staatsanleihen meist scharf nach oben schossen und die Kurse der JGB Futures einknickten. Bislang entpuppte sich die Hoffnung auf eine Konjunkturerholung stets als Strohfeuer. Im Moment mehren sich aber tatsächlich die Zeichen für ein Anziehen des Wirtschaftslebens im Land der aufgehenden Sonne.

Kennzahlen per 30.11.2005

	1 Jahr	3 Jahre	5 Jahre	10 Jahre
Hoch	141	145	145	145
Tief	136	133	133	117
Performance (in US-Dollar)	-0,3%	-2,8%	+2,0%	+12,4%
Performance (in Euro)	+12,4%	-18,1%	-24,5%	+21,5%
Volatilität (in US-Dollar)	2,8%	3,9%	3,7%	4,7%
Volatilität (in Euro)	9,6%	10,7%	10,9%	10,8%

Index-Anbieter: Tokyo Stock Exchange (www.tse.or.jp)
Bloomberg-Kürzel: JB1 <Comdty>

Verlauf seit 01.01.1995

Per-Annum-Rendite

EONIA (Euro OverNight Index Average)

Kurzprofil

Mit dem Start des Euro im Jahr 1999 wurde mit dem EONIA auch ein neuer Basiszins für den innereuropäischen Geldmarkt ins Leben gerufen. EONIA steht dabei für Euro OverNight Index Average und stellt den Zinssatz dar, den Banken untereinander für das Ausleihen von Euro-Geldbeträgen über Nacht verlangen. Die Quotierung des Zinssatzes erfolgt dabei durch repräsentative Banken, die sich durch eine aktive Teilnahme am Euro-Geldmarkt auszeichnen. Das Panel wird derzeit aus 57 Banken gebildet. Davon stammen 47 Kreditinstitute aus der Eurozone, vier aus sonstigen EU-Ländern und sechs Banken aus Nicht-EU-Staaten.

Entwickelt wurde der EONIA genauso wie der EURIBOR vom Kursinformationsdienst Moneyline Telerate in Brüssel, der erst kürzlich von Reuters übernommen wurde. Reuters sammelt die Zinssätze, zu denen die Panel-Banken bereit sind, Interbankkredite anzubieten. Jeweils der höchste und tiefste Wert wird gestrichen; aus dem Rest wird dann der EONIA-Satz als arithmetisches Mittel ermittelt, das börsentäglich um 18 Uhr veröffentlicht wird. Der EONIA-Satz wird von den Panel-Banken nicht einfach so aus der Luft gegriffen, sondern richtet sich nach dem Leitzinsniveau, den die Europäische Zentralbank (EZB) vorgibt. So pendelte der EONIA-Satz lange Zeit um die Marke von zwei Prozent, bevor die europäische Notenbank im Dezember 2005 die Leitzinsen um 25 Basispunkte anhob – in der Folge sprang der EONIA-Satz auf rund 2,30 Prozent. Während eine solche Leitzinserhöhung den Kurs von Anleihen mit einem Festkupon negativ beeinflusst, steigt der Wert von Geldmarktprodukten. Ein gutes Beispiel hierfür ist das Euro-Zins-Zertifikat von ABN Amro, das direkt am EONIA-Satz partizipiert.

Kennzahlen per 30.12.2006

	1 Jahr	3 Jahre	5 Jahre	10 Jahre
Hoch	0,0242	0,0344	0,0516	0,0516
Tief	0,0206	0,0205	0,0205	0,0205
Zinskonto: Performance	+2,2%	+7,0%	+16,0%	+38,0%
Zinskonto: Volatilität	0,1%	0,5%	1,4%	1,8%

ABN Open End-Zertifikat

ISIN /WKN	BV	Spread	Gebühr	Anm.
DE 000 918 565 2 / 918565	1:1	0,00%	Keine	Non-Q.

Index-Anbieter: Reuters (www.euribor.org)
Bloomberg-Kürzel: EONIA <Index>

Verlauf seit 01.01.1985

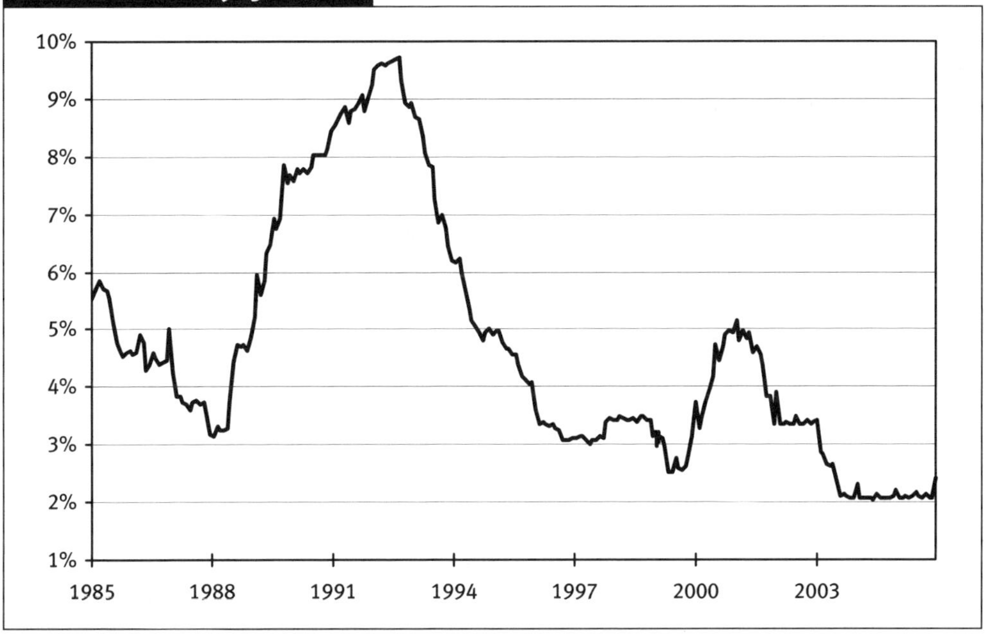

Tagesgeld-Konto

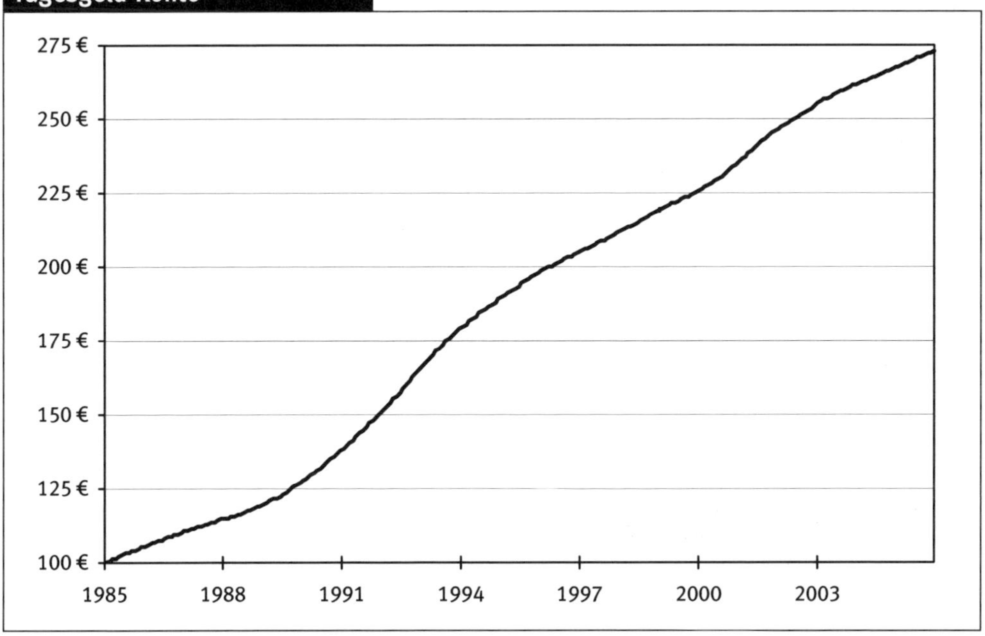

US-Dollar (EUR/USD)

Kurzprofil

Die größte Volkswirtschaft der Erde, so scheint es, lebt seit einiger Zeit über ihren Verhältnissen. Amerika verschlingt rund drei Viertel der Leistungsbilanzüberschüsse aller Industrieländer und stillt diesen Konsumhunger am liebsten auf Pump. So haben die USA mittlerweile einen beängstigenden Schuldenberg aufgetürmt. Mehr als ein Drittel der Verbindlichkeiten liegt in der Hand ausländischer Gläubiger. Daher scheint die im Jahr 2001 eingetretene Dollarschwäche nur eine logische Konsequenz der ökonomischen Fundamentaldaten zu sein. In der Spitze musste der US-Dollar gegenüber der europäischen Einheitswährung eine Abwertung von fast 40 Prozent hinnehmen. Neben dem hohen Schuldenstand belastet auch das immense Leistungsbilanzdefizit. Angesichts dieses dramatischen Werteverfalls fragen sich viele Notenbanken, ob die US-Valuta als Reservewährung überhaupt noch geeignet ist. Nach Angaben des Internationalen Währungsfonds (IWF) sank deren Anteil an den globalen Devisenreserven von 66,9 Prozent Ende 2001 auf 63,8 Prozent zwei Jahre später. Zeitweise machten vor allem die asiatischen Zentralbanken mit Umschichtungen in Euro von sich reden, was den Druck auf den Dollar weiter erhöhte.

Wirtschaftlich darf man die USA aber noch lange nicht abschreiben: Im Schnitt erwirtschaftete jeder der etwa 294 Millionen US-Bürger 2004 ein Bruttoinlandsprodukt (BIP) von umgerechnet rund 32.300 Euro. In der Eurozone (310 Millionen Einwohner) summierte sich das Pro-Kopf-Einkommen lediglich auf rund 24.400 Euro. Auch in puncto Wirtschaftswachstum hängen die Amerikaner die Europäer ab: Während die Organisation für wirtschaftliche Zusammenarbeit und Entwicklung (OECD) für Übersee bis 2006 jährliche BIP-Steigerungsraten zwischen drei und vier Prozent erwartet, muss sich die Eurozone voraussichtlich mit rund zwei Prozent pro Jahr begnügen.

Kennzahlen per 30.12.2005

	1 Jahr	3 Jahre	5 Jahre	10 Jahre
Hoch	1,3535	1,3634	1,3634	1,3634
Tief	1,1670	1,0352	0,8378	0,8270
Auf- / Abwertung	+14,2%	-11,5%	-20,5%	+8,0%
Volatilität	8,8%	10,1%	10,3%	9,7%
Zinskonto: Performance (Euro)	+18,0%	-6,2%	-10,7%	n/a
Zinskonto: Volatilität (Euro)	8,8%	10,1%	10,3%	n/a

ABN Zins-Zertifikat

ISIN /WKN	BV	Spread	Gebühr	Anm.
DE 000 918 729 4 / 918 729	1:1	0,05 Euro	Keine	Non-Q.

Notenbank:	Federal Reserve Bank (www.federalreserve.gov)
Bloomberg-Kürzel:	EURUSD ‹Curncy›

Verlauf seit 01.01.1980

Tagesgeld-Konto + -Satz

Japanischer Yen (EUR/JPY)

Kurzprofil

Die Japaner selbst nennen die 90er-Jahre die verlorene Dekade. Denn nach dem Platzen einer immensen Immobilienblase schlitterte die nach den USA zweitgrößte Volkswirtschaft der Erde für länger als zehn Jahre in eine schwere Deflation. Trotz der Nullzinspolitik der Bank of Japan wollte sich partout kein Wirtschaftswachstum einstellen. Den Grund hierfür sahen viele Beobachter in den stark verkrusteten Strukturen des japanischen Wirtschaftssystems. Mittlerweile mehren sich die Zeichen, dass es wieder bergauf geht. Das Interesse der internationalen Anlegergemeinschaft an Nippon wächst deutlich, was man auch an den zuletzt stark gestiegenen Aktienkursen ablesen kann. Zudem sprang Nippons Konjunktur 2004 um 2,6 Prozent an, so stark wie seit 1986 nicht mehr.

Trotzdem hat man im Land der aufgehenden Sonne verständlicherweise panische Angst davor, das zarte Pflänzchen der Erholung zu überstrapazieren. Daher halten die Währungshüter bislang an dem historisch niedrigen Zinsniveau fest und sind an einem niedrigen Yen interessiert. Schließlich würde ein massiver Wertgewinn des Yen die Produkte der Japaner in aller Welt verteuern. Denn der Export ist nach wie vor die wichtigste Stütze Japans. Um der seit 2000 bestehenden Abschwächung des US-Dollar zu begegnen, hatte die japanische Notenbank daher bis Mitte 2004 massiv am Devisenmarkt interveniert – also US-Dollar für Yen gekauft. Die Währungsreserven türmen sich mittlerweile auf mehr als 800 Milliarden US-Dollar.

Kehrseite der Medaille: Da die Europäische Zentralbank (EZB) ähnliche Schritte unterlassen hatte, wertete der Euro gegenüber dem Yen extrem auf. Waren im Herbst 2000 rund 90 Yen für einen Euro zu bezahlen, betrug der Wechselkurs zweieinhalb Jahre später etwa 140 Yen je Euro. Seit Anfang 2003 hat sich die Lage etwas beruhigt, das Währungspaar schwankt in einer Spanne zwischen 125 und 140 Yen je Euro. Sollte sich die Erholung Japans tatsächlich fortsetzen, ist langfristig aber doch mit einer Zinserhöhung und somit mit einem stärkeren Yen zu rechnen. Dann dürften auch die Japaner selbst ihre gewaltigen US-Investments zugunsten einer heimischen Anlage umschichten, was den Yen zusätzlich beflügeln würde.

Kennzahlen per 30.12.2005

	1 Jahr	3 Jahre	5 Jahre	10 Jahre
Hoch	143,47	143,47	143,47	163,02
Tief	131,08	123,92	100,73	89,48
Auf- / Abwertung	+1,5%	-10,9%	-22,6%	-4,8%
Volatilität	7,5%	9,1%	10,2%	11,9%
Zinskonto: Performance (Euro)	+1,5%	-10,9%	-22,5%	n/a
Zinskonto: Volatilität (Euro)	7,5%	9,1%	10,2%	n/a

Notenbank: Bank of Japan (www.boj.or.jp)
Bloomberg-Kürzel: EURJPY <Curncy>

Verlauf seit 01.01.1980

Tagesgeld-Konto + -Satz

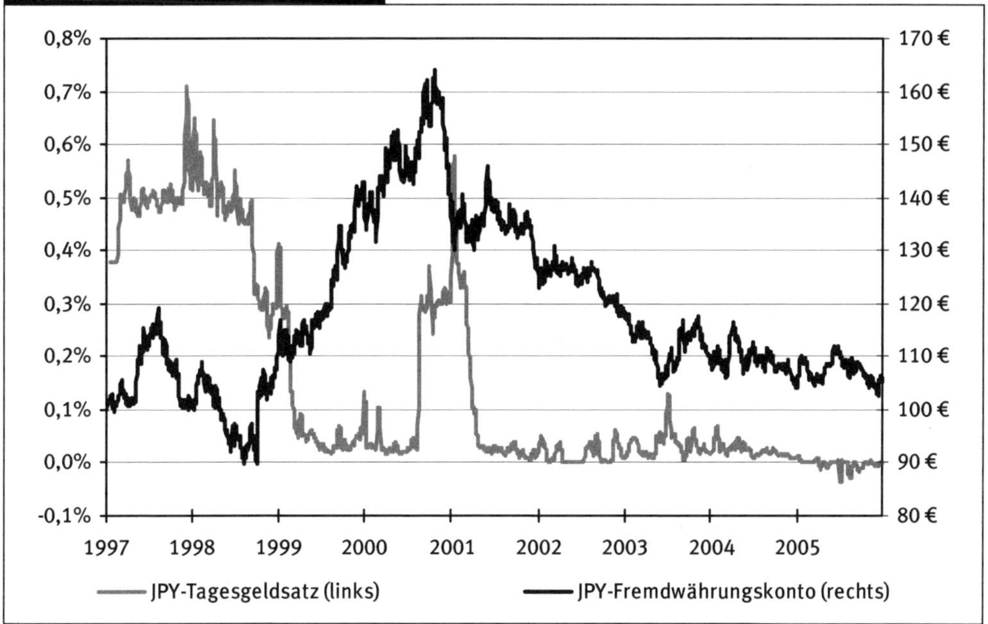

Britisches Pfund (EUR/GBP)

Kurzprofil

Legendär ist mittlerweile der wohl größte Coup des weltberühmten Finanzjongleurs George Soros. Da der gebürtige Ungar an eine Überbewertung des englischen Pfunds glaubte, setzte er mit seinem „Quantum"-Hedgefunds im September 1992 auf fallende Notierungen der britischen Währung. Letztendlich zwang er sie mit seinen Spekulationen in die Knie. Das Pfund musste aus dem Europäischen Währungssystem ausscheren, wertete massiv ab, und Soros verdiente mehr als eine Milliarde US-Dollar. Noch heute ist die Haltung auf der Insel gegenüber der europäischen Einheitswährung reserviert. Die britische Regierung will den Euro nur einführen, sofern dies im wirtschaftlichen Interesse des Vereinigten Königreichs liegt. Außerdem müsste zunächst das englische Volk in einem Referendum über die Einführung der Währung entscheiden. Mit den Maastricht-Kriterien hätte das Land kaum Probleme. Die Inflation hält sich mit Raten zwischen einem und zwei Prozent in Grenzen. Beinahe paradiesische Zustände prägen die Schuldensituation: Nach Angaben des Auswärtigen Amtes belaufen sich die Verbindlichkeiten des Staates auf gerade mal etwa 40 Prozent des Bruttoinlandsprodukts (BIP). Laut Maastricht sind 60 Prozent erlaubt. Und selbst das mit 3,1 Prozent geringfügige Überschreiten der Drei-Prozent-Grenze beim Defizit-Kriterium dürfte nach der jüngsten Reform des Stabilitätspakts kein Problem mehr darstellen. Auch ansonsten präsentiert sich die britische Konjunktur nicht zuletzt dank des boomenden Immobilienmarkts und der Konsumfreude der Engländer äußerst robust. Das Bruttoinlandsprodukt wächst und wächst – allein im Gesamtjahr 2004 um 3,1 Prozent. Obwohl das deutlich über dem EU-Schnitt liegt, konnte das englische Pfund davon nicht profitieren. Im Gegenteil: Seit Ende 2000 hat die Valuta im Vergleich zum Euro deutlich abgewertet. Ein Grund dafür mag im steigenden britischen Außenhandelsdefizit liegen, das 2004 umgerechnet rund 57 Milliarden Euro betrug.

Kennzahlen per 30.12.2005

	1 Jahr	3 Jahre	5 Jahre	10 Jahre
Hoch	0,7071	0,7244	0,7244	0,8836
Tief	0,6628	0,6488	0,5977	0,5731
Auf- / Abwertung	+2,5%	-5,3%	-9,4%	+28,5%
Volatilität	5,5%	6,7%	6,8%	7,8%
Zinskonto: Performance (Euro)	+7,5%	+7,6%	+12,8%	n/a
Zinskonto: Volatilität (Euro)	5,5%	6,7%	6,8%	n/a

ABN Zins-Zertifikat

ISIN /WKN	BV	Spread	Gebühr	Anm.
DE 000 918 604 9 / 918 604	1:1	0,10 Euro	Keine	Non-Q.

Notenbank: Bank of England (www.bankofengland.co.uk)

Bloomberg-Kürzel: EURGBP <Curncy>

Verlauf seit 01.01.1980

Tagesgeld-Konto + -Satz

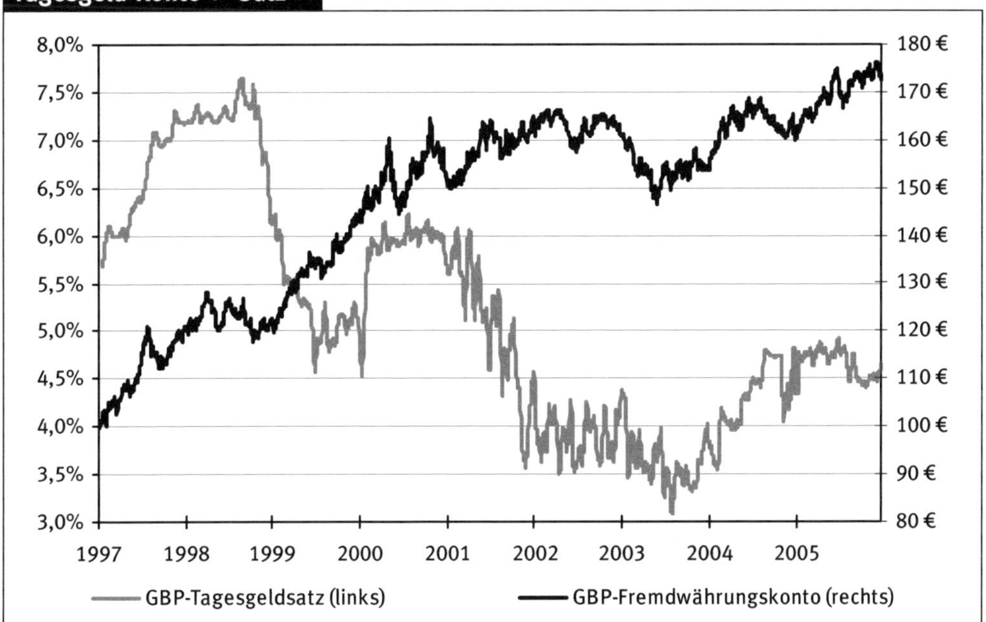

Schweizer Franken (EUR/CHF)

Kurzprofil

Wohl keine andere Münze spiegelt das Image der Schweizer Währung so gut wider wie das Zehn-Rappen-Stück von 1879. Es gehört zu den ältesten noch gültigen Münzen weltweit. Allgemein gilt der Schweizer Franken seit jeher als eine der stabilsten Währungen überhaupt. Seinen guten Ruf hat das Geld in erster Linie der politischen Neutralität des Alpenstaates zu verdanken: Weder an Kriegen nehmen die Eidgenossen teil, noch sind sie Mitglied in der Europäischen Union (EU). Die konservative Geld- und Währungspolitik sowie die immens hohen Goldreserven der Schweizerischen Nationalbank tun ihr Übriges.

In der Finanzwelt ist der Franken durch die Abkürzung „CHF" bekannt, wobei die Buchstabenkombination CH für „Confoederatio Helvetica" steht – die lateinische Bezeichnung der Schweiz. Als offizielles Zahlungsmittel ist der Schweizer Franken auch in Liechtenstein gültig. Der Verlauf des Wechselkurses gegenüber dem Euro setzt eine Tradition fort, die schon zu Zeiten der D-Mark Bestand hatte. Seit Jahren bewegt sich das Währungspaar in recht ruhigen Bahnen. Im Langfristchart fällt jedoch auf, dass der Franken seit Anfang 2003 gegenüber dem europäischen Einheitsgeld an Wert eingebüßt hat. Damit reagiert die Währung auf das gedrosselte Wachstum der Schweizer Wirtschaft. Zwischen Oktober und Dezember 2004 ist das Bruttoinlandsprodukt (BIP) gegenüber dem Vorquartal sogar leicht geschrumpft. In die gleiche Kerbe schlägt eine Untersuchung der Organisation für wirtschaftliche Zusammenarbeit und Entwicklung (OECD). Die Studie zeigt, dass die Schweiz zwischen 1991 und 2003 unter allen 30 OECD-Mitgliedsländern das Schlusslicht in Sachen Wirtschaftswachstum bildete. Wegen der nachlassenden Dynamik wurde das etwa 7,3 Millionen Einwohner zählende Land beim Pro-Kopf-Einkommen mittlerweile sogar von Irland überrundet. Nichtsdestotrotz zählt die Schweiz nach wie vor zu den reichsten Nationen der Erde.

Kennzahlen per 30.12.2005

	1 Jahr	3 Jahre	5 Jahre	10 Jahre
Hoch	1,5644	1,5827	1,5827	1,7129
Tief	1,5301	1,4509	1,4444	1,4444
Auf- / Abwertung	-0,7%	-6,8%	-2,2%	+0,9%
Volatilität	2,7%	3,6%	3,8%	4,1%
Zinskonto: Performance (Euro)	-0,1%	-5,7%	+3,1%	n/a
Zinskonto: Volatilität (Euro)	2,7%	3,6%	3,8%	n/a

ABN Zins-Zertifikat

ISIN /WKN	BV	Spread	Gebühr	Anm.
DE 000 918 741 9 / 918 741	1:1	0,05 Euro	Keine	Non-Q.

Notenbank:	Schweizerische Notenbank (www.snb.ch)
Bloomberg-Kürzel:	EURCHF ‹Curncy›

Verlauf seit 01.01.1980

Tagesgeld-Konto + -Satz

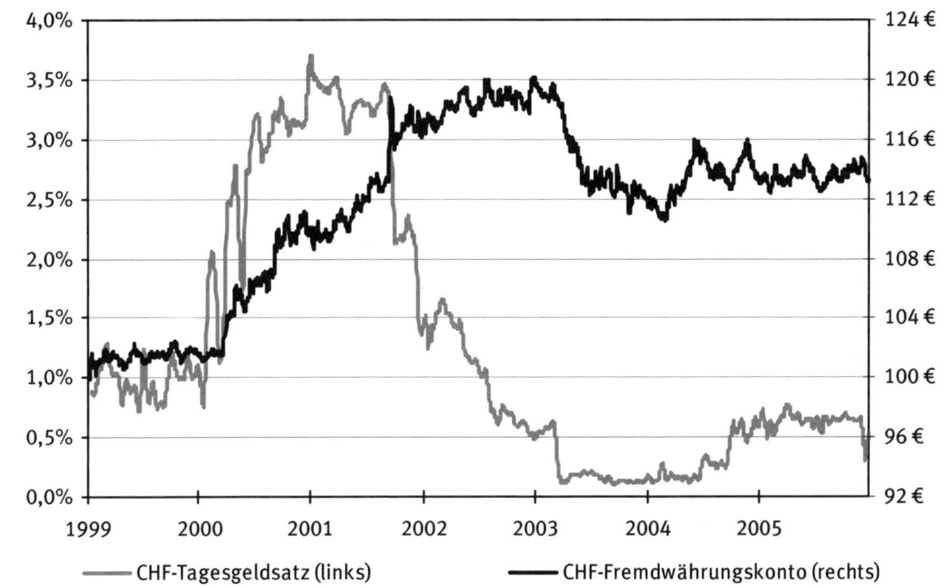

Schwedische Krone (EUR/SEK)

Kurzprofil

„Wenn die Deutschen dem Stabilitätspakt folgen, wird es keinem anderen Land erlaubt werden, ihn zu brechen. Dies ist gut für Schweden." Mit diesen Worten versuchte Schwedens Ministerpräsident Göran Persson seine Landsleute im September 2003 von der Einführung des Euro zu überzeugen. Mittlerweile ist der Stabilitätspakt vor allem wegen der permanenten Defizitsünden Deutschlands quasi außer Kraft gesetzt, und die Schweden haben dem Euro in einem Referendum eine herbe Abfuhr erteilt. Ob und wann ein zweites Mal abgestimmt wird, ist offen. Die Devisenmärkte haben sich ohnehin längst mit der Sonderstellung Schwedens abgefunden, zumal das Königreich eine vorbildliche Wirtschaftsentwicklung vorweist: Die schwedische Volkswirtschaft hat in der Vergangenheit ein deutlich höheres Wirtschaftwachstum erzielt als die Eurozone. 2004 legte das Bruttoinlandsprodukt dank bemerkenswerter Exporterfolge um drei Prozent zu. Die Ausfuhren Schwedens sind im Jahresvergleich von ein auf zwölf Prozent gestiegen. Von einem Preisauftrieb gibt es aber keine Spur. Das bei zwei Prozent liegende Inflationsziel der Rijksbank wird mit einer aktuellen Kerninflationsrate von 0,8 Prozent leicht unterboten. Aber auch bei der Staatsverschuldung liegt Schweden deutlich unter dem EU-Schnitt. Dazu gesellt sich ein positiver Leistungsbilanzsaldo. Vor diesem Hintergrund ist die hohe Stabilität der Schwedischen Krone gegenüber dem Euro kein Zufall. Recht stabil gestaltet sich auch die Geldpolitik: Während die Leitzinsen in den USA und in der Eurozone erhöht wurden, sank der Repo-Satz in Schweden in 2005 von 2,0 auf 1,5 Prozent. Damit bleibt die Geldpolitik der schwedischen Notenbank weiterhin stark expansiv. Das können sich die schwedischen Währungshüter aufgrund der niedrigen Inflationsrate im Land sicherlich leisten. Allerdings sorgte die sich öffnende Zinsschere zu Euroland für eine erneute Abwertung der Krone gegenüber der europäischen Einheitswährung.

Kennzahlen per 30.12.2005

	1 Jahr	3 Jahre	5 Jahre	10 Jahre
Hoch	9,6351	9,6351	9,9649	9,9649
Tief	9,0218	8,8906	8,8303	8,0588
Auf- / Abwertung	-4,1%	-2,5%	-6,1%	-3,3%
Volatilität	4,2%	4,4%	5,7%	6,7%
Zinskonto: Performance (Euro)	-2,5%	+4,6%	+9,1%	n/a
Zinskonto: Volatilität (Euro)	4,2%	4,4%	5,7%	n/a

ABN Zins-Zertifikat

ISIN /WKN	BV	Spread	Gebühr	Anm.
NL 000 041 205 4 / ABN 2AH	1:1	0,15 Euro	Keine	Non-Q.

Notenbank: Sveriges Riksbank (www.riksbank.com)

Bloomberg-Kürzel: EURSEK <Curncy>

Verlauf seit 01.01.1990

Tagesgeld-Konto + -Satz

Norwegische Krone (EUR/NOK)

Kurzprofil

Stabilisierung hat sich die norwegische Zentralbank auf die Fahnen geschrieben. Denn zuletzt fuhr die skandinavische Währung Achterbahn. War die norwegische Krone gegen den Euro bis Anfang 2003 kaum zu halten, war es kurz danach damit vorbei. Von ihrem Hoch bei 7,2167 Kronen fiel die Währung auf 8,8910 Kronen je Euro im Februar 2004. Das entspricht einer Abwertung von fast 19 Prozent. Hintergrund: Durch das scheinbar robuste Wirtschaftswachstum verharrten die Zinsen im internationalen Vergleich auf sehr hohem Niveau. Doch das stellte sich als Irrtum heraus, und die sich abschwächende Konjunktur zwang die Zentralbank zu Maßnahmen. Die Notenbanker reagierten mit rasanten Zinssenkungen von sieben Prozent Ende 2000 auf 1,75 Prozent im März 2004. Mittlerweile wurde die Kernrate mit 2,25 Prozent wieder auf das Niveau der Eurozone gehievt. Das beherzte Vorgehen hat sich ausgezahlt. Der Währungsverfall stoppte, und zuletzt setzte sogar eine Gegenbewegung ein. Vor allem der hohe Ölpreis stellt sich immer wieder als die große Stütze der Norwegischen Krone heraus. Immerhin steht der Sektor dank der Vorkommen in der Nordsee für ein Fünftel der Wirtschaftsleistung des Landes. Daher gilt die Währung unter Marktteilnehmern oft als „safe haven". Auch das konjunkturelle Bild dreht sich allmählich. Das Wirtschaftswachstum im nordeuropäischen Königreich zieht leicht an; das Bruttoinlandsprodukt dürfte in 2005 mit 3,25 Prozent wachsen. Zudem verbessert sich die Beschäftigungssituation zusehends. Mit einer Arbeitslosenrate von 4,5 Prozent – Tendenz fallend – kommt Norwegen schon einer Vollbeschäftigung sehr nahe. Trotzdem liegt die Preissteigerung mit moderaten 1,1 Prozent im November 2005 noch im Toleranzbereich der Währungshüter. Allerdings geht die „Norges Bank" davon aus, dass die Inflation auf Sicht von drei Jahren auf die Zielmarke von 2,5 Prozent steigen wird. Auf dieser Basis dürfte die norwegische Krone mittelfristig eine gewisse Aufwertungsphantasie haben.

Kennzahlen per 30.12.2005

	1 Jahr	3 Jahre	5 Jahre	10 Jahre
Hoch	8,4387	8,8631	8,8631	9,2300
Tief	7,7189	7,2256	7,2256	7,2256
Auf- / Abwertung	+3,1%	-8,9%	+3,5%	+8,0%
Volatilität	4,7%	6,3%	5,9%	6,4%
Zinskonto: Performance (Euro)	+5,2%	-1,1%	+29,4%	n/a
Zinskonto: Volatilität (Euro)	4,7%	6,3%	5,9%	n/a

ABN Zins-Zertifikat

ISIN /WKN	BV	Spread	Gebühr	Anm.
DE 000 918 624 7 / 918 624	1:1	0,10 Euro	Keine	Non-Q.

Notenbank: Norges Bank (www.norges-bank.no)
Bloomberg-Kürzel: EURNOK <Curncy>

Verlauf seit 01.01.1990

Tagesgeld-Konto + -Satz

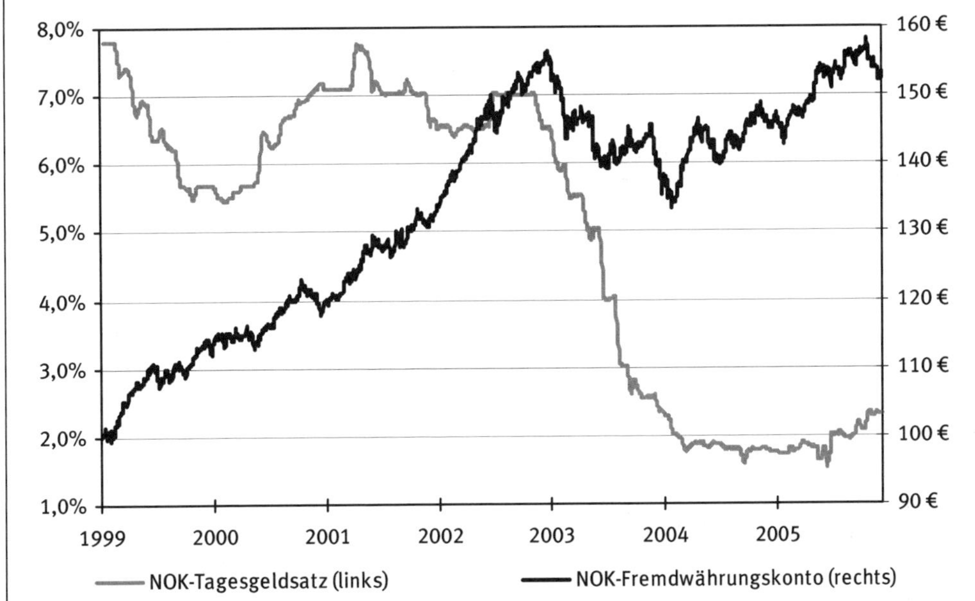

Kanadischer Dollar (EUR/CAD)

Kurzprofil

Die Börsenwelt schaut pausenlos auf die USA. Dabei lohnt sich auch mal ein Blick auf den nördlichen Nachbarn Kanada. Denn mit einem seit zwölf Jahren ununterbrochenen Wirtschaftswachstum belegt Kanada den Spitzenplatz unter den G8-Staaten. Zudem ist das Land finanziell gesund. Bereits acht Jahre in Folge erwirtschaftet Kanada ein positives Budget. Die Regierung erwartet auch für die kommenden Jahre Haushaltsüberschüsse. Daher zeigt sich die Währung stabil. Seit 2002 wertete der Kanadische Dollar gegenüber dem US-Dollar merklich auf. Auch gegenüber dem Euro legte der „Loony", wie die Kanadier ihre Währung liebevoll nennen, zuletzt deutlich zu. Im Jahr 2005 machte der Kanadische Dollar gegenüber der europäischen Einheitswährung fast 20 Prozent an Boden gut. Ein Grund für die jüngste „Loony"-Rallye ist die Hausse an den Rohstoffmärkten. Denn Rohstoffe machen einen hohen Anteil der kanadischen Exporte aus. Zum Beispiel belegt Kanada nach den USA und Russland weltweit den dritten Platz bei der Erdgasförderung und verfügt nach Saudi-Arabien über die bedeutendsten Erdölreserven der Welt. Der Anteil des schwarzen Goldes am Export liegt mittlerweile bei fünf Prozent. Aber auch die Binnenkonjunktur präsentiert sich im Lande der „Mounties" äußerst kräftig. Die Wirtschaft arbeitet nach Ansicht der Bank of Canada auf Vollauslastung. Die Arbeitslosenrate lag im dritten Quartal lediglich bei 6,8 Prozent. Dementsprechend zogen die Konsumentenpreise auf 2,2 Prozent an. Auf die aufkeimenden Inflationsängste reagierte die Zentralbank mit einer Anhebung des Leitzinssatzes auf 3,25 Prozent. Die höheren Zinskosten drosseln den privaten Hausbau, der wie in den USA zuletzt doch deutliche Signale einer Übertreibung zeigte. Trotzdem dürfte die „Loony" dank des Rohstoffbooms weiter zulegen. Experten warnen jedoch bereits vor einer weiteren Aufwertung der Währung. Denn damit sinkt die Wettbewerbsfähigkeit der großen Gruppe exportabhängiger Unternehmen.

Kennzahlen per 30.12.2005

	1 Jahr	3 Jahre	5 Jahre	10 Jahre
Hoch	1,6457	1,6925	1,6925	1,8702
Tief	1,3595	1,3595	1,2709	1,2548
Auf- / Abwertung	+19,3%	+20,1%	+1,2%	+35,5%
Volatilität	8,6%	9,1%	9,8%	10,7%
Zinskonto: Performance (Euro)	+22,5%	+30,1%	+17,3%	n/a
Zinskonto: Volatilität (Euro)	8,6%	9,1%	9,9%	n/a

ABN Zins-Zertifikat

ISIN /WKN	BV	Spread	Gebühr	Anm.
NL 000 041 202 1 / ABN 2AE	1:1	0,10 Euro	Keine	Non-Q.

Notenbank:	Bank of Canada (www.bankofcanada.ca)
Bloomberg-Kürzel:	EURCAD <Curncy>

Verlauf seit 01.01.1980

Tagesgeld-Konto + -Satz

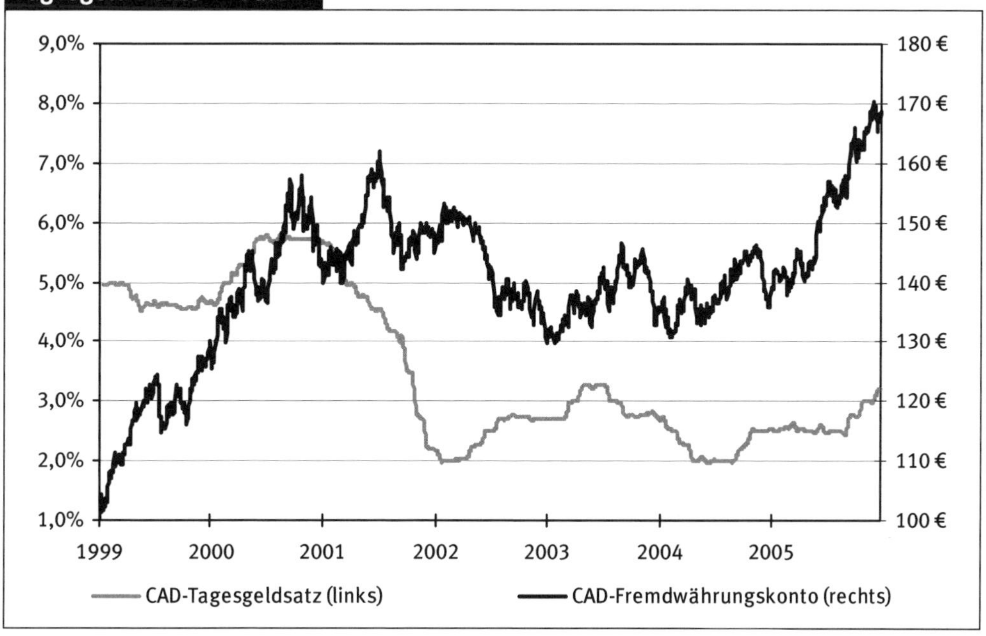

Australischer Dollar (EUR/AUD)

Kurzprofil

Glückliches Australien: In kaum einer anderen Industrienation entwickelte sich die Wirtschaft in der vergangenen Dekade erfreulicher als in „Down Under". Schon seit 1993 befindet sich das Land der Kängurus im Aufschwung. Ebenfalls rekordverdächtig: Seit 19 Quartalen in Folge (Stand: September 2005) weist das Bruttoinlandsprodukt eine positive Zuwachsrate aus. Vom Wirtschaftsboom profitierte vor allem der Arbeitsmarkt. Mit einer Arbeitslosenquote von rund fünf Prozent liegt Australien deutlich unter dem Schnitt des Euroraums. In Deutschland zum Beispiel ist die Quote fast doppelt so hoch. Zuletzt hat sich das Wachstum auf dem fünften Kontinent allerdings spürbar abgeschwächt. Mit dazu beigetragen hat auch die starke Aufwertung des Australischen Dollars (AUD) gegenüber seiner Leitwährung, dem US-Dollar. Darunter litt die Wettbewerbsfähigkeit des Landes. Eine weitere Gefahrenquelle stellt die Inflation dar, die mit drei Prozent schon vergleichsweise hoch ist. So ist zu befürchten, dass das extrem hohe Beschäftigungsniveau zwangsläufig zu höheren Lohnkosten führt. Zusätzlicher Druck auf die Erzeugerpreise wird von der starken Kapazitätsauslastung ausgeübt. Die Preisentwicklung bleibt nicht ohne Folgen für den Wechselkurs. Wegen des Inflationsdrucks hat die australische Notenbank „Reserve Bank of Australia" im Frühjahr 2005 angefangen, die Leitzinsen anzuheben. Momentan beträgt der Leitzins 5,5 Prozent. Angesichts dieser Zinsschere und der anhaltend hohen Nachfrage nach Rohstoffen verwundert es nicht, dass der „Aussie"-Dollar seit Mitte 2004 eine kräftige Aufwertung erfahren hat. Experten erwarten einen mittelfristigen Wechselkurs von 1,65 AUD je Euro. Diese Prognose bestätigt den langfristigen Trend. Denn in den vergangenen fünf Jahren notierte der Euro nie unter 1,55 und nur selten über 1,85 AUD, obwohl die Wechselkursschwankungen teilweise doch recht heftig ausfallen.

Kennzahlen per 30.12.2005

	1 Jahr	3 Jahre	5 Jahre	10 Jahre
Hoch	1,7378	1,8641	1,9152	2,0422
Tief	1,5573	1,5573	1,5573	1,4071
Auf- / Abwertung	+7,8%	+15,6%	+3,9%	+13,6%
Volatilität	7,2%	9,0%	10,0%	11,0%
Zinskonto: Performance (Euro)	+13,8%	+35,1%	+33,7%	n/a
Zinskonto: Volatilität (Euro)	7,2%	9,1%	10,0%	n/a

ABN Zins-Zertifikat

ISIN /WKN	BV	Spread	Gebühr	Anm.
DE 000 918 740 1 / 918 740	1:1	0,20 Euro	Keine	Non-Q.

Notenbank: Reserve Bank of Australia (www.rba.gov.au)
Bloomberg-Kürzel: EURAUD <Curncy>

Verlauf seit 01.01.1990

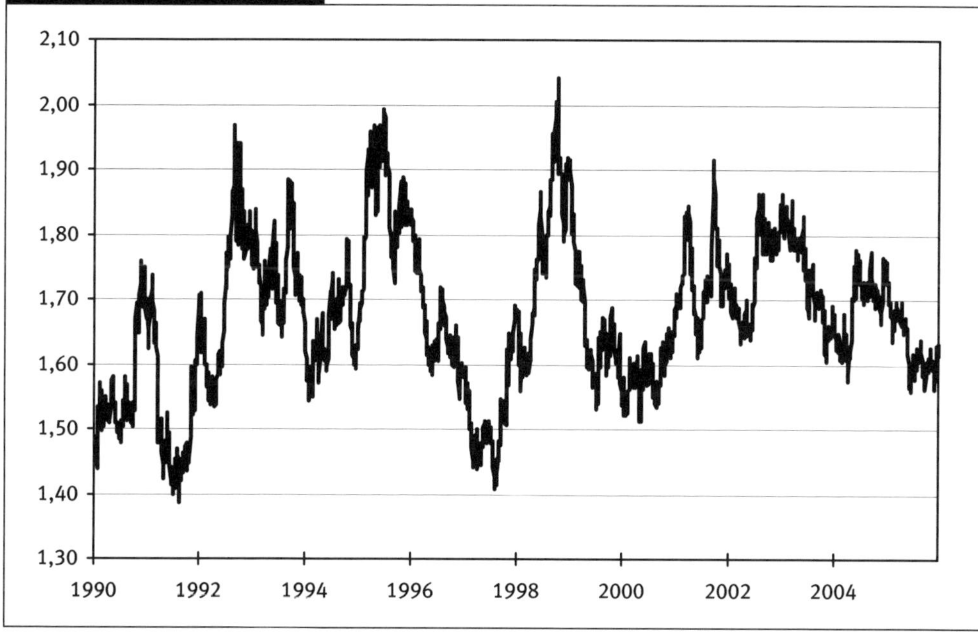

Tagesgeld-Konto + -Satz

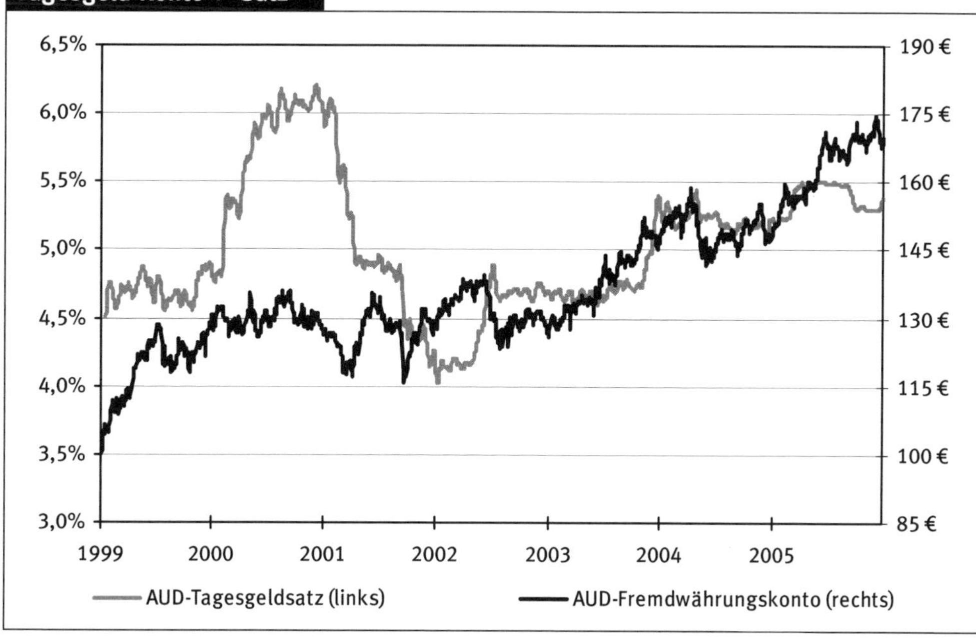

Neuseeländischer Dollar (EUR/NZD)

Kurzprofil

Rund 14 Schafe kommen rein rechnerisch auf jeden der gut vier Millionen Einwohner Neuseelands. Kein Wunder, dass die Landwirtschaft nach wie vor ein wichtiges Standbein der neuseeländischen Wirtschaft bildet. Insgesamt mehr als die Hälfte der Exporte stammen aus dem Agrarbereich. Unter anderem ist das Land der drittgrößte Wollproduzent der Welt. Offizielle Währung ist der Neuseeland-Dollar, der auf den internationalen Finanzmärkten durch die Abkürzung „NZD“ bekannt ist und vielerorts auch „Kiwi-Dollar“ genannt wird. Im Vergleich zum Euro hat der neuseeländische Dollar in den vergangenen Jahren kräftig zugelegt: Musste man Mitte 2001 noch mehr als 2,20 NZD je Euro bezahlen, sind es derzeit weniger als 1,80 NZD. Grund für die Aufwertung ist die vorteilhafte Zinsschere. Während die Europäische Zentralbank den Leitzinssatz in mehreren Schritten bis auf das historische Tief von zwei Prozent gesenkt hat, führte die „Reserve Bank of New Zealand“ mehrere Zinserhöhungen durch. Mittlerweile liegt die Rate bei 7,25 Prozent und damit noch immer deutlich über dem aktuellen Euroland-Niveau von 2,25 Prozent. Die Zinsdifferenzen machen Anlagen im Neuseeland-Dollar für europäische und US-Investoren attraktiv, wenngleich sich die geringe Liquidität im Handel mit NZD-Anleihen hinderlich auswirkt. Bei ihrer Zinspolitik hält die Zentralbank die Inflation fest im Blick und strebt eine Jahresrate zwischen null und drei Prozent an. Mit aktuell 3,4 Prozent liegt die Preissteigerung über der vorgegebenen Bandbreite. Angesichts des intakten Wirtschaftswachstums in Neuseeland dürften die Aufwärtstendenzen beim Währungswechselkurs zum Euro nichtsdestotrotz anhalten. Im zweiten Quartal 2005 kletterte das Bruttoinlandsprodukt gegenüber dem Vorjahreszeitraum real um 2,7 Prozent. Die Arbeitslosigkeit befand sich mit weniger als vier Prozent auf einem 14-Jahrestief, was als Spätfolge der Deregulierung der Wirtschaft in den 80er-Jahren gewertet werden kann.

Kennzahlen per 30.12.2005

	1 Jahr	3 Jahre	5 Jahre	10 Jahre
Hoch	1,8968	2,0842	2,2300	2,4252
Tief	1,6409	1,6409	1,6409	1,6097
Auf- / Abwertung	+8,4%	+14,6%	+21,7%	+20,3%
Volatilität	8,0%	10,5%	10,6%	11,5%
Zinskonto: Performance (Euro)	+16,0%	+37,4%	+63,2%	n/a
Zinskonto: Volatilität (Euro)	8,1%	10,5%	10,6%	n/a

ABN Zins-Zertifikat

ISIN /WKN	BV	Spread	Gebühr	Anm.
NL 000 041 204 7 / ABN 2AG	1:1	0,20 Euro	Keine	Non-Q.

Notenbank: Reserve Bank of New Zealand (www.rbnz.govt.nz)
Bloomberg-Kürzel: EURNZD <Curncy>

Verlauf seit 01.01.1990

Tagesgeld-Konto + -Satz

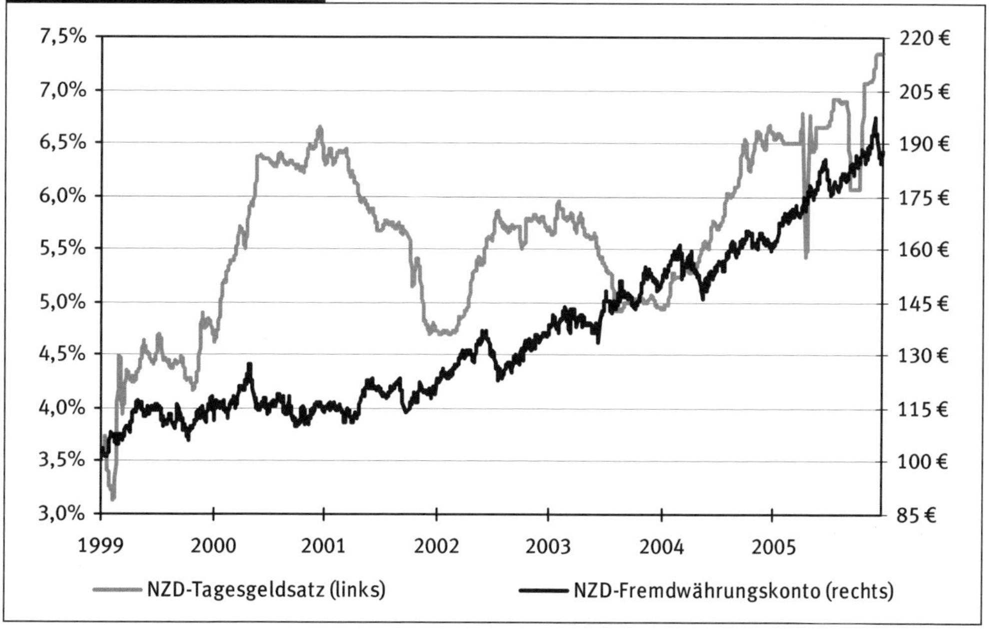

Ungarischer Forint (EUR/HUF)

Kurzprofil

Ungarn trat im Jahr 2004 gemeinsam mit sieben weiteren osteuropäischen Staaten der Europäischen Union (EU) bei. Ein Beitritt zum Europäischen Währungssystem (EWS) – der Vorstufe zum Euro – könnte schon 2008 erfolgen. Während der mindestens zweijährigen EWS-Phase darf sich der Forint allerdings nicht außerhalb einer Bandbreite von 15 Prozent um den Euro bewegen. Erfüllt der Wechselkurs diese Bedingung, könnte bereits 2010 die Einführung der Europäischen Einheitswährung folgen. Die Agentur Fitch erklärte diesen Zeitplan aber jüngst für zweifelhaft und stufte das Schulden-Rating Ungarns von „A–“ auf „BBB+“ herab. Die Marktexperten betrachten vor allem das Zwillingsdefizit mit Sorge. In der Leistungsbilanz wird für das Jahr 2005 ein Minus von acht bis neun Prozent erwartet. Zudem liegt die Regierung in Budapest mit der EU über Budgetierungsrichtlinien im Clinch. Die Europäische Kommission und Eurostat halten die ungarische Vorgehensweise bei einer Autobahnfinanzierung für unvereinbar mit den statistischen Methoden der EU und erhöhten das Budgetdefizitziel für 2005 kurzerhand von 4,7 auf bis zu sieben Prozent. Das überschattet natürlich die gute Wirtschaftsleistung des Landes. Mit voraussichtlich 4,6 Prozent wird Ungarn 2005 fast die gleiche Wachstumsrate wie 2004 erreichen. In Reaktion auf die sich abzeichnende Verschiebung der Euro-Aufnahme gab der Forint von unter 245 auf 255 Euro ab, blieb damit aber in der bereits langfristig bestehenden Bandbreite von 230 bis 280 Forint je Euro. Für Stabilität sorgt der relativ hohe Leitzinssatz von sechs Prozent, der deutlich über dem aktuellen Level der Eurozone von 2,25 Prozent liegt. Die Zinsdifferenz gegenüber der Eurozone dürfte noch einige Zeit Bestand haben, um die Inflation im Zaum zu halten. Die Teuerungsrate rutschte zuletzt immerhin unter die Vier-Prozent-Marke; noch im zweiten Quartal 2004 lag sie über sieben Prozent.

Kennzahlen per 30.12.2005

	1 Jahr	3 Jahre	5 Jahre	10 Jahre
Hoch	255,99	272,78	272,78	272,78
Tief	241,65	234,58	234,58	188,09
Auf- / Abwertung	-2,9%	-6,8%	+4,8%	-24,9%
Volatilität	4,9%	8,2%	7,9%	9,4%
Zinskonto: Performance (Euro)	+4,2%	+22,0%	+68,8%	n/a
Zinskonto: Volatilität (Euro)	5,0%	8,2%	7,9%	n/a

ABN Zins-Zertifikat

ISIN /WKN	BV	Spread	Gebühr	Anm.
DE 000 918 607 2 / 918 607	1:1	0,40 Euro	Keine	Non-Q.

Notenbank:	Magyar Nemzeti Bank (www.mnb.hu)
Bloomberg-Kürzel:	EURHUF <Curncy>

Verlauf seit 01.01.1995

Tagesgeld-Konto + -Satz

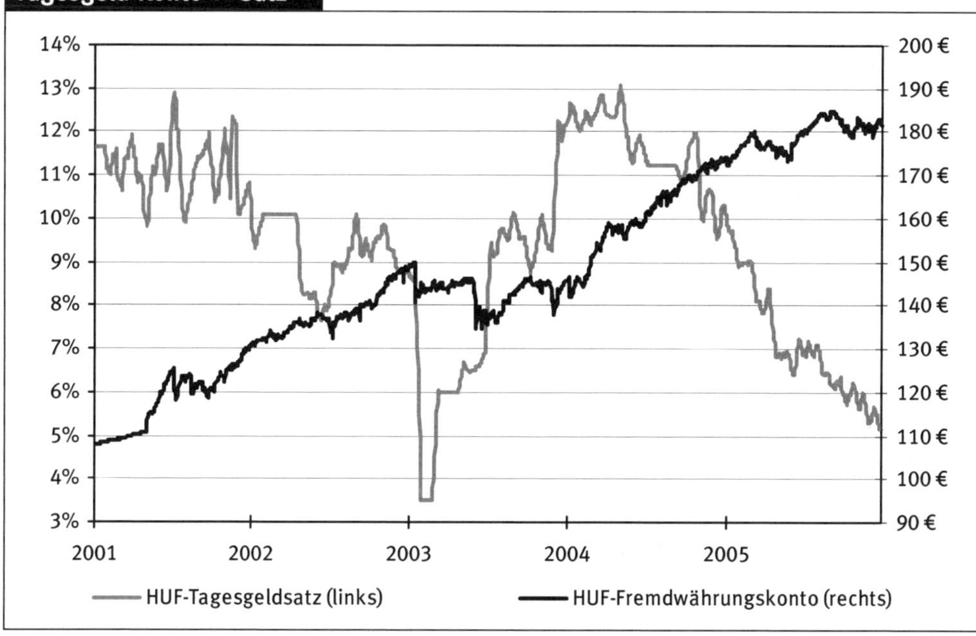

Tschechische Krone (EUR/CZK)

Kurzprofil

Tschechien ist einer der acht Kandidaten, die die Europäische Union am 1. Mai 2004 als neues Mitglied begrüßen durfte. Für die noch junge Republik stellt dieser Schritt einen Meilenstein dar: Schließlich ist die EU mit Abstand wichtigster Handelspartner. Die noch stärkere wirtschaftliche Einbindung in die europäische Staatengemeinschaft erhöhte die Nachfrage nach Tschechischen Kronen, woraufhin die Landeswährung gegenüber dem Euro kräftig zulegen konnte. Bei dieser Aufwertung half natürlich auch die stabile Geldpolitik unseres östlichen Nachbarn mit. Von Inflation kann bei einer Preissteigerung von null Prozent keine Rede sein. Der Leitzins in der Moldau-Republik liegt momentan mit rund zwei Prozent sogar unter dem Niveau der Eurozone. Das alles spricht für die Tschechische Krone, was sich auch im EUR/CZK-Wechselkursverhältnis niederschlägt. Musste man im Jahr 2004 für einen Euro 33,5 Kronen hinlegen, sind es heute nur noch 28,5 Kronen. Der nächste logische Schritt ist natürlich der Beitritt zum europäischen Währungsraum. Bisher war man der Meinung, dass dies eher später als früher, also erst nach dem Jahr 2010, der Fall sein wird. Doch die Modifizierung des Stabilitäts- und Wachstumspaktes hat neue Fakten geschaffen. So ist es den Mitgliedsländern in Zukunft erlaubt, die Kosten der Umstellung von einem umlagefinanzierten auf ein kapitalgedecktes Rentensystem bei der Feststellung des Haushaltsdefizits anzurechnen. Davon profitiert Prag, da im Jahr 2006 ein kapitalgedeckter Standard eingeführt wird. Aber auch ohne diesen Vorteil ist Tschechien auf einem guten Weg zum Euro. Während es Deutschland als „Serientäter“ vermutlich auch in diesem Jahr nicht schaffen wird, das Defizitkriterium von 3,0 Prozent einzuhalten, hat sich die Nachbarrepublik still und heimlich zum Musterschüler entwickelt. Zur allgemeinen Verblüffung gelang es der tschechischen Regierung bereits im Jahr 2004, mit einem Defizit von drei Prozent die Maastricht-Norm zu erfüllen.

Kennzahlen per 30.12.2005

	1 Jahr	3 Jahre	5 Jahre	10 Jahre
Hoch	33,3299	33,3299	37,2018	n/a
Tief	30,3960	28,9375	28,9375	n/a
Auf- / Abwertung	+7,4%	+4,5%	+18,5%	n/a
Volatilität	6,1%	7,0%	7,6%	n/a
Zinskonto: Performance (Euro)	+9,8%	+13,3%	+42,6%	n/a
Zinskonto: Volatilität (Euro)	4,9%	5,8%	6,8%	n/a

ABN Zins-Zertifikat

ISIN /WKN	BV	Spread	Gebühr	Anm.
NL 000 041 203 9 / ABN 2AF	1:1	0,15 Euro	Keine	Non-Q.

Notenbank: Cěská Národní Banka (www.cnb.cz)

Bloomberg-Kürzel: EURCZK ‹Curncy›

Verlauf seit 01.01.1996

Tagesgeld-Konto + -Satz

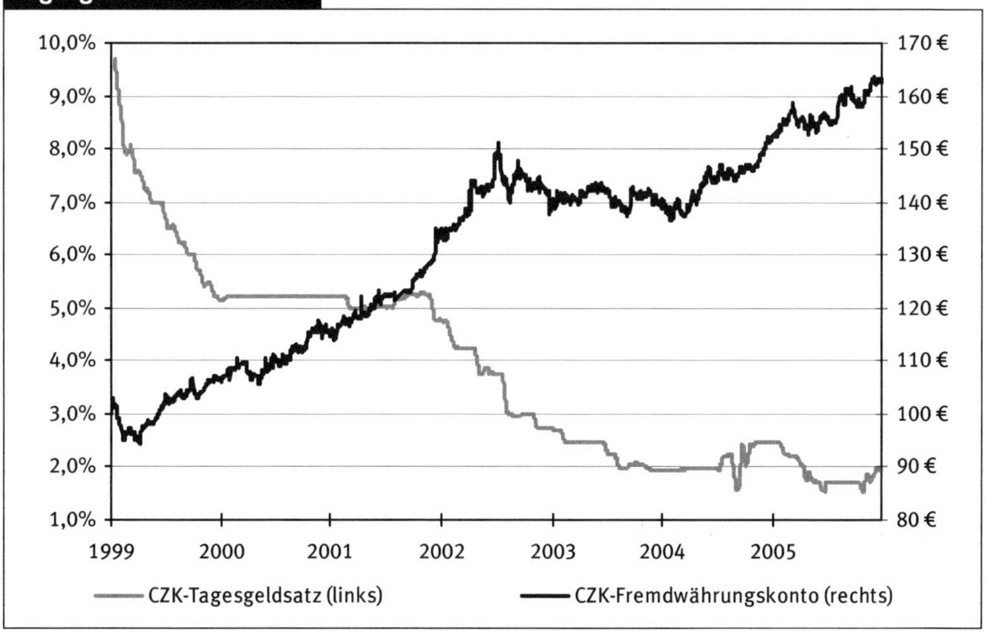

Polnischer Zloty (EUR/PLN)

Kurzprofil

Start frei zum deutsch-polnischen Jahr. Zwischen Mai 2005 und Juni 2006 vertiefen die beiden Länder ihre Wirtschaftsbeziehungen. Bereits heute ist Deutschland der wichtigste Handelspartner des noch jungen EU-Staats. Doch in Sachen Wachstum zeigen die Polen den altehrwürdigen Mitgliedern im Westen, wo es langgeht. Die OECD schätzt das Wirtschaftswachstum des bevölkerungsreichsten Neuzugangs im Jahr 2005 auf 4,75 Prozent. In den beiden darauf folgenden Jahren soll die Zunahme immerhin noch 4,50 Prozent betragen. Die Währung unseres östlichen Nachbars war nach dem Fall des Eisernen Vorhangs lange Zeit „gefesselt". 1991 etablierte Polen ein Währungsregime, in dem der Zloty an einen Währungskorb gebunden war. Erst im April 2000 gaben die Notenbanker dieses Wechselkurssystem auf und ließen den Zloty gegenüber Euro & Co. frei schwanken. In der Folge wertete der Zloty deutlich auf. Waren Anfang 2004, nach einem zweieinhalb Jahre andauernden Sinkflug, noch 4,9 Zloty für einen Euro nötig, müssen aktuell nur noch 3,8 Zloty bezahlt werden. Das entspricht einer Aufwertung von mehr als 20 Prozent. Problem: Die Exporte verteuern sich.

Doch machen die Polen den Wettbewerbsnachteil mit der Erhöhung der Produktivität wieder wett. 2004 stieg die Leistungsfähigkeit pro Arbeitnehmer um rund 13 Prozent. Auch die Entwicklung der Inflation stimmt zuversichtlich. Die Jahresteuerungsrate lag im Juli 2005 lediglich bei 1,3 Prozent, die Polnische Nationalbank rechnet für das Gesamtjahr mit 2,5 Prozent. Daher sind die Währungshüter zu Zinssenkungen übergegangen. Der Leitzins beträgt aktuell nur noch 4,75 Prozent. Damit sollte der Zloty nach der vorhergegangenen Unsicherheit ruhigeren Zeiten entgegensteuern. Experten rechnen damit, dass Polen 2007 die Maastricht-Kriterien erfüllen kann. Dann steht einer Euro-Einführung rein formal nichts mehr im Weg.

Kennzahlen per 30.12.2005

	1 Jahr	3 Jahre	5 Jahre	10 Jahre
Hoch	4,2919	4,9120	4,9120	4,9120
Tief	3,8160	3,8160	3,3578	3,3241
Auf- / Abwertung	+6,2%	+4,5%	+0,4%	-12,8%
Volatilität	8,7%	9,1%	10,0%	10,8%
Zinskonto: Performance (Euro)	+12,1%	+23,6%	+54,9%	n/a
Zinskonto: Volatilität (Euro)	8,7%	9,1%	10,0%	n/a

ABN Zins-Zertifikat

ISIN /WKN	BV	Spread	Gebühr	Anm.
DE 000 918 707 0 / 918 707	1:1	0,20 Euro	Keine	Non-Q.

Notenbank: Narodowy Bank Polski (www.nbp.pl)
Bloomberg-Kürzel: EURPLN ‹Curncy›

Verlauf seit 01.01.1995

Tagesgeld-Konto + -Satz

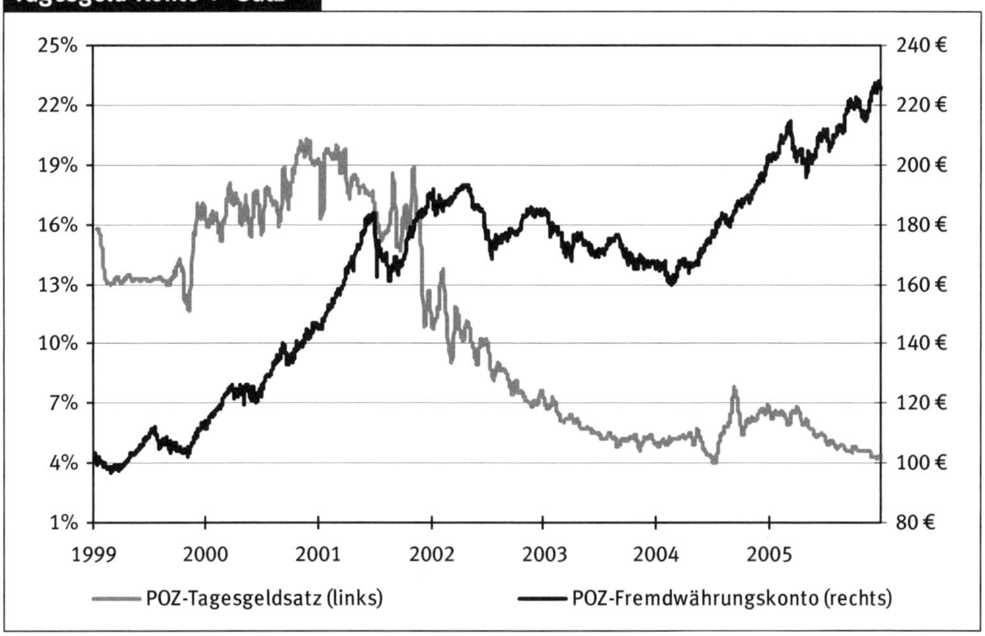

Türkische Lira (EUR/TRY)

Kurzprofil

Früher durfte man sich wenigstens im Türkei-Urlaub mal als Millionär fühlen. Wer seine Devisen nach der Ankunft in „Türkische Lira" tauschte, bekam gleich ein ganzes Bündel abgewetzter Scheine mit unzähligen Nullen drauf in die Hand gedrückt. Doch das ist nun vorbei. Seit dem 1. Januar 2005 tragen die Banknoten des Mittelmeer-Landes sechs Nullen weniger. Genauso unkonventionell verlief die Umbenennung: Die neue Währung heißt „Yeni Türk Lirasi", was einfach „Neue Türkische Lira" bedeutet. Sogar die 30 Jahre lang verschwundene Münz-Untereinheit „Kurus" wurde wieder zum Leben erweckt. Die Währungsreform wurde möglich, da die türkische Wirtschaft nach Jahren der Dauerkrise sich allmählich zu erholen begann. Die Inflationsrate von einst 100 Prozent und mehr pro Jahr fiel bis in einstellige Prozentbereiche zurück. Dementsprechend senkte die türkische Notenbank den Leitzinssatz zuletzt auf 13,75 Prozent. Das Allzeittief gegenüber dem Euro erreichte die Währung Ende 2004, als ein Euro 1,92 Neue Türkische Lira (TRL) wert war. Seitdem ist es für die Lira auf zuletzt unter 1,65 TRL bergauf gegangen. Die Wende brachte die Entscheidung des Europäischen Rats, mit der Türkei Gespräche über einen Beitritt in die Europäische Union (EU) aufzunehmen. Auch künftig werden die Kursschwankungen des EUR/TRL-Währungspaares eng mit den Ereignissen rund um den eventuellen EU-Beitritt verbunden sein. Fortschritte in der Diskussion werden von den Devisenhändlern mit kräftigen Kursaufschlägen bedacht. Ebenso schnell geht die Türkische Lira aber wieder in die Knie, wenn es zu Rückschlägen im Reformprozess kommt. Insgesamt hat das Land noch einen weiten Weg vor sich. Trotz des kräftigen Wirtschaftswachstums in den vergangenen Jahren ist die Türkei bei Kennzahlen wie dem Bruttoinlandsprodukt pro Kopf und dem Haushaltsdefizit noch meilenweit vom EU-Durchschnitt entfernt.

Kennzahlen per 30.12.2005

	1 Jahr	3 Jahre	5 Jahre	10 Jahre
Hoch	1,8545	1,9185	1,9185	n/a
Tief	1,5880	1,5119	0,6207	n/a
Auf- / Abwertung	+14,6%	+8,3%	-61,2%	n/a
Volatilität	11,8%	13,8%	1,9%	n/a
Zinskonto: Performance (Euro)	+35,1%	+131,3%	+179,2%	n/a
Zinskonto: Volatilität (Euro)	11,9%	13,8%	29,4%	n/a

ABN Zins-Zertifikat

ISIN /WKN	BV	Spread	Gebühr	Anm.
DE 000 918 722 9 / 918 722	1:1	0,75 Euro	Keine	Non-Q.

Notenbank: Türkiye Cumhuriyet Merkez Bankasi (www.tcmb.gov.tr)
Bloomberg-Kürzel: EURTRL <Curncy>

Verlauf seit 01.01.2001

Tagesgeld-Konto + -Satz

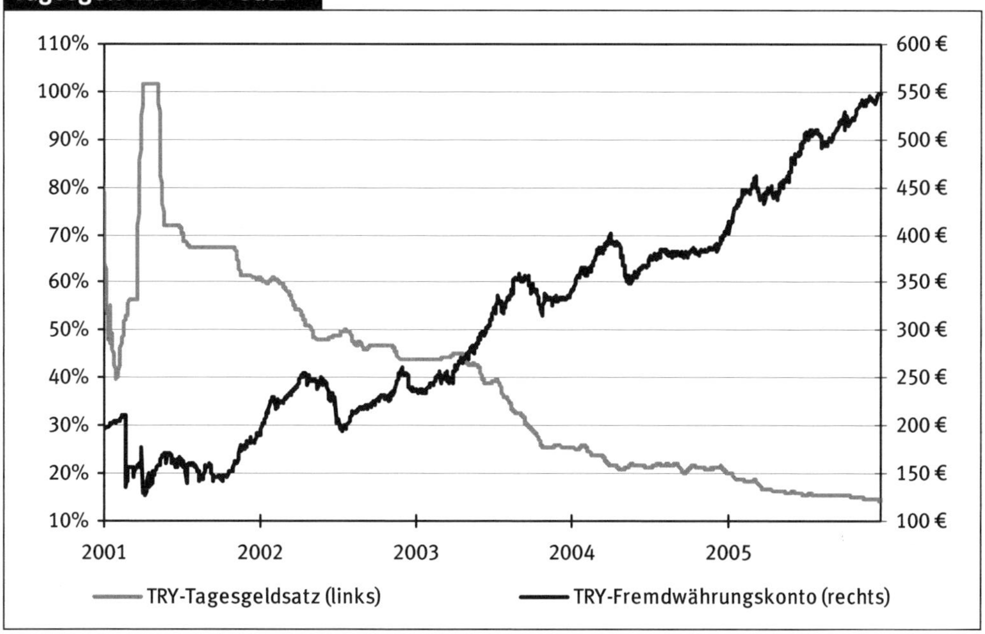

Mexikanischer Peso (EUR/MXN)

Kurzprofil

Als Reich der Mayas ist Mexiko einst berühmt geworden. Doch liegt das lange zurück. Heutzutage ist das Land bekannt für seine touristischen Attraktionen: Die Überreste der Maya-Kultur und die malerischen Strände ziehen von Jahr zu Jahr mehr Urlauber an. Das kommt auch der Wirtschaft zugute. 2004 war Mexiko mit einem Bruttoinlandsprodukt (BIP) von 7,68 Billiarden Pesos (rund 685 Milliarden US-Dollar) die größte Volkswirtschaft Lateinamerikas. Zudem ist das Land auch dank seiner Ölvorkommen mit Abstand die bedeutendste Exportnation dieser Region – begünstigt durch das Nordamerikanische Freihandelsabkommen NAFTA. Aufwärts geht es auch mit der mexikanischen Währung. Der Peso hat im Vergleich zum Euro auf Jahressicht – trotz Dollar-Schwäche – mehr als zehn Prozent aufgewertet. Der relativ hohe Peso belastet jedoch langsam spürbar den wichtigen Export, und das Wirtschaftswachstum verlor zuletzt an Dynamik. Das mexikanische Finanzministerium erwartet für 2005 „nur" noch eine Zunahme des Bruttoinlandsprodukts von drei Prozent. Die Notenbank senkte daraufhin die Kernrate für Übernacht-Geldausleihungen von August bis Dezember von 9,75 auf 8,25 Prozent. Dies ging am Peso natürlich nicht spurlos vorbei, obwohl sich die Devise recht schnell wieder fangen konnte. Angesichts dieser Stabilität auf hohem Niveau ist mit weiteren Zinsschritten durch die Währungshüter zu rechnen. Denn die Inflation scheint im Griff zu sein. Seit der Jahrtausendwende rutschte die Teuerungsrate von einem zweistelligen Prozentbereich zuletzt unter die Drei-Prozent-Marke. Somit besteht die Gefahr, dass der Aufwertungstrend des Pesos gegenüber dem Euro allmählich an Schwung verliert. Zudem bringen politische Ereignisse Unsicherheiten für die Währung. Denn die Präsidentschaftswahlen im Juli 2006 rücken immer näher. Eine Abwertung des Peso hätte aber auch was Gutes: Der Urlaub in Mexiko würde wieder günstiger werden.

Kennzahlen per 30.12.2005

	1 Jahr	3 Jahre	5 Jahre	10 Jahre
Hoch	15,1195	15,3066	15,3066	n/a
Tief	12,2669	10,7444	7,5673	n/a
Auf- / Abwertung	+19,9%	-13,6%	-34,8%	n/a
Volatilität	10,1%	12,2%	13,1%	n/a
Zinskonto: Performance (Euro)	+31,7%	+8,0%	-0,8%	n/a
Zinskonto: Volatilität (Euro)	10,1%	12,2%	13,1%	n/a

ABN Zins-Zertifikat

ISIN /WKN	BV	Spread	Gebühr	Anm.
NL 000 047 655 4 / ABN 401	1:1	0,50 Euro	Keine	Non-Q.

Notenbank: Banco de México (www.banxico.org.mx)
Bloomberg-Kürzel: EURMXN <Curncy>

Verlauf seit 01.01.1999

Tagesgeld-Konto + -Satz

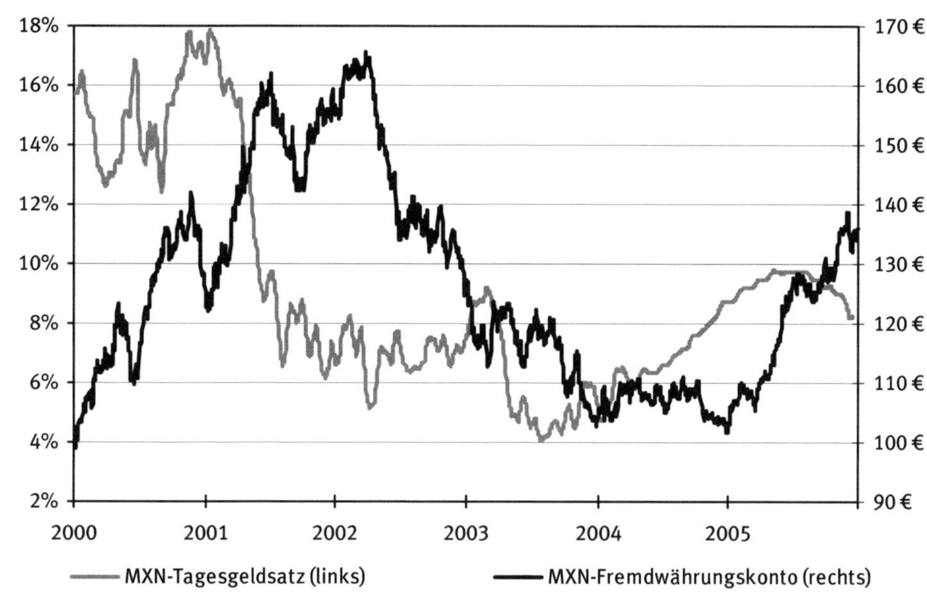

Südafrikanischer Rand (EUR/ZAR)

Kurzprofil

Es gibt kaum ein Schwellenland, das in den vergangenen zehn Jahren nicht mindestens eine schwere Währungskrise durchzustehen hatte. Mit Schrecken erinnert sich so mancher Investor an die Tequilakrise in Mexiko im Jahr 1994 oder die Asienkrise im Jahr 1997. Als Folge stürzten die meisten betroffenen Länder wie Südkorea oder Thailand in eine tiefe Rezession. Auch Südafrika blieb von Währungsturbulenzen nicht verschont. Das letzte Gewitter tobte im Jahr 2001, als der Südafrikanische Rand (ZAR) innerhalb weniger Monate gegenüber dem Dollar und dem Euro um fast 40 Prozent abwertete. Schuld daran war eine Kapitalflucht ausländischer Investoren. Sie hatten Angst, dass die Rassenunruhen im benachbarten Simbabwe auf Südafrika übergreifen könnten. Bei einer Arbeitslosenquote von mehr als 26 Prozent ist diese Befürchtung auch durchaus berechtigt. Als Folge des Kurssturzes verordnete die Regierung in Pretoria damals eine strenge Devisenkontrolle für inländische Personen und Institutionen. Seither hat sich vieles zum Besseren entwickelt: Die Wirtschaft befindet sich im Aufschwung, die Inflation wurde auf 3,4 Prozent eingedämmt, und das Vertrauen der Investoren nimmt wieder zu. Denn mittlerweile wurden auch wieder die Devisenkontrollen aufgehoben. Damit haben südafrikanische Firmen die Möglichkeit, unbegrenzt im Ausland zu investieren. Und auch Privatpersonen ist es wieder erlaubt, Geld in Dollar oder Euro anzulegen. Abzulesen ist die positive Entwicklung natürlich auch am Wechselkurs des Rand, der sich von seinen Tiefständen Ende 2001 deutlich erholt hat und seit mehr als einem Jahr in der relativ engen Bandbreite zwischen 7,30 und 8,50 Rand je Euro pendelt. Angesichts dieser relativen Stabilität konnte die Notenbank den Leitzinssatz von elf Prozent im Jahr 2001 auf zuletzt sieben Prozent senken. Hier zeigt sich wieder: Wer Kapital anziehen will, muss es auch abfließen lassen.

Kennzahlen per 30.12.2005

	1 Jahr	3 Jahre	5 Jahre	10 Jahre
Hoch	8,4251	9,6525	11,2369	11,2369
Tief	7,4100	7,3421	6,7803	4,7820
Auf- / Abwertung	+0,0%	+16,3%	-8,1%	-35,0%
Volatilität	12,0%	16,7%	16,9%	15,6%
Zinskonto: Performance (Euro)	+7,0%	+51,6%	+49,2%	n/a
Zinskonto: Volatilität (Euro)	0,8%	15,2%	16,1%	n/a

ABN Zins-Zertifikat

ISIN /WKN	BV	Spread	Gebühr	Anm.
DE 000 918 556 1 / 918 556	1:1	0,70 Euro	Keine	Non-Q.

Notenbank:	South African Reserve Bank (www.reservebank.co.za)
Bloomberg-Kürzel:	EURZAR <Curncy>

Verlauf seit 01.01.1990

Tagesgeld-Konto + -Satz

GSCI Excess Return Index

Kurzprofil

Der Goldman Sachs Commodity Index (GSCI) bildet die Preisentwicklung der 24 wichtigsten Rohstoffe ab. Von verschiedenen Erdöl-Sorten und Erdgas über landwirtschaftliche Erzeugnisse bis hin zu Aluminium, Kupfer, Nickel oder Gold berücksichtigt der GSCI alle „Commodities", die auf dem Weltmarkt eine Rolle spielen. Gewichtet werden die einzelnen Güter nach ihrem Produktionsvolumen (Fünf-Jahres-Durchschnitte), weshalb es kaum verwundern kann, dass der Index ziemlich energielastig ist. Öl, Benzin und Erdgas sind nun einmal der Treibstoff jeder Industriegesellschaft und stellen mehr als 70 Prozent des Index. Da man Waren im Gegensatz zu Aktien oder Geld nicht elektronisch um die Welt schicken kann, sondern physisch liefern muss, werden Commodities fast ausschließlich über Futures gehandelt, standardisierte Termingeschäfte nach der Devise „Zahlungsvereinbarung heute, Lieferung später". Was für die Industrie sinnvoll ist, sorgt bei der Index-Berechnung für eine Herausforderung – Futures sind in ihrer Laufzeit begrenzt, während der GSCI ohne zeitliche Begrenzung kontinuierlich weiterberechnet wird. Der Ausweg aus dem Dilemma liegt in einem Rollover-Verfahren: Jeden Monat tauscht der Index-Anbieter, die im Rohstoffbereich traditionell sehr starke US-Investmentbank Goldman Sachs, alle kurz vor der Fälligkeit stehenden Futures gegen neue Kontrakte der nächstlängeren Laufzeitklasse aus. Bei einem solchen Rollover kostet der neue Futures-Kontrakt in der Regel nicht exakt so viel wie der ausgewechselte Kontrakt, sondern notiert entweder darüber (Contango) oder darunter (Backwardation). Daher spiegelt der GSCI Excess Return Index nicht nur die Preisentwicklung der jeweiligen Rohstoff-Futures wider, sondern auch die Rollperformance, die in Contango negativ und in Backwardation positiv ausfällt.

Kennzahlen per 30.11.2005

	1 Jahr	3 Jahre	5 Jahre	10 Jahre
Hoch	839	839	839	839
Tief	580	393	314	250
Performance (in US-Dollar)	+4,5%	+74,2%	+33,7%	+81,2%
Performance (in Euro)	+17,7%	+46,8%	-1,1%	+95,9%
Volatilität (in US-Dollar)	25,6%	24,2%	23,6%	21,0%
Volatilität (in Euro)	26,8%	24,9%	25,1%	22,8%

ABN Open End-Zertifikate

ISIN /WKN	BV	Spread	Gebühr	Anm.
NL 000 032 915 9 / 886 299	10:1	1,00%	Keine	Non-Q.
NL 000 041 322 7 / ABN 0DB	10:1	2,00%	Variabel	Quanto

Index-Anbieter:	Goldman Sachs (www.gs.com/gsci)
Bloomberg-Kürzel:	GSCIER ‹Index›

Verlauf seit 01.01.1985

RP versus MSCI World

GSCI Non-Energy Excess Return Index

Kurzprofil

Der GSCI Non-Energy Excess Return Index ist ein Abkömmling der GSCI-Index-Familie. Diese hat die US-Investmentbank Goldman Sachs ins Leben gerufen, um die Performance an den Rohstoffmärkten abzubilden, wobei wie beim GSCI Excess Return Index auch die Rollperformance berücksichtigt werden muss (siehe dort). Der Non-Energy Index unterscheidet sich vom Hauptindex dadurch, dass er – wie der Name schon verrät – den Energiesektor unberücksichtigt lässt. Stattdessen sind nur die vier Sparten Industriemetalle, Edelmetalle, Landwirtschaft und Viehwirtschaft im Index vertreten. Es gibt böse Zungen, die behaupten, dass der Index wegen seines Verzichts auf das Segment Energie wenig aussagekräftig ist. Goldman Sachs hat sich die Index-Konzeption jedoch gründlich überlegt. Hintergrund ist, dass Energie im Haupt-Index GSCI mit einem Gewicht von mehr als 70 Prozent eine sehr dominante Rolle spielt. Wer wissen möchte, wie sich die Preise an den Rohstoffmärkten ohne die extremen Schwankungen am Ölmarkt entwickeln, findet dank des Non-Energy Barometers Orientierung. Der bedeutendste Sub-Sektor im Index ist mit einem Gewicht von mehr als 40 Prozent der Bereich Landwirtschaft. Darin sind unter anderem Weizen, Mais, Baumwolle und Kaffee enthalten. Mit jeweils rund 25 Prozent folgen die Sparten Industriemetalle mit Aluminium, Kupfer und Blei sowie Viehwirtschaft mit Rind und Schwein. Den kleinsten Sektor stellen die Edelmetalle Gold und Silber mit nicht ganz zehn Prozent.

Was die Performance betrifft, hat der Non-Energy Index gegenüber dem Mutter-Index das Nachsehen. Diese Underperformance ist vor allem auf das Fehlen des Energiesektors zurückzuführen. Zudem dämpft auch der Preisverfall bei landwirtschaftlichen Erzeugnissen den deutlichen Anstieg bei den Industrie- und Edelmetallen. Denn im Agrarbereich erhöhen immer ausgefeiltere Produktionsmethoden das Angebot. Zwar nimmt auch die Nachfrage zu, sie reicht jedoch nur selten aus, um den Markt leerzufegen. Allein die Erderwärmung mit der damit verbundenen Klimaverschiebung und den sich häufenden Naturkatastrophen könnten jedoch langfristig für anhaltend schlechte Ernten und steigende Preise bei den Soft Commodities sorgen.

Kennzahlen per 30.11.2005

	1 Jahr	3 Jahre	5 Jahre	10 Jahre
Hoch	223	236	236	423
Tief	198	179	171	171
Performance (in US-Dollar)	+4,6%	+9,8%	-2,8%	-42,2%
Performance (in Euro)	+17,9%	-7,5%	-28,1%	-37,5%
Volatilität (in US-Dollar)	11,0%	11,5%	10,6%	10,2%
Volatilität (in Euro)	12,6%	14,0%	13,9%	13,5%

Index-Anbieter: Goldman Sachs (www.gs.com/gsci)
Bloomberg-Kürzel: GSNEER <Index>

Verlauf seit 01.01.1985

RP versus GSCI Excess Return

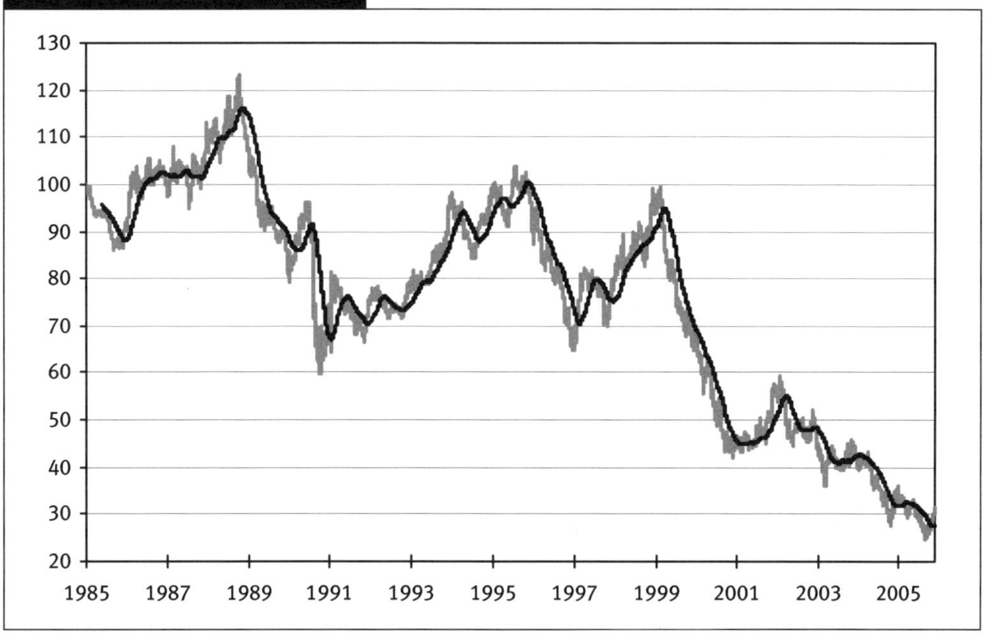

Dow Jones AIG Commodity Index

Kurzprofil

Commodities, also Rohstoffe, werden im großen Stil nur an den Warenterminmärkten gehandelt. Ein noch junger, aber in der Finanzwelt bereits etablierter Indikator für die Entwicklung von Rohstoffen ist der Dow Jones AIG Commodity Index. Das Kursbarometer wird von dem Index-Anbieter Dow Jones & Company in Zusammenarbeit mit der AIG Trading Group geführt. Insgesamt beheimatet der breit gestreute Index 19 Rohstoffe aus den Bereichen Energie, Getreide, Weichwaren, Vieh, Pflanzenöl, Industrie- und Edelmetalle. Die Gewichtung nimmt der Index-Anbieter anhand der wirtschaftlichen Bedeutung des jeweiligen Rohstoffes innerhalb der Weltwirtschaft vor. Ermittelt wird diese anhand von aktuellen Produktionszahlen und Handelsvolumina. Am Anfang jedes Jahres erfolgt eine Überprüfung – und gegebenenfalls eine Neuausrichtung – der Index-Zusammensetzung. Dabei gelten die folgenden Regeln: Keine Gruppe darf mit mehr als einem Drittel gewichtet sein. Zudem muss jeder Rohstoff mit mindestens zwei Prozent im Index vertreten sein.

Den größten Part übernimmt derzeit der Energiesektor mit einem Anteil von rund 33 Prozent. Dabei teilen sich Erdöl und Erdgas mit jeweils knapp 15 Prozent die Spitzenposition. Eine gewichtige Rolle spielen aber auch die so genannten Soft Commodities; das sind landwirtschaftliche Erzeugnisse wie Weizen, Rinder oder Sojabohnen. Die beiden Erstgenannten kommen zusammen auf rund ein Zehntel, die Sojabohnen auf 8,5 Prozent. Der Handel der verschiedenen Rohstoffe findet überwiegend an den Terminbörsen in den USA – New York, Chicago und Kansas – statt. Ausnahme: Die Preise für die drei Industriemetalle Aluminium, Zink und Nickel werden an der London Metal Exchange (LME) ermittelt. Die Performance des Dow Jones AIG Commodity Index kann sich sehen lassen. In den vergangenen drei Jahren legte das Rohstoffbarometer im Schnitt um 16,5 Prozent p.a. zu. Und die Schar der Rohstoffexperten rechnet mit einer weiter steigenden Nachfrage nach Rohstoffen. Dabei rechnen die Analysten fest mit einer anhaltend hohen Nachfrage aus den aufstrebenden Ländern Asiens.

Kennzahlen per 30.11.2005

	1 Jahr	3 Jahre	5 Jahre	10 Jahre
Hoch	179	179	179	179
Tief	141	105	87	74
Performance (in US-Dollar)	+8,5%	+58,1%	+49,1%	+67,2%
Performance (in Euro)	+22,5%	+33,5%	+10,5%	+81,1%
Volatilität (in US-Dollar)	16,7%	15,5%	15,0%	13,4%
Volatilität (in Euro)	18,0%	16,7%	17,0%	15,8%

Index-Anbieter: Dow Jones & Company / AIG Trading Group

Bloomberg-Kürzel: DJAIG ‹Index›

Verlauf seit 01.01.1992

RP versus GSCI Excess Return

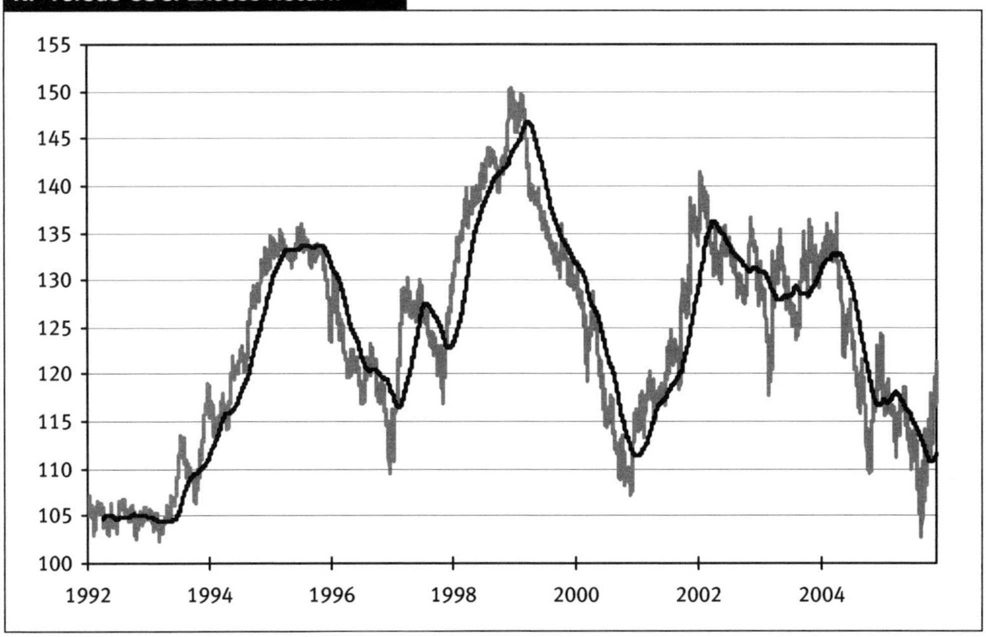

RICI Rogers International Commodity Index

Kurzprofil

Das ist selbst für eine Wall-Street-Legende nicht alltäglich: Jim Rogers verabschiedete sich schon mit 37 in den Ruhestand. In den Siebzigern hatte er zusammen mit dem Hedgefunds-Experten George Soros den Quantum Fund gemanagt. Während einer Phase, in der die Börsen nicht vom Fleck kamen, fuhr das legendäre Duo eine Performance von annähernd 3.400 Prozent ein. Doch Rogers tat als Rentner alles andere, als sich auf das Altenteil zurückzuziehen. Vielmehr machte sich der heute über 60-Jährige einen Ruf als Weltenbummler. Beispielsweise startete er 1990 eine zweijährige Weltreise per Motorrad. Ziel des Trips war auch die Entdeckung von Emerging Markets. Rogers führte zahlreiche Gespräche vor Ort und fasste seine Erfahrungen anschließend in dem Buch *Investment Biker* zusammen. Die weltweit gesammelten Eindrücke weckten auch Rogers Interesse an den Rohstoffmärkten.

Folglich legte er am 31. Juli 1998, kurz vor dem Ende einer Baisse der Anlageklasse, den Rogers International Commodity Index (RICI) auf. Dieser soll nach dem Willen des Urhebers die Kosten des täglichen Lebens reflektieren. Vertreten sind Agrarprodukte, Energie und Metalle. Jeweils im Dezember überprüft Rogers die Zusammensetzung und Gewichtung seines Rohstoffbarometers, in dem Rohöl mit 35 Prozent das größte Gewicht einnimmt. Doch der stattliche Zuwachs von mehr als 200 Prozent seit Auflage des Index ist nicht allein auf das schwarze Gold zurückzuführen. Ein glückliches Händchen bewies der Guru auch durch die Beimischung von Gold und Silber. Rogers ist von einem anhaltenden Boom bis ins Jahr 2022 überzeugt. Vor allem bei den Agrarprodukten sieht Rogers noch Potenzial. Um die Entwicklung der einzelnen Teilbereiche besser nachvollziehen zu können, ist der RICI in drei Sub-Indizes untergliedert.

Kennzahlen per 30.11.2005

	1 Jahr	3 Jahre	5 Jahre	10 Jahre
Hoch	3.358	3.358	3.358	n/a
Tief	2.655	1.629	1.246	n/a
Performance (in US-Dollar)	+7,0%	+89,6%	+85,3%	n/a
Performance (in Euro)	+20,9%	+60,1%	+37,3%	n/a
Volatilität (in US-Dollar)	16,9%	16,7%	16,6%	n/a
Volatilität (in Euro)	17,7%	17,4%	18,4%	n/a

ABN Open End-Zertifikate

ISIN /WKN	BV	Spread	Gebühr	Anm.
NL 000 042 780 5 / ABN 4JE	n/a	1,00%	1,75% p.a.	Non-Q.
NL 000 044 554 2 / ABN 4MN	n/a	1,00%	Variabel	Quanto

Index-Anbieter: Jim Rogers International
Bloomberg-Kürzel: RICIX <Index>

Verlauf seit 01.01.1998

RP versus DJ-AIG und GSCI ER

GSCI Energy Excess Return Index

Kurzprofil

Der GSCI Energy Excess Return Index ist ein Mitglied aus der viel beachteten Rohstoff-Index-Familie von Goldman Sachs. Die US-Investmentbank rief den Sub-Index 1991 ins Leben und stattete ihn gemäß seinem Namen ausschließlich mit Rohstoffen zur Energiegewinnung aus. Dementsprechend finden sich folgende Index-Mitglieder: Rohöl Sorte „West Texas Intermediate“ (WTI), Rohöl Sorte „Brent“, bleifreies Benzin, Heizöl, Gasöl und Erdgas. Die Gewichtung der einzelnen Index-Mitglieder richtet sich generell nach der Weltproduktion. Das bedeutet, dass jede Sorte aus dem durchschnittlichen Produktionsvolumen der letzten fünf Jahre ermittelt wird. Dementsprechend stellen die beiden Rohölsorten mit knapp 60 Prozent den Hauptanteil im Index. Allerdings bezieht sich der Index nicht direkt auf die einzelnen Rohstoffe. Dieses Vorgehen wäre einfach mit zu hohen Kosten und logistischen Problemen verbunden. Stattdessen spiegelt der Index die Entwicklung von Terminkontrakten auf Rohstoffe wider. Da die Terminkontrakte eine begrenzte Laufzeit aufweisen, sieht das Index-Konzept ein rollierendes Verfahren vor, um ohne Unterbrechung die Marktentwicklungen zu repräsentieren. Steht ein Futures-Kontrakt kurz vor der Fälligkeit, wird automatisch in den jeweils nächstfälligen Kontrakt gewechselt.

Aus den Preisunterschieden von Kontrakten unterschiedlicher Laufzeiten resultiert eine Rollperformance, die entweder positiv oder negativ ausfallen kann. Diese Rollproblematik tritt bei ungenügender Liquidität im Terminmarkt noch stärker zutage. Trotz dieses Mankos ist es der Finanzindustrie möglich, den Index nachzubilden, was wiederum für die Entwicklung von Derivaten eine wichtige Voraussetzung ist. Die Gesamtperformance überzeugt allemal: Der Index legte in den vergangenen drei Jahren um rund 120 Prozent zu. Experten erwarten derweil keine nachhaltige Entspannung: Dagegen sprechen der rasant steigende Bedarf in den Schwellenländern sowie voll ausgelastete Ölförder- und Raffineriekapazitäten. Zudem bedrohen neben der weiter angespannten politischen Situation im Nahen Osten in zunehmendem Maße auch Naturkatastrophen wie der Hurrikan „Katrina“ die Ölindustrie.

Kennzahlen per 30.11.2005

	1 Jahr	3 Jahre	5 Jahre	10 Jahre
Hoch	697	697	697	697
Tief	427	247	177	94
Performance (in US-Dollar)	+7,3%	+121,1%	+56,2%	+264,2%
Performance (in Euro)	+20,9%	+86,3%	+15,5%	+293,7%
Volatilität (in US-Dollar)	34,0%	32,6%	33,0%	31,2%
Volatilität (in Euro)	34,1%	32,7%	33,9%	32,5%

Index-Anbieter: Goldman Sachs (www.gs.com/gsci)
Bloomberg-Kürzel: GSENER ‹Index›

Verlauf seit 01.01.1985

RP versus GSCI Excess Return

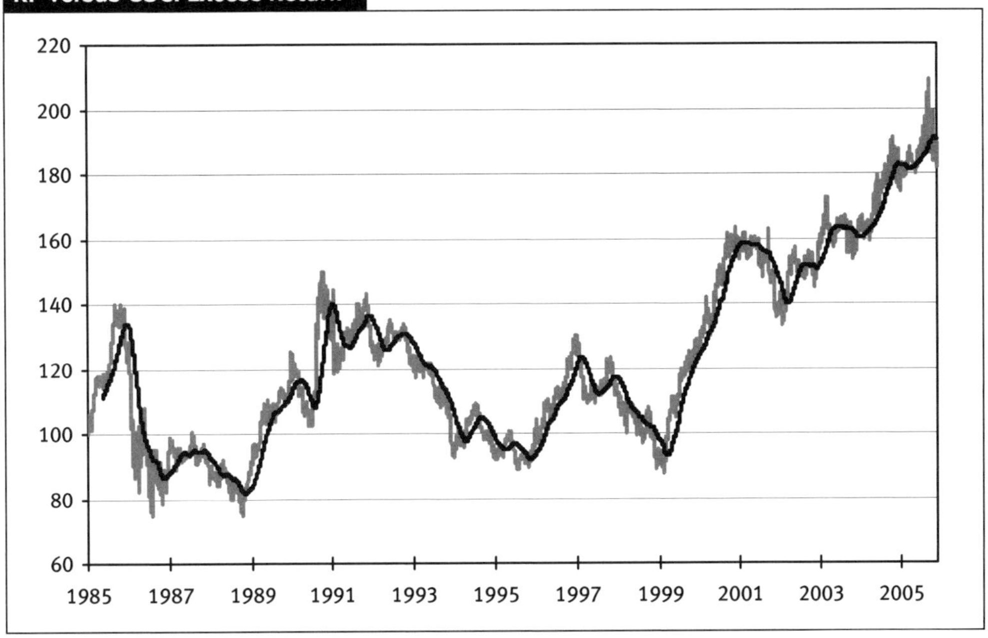

RICI Rogers Energy Index

Kurzprofil

Rund drei Jahrzehnte nach der ersten Ölkrise ist die Konjunktur abhängiger denn je vom schwarzen Gold. Rohstofflegende Jim Rogers hat den Trend frühzeitig erkannt. Daher hat der Weltenbummler den Rogers International Energy Commodity Index ins Leben gerufen – einen Sub-Index zum breit diversifizierten Rohstoffbarometer RICI. Die noch relativ junge Kurskurve setzt sich zu fast 80 Prozent aus Rohöl zusammen. Daneben teilen sich Heizöl, bleifreies Benzin und Erdgas zu gleichen Teilen die verbleibenden 21 Prozent. Längst ist der Preis für das schwarze Gold auf ungekannte Höhen gestiegen. Anfang 2004 kostete das Fass Öl rund 32 US-Dollar. Seither kennt das Öl kein Halten mehr. In der Spitze bezahlte man mehr als 70 Dollar für das Barrel. Und ein Ende der Aufwärtsbewegung ist nicht abzusehen. Experten befürchten, dass der Preis die 100-Dollar-Marke überspringen könnte. Im Zuge der Kursexplosion legte auch der Rogers Index kräftig zu. Auslöser für den „Preisschock“ ist die instabile Weltpolitik: Atomstreit mit Iran, eine gedrosselte Förderung im Irak und die zunehmende terroristische Gefahr. Dazu kommt eine Reihe ökonomischer Gründe. Die Nachfrage steigt weltweit, vor allem weil bevölkerungsreiche Schwellenländer – allen voran China und Indien – wirtschaftlich stark expandieren. Der tägliche Ölbedarf liegt mittlerweile bei rund 85 Millionen Barrel und steigt weiter. Überdies sprudeln die schwarzen Quellen schon so stark, dass die Fördermengen kurzfristig nicht erhöht werden können. Dazu kommen Engpässe bei den Raffineriekapazitäten. Alles in allem deutet kaum etwas darauf hin, dass sich diese Negativfaktoren bald auflösen. Daher wird die Menschheit in absehbarer Zeit wohl nicht von der schwarzen Droge loskommen – gut für die Anleger, die der Wall-Street-Legende Rogers folgen.

Kennzahlen per 30.11.2005

	1 Jahr	3 Jahre	5 Jahre	10 Jahre
Hoch	1.336	n/a	n/a	n/a
Tief	838	n/a	n/a	n/a
Performance (in US-Dollar)	+9,1%	n/a	n/a	n/a
Performance (in Euro)	+23,0%	n/a	n/a	n/a
Volatilität (in US-Dollar)	33,2%	n/a	n/a	n/a
Volatilität (in Euro)	33,6%	n/a	n/a	n/a

ABN Open End-Zertifikat

ISIN /WKN	BV	Spread	Gebühr	Anm.
NL 000 019 230 0 / ABN 08Q	n/a	1,00%	1,25% p.a.	Non-Q.
NL 000 019 231 8 / ABN 08L	n/a	1,00%	Variabel	Quanto

Index-Anbieter: Jim Rogers International

Bloomberg-Kürzel: RICIE <Index>

Verlauf seit 30.11.2004

Gewichtung

RICI Rogers Energy Index

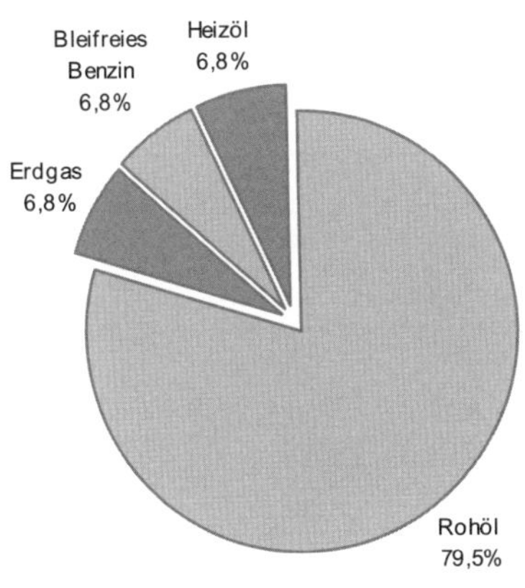

GSCI Energy Excess Return Index

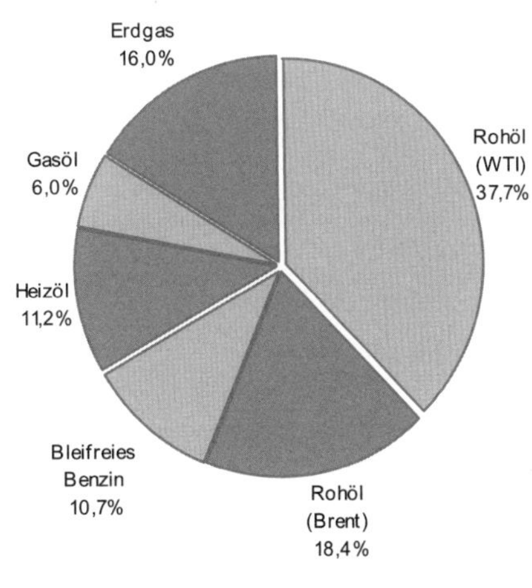

Gold

Kurzprofil

„Nach Golde drängt, am Golde hängt doch alles", erkannte schon das Gretchen in Goethes Faust. Seit jeher übt das Edelmetall einen besonderen Reiz auf die Menschen aus – ob als Statussymbol, Schmuck oder Zahlungsmittel. Dabei ist der industrielle Nutzen des Rohstoffes vergleichsweise gering. Auch die ästhetische Qualität ist nicht der Hauptgrund, warum das gelb glänzende Material so wertvoll ist. Es ist die Knappheit, die dem Gold seinen legendären, ja fast mystischen Status verleiht. Daher spielt Gold auch aus Anlegersicht eine überragende Rolle. Erworben werden kann Gold in physischer Form als Barren oder Medaille. An den Finanzmärkten notiert Gold traditionell in US-Dollar, die Maßeinheit ist eine Unze (rund 31,1 Gramm). Wichtigster Handelsplatz für physisches Gold ist Zürich, ein Handel findet aber auch in der britischen Hauptstadt über die London Bullion Market Association statt.

Die größten Goldvorkommen gibt es in Südafrika, Australien und den USA. Allerdings kann die jährliche Fördermenge schon seit Jahren nicht mehr mit der Nachfrage mithalten. Die Lücke wird durch den Verkauf von Zentralbankbeständen geschlossen. Stark abhängig ist der Goldpreis aber auch von psychologischen Faktoren. Wie schon die Benennung als „Krisenwährung" erkennen lässt, steigt die Nachfrage nach Gold in unsicheren Zeiten sprunghaft an, so wie nach den Terroranschlägen am 11. September 2001. Aufgrund der wachsenden geopolitischen Sorgen hat sich der Goldpreis in den vergangenen fünf Jahren nahezu verdoppelt. Einfluss auf die Entwicklung des Preises hat auch die Inflation. Nimmt die Geldentwertung zu, sind „Wertbewahrer" wie Gold gefragt. Auch in Zukunft dürfte das Edelmetall daher „in" bleiben.

Kennzahlen per 30.11.2005

	1 Jahr	3 Jahre	5 Jahre	10 Jahre
Hoch	500	500	500	500
Tief	413	317	256	253
Performance (in US-Dollar)	+8,8%	+55,1%	+83,8%	+27,1%
Performance (in Euro)	+22,6%	+30,7%	+36,0%	+37,5%
Volatilität (in US-Dollar)	12,0%	14,1%	13,5%	12,2%
Volatilität (in Euro)	11,2%	13,7%	14,0%	13,7%

ABN Open End-Zertifikate

ISIN /WKN	BV	Spread	Gebühr	Anm.
NL 000 859 341 9 / 859 341	10:1	0,50%	Keine	Non-Q.
DE 000 A0A B84 2 / A0A B84	10:1	1,00%	Variabel	Quanto

Handelsplatz: London Bullion Mkt. Association (www.lbma.org.uk)
Bloomberg-Kürzel: GOLDS ‹Comdty›

Verlauf seit 01.01.1985

KOR versus EUR/USD

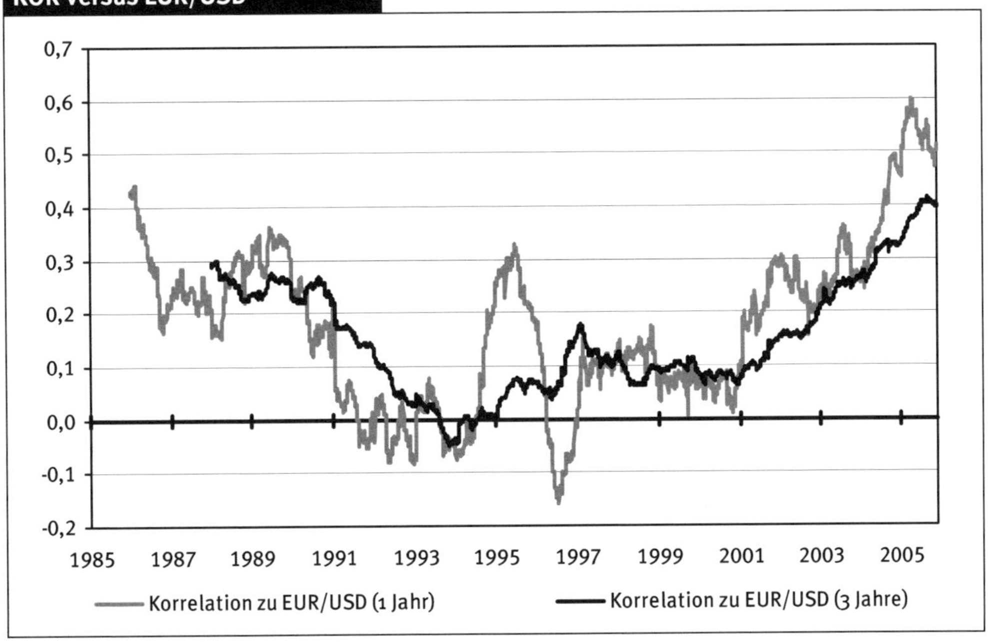

Silber

Kurzprofil

Das billigste aller Edelmetalle zeigt bereits bei seiner Förderung, wohin es eigentlich gehört: in den Bereich der Industriemetalle. In der Minenproduktion fällt Silber nämlich sehr oft als Nebenprodukt von Kupfer, Blei und Zink an. So hängt das Angebot in nicht zu unterschätzendem Maße auch von der Förderung klassischer Industriemetalle ab. Abgebaut wird Silber vor allem in Mexiko, Peru, China und Australien. Die landläufige Meinung ist, dass Silber durch den Siegeszug der Digitalkameras seitens der (Foto-) Industrie immer weniger nachgefragt wird. Tatsache ist jedoch, dass der Löwenanteil der Weltproduktion (rund 50 Prozent) von industriellen Branchen wie Elektrotechnik, Pharmazie und Lebensmitteltechnik stabil abgerufen wird, die Silber wegen seiner hervorragenden Stromleitfähigkeit und der bakterientötenden Wirkung schätzen. Auf die Schmuck- und Silberwarenherstellung entfällt lediglich ein Drittel der Nachfrage, die sich ebenfalls seit Jahren mehr oder weniger konstant hält. Erst an dritter Stelle rangiert mit knapp 20 Prozent Nachfragepotenzial die Fototechnik; der Rest findet als Münzen und Medaillen Abnehmer.

Silber hängt somit stark von konjunkturellen Faktoren ab und hat wegen seines geringen Sachwerts definitiv nicht den Charakter eines Kriseninvestments. Die gern zitierte Gold/Silber-Ratio ist deshalb kein geeignetes Instrument zur Fixierung von Preiszielen – auch wenn einige Analysten immer wieder darauf verweisen, dass eine Feinunze Gold im Durchschnitt der letzten 30 Jahre etwa 40- bis 50-mal teurer war als dieselbe Menge Silber. An den Weltbörsen wird Silber üblicherweise in US-Dollar je Feinunze gehandelt. Eine Feinunze entspricht dabei 31,1035 Gramm.

Kennzahlen per 30.11.2005

	1 Jahr	3 Jahre	5 Jahre	10 Jahre
Hoch	8,35	8,35	8,35	8,35
Tief	6,41	4,36	4,06	4,06
Performance (in US-Dollar)	+6,3%	+85,2%	+77,0%	+59,1%
Performance (in Euro)	+19,8%	+56,0%	+31,0%	+72,0%
Volatilität (in US-Dollar)	23,0%	27,0%	23,1%	22,2%
Volatilität (in Euro)	21,4%	27,9%	24,4%	23,5%

ABN Open End-Zertifikate

ISIN /WKN	BV	Spread	Gebühr	Anm.
NL 000 025 524 8 / 163 575	1:1	0,60%	Keine	Non-Q.
DE 000 A0A B82 6 / A0A B82	1:1	1,00%	Variabel	Quanto

Handelsplatz: London Bullion Market Assoc. (www.lbma.org.uk)
Bloomberg-Kürzel: XAG <Comdty>

Verlauf seit 01.01.1985

Ratio Gold / Silber

Platin

Kurzprofil

Das wertvollste Edelmetall weist gleichzeitig die beste Langfristentwicklung auf: Obwohl Platin in den 90er-Jahren lange nicht so stark eingebrochen war wie Gold, hat es seit den 1999er-Tiefs mit einem Gewinn von knapp 190 Prozent alle „Kollegen“ ausgestochen. Hauptgrund dafür ist der duale Anlagehorizont – einerseits ist Platin ein wichtiger industrieller Rohstoff. Schließlich benötigt vor allem die Automobilindustrie das edle Material, um es in Katalysatoren zu verbauen; aber auch in der Hightech-Industrie kann Platin mit seinen Eigenschaften vor allem bei der Herstellung von Computerfestplatten und LCD-Displays auftrumpfen. Ganz allgemein ausgedrückt wird Platin überall dort verarbeitet, wo Stoffe benötigt werden, die nicht korrodieren. Andererseits lässt sich allein wegen des hohen absoluten Wertes ein gewisser Krisennimbus feststellen, der freilich noch lange nicht an den Mythos Gold heranreicht.

Fundamental gibt es aber durchaus Abwärtspotenzial: Erstmals seit Jahren übersteigt die Produktion den Verbrauch, weil die Förderkapazitäten beständig ausgebaut wurden. Stützend wirkt allerdings die anhaltend robuste Nachfrage aus der europäischen Schmuckindustrie sowie der Autobranche, für die Platin zumindest im Diesel-Bereich noch auf Jahre hinaus nicht substituierbar ist. Während die Nachfrage breit gestreut ist, ist die Angebotsseite recht konzentriert. Rund 75 Prozent des weltweit produzierten Platins stammen aus südafrikanischen Minen; einziges sonst noch nennenswertes Abbaugebiet ist Russland mit einem Marktanteil von immerhin noch 17 Prozent. Der Hauptumschlagplatz befindet sich derweil in London; hier wird Platin wie bei Edelmetallen üblich in US-Dollar pro Feinunze gehandelt.

Kennzahlen per 30.11.2005

	1 Jahr	3 Jahre	5 Jahre	10 Jahre
Hoch	997	997	997	997
Tief	822	588	415	337
Performance (in US-Dollar)	+12,6%	+64,9%	+61,9%	+134,2%
Performance (in Euro)	+27,0%	+39,0%	+19,8%	+153,2%
Volatilität (in US-Dollar)	12,7%	17,6%	19,6%	19,2%
Volatilität (in Euro)	13,8%	19,0%	21,2%	20,9%

ABN Open End-Zertifikate

ISIN /WKN	BV	Spread	Gebühr	Anm.
NL 000 025 523 0 / 163 574	100:1	1,50%	Keine	Non-Q.
DE 000 AoA B86 7 / AoA B86	100:1	1,50%	Variabel	Quanto

Handelsplatz:	LPPM (www.lppm.org.uk)
Bloomberg-Kürzel:	PLAT ‹Comdty›

Verlauf seit 01.01.1990

RP versus Gold + Silber

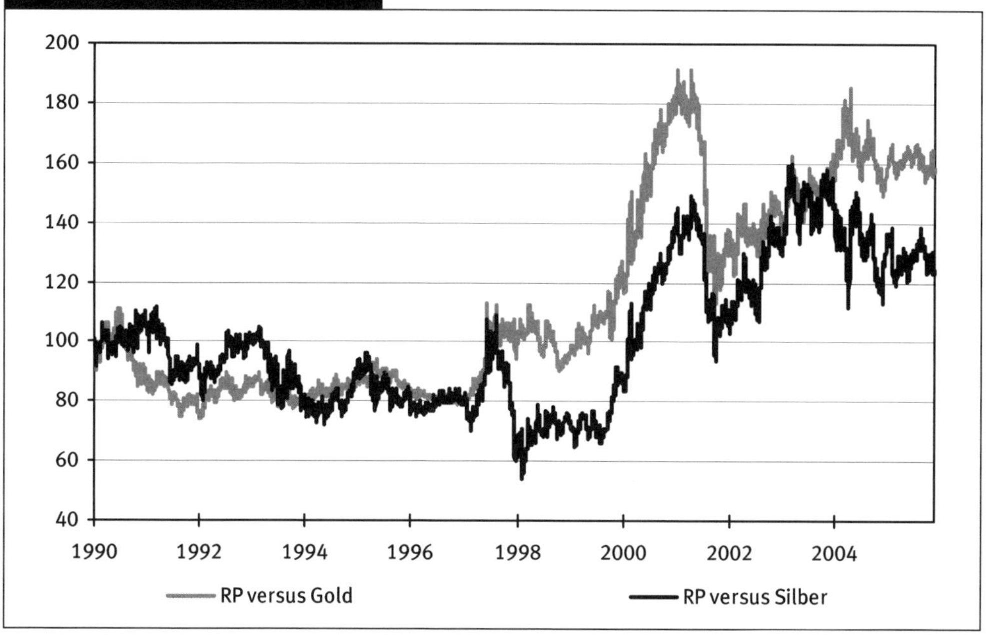

Palladium

Kurzprofil

Als einziges Edelmetall spielt Palladium kaum eine Rolle in der Schmuckindustrie. Weniger als zehn Prozent der Weltproduktion werden (meist als Gold-Legierung) zu Ringen und Ketten verarbeitet. Hauptabnehmer sind stattdessen die Automobilhersteller, die das wenig glamouröse Metall als Reduktionselement für Katalysatoren verwenden. Daraus ergibt sich eine ständige Konkurrenz zu Platin: Als die Palladiumpreise Ende der 90er-Jahre immer höher kletterten, war Platin die preisgünstigere Alternative – und heute, wo Platin pro Unze knapp viermal so teuer ist wie Palladium, spekulieren manche Hedgefunds mit demselben Argument auf eine „Rolle rückwärts".

Allerdings sprechen viele Fakten für ein nur begrenztes Potenzial nach oben, denn Palladium ist nicht in Diesel-Katalysatoren verwendbar. Zudem fällt Palladium primär beim Abbau von Nickel, Kupfer und Blei an – und weil die Förderung dieser Industriemetalle zuletzt stark zugenommen hat, ist derzeit eigentlich mehr Palladium verfügbar als nötig. Allein im vergangenen Jahr dürfte der vor allem aus der russischen Nickel-Produktion resultierende Angebotsüberhang bei annähernd 20 Prozent gelegen haben. Das hochvolatile Metall kommt deshalb allenfalls für kurzfristige Engagements infrage, denen freilich ein immenses Risiko innewohnt: Bei keinem anderen Rohstoff herrscht ein derart krasses Missverhältnis zwischen spekulativem Interesse und Handelsvolumen. Dies lässt sich auch am Kursverlauf beobachten. Nachdem sich der Preis von Anfang 1998 bis Ende 2000 von knapp 200 auf 1.100 US-Dollar je Unze hochgeschraubt hat, kam der jähe Fall.

Kennzahlen per 30.11.2005

	1 Jahr	3 Jahre	5 Jahre	10 Jahre
Hoch	266	333	1.094	1.094
Tief	172	148	148	117
Performance (in US-Dollar)	+23,6%	-1,0%	-67,9%	+89,4%
Performance (in Euro)	+39,3%	-16,5%	-76,2%	+104,8%
Volatilität (in US-Dollar)	25,7%	38,0%	37,8%	36,0%
Volatilität (in Euro)	25,5%	38,8%	38,9%	37,0%

ABN Open End-Zertifikate

ISIN /WKN	BV	Spread	Gebühr	Anm.
NL 000 032 280 8 / 330 491	10:1	2,00%	Keine	Non-Q.
DE 000 A0A B85 9 / A0A B85	10:1	3,50%	Variabel	Quanto

Handelsplatz: LPPM (www.lppm.org.uk)
Bloomberg-Kürzel: PALL <Comdty>

Verlauf seit 01.01.1990

RP versus Platin

GSCI Industrial Metals Excess Return Index

Kurzprofil

Rohstoffe genießen seit einiger Zeit immer mehr Aufmerksamkeit. Besonders der stark angezogene Ölpreis rückte den gesamten Bereich der Commodities ins Zentrum des öffentlichen Interesses. Doch zu den wichtigen Rohstoffen zählen bei weitem nicht nur Öl, sondern auch Grundstoffe, die vor allem im Industrie-, Energie-, Vieh- und Landwirtschaftssektor eine elementare Bedeutung besitzen. Um die Entwicklung dieser Rohstoffe in ihrer Gesamtheit nachvollziehen zu können, hat Goldman Sachs im Mai 1991 den Goldman Sachs Commodity Index (GSCI) ins Leben gerufen, der sich aus insgesamt 24 Rohstoffen aus allen Rohstoffbereichen zusammensetzt. Dieser übergeordnete Index unterteilt sich nochmals in verschiedene Sub-Indizes, wobei der Goldman Sachs Industrial Metals Excess Return Index die Entwicklung von Industriemetallen wiedergibt. Dieser setzt sich aus den an der London Metal Exchange (LME) gehandelten Industriemetallen Aluminium, Kupfer, Nickel, Zink und Blei zusammen. Die Gewichtung im Index erfolgt anhand der jeweiligen Produktionsvolumina.

Dementsprechend fallen Aluminium und Kupfer am stärksten ins Gewicht. Die Berechnung dieses Sub-Index erfolgt, wie der Name schon sagt, nach dem Excess Return. Das heißt, es wird auch die Rollperformance berücksichtigt, die aus Investitionen in Warenterminkontrakte (Futures) nächstfälliger Liefermonate aufgelaufen sind. Der Mechanismus zur Fortführung des Index sieht vor, dass die Kontrakte kurz vor ihrer Fälligkeit in den nächstfälligen Ausübungstermin gerollt werden. Dieser Rollover erfolgt einmal im Monat – und zwar vom fünften bis zum neunten Geschäftstag. Ausschlaggebende Faktoren für die Kursentwicklung sind wie bei allen Indizes auch beim GSCI Industrial Metals Excess Return Index Angebot und Nachfrage. Und hier deutet sich langfristig ein Ungleichgewicht ab: Denn der Lagerbestand bei Industriemetallen ist in den letzten Jahren tendenziell immer weiter gefallen. Ein Mitgrund für diesen Trend spielt auch die Umstellung der gesamten Produktionsindustrie auf Just-in-Time-Lieferungen. Diese Entwicklung setzt sich fort, was dem Index durchaus einiges Aufwärtspotenzial verleiht.

Kennzahlen per 30.11.2005

	1 Jahr	3 Jahre	5 Jahre	10 Jahre
Hoch	188	188	188	188
Tief	135	86	82	82
Performance (in US-Dollar)	+31,0%	+106,6%	+72,9%	+18,9%
Performance (in Euro)	+47,7%	+74,1%	+27,9%	+28,6%
Volatilität (in US-Dollar)	18,5%	19,7%	17,9%	19,3%
Volatilität (in Euro)	18,0%	20,3%	19,5%	20,9%

Index-Anbieter: Goldman Sachs (www.gs.com/gsci)
Bloomberg-Kürzel: GSINER <Index>

Verlauf seit 01.01.1985

RP versus GSCI Excess Return

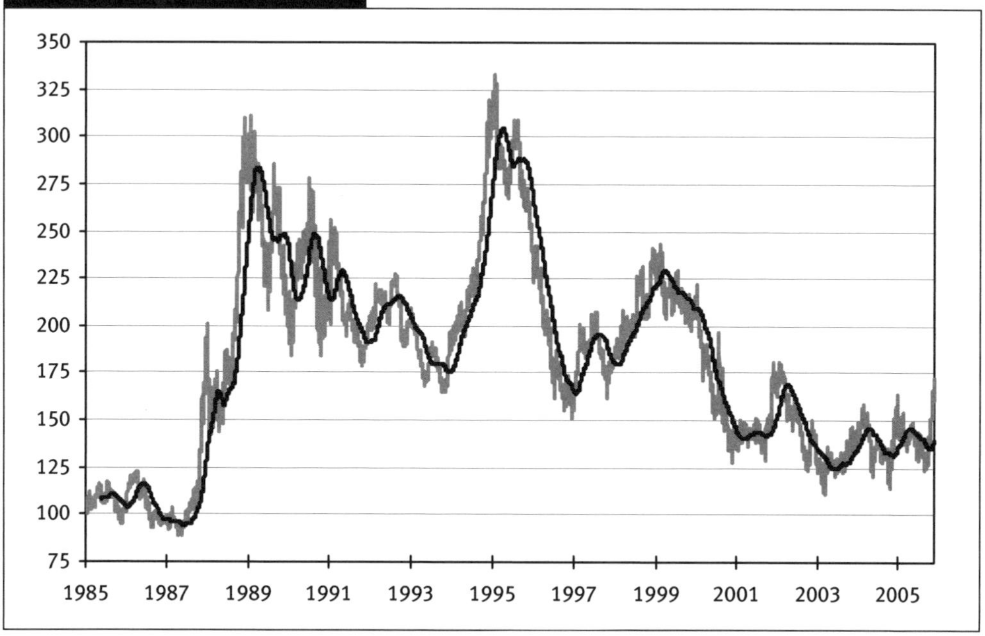

RICI Rogers Metals Index

Kurzprofil

Die Wall-Street-Legende Jim Rogers hat die Bedeutung von Rohstoffen früh erkannt und bereits 1998 den Rogers International Commodity Index aufgelegt, ein sehr breit diversifiziertes Rohstoffbarometer, das nach Rogers Ansicht „die Kosten des alltäglichen Lebens“ reflektieren soll. Um den spezifischen Anlegerinteressen Rechnung zu tragen, bildete der Buchautor Sub-Indizes. So hob er am 1. September 2004 den Rogers International Metals Index aus der Taufe. Dieses Barometer repräsentiert den Wert von zehn Industrie- und Edelmetallen. Dabei entfällt mehr als die Hälfte des Index auf die stark gefragten Metalle Aluminium, Kupfer und Gold. Vor allem aus Asien kommt ein nahezu ungestillter Hunger. Mittlerweile ist China zum größten Verbraucher von Aluminium und Kupfer aufgestiegen. Aber auch Blei (ca. zehn Prozent Index-Gewicht) und Nickel (ca. fünf Prozent) werden im chinesischen Wirtschaftsboom benötigt. Die Importquoten stiegen im Zeitraum 1998 bis 2002 um 158 beziehungsweise 403 Prozent. Experten rechnen damit, dass im Jahr 2010 mehr als 30 Prozent der weltweiten Nachfrage nach unedlen Metallen aus dem Reich der Mitte kommt. Zink, Silber, Platin, Zinn und Palladium komplettieren den Metall-Index. Eine wahre Renaissance erlebt Gold. Das Edelmetall ist auf den Radar der Anleger zurückgekehrt. Dazu beigetragen haben, neben den begrenzten Ertragsaussichten bei Anleihen und einem verstärkten Sicherheitsbedürfnis auf Grund von Kriegen und Terror, vor allem der schwache US-Dollar. Denn Gold wird häufig als Absicherungsinstrument gegenüber dem Greenback verwendet. Anleger sind gut beraten, auf die Worte von Jim Rogers zu hören. Zwar rechnet der 63-Jährige mit einer leichten Korrektur, doch Rogers kann sich steigende Preise bis 2022 vorstellen.

Kennzahlen per 30.11.2005

	1 Jahr	3 Jahre	5 Jahre	10 Jahre
Hoch	1.216	n/a	n/a	n/a
Tief	943	n/a	n/a	n/a
Performance (in US-Dollar)	+21,6%	n/a	n/a	n/a
Performance (in Euro)	+37,0%	n/a	n/a	n/a
Volatilität (in US-Dollar)	14,8%	n/a	n/a	n/a
Volatilität (in Euro)	14,1%	n/a	n/a	n/a

ABN Open End-Zertifikat

ISIN /WKN	BV	Spread	Gebühr	Anm.
NL 000 019 232 6 / ABN 08P	n/a	1,00%	1,25% p.a.	Non-Q.
NL 000 019 233 4 / ABN 08M	n/a	1,00%	Variabel	Quanto

Index-Anbieter: Jim Rogers International

Bloomberg-Kürzel: RICIM ‹Index›

Verlauf seit 30.11.2004

Gewichtung

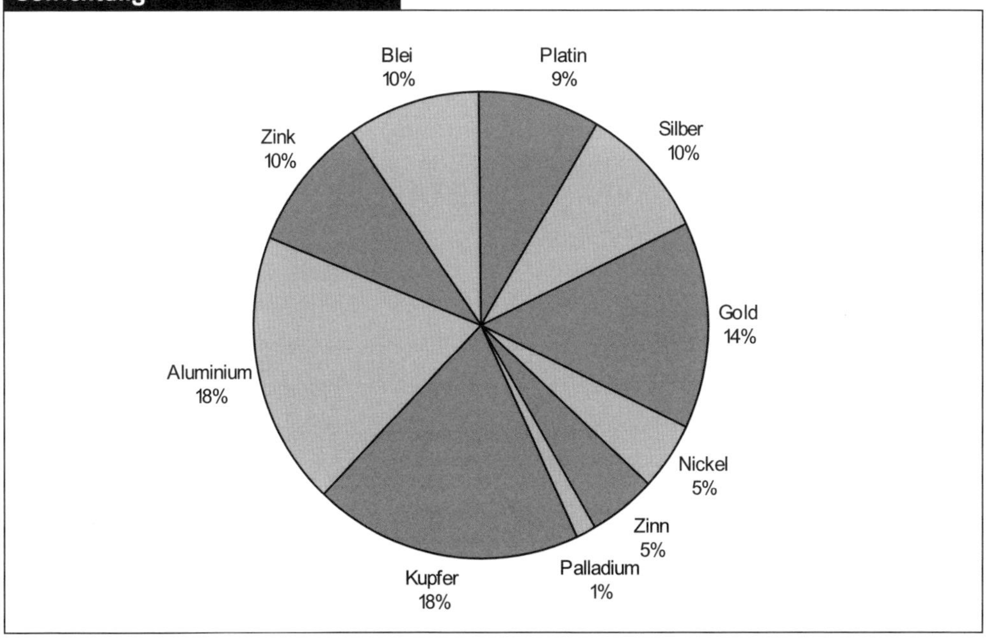

GSCI Agriculturals Excess Return Index

Kurzprofil

Als global operierende Großbank kommt Goldman Sachs am Thema Rohstoffe nicht vorbei. Weltweit beschäftigt das Institut Experten, welche die Chancen und Risiken des boomenden Marktes einschätzen und mit Rohstoffen handeln. Ein Produkt dieser Arbeit ist der Goldman Sachs Commodity Index (GSCI). Der 1991 ins Leben gerufene Warenkorb soll Investoren eine zuverlässige und öffentliche zugängliche Benchmark für die Performance der Rohstoffmärkte liefern. Der Berechnung des GSCI liegen 24 liquide Futures aus einem weiten Spektrum zu Grunde. Zudem ist der Index in fünf Teilbereiche unterteilt: Neben dem Sektor Energy, auf den mehr als drei Viertel entfallen, finden Industrie- und Edelmetalle, Lebendvieh sowie Agrarprodukte Berücksichtigung.

Der Sub-Index Agriculturals Excess Return ist im GSCI mit knapp zehn Prozent gewichtet. Der Landwirtschaftskorb selbst enthält acht Erzeugnisse, die an den Warenterminbörsen in Chicago, Kansas City und New York als Futures gehandelt werden. Als größte Einzelposition des Sub-Index bringt es Weizen auf fast ein Viertel. Dagegen spielt Kakao mit einem Anteil von rund zwei Prozent eine untergeordnete Rolle. Zudem berücksichtigt der GSCI Agriculturals Excess Return Index Weizen, Mais, Baumwolle, Sojabohnen, Zucker und Kaffee. Das Thema Agrarprodukte stößt an den Kapitalmärkten auf steigendes Interesse. Als Argumente für ein Investment nennen Experten zum einen den wirtschaftlichen Aufschwung Chinas und die dadurch emporschießende Nachfrage aus dem Reich der Mitte. Zum anderen spekulieren Investoren auf die Verknappung landwirtschaftlicher Anbauflächen.

Bei diesen Überlegungen spielt die Erderwärmung mit den entsprechenden langfristigen Klimaverschiebungen sowie möglichen kurzfristigen Unwetterszenarien eine zentrale Rolle. Nichtsdestotrotz notieren die Agrarerzeugnisse aktuell auf einem historisch niedrigen Niveau. Noch nie zuvor musste man in den westlichen Industrienationen – im Vergleich zum verfügbaren Einkommen – so wenig Geld für Lebensmittel ausgeben wie heute.

Kennzahlen per 30.11.2005

	1 Jahr	3 Jahre	5 Jahre	10 Jahre
Hoch	71	92	93	240
Tief	57	57	57	57
Performance (in US-Dollar)	-6,9%	-28,6%	-37,8%	-69,2%
Performance (in Euro)	+5,0%	-39,8%	-54,0%	-66,7%
Volatilität (in US-Dollar)	17,0%	19,1%	17,6%	16,4%
Volatilität (in Euro)	18,1%	21,0%	20,1%	18,8%

Index-Anbieter:	Goldman Sachs (www.gs.com/gsci)
Bloomberg-Kürzel:	GSSAER <Index>

Verlauf seit 01.01.1985

RP versus GSCI Excess Return

RICI Rogers Agriculturals Index

Kurzprofil

„Offiziell" längst im Ruhestand machte die Wall-Street-Legende Jim Rogers in der jüngsten Vergangenheit fachlich vor allem mit viel Expertise auf dem Rohstoffsektor von sich reden. Seine Devise: „Als erfolgreicher Investor muss man das im Blick haben, was andere nicht sehen." So legte er im Juli 1998, als an der Börse Hightech gefragt war, den Rogers International Commodity Index (RICI) auf. Im Index sind neben zahlreichen Produkten der Landwirtschaft auch Metalle enthalten. Der Erfolg gibt Rogers Recht: Der RICI hat nach seinem Start die gängigen Rohstoffindikatoren regelmäßig in die Schranken gewiesen. Um die Performance einzelner Bereiche noch detaillierter messen zu können, begann der Investmentguru, Sub-Indizes zu bilden. Einer davon ist der Rogers International Agriculturals Commodity Index, der sechs Jahre nach dem breiten Barometer an den Start ging. Er enthält die Preisentwicklung von 21 in der Landwirtschaft erzeugten Rohstoffen. Mit 60 Prozent Anteil liegt der Schwerpunkt eindeutig auf Getreide und Ölsaaten wie beispielsweise Weizen, Mais und Sojabohnen. Kaffe, Kakao, Zucker und Orangensaft steuern 13 Prozent bei. Neben Baumwolle, Wolle und Rohseide hat Rogers auch Kautschuk und Holz in seinen Agrarkorb gelegt. Schließlich beinhaltet der Agriculturals Commodity Index die Viehwirtschaft mit Rindern und Schweinen. Für weiter steigende Preise bei landwirtschaftlichen Erzeugnissen spricht zum einen das Wachstum der Weltbevölkerung. Zum anderen heizt der rasante wirtschaftliche Aufschwung Chinas die Nachfrage an. Beispiel Weizen: Hier ist das Reich der Mitte zwar größter Anbauer der Welt, aber trotzdem auf weitere Importe angewiesen. Kein Wunder also, dass die weltweiten Getreidevorräte dahinschmelzen. Gleichzeitig gehen die Anbauflächen wegen Dürre und voranschreitender Urbanisierung zurück. Eine beängstigende Entwicklung – für Anleger trotz allem eine Chance.

Kennzahlen per 30.11.2005

	1 Jahr	3 Jahre	5 Jahre	10 Jahre
Hoch	1.130	n/a	n/a	n/a
Tief	946	n/a	n/a	n/a
Performance (in US-Dollar)	-5,1%	n/a	n/a	n/a
Performance (in Euro)	+6,9%	n/a	n/a	n/a
Volatilität (in US-Dollar)	13,3%	n/a	n/a	n/a
Volatilität (in Euro)	14,7%	n/a	n/a	n/a

ABN Open End-Zertifikat

ISIN /WKN	BV	Spread	Gebühr	Anm.
NL 000 019 228 4 / ABN 08N	n/a	1,00%	2,10% p.a.	Non-Q.
NL 000 019 229 2 / ABN 08K	n/a	1,00%	Variabel	Quanto

Index-Anbieter: Jim Rogers International
Bloomberg-Kürzel: RICIA <Index>

Verlauf seit 30.11.2004

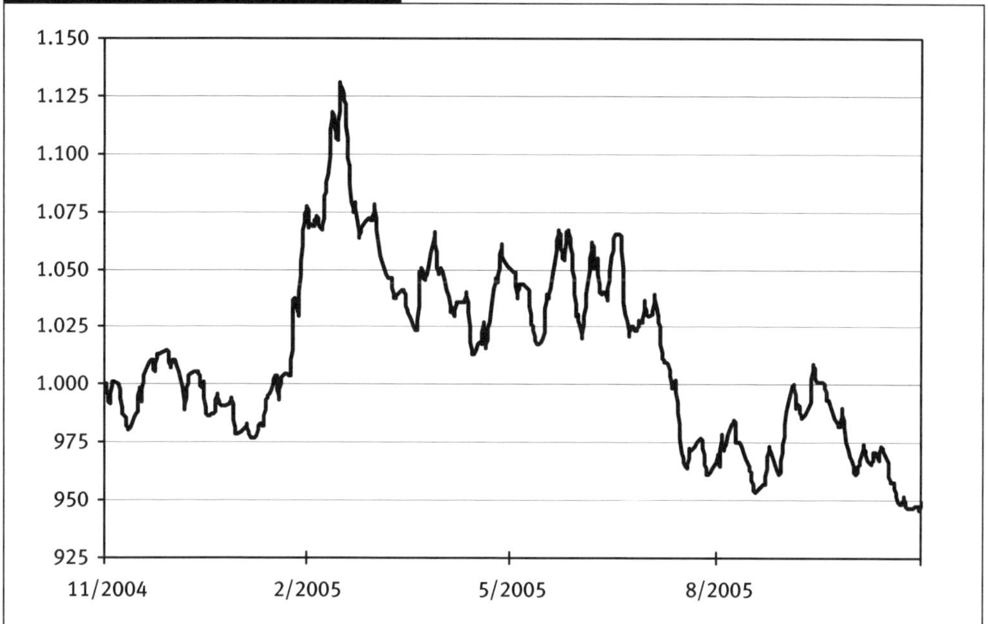

Gewichtung (in %)

Weizen	20,06%	Baumwolle	11,46%
Mais	13,61%	Kaffee	5,73%
Sojabohnen	8,60%	Kakao	2,86%
Reis	1,43%	Zucker	5,73%
Sojabohnenöl	5,73%	Orangensaft	1,89%
Hafer	1,43%	Wolle	0,72%
Sojamehl	2,15%	Kautschuck	2,87%
Holz	2,87%	Azuki Bohnen	1,43%
Rinder	5,73%	Gerste	0,77%
Schweine	2,87%	Raps	1,92%
Rohseide	0,14%	Gesamt	100,00%

Börsen (Anteil in %)

Chicago Board of Trade (CBT)	53,01%
New York Board of Trade (NYB)	27,68%
Chicago Mercantile Exchange (CME)	11,47%
Tokio Commodity Exchange (TCM)	2,87%
Winnipeg Commodity Exchange (WCE)	2,69%
Sonstige Börsen	2,28%

GSCI Livestock Excess Return Index

Kurzprofil

Der GSCI Livestock Excess Return Index bildet die Entwicklung des Fleischpreises ab. Die Basis dafür liefern die drei an der Warenterminbörse Chicago Mercantile Exchange (CME) per Future gehandelten Klassen „Live Cattle“ (lebendes Rind), „Feeder Cattle“ (Mastrind) und „Lean Hog“ (mageres Schwein). Index-Betreiber ist die US-Investmentbank Goldman Sachs, die unter dem Label GSCI im Jahr 1991 eine ganze Index-Familie für die weltweiten Rohstoffmärkte startete. Dabei setzt sich der Haupt-Index, der Goldman Sachs Commodity Index, aus fünf Sub-Indizes zusammen, die alle entsprechend ihres weltweiten Produktionsvolumens im Mutterbarometer gewichtet werden. Dass die Viehwirtschaft eher eine untergeordnete Rolle spielt, zeigt sich in dem relativ geringen Anteil von rund fünf Prozent. Im Livestock Index selber besitzt wiederum die Kategorie „Live Cattle“ mit mehr als 50 Prozent die größte Bedeutung.

Die Preisfeststellung erfolgt börsentäglich durch Goldman Sachs, wobei Anpassungen alle paar Minuten durchgeführt werden. Auf die jeweiligen Kontraktpreise hat eine Reihe von Faktoren Einfluss. Auf der Angebotsseite ist dies vor allem das Wetter. Extreme Hitze oder Kälte behindern das Wachstum der Tiere. Es dauert dann länger, bis sie ihr Schlachtgewicht erreichen, oder die Fleischmenge bleibt hinter dem Durchschnitt zurück. Darüber hinaus wird die Wertentwicklung des Index durch externe Effekte beeinflusst; gemeint sind damit zum Beispiel Handelsbeschränkungen, Schutzzölle oder Protektionismus. Aber auch Viehkrankheiten wie die Schweinepest, der Rinderwahn oder die Vogelgrippe bringen die Kurse in Bewegung.

Tendenziell zeigt der langfristige Trend beim GSCI Livestock nach unten, obwohl sich der Index nach seinem Tief im Jahr 2002 wieder deutlich erholen konnte. Ein wichtiger Grund für diese Gegenbewegung ist der steigende Wohlstand Chinas. Im Reich der Mitte können sich immer mehr Menschen Fleisch leisten. Mit der steigenden Nachfrage klettern natürlich auch die Weltmarktpreise für Rinder und Schweine.

Kennzahlen per 30.11.2005

	1 Jahr	3 Jahre	5 Jahre	10 Jahre
Hoch	432	432	434	616
Tief	373	310	297	297
Performance (in US-Dollar)	-0,9%	+23,0%	+7,2%	-23,3%
Performance (in Euro)	+11,7%	+3,6%	-20,7%	-17,1%
Volatilität (in US-Dollar)	12,6%	15,4%	14,8%	14,1%
Volatilität (in Euro)	16,7%	18,9%	18,5%	17,3%

Index-Anbieter: Goldman Sachs (www.gs.com/gsci)

Bloomberg-Kürzel: GSLVER ‹Index›

Verlauf seit 01.01.1990

RP versus GSCI Excess Return

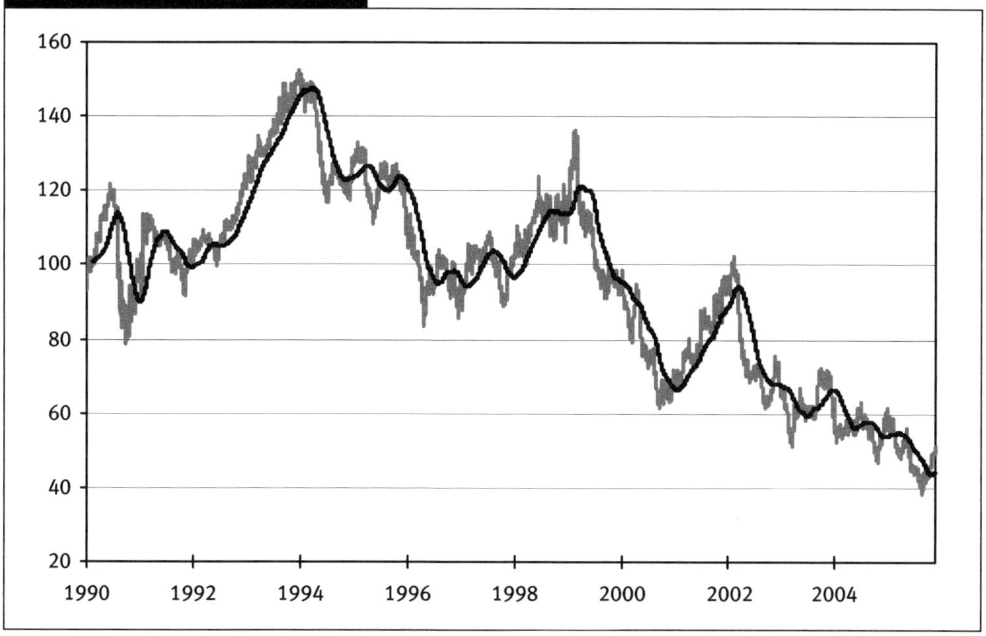

VDAX Index

Kurzprofil

Der VDAX misst die für die nächsten 45 Tage von den Marktteilnehmern erwartete Schwankungsbreite des DAX. Die Schwankungsintensität wird im Fachjargon auch als „Volatilität“ oder einfach „Vola“ bezeichnet. Der VDAX ist entscheidend für den Preis von DAX-Optionen. Denn je stärker der DAX schwankt, desto größer ist auch die Wahrscheinlichkeit, dass eine DAX-Option bis zum Laufzeitende in die Gewinnzone kommt – und desto teurer ist demzufolge auch der Preis der Option. Für den Optionskäufer bedeutet dies ein höheres Verlustrisiko, das er vergütet haben will. Um den VDAX zu berechnen, wird die in den Optionen eingepreiste Schwankungsbreite, die so genannte implizite Volatilität, aus den Optionspreisen herausgerechnet.

Die Aussage des annualisiert in Prozent angegebenen Index erfolgt nach der Formel: „VDAX-Stand“ mal „DAX-Stand“ mal De-Annualisierungsfaktor „0,003511“. Bei einem DAX-Niveau von 5.400 Zählern und einem VDAX von 12,4 Prozent erwarten die Anleger somit Kursausschläge von 235 Punkten. Dies ist gleichbedeutend mit einer Schwankungsbreite des Deutschen Aktienindex von 5.165 bis 5.635 Punkten. Der Index ist damit ein Gradmesser für die Nervosität des Marktes, ohne dabei eine Richtung vorzugeben. Trotzdem steigt der VDAX gewöhnlich in Zeiten fallender Aktienkurse stärker an als bei steigenden Notierungen. Der Grund für diese Anomalie liegt in der Tatsache begründet, dass Anleger naturgemäß vor Kursstürzen mehr Angst haben als vor Kursanstiegen und dass schlechte Nachrichten auch schon mal irrationale Panikverkäufe auslösen können. Der VDAX weist somit eine ausgeprägte, negative Korrelation zum DAX selbst auf.

Seit April 2005 berechnet die Deutsche Börse zudem den VDAX-New. Während der alte VDAX nur aus theoretischen Berechnungen ermittelt wird, basiert der VDAX-New auf den Marktpreisen von tatsächlich an der EUREX gehandelten Optionen. Deshalb wird erwartet, dass der VDAX-New den alten Index komplett ersetzen wird. Ein weiterer Unterschied ist der mit 30 Tagen kürzere Zeithorizont des VDAX-New. Daher fällt der Faktor für die De-Annualisierung gegenüber dem „alten“ VDAX von 0,003511 auf 0,002867.

Kennzahlen per 30.11.2005

	1 Jahr	3 Jahre	5 Jahre	10 Jahre
Hoch	18,0	52,0	58,3	58,3
Tief	11,0	11,0	11,0	10,1
Performance	-10,66%	-58,92%	-42,83%	1,10%
Volatilität	64,47%	64,34%	69,16%	73,08%

Index-Anbieter:	Deutsche Börse AG (www.deutsche-boerse.de)
Bloomberg-Kürzel:	VDAX ‹Index›

Verlauf seit 01.01.1992

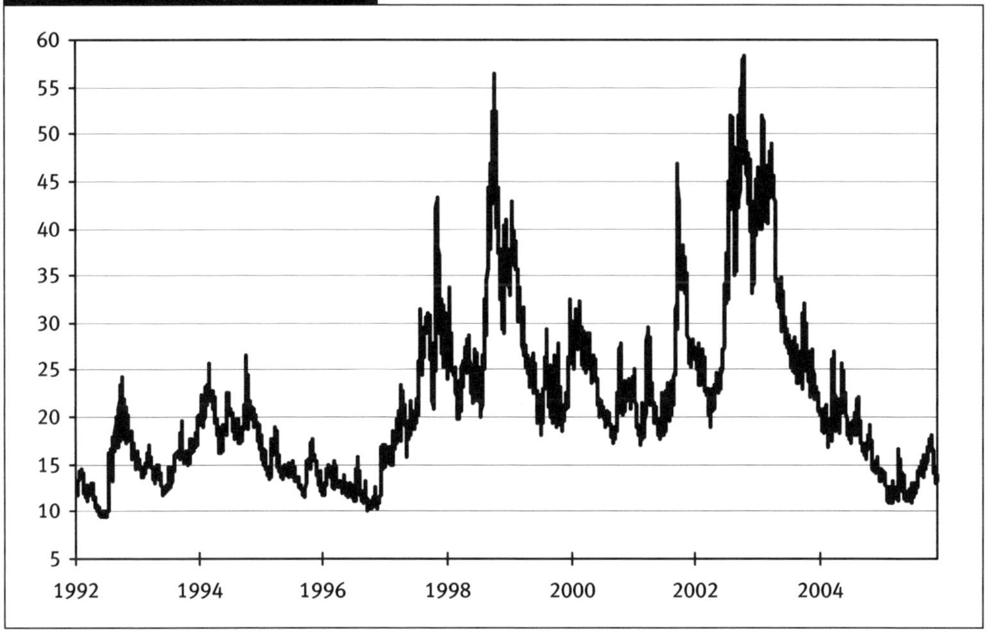

RP versus DAX

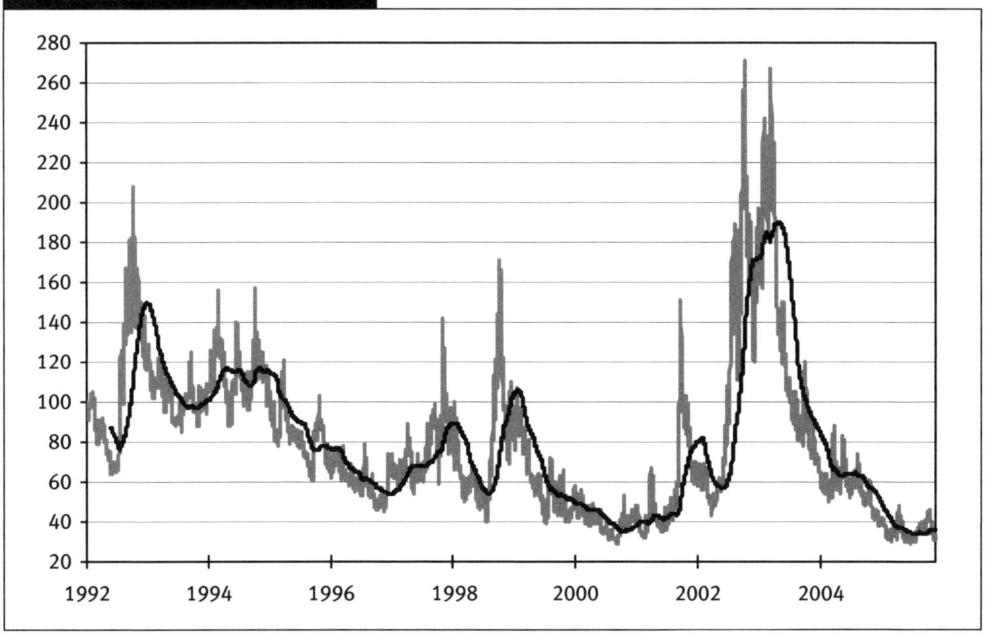

VSTOXX Index

Kurzprofil

Der VSTOXX Index misst die implizite Volatilität des DJ EURO Stoxx 50 Index. Dabei stellt die implizite Volatilität die erwartete Schwankungsbreite dar und spielt als Risikomaß eine wichtige Rolle am Finanzmarkt. Denn je größer die Schwankungsbreite eines Wertes ist, desto schwieriger lässt sich für diesen eine verlässliche Kursprognose angeben. Wie alle Marktgrößen wird auch die implizite Volatilität durch Angebot und Nachfrage ermittelt, und zwar am Optionsmarkt. Denn über den Zeitwert findet die Volatilität Eingang in den Optionspreis und repräsentiert somit die Erwartungen und Meinungen der Marktteilnehmer. Mit Hilfe von doch recht komplexen Optionspreismodellen kann die implizite Volatilität auch wieder aus den Optionspreisen herausgerechnet werden.

Der VSTOXX Index beruht auf einem Indexkonzept, das zusammen von Goldman Sachs und der Deutschen Börse entwickelt wurde. Während andere Volatilitätsindizes oft nur Optionen berücksichtigen, die am Geld sind, berücksichtigt das Konzept für den VSTOXX Index alle Optionen mit entsprechender Fälligkeit. Insgesamt werden acht Sub-Indizes mit den jeweils zur Verfügung stehenden Laufzeiten berechnet. Als Hauptindex bezieht sich der VSTOXX Index stets auf die recht kurze Laufzeit von 30 Tagen. Diese Laufzeitkonstanz wird durch eine gleitende Zeitreihe ermöglicht, die eine lineare Interpolation der zwei zeitnahesten Sub-Indizes vorsieht.

Etymologisch leitet sich das Wort Volatilität übrigens vom lateinischen „volare" ab, was so viel wie „Fliegen" bedeutet. Auch wenn der lateinische Name zu Euphorie verleiten könnte, so sind extrem steigende Volatilitäten im Optionsscheinbereich oft ein Grund, die Investition zu überdenken. Schließlich steigen die Optionspreise in solchen Fällen ohne zwingende Bewegung des Basiswertes stark an und sind aufgrund dieses Aufgelds relativ teuer. Dann bietet sich oftmals eher der Verkauf von Optionen an, was beispielsweise über Discountzertifikate möglich ist.

Kennzahlen per 30.11.2005

	1 Jahr	3 Jahre	5 Jahre	10 Jahre
Hoch	18,7	53,1	62,7	n/a
Tief	11,6	11,6	11,6	n/a
Performance (in Euro)	-15,70%	-61,04%	-50,81%	n/a
Volatilität (in Euro)	76,33%	79,44%	83,00%	n/a

Index-Anbieter: Goldman Sachs / Deutsche Börse
Bloomberg-Kürzel: V2X ‹Index›

Verlauf seit 01.01.1999

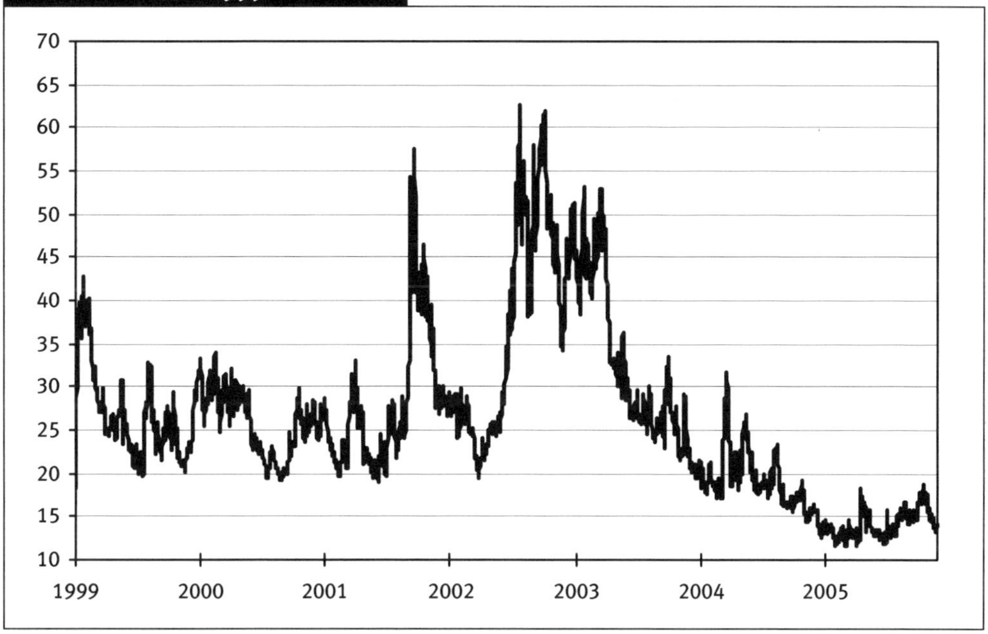

RP versus EURO STOXX

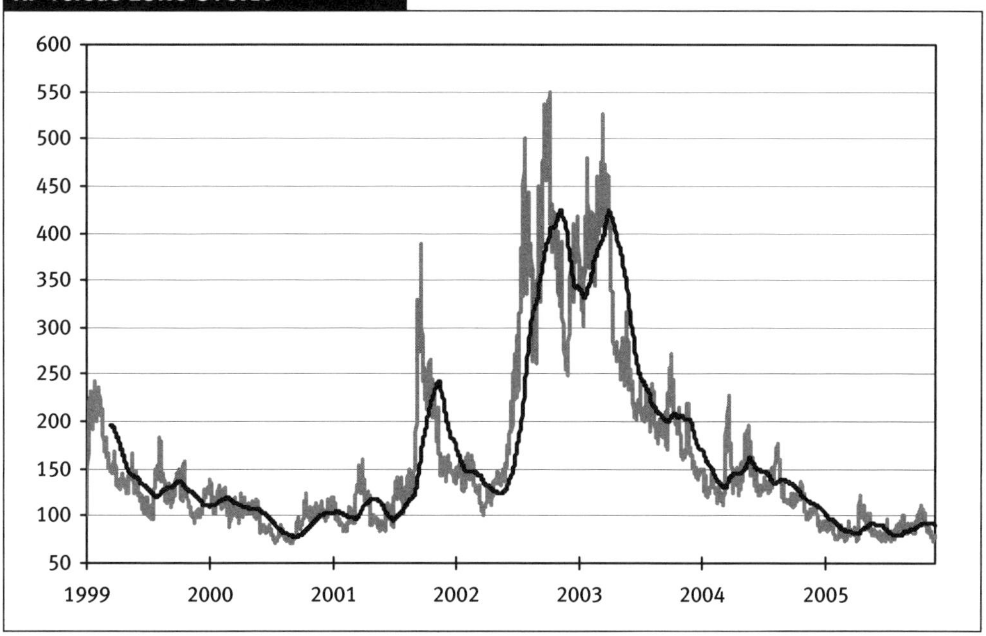

VIX Index

Kurzprofil

Der VIX ist der Volatilitäts-Index für den amerikanischen Aktienmarkt. Als solcher gibt der VIX die Erwartung des Marktes hinsichtlich der Schwankungsbreite für die kommenden 30 Kalendertage wieder und sollte nicht mit der historischen Volatilität verwechselt werden, die lediglich eine Rückschau darstellt und mit der Standardweichung über den zurückliegenden Kursverlauf mathematisch exakt berechnet werden kann. Die künftig erwartete Volatilität wird dagegen über den Zeitwert von Optionen über Angebot und Nachfrage quantifiziert. Dementsprechend zieht die CBOE zur Berechnung des VIX Index die Optionen auf den marktbreiten S&P 500 Index heran. Grundsätzlich kann man sagen: Je höher die Unsicherheit an den Märkten, desto höher der VIX. Obwohl der VIX eigentlich keine Angaben über die Richtung künftiger Kursschwankungen am Aktienmarkt macht, lässt sich beobachten, dass der VIX bei fallenden Aktienmärkten tendenziell stärker klettert als bei steigenden Aktiennotierungen. Dies liegt daran, dass Kursstürze meist weitaus erratischer vonstatten gehen als Kursanstiege und daher die Angst bei Anlegern ungleich stärker anwächst.

Seinen ersten großen Ausschlag verzeichnete der VIX demzufolge am „Black Monday" des Herbstcrashs 1987, als der S&P 500 an einem Tag um 20,5 Prozent nachgab. Ein weiterer Ausschlag nach oben erfolgte im August 1990, als der Irak den Kuwait überfiel. Mit der Befreiung des Emirats setzte auch an den Märkten eine Beruhigung ein, die den Index im Jahr 1993 bis auf den bislang tiefsten Stand von 9,31 Prozentpunkten führte. Die Asienkrise im Jahr 1997 und der Zusammenbruch des Hedgefunds Long Term Capital Management (LTCM) ein Jahr später trieben den Index jedoch auf das Niveau von mehr als 45 Prozent nach oben. Selbst beim Zusammenbruch der Technologie-Aktien im Zeitraum 2000/01 wurden solche Spitzenwerte nicht mehr erreicht. Zu einem neuen Rekord kam es erst wieder im September 2001 durch die Terroranschläge in New York. Auch die diversen Bilanzskandale und der Ausbruch des zweiten Irak-Kriegs im März 2003 trieben das Volatilitätsbarometer kräftig nach oben. Mittlerweile hat sich die Lage aber wieder spürbar beruhigt. Ein genauer Blick auf den Kursverlauf verrät, dass extreme Werte des VIX in der Vergangenheit fast immer eine gute Einstiegsgelegenheit in die amerikanischen Aktienmärkte signalisierten. Dieser Zusammenhang unterstützt die alte Börsenweisheit „Kaufen, wenn die Kanonen donnern".

Kennzahlen per 30.11.2005

	1 Jahr	3 Jahre	5 Jahre	10 Jahre
Hoch	17,7	39,8	50,5	50,5
Tief	10,2	10,2	10,2	10,2
Performance	-8,91%	-61,20%	-63,37%	0,08%
Volatilität	81,17%	74,87%	81,94%	92,68%

Index-Anbieter:	Chicago Board Options Exchange (www.cboe.com)
Bloomberg-Kürzel:	VIX <Index>

Verlauf seit 01.01.1987

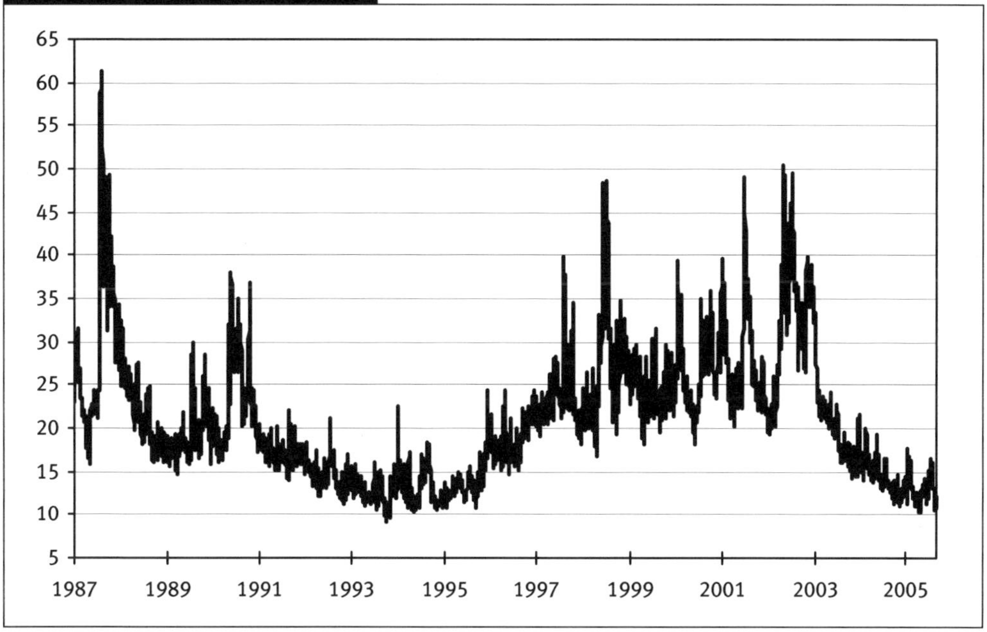

RP versus VDAX

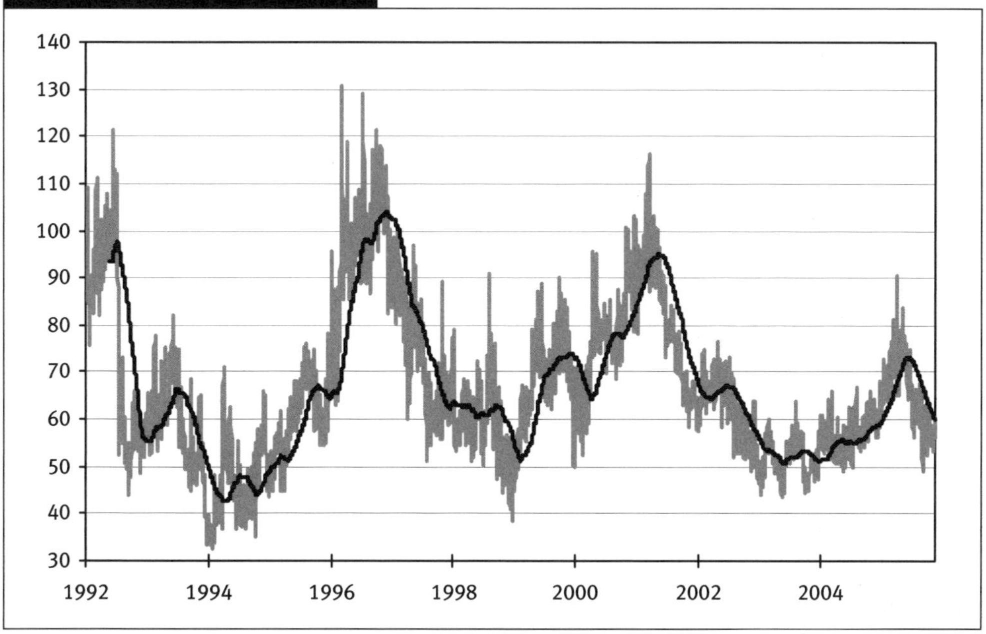

Credit Suisse Tremont Investable Index

Kurzprofil

Der Credit Suisse Tremont Hedge Fund Investable Index ist laut Eigenwerbung der Betreiber der „erste kapitalisierungsgewichtete Referenz-Index für die Wertentwicklung im Hedgefunds-Universum". Während Standard & Poor's das – zweifelsohne – erste Barometer der Branche unter dem Aspekt der Gleichgewichtung zusammenstellt, entwickelte Credit Suisse gemeinsam mit der US-Fondsgesellschaft Tremont ein Index-Konzept, in dem die Hedgefunds entsprechend ihren verwalteten Mitteln berücksichtigt werden. Ganz nach dem Motto: Je größer das Fondsvermögen, desto höher das prozentuale Gewicht im Index. Dabei können in den Index natürlich nur Hedgefunds fließen, die in der Datenbank der Index-Anbieter aufgenommen sind. Aus diesem eigenen Universum werden die Hedgefunds herausgesucht, die – wie der Ausdruck „Investable" schon verrät – noch für neue Kundengelder offen sind. Darüber hinaus gibt es eine ganze Reihe weiterer Aufnahmekriterien. So müssen die Fonds beispielsweise ein Mindestvolumen verwalten sowie bestimmte Reporting-Anforderungen und gewisse Kauf- und Rückgabemodalitäten befolgen.

Die Index-Familie von CS Tremont setzt sich aus zehn Sub-Indizes zusammen, welche die verschiedenen Hedgefunds-Strategien abbilden. In jeder dieser zehn Kategorien wird eine Liste der geeigneten Fonds erstellt. Nur die nach dem Fondsvolumen sechs größten Fonds wandern anschließend in den Mutter-Index. Auf diese Weise sind im CS Tremont Investable Index insgesamt 60 Hedgefunds vertreten. Jedoch darf in keiner der zehn Sechser-Listen ein Hedgefunds-Anbieter oder ein Fondsmanager mehr als einmal vertreten sein. Sollte einmal ein Sektor keine sechs geeigneten Fonds beinhalten, wird so lange aus den anderen Sektoren aufgefüllt, bis der Mutter-Index mit allen vorgesehenen 60 Fonds voll ist. Die Zusammensetzung des Index wird alle sechs Monate überprüft und gegebenenfalls neu zusammengestellt. Gestartet wurde er im August 2003 bei 100 Punkten. Seither kam der Index aber kaum vom Fleck, was weniger an der monatlichen Index-Gebühr von 0,07 Prozent liegt, sondern eher an der schon seit Jahren andauernden Performance-Flaute im Hedgefunds-Sektor.

Kennzahlen per 30.11.2005

	1 Jahr	3 Jahre	5 Jahre	10 Jahre
Hoch	113	113	n/a	n/a
Tief	108	92	n/a	n/a
Performance (in US-Dollar)	+4,1%	+22,1%	n/a	n/a
Performance (in Euro)	+17,4%	+2,9%	n/a	n/a
Volatilität (in US-Dollar)	3,0%	2,7%	n/a	n/a
Volatilität (in Euro)	7,4%	8,1%	n/a	n/a

Index-Anbieter: Credit Suisse/Tremont (www.hedgeindex.com)
Bloomberg-Kürzel: INVXNAV ‹Index›

Verlauf seit 31.05.2001

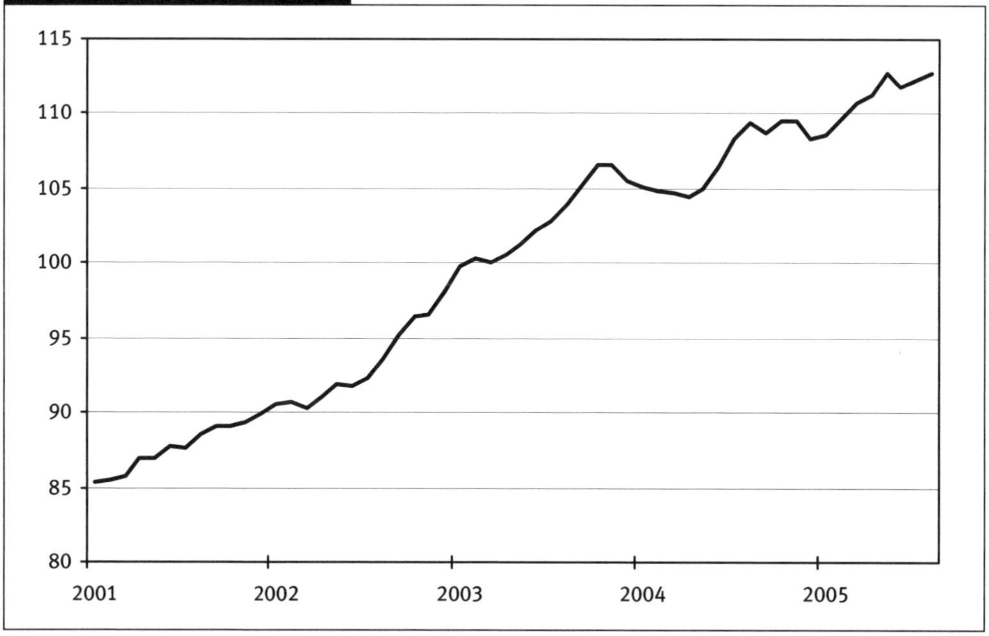

RP versus MSCI World Index

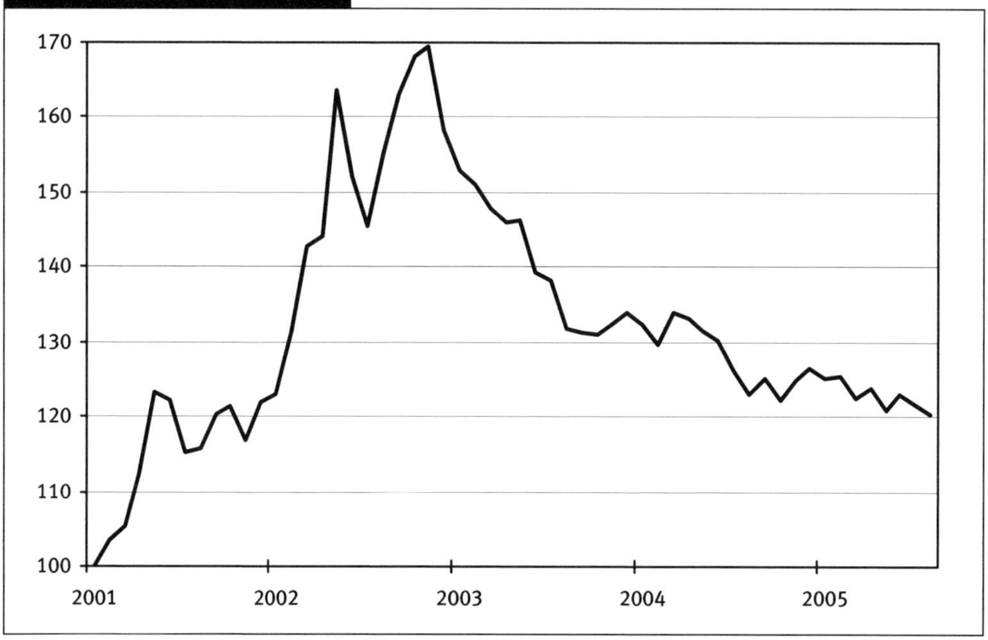

HFRX Global Hedge Fund Research Index

Kurzprofil

Rund ein halbes Jahr nach dem S&P HFI erblickte im April 2003 mit dem HFRX Global ein weiterer wichtiger Hedgefunds-Index das Licht der Welt. Betreiber ist die US-Index-Gesellschaft Hedgefunds Research (HFR). Wie der Konkurrent Standard & Poor's hatte auch HFR das Ziel, einen aussagekräftigen Index zu kreieren, der die Entwicklungen im Hedgefunds-Universum so gut wie möglich abbildet. Daher setzt sich der HFRX – ähnlich wie sein S&P-Rivale – aus mehreren Sub-Indizes zusammen, die die verschiedenen Hedgefunds-Strategien wiedergeben. Dabei kommt der HFRX mit acht Ablegern aus: Event Driven, Global Macro, Merger Arbitrage, Distressed Securities, Convertible Arbitrage, Equity Hedge, Equity Market Neutral und Relative Value Arbitrage. Auch bei der Fondsauswahl geht HFR ähnlich vor wie Standard & Poor's. Hierzu wird in vierteljährlichen Abständen die vorhandene Datenbasis, in der mehr als 8.000 Hedgefunds geführt werden, einem fünfstufigen quantitativen und qualitativen Test unterzogen. Dabei werden zum Beispiel Fondstransparenz, Strategiekonformität oder Preisermittlung auf Herz und Nieren geprüft. In jeder Analysestufe fallen Fonds durch das Raster, bis am Ende rund 60 Stück übrig bleiben, aus denen sich der Index dann zusammensetzt.

Im Gegensatz zum S&P HFI, bei dem alle neun Untersparten völlig gleichgestellt sind, hängt beim HFRX die Gewichtung der einzelnen Sub-Indizes vom verwalteten Fondsvermögen ab. Dementsprechend hoch ist der Anteil von gerade boomenden Sektoren. So ist die Strategie „Equity Hedge“, bei der die verantwortlichen Fondsmanager direktional auf steigende oder fallende Kurse setzen, mit rund 40 Prozent das absolute Schwergewicht im HFRX Global Index. Ebenfalls überdurchschnittlich vertreten sind die Sparten „Global Macro“ und „Event Driven“. Zwar spiegelt die Gewichtung entsprechend dem jeweiligen Anlagevermögen am besten die Bedeutung der jeweiligen Strategie wider. Doch der hohe Anteil bestimmter Strategien kann sich natürlich auch als Nachteil erweisen. In trendlosen Märkten schneidet der HFRX Global Index schlechter ab als der S&P-Sprößling, der sich aus seinen Sub-Indizes gleich gewichtet zusammensetzt.

Kennzahlen per 30.11.2005

	1 Jahr	3 Jahre	5 Jahre	10 Jahre
Hoch	1.156	1.156	1.156	n/a
Tief	1.106	961	844	n/a
Performance (in US-Dollar)	+2,8%	+20,4%	+37,0%	n/a
Performance (in Euro)	+15,9%	+1,4%	+1,3%	n/a
Volatilität (in US-Dollar)	4,6%	3,7%	4,0%	n/a
Volatilität (in Euro)	10,5%	9,3%	9,8%	n/a

Index-Anbieter: HFRX, Inc. (www.hedgefundresearch.com)
Bloomberg-Kürzel: HFRXGL <Index>

Verlauf seit 01.01.1998

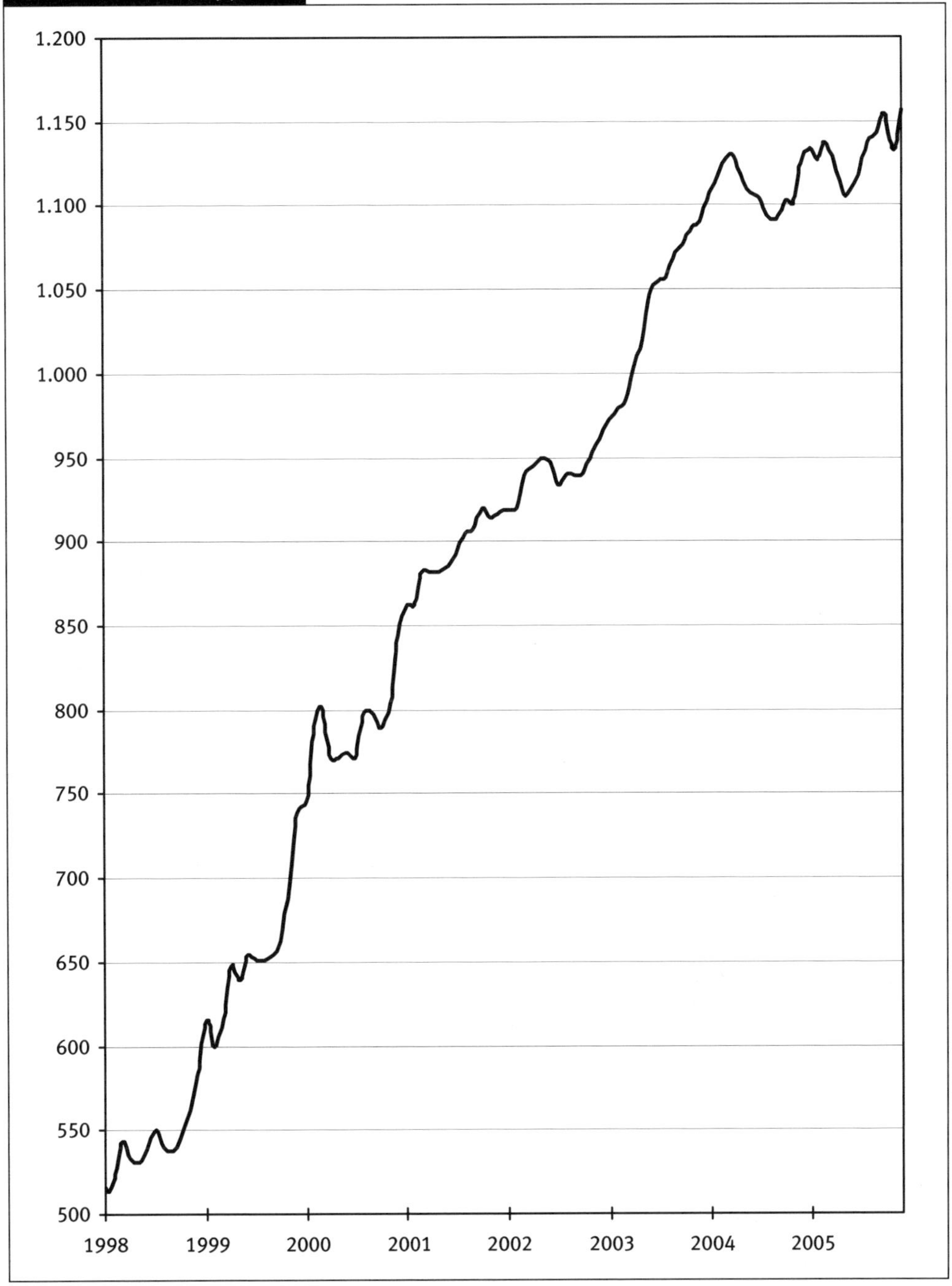

S&P Hedgefund Index

Kurzprofil

Der S&P Hedge Fund Index (HFI) ist trotz seines jungen Alters der Klassiker unter den Hedgefunds-Indizes. Mit der Einführung im Oktober 2002 reagierte Standard & Poor's unter allen Indexanbietern einfach am schnellsten auf die wachsende Beliebtheit von Hedgefunds und schuf für die gesamte Branche einen ersten Vergleichsmaßstab. Bei der Zusammensetzung des HFI legt man daher sowohl auf die Repräsentativität als auch auf die Investierbarkeit der ausgewählten Einzelstrategien großen Wert. Nach eingehender Recherche kam man ursprünglich zu dem Schluss, dass eine Auswahl von 30 bis 40 Hedge Fonds am besten geeignet ist, das gesamte Hedgefunds-Universum effizient abzubilden. Gegenwärtig liegt die Zusammensetzung mit 42 Mitgliedern allerdings leicht über dieser eigenen Richtlinie. Dabei ist der HFI gleich in eine ganze Index-Familie eingebettet, die insgesamt neun Sub-Indizes umfasst und folgende Investmentstrategien abbildet: Equity Market Neutral, Fixed Income Arbitrage, Convertible Arbitrage, Merger Arbitrage, Distressed, Special Situations, Equity Long/Short, Managed Futures und Global Macro. Diese sind im S&P HFI stets gleich gewichtet, während die Zahl der Fonds im jeweiligen Unter-Index variieren kann.

Um Manipulation vorzubeugen, werden nur Kandidaten mit genügend Fondsvolumen berücksichtigt. Eine abschließende Sorgfaltsprüfung soll zudem gewährleisten, dass die Index-Mitglieder ausreichende Risiko- und Verfahrenskontrollen befolgen, strategiekonform investieren und von einem hoch qualifizierten Management geleitet werden. Um die Transparenz zu erhöhen, wird der HFI täglich berechnet. Alle Bemühungen können jedoch nicht darüber hinwegtäuschen, dass der schnelllebige Hedgefunds-Markt sowohl qualitativ als auch quantitativ nur schwer in einem strukturierten Index-Korb zu fassen ist. Skeptiker bezweifeln daher die tatsächliche Aussagekraft. Fakt ist: Die mit dem Index gemessene Performance der Branche ließ in der Vergangenheit schon des Öfteren zu wünschen übrig und blieb hinter der Wertentwicklung der Aktienmärkte zurück. Im Jahr 2004 erwirtschaftete der S&P HFI gerade mal eine Rendite von bescheidenden 3,95 Prozent.

Kennzahlen per 30.11.2005

	1 Jahr	3 Jahre	5 Jahre	10 Jahre
Hoch	1.201	1.201	1.201	n/a
Tief	1.159	996	875	n/a
Performance (in US-Dollar)	+3,5%	+20,5%	+37,1%	n/a
Performance (in Euro)	+16,6%	+1,5%	+1,5%	n/a
Volatilität (in US-Dollar)	2,4%	2,7%	2,7%	n/a
Volatilität (in Euro)	10,0%	9,0%	9,4%	n/a

Index-Anbieter: Standard & Poor's (www.spglobal.com)
Bloomberg-Kürzel: SPHG ‹Index›

Verlauf seit 01.01.1998

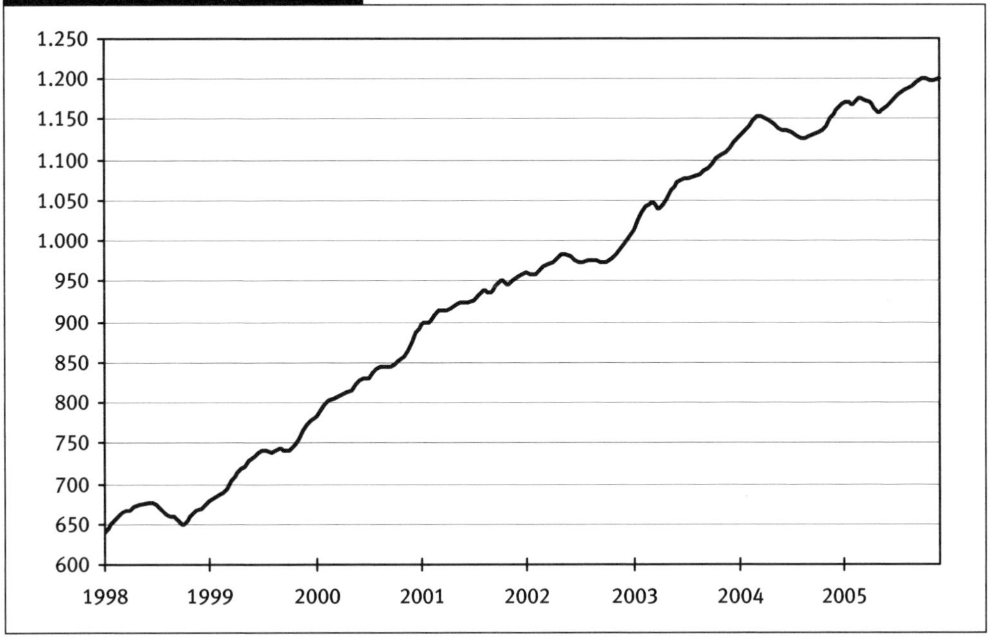

RP versus Tremont und HFRX

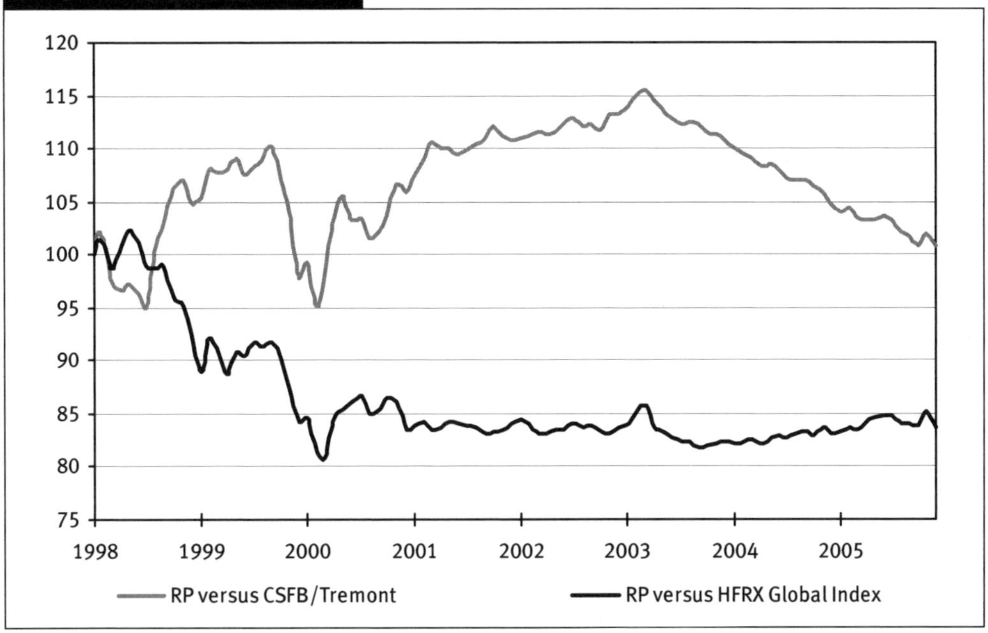

S&P Managed Futures Index

Kurzprofil

Der S&P Managed Futures Index soll den Investoren ein verlässlicher Vergleichsmaßstab für die professionelle Vermögensverwaltung im Bereich „Derivate" sein. Der Begriff „Managed Futures" bezieht sich auf Vermögensverwalter, die die ihnen anvertrauten Kundengelder hauptsächlich in den globalen Futures-, Options- und Swapmärkten anlegen. Diese Spezialisten müssen sich in ihrem Ursprungsland, den USA, bei der staatlichen Behörde Commodity Futures Trading Commission (CFTC) als Commodity Trading Advisor (CTA) registrieren. Der S&P Managed Futures Index umfasst derzeit 15 Managed Futures-Fonds von verschiedenen CTAs, die alle einem systematischen, d. h. modellgetriebenen Handelsansatz folgen.

Neben fünf Fonds, die auch im Managed-Futures-Segment des S&P Hedgefund Index vertreten sind, wurden zehn weitere miteinbezogen. Durch diese recht geringe Anzahl leidet die Repräsentativität des Index für die gesamte Gilde. Schließlich gibt es eine Vielzahl an Managed-Futures-Fonds, wobei die jeweils verfolgten Investmentstrategien höchst unterschiedlich sind: Manche konzentrieren sich auf kurz-, mittel- oder langfristige Trends oder auf eine Kombination davon. Die Investitionsgebiete beschränken sich nicht nur auf Aktien, Anleihen und Währungen, sondern können sich darüber hinaus auf landwirtschaftliche Waren, Metalle oder sogar auf das Wetter erstrecken. Der Erfolg einer Anlage in Managed Futures hängt selbstverständlich sehr stark von den Fähigkeiten des einzelnen Händlers ab.

Daher befolgt der Index auch zahlreiche Auswahlkriterien. Dabei findet beispielsweise die bisherige Wertentwicklung, das betreute Fondsvolumen und die Investmentkapazität Berücksichtigung. Wie der Mutter-Index lässt auch der Managed-Futures-Ableger hinsichtlich der Performance zu wünschen übrig. Seit dem Startschuss am 31. Dezember 2002 machte der Sub-Index gerade einmal 7,92 Prozent an Boden gut. Zum Vergleich: Der DAX kletterte im gleichen Zeitraum rund 90 Prozent. Zumindest besitzt der Index eine begrüßenswerte, negative Korrelation zum Aktienmarkt.

Kennzahlen per 30.11.2005

	1 Jahr	3 Jahre	5 Jahre	10 Jahre
Hoch	1.156	1.208	1.208	n/a
Tief	999	972	752	n/a
Performance (in US-Dollar)	-2,3%	+16,2%	+47,1%	n/a
Performance (in Euro)	+10,1%	-2,1%	+8,8%	n/a
Volatilität (in US-Dollar)	15,0%	15,9%	17,4%	n/a
Volatilität (in Euro)	16,4%	16,2%	16,3%	n/a

Index-Anbieter: Standard & Poor's (www.spglobal.com)
Bloomberg-Kürzel: SPHGMFI ‹Index›

Verlauf seit 01.01.1998

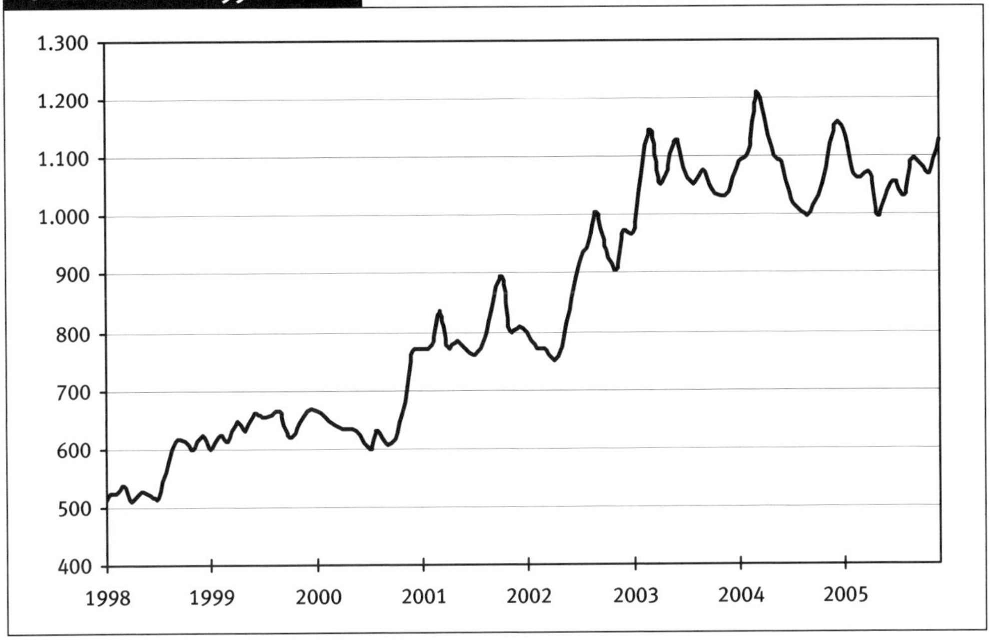

RP versus S&P Managed Fut.

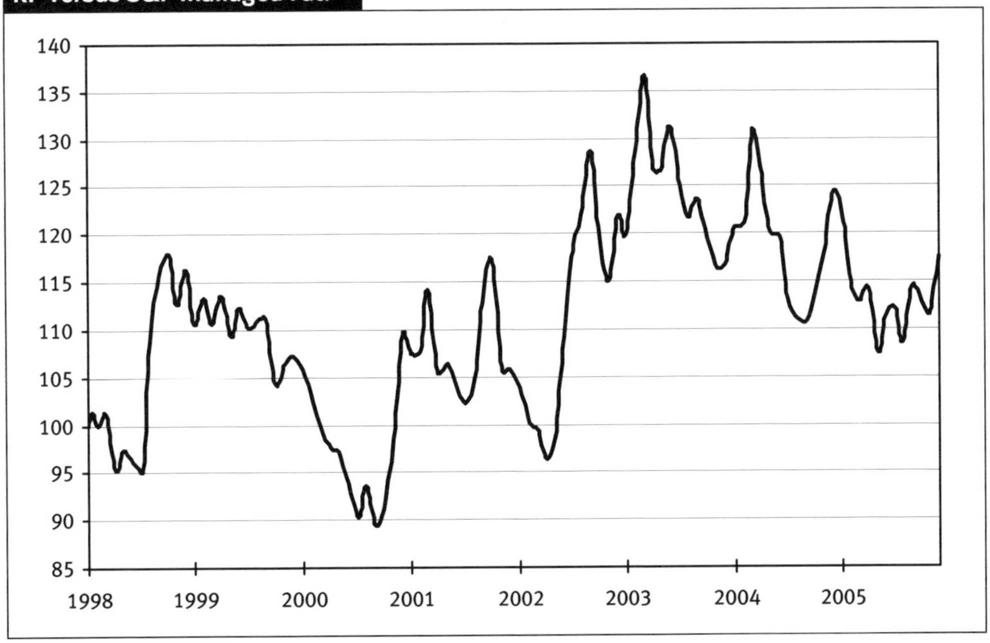

HFRX Global Macro Index

Kurzprofil

Der HFRX Global Macro Index spiegelt die Performance von Hedgefunds wider, die eine Makro-Anlagestrategie verfolgen. Diese Strategie wird auch als opportunistisch bezeichnet und zielt darauf ab, Fehlbewertungen an den Finanzmärkten auszunutzen. Auf der Jagd nach Spezialsituationen verfolgt die Makro-Strategie sehr oft einen globalen Top-down-Ansatz, der Ereignisse über Regionen, Branchen und Währungsräume bis auf den einzelnen Anlagewert herunterbricht. Die Makro-Strategie verfügt über ein umfangreiches Instrumentarium – mit dem Vorteil, dass an praktisch allen Märkten und mit allen vorstellbaren Papieren Positionen eingegangen werden können. Um den Ertrag zu steigern, kommen sehr oft Hebelprodukte zum Einsatz. Der bekannteste Global-Macro-Fondsmanager ist wohl George Soros, der es Anfang der 90er-Jahre mit der Bank of England aufnahm und eine Abwertung des Britischen Pfunds erzwang. Soros strich einen geschätzten Gewinn von einer Milliarde Pfund ein. Großbritannien dagegen musste den europäischen Währungsverbund verlassen.

Vergleichbare Spekulationen von Hedgefunds gab es ebenfalls in den Jahren 1997/1998 gegen die überbewerteten Währungen der asiatischen Tigerländer. Auch hier gingen die meisten Fondsmanager als Sieger vom Feld. Der Preis war allerdings hoch: Ganz Südostasien rutschte in eine tiefe Rezession. Natürlich können Währungsspekulationen auch gewaltig schief gehen, wie die spektakuläre Pleite des Hedgefunds LTCM zeigt. Anstatt mit Russischen Rubeln Geld zu verdienen, setzten die Fondsmanager rund 4,5 Milliarden Dollar in den Sand. Die im HFRX Global Macro Index gelisteten Hedgefunds stammen aus einer vom Index-Betreiber HFR erstellten Datenbank, die mehr als 2500 Hedgefunds weltweit umfasst. Für eine Aufnahme in den Index müssen die Kandidaten hauptsächlich einer Global-Macro-Strategie folgen. Außerdem muss der Fonds über ein Mindestvolumen verfügen und immer noch offen für frische Kundengelder sein. Quartalsweise erfolgt eine Überprüfung der Indexzusammensetzung. Dabei darf die Gewichtung eines Hedgefunds im Index nicht mehr als 30 Prozent betragen.

Kennzahlen per 30.11.2005

	1 Jahr	3 Jahre	5 Jahre	10 Jahre
Hoch	1.165	1.165	1.165	n/a
Tief	1.075	969	784	n/a
Performance (in US-Dollar)	+5,1%	+20,2%	+48,5%	n/a
Performance (in Euro)	+18,5%	+1,3%	+9,9%	n/a
Volatilität (in US-Dollar)	7,4%	6,1%	7,1%	n/a
Volatilität (in Euro)	12,0%	10,2%	10,8%	n/a

Index-Anbieter: HFRX, Inc. (www.hedgefundresearch.com)
Bloomberg-Kürzel: HFRXM <Index>

Verlauf seit 01.01.1998

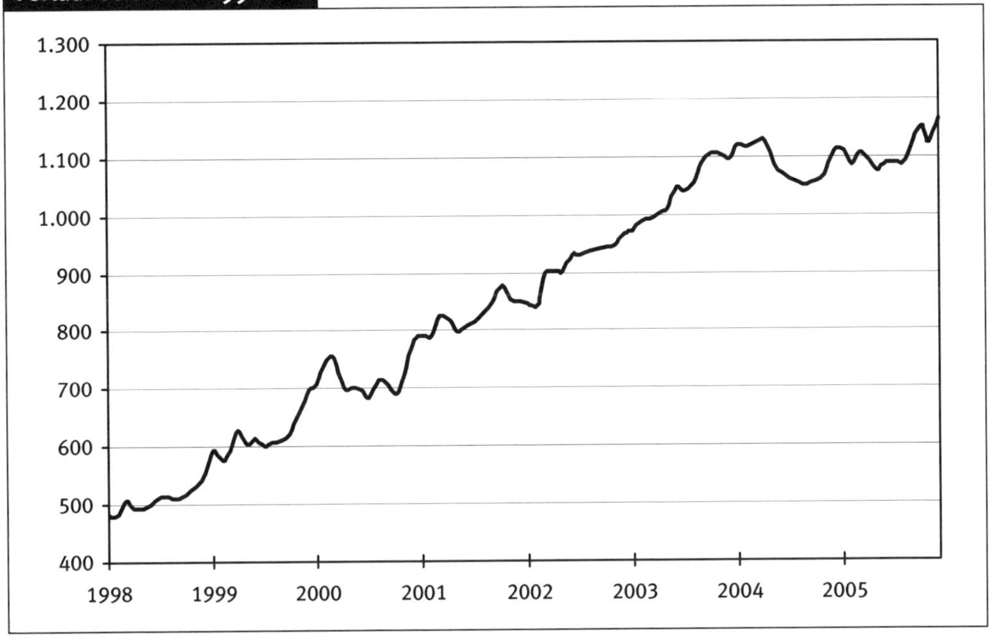

RP versus HFRX Composite

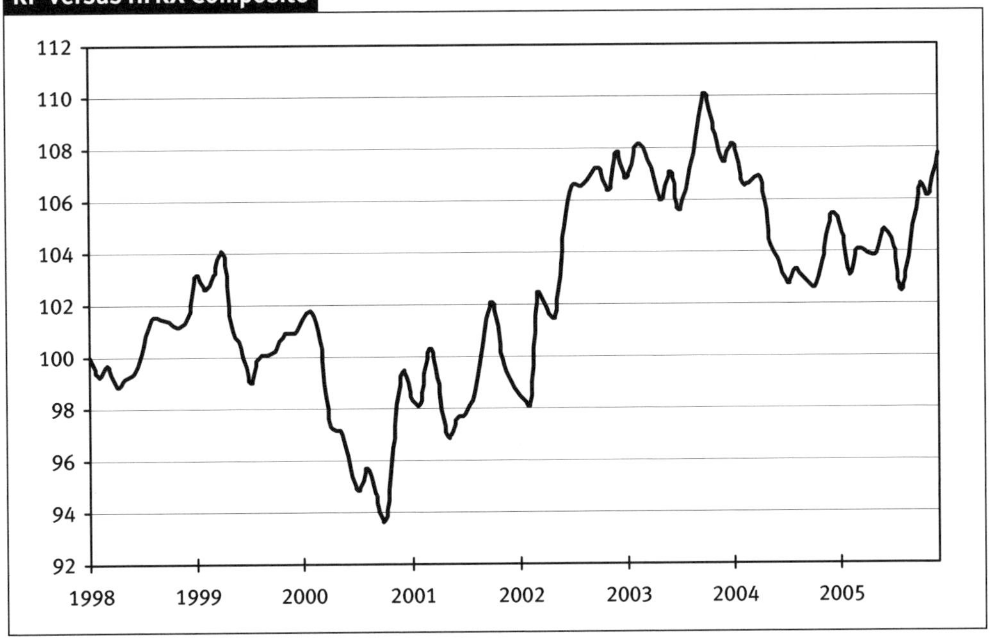

HFRX Merger Arbitrage Index

Kurzprofil

Im HFRX Merger Arbitrage Index fasst der Index-Anbieter Hedge Funds Research Fonds zusammen, die auf Unternehmenstransaktionen spezialisiert sind. Dazu zählen Fusionen, Übernahmen, Umtauschangebote, Leveraged Buyouts oder Barabfindungsangebote. In der Praxis laufen Merger-Arbitrage-Spekulationen häufig nach folgendem Muster ab: In Erwartung eines Übernahmeangebots kauft ein Fondsmanager Aktien des Unternehmens, das wahrscheinlich übernommen wird, und geht gleichzeitig eine Leerverkaufs-Position beim übernehmenden Unternehmen ein. Kommt es tatsächlich zur Bekanntgabe einer Übernahme, legt der Aktienkurs des Übernahmekandidaten tendenziell zu, da durch weitere Kaufinteressenten ein Bieterwettstreit entbrennen könnte. Die Aktie des Käufers fällt dagegen in der Regel, da dieser oft mehr zahlen muss, als das Objekt der Begierde eigentlich wert ist (Goodwill). Um den Spekulationsgewinn zu steigern, greifen die Hedgefunds nicht selten auf Optionen zurück.

Ein gutes Beispiel für eine gelungene Spekulation ist die Übernahme des deutschen Haarpflegekonzerns Wella durch den US-Riesen Procter & Gamble im Jahr 2003. Während der Kurs von Wella kontinuierlich zulegte, kam die Aktie von Procter & Gamble vorübergehend deutlich unter Abgabedruck. Dass die Fondsmanager mit ihren Einschätzungen nicht immer richtig liegen, zeigt der Blick auf die recht dünne Performance. Auch im Vergleich zu den anderen Event-Driven-Indizes schnitt der HFRX Merger Arbitrage Index in den vergangenen Monaten stets unterdurchschnittlich ab. Die im HFRX Merger Arbitrage Index gelisteten Hedgefunds stammen aus einer vom Index-Betreiber HFR gepflegten Datenbank, die mehr als 2.500 Hedgefunds weltweit umfasst. Hauptkriterium für eine Aufnahme in den Index ist, dass die Kandidaten in Bezug auf die Anlage- und Performance-Eigenschaften die Merger-Arbitrage-Strategie repräsentieren. Die Überprüfung und der eventuelle Austausch von Index-Mitgliedern erfolgen quartalsweise. Die Index-Statuten sehen vor, dass der Index mindestens vier Hedgefunds umfassen muss, wobei die maximale Gewichtung eines Hedgefunds maximal 30 Prozent betragen darf.

Kennzahlen per 30.11.2005

	1 Jahr	3 Jahre	5 Jahre	10 Jahre
Hoch	1.116	1.116	1.116	n/a
Tief	1.057	992	968	n/a
Performance (in US-Dollar)	+3,7%	+10,5%	+13,3%	n/a
Performance (in Euro)	+16,9%	-6,9%	-16,2%	n/a
Volatilität (in US-Dollar)	3,7%	2,9%	3,1%	n/a
Volatilität (in Euro)	10,4%	9,3%	9,9%	n/a

Index-Anbieter: HFRX, Inc. (www.hedgefundresearch.com)
Bloomberg-Kürzel: HFRXMA <Index>

Verlauf seit 01.01.1998

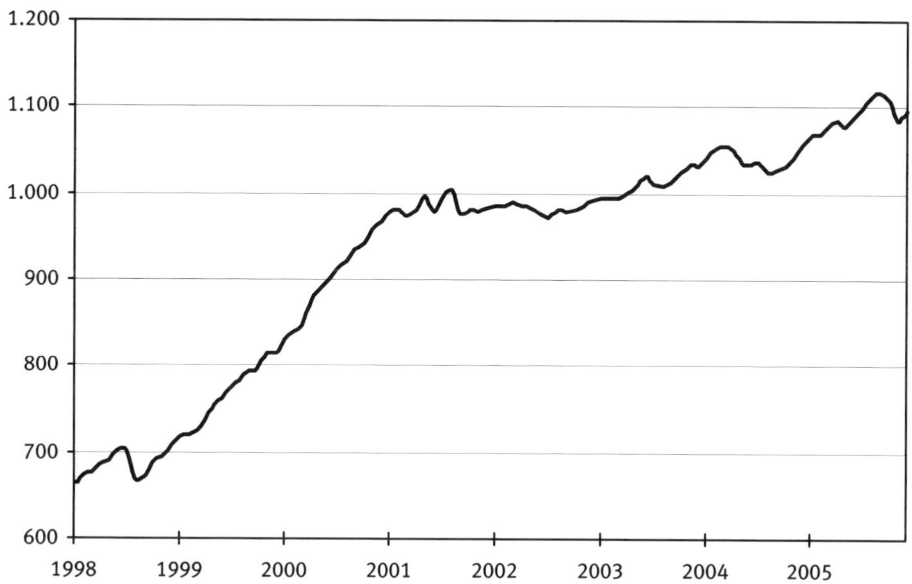

RP versus HFRX Composite

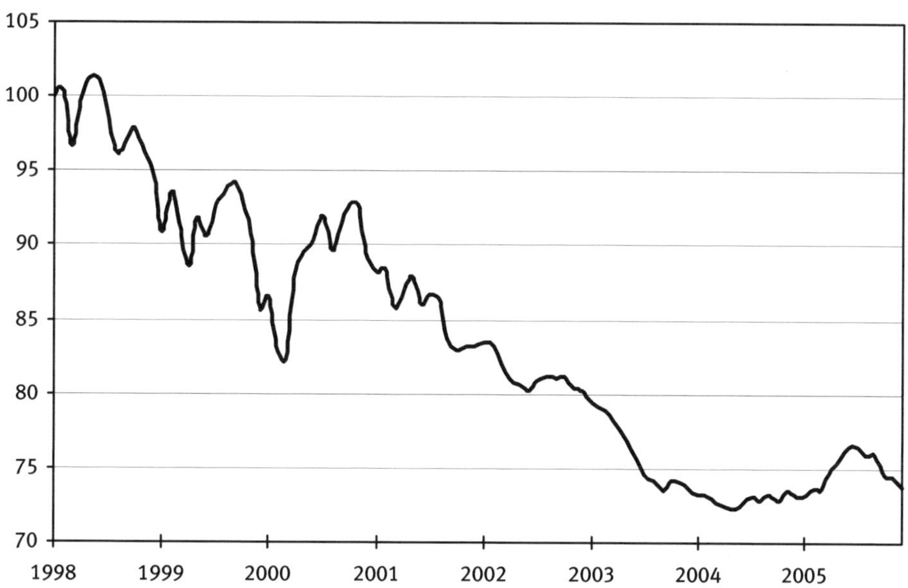

HFRX Distressed Securities Index

Kurzprofil

Üblicherweise jagen Börsianern Begriffe wie Überschuldung, Konkurs, Insolvenz, Restrukturierung oder Sanierung einen eiskalten Schauer über den Rücken. Eine kleine Schar von Anlegern sehnt sich solche „schlechten" Nachrichten jedoch förmlich herbei – und zwar die Manager von Distressed-Securities-Fonds. Deren Strategie ist es, mit Wertpapieren krisengeschüttelter Unternehmen Geld zu verdienen. Ausgangspunkt ist ein Phänomen aus der Börsenpsychologie: Negative Unternehmensereignisse, denen meistens die Ankündigung einer Reorganisation folgt, bewegen Anteilseigner häufig dazu, sich ruckartig von ihrem Engagement zu trennen. Das kann an den Wertpapierbörsen zu erheblichen Angebotsüberhängen führen, vor allem dann, wenn vielen Verkäufern nur wenige abnahmebereite Käufer gegenüberstehen. Nicht selten führt diese plötzliche Verkaufswelle zu ungerechtfertigt niedrigen Preisen. Ein aufmerksamer Fondsmanager entdeckt diese Fehlbewertungen und nimmt die Papiere ins Portfolio. Zur Umsetzung der Strategie kommen neben Aktien auch Genussscheine, Unternehmensanleihen, Bankkredite und Optionsschein in Frage.

Den größten Profit erwirtschaften Distressed-Securities-Fonds in Zeiten unruhiger Konjunktur, wenn viele Unternehmen unverschuldet in die roten Zahlen rutschen. Grundgedanke dieses antizyklischen Anlageverhaltens ist, dass die Mehrheit der Firmen gestärkt aus der Krise hervorgehen wird. So ist es nicht verwunderlich, dass die Fondsmanager in 2003 – ein Jahr mit schwacher wirtschaftlicher Entwicklung – dicke Profite erzielten. Hiervon konnte selbstverständlich auch der HFRX Distressed Securities Index profitieren. Von den insgesamt acht Sub-Indizes der HFRX-Familie wies er 2003 mit einem Plus von mehr als 20 Prozent die beste Performance auf. Auch im Jahr darauf schnitt er überdurchschnittlich ab, auch wenn die Rendite auf knapp neun Prozent zurückging. Trotz der guten Entwicklung ist der HFRX Distressed Securities Index im Dach-Index HFRX Global relativ gering gewichtet. Das zeigt, dass viele Investoren diese Sparte noch nicht für sich entdeckt haben, da die Sub-Indizes im Mutter-Index nach ihrem jeweils verwalteten Volumen berücksichtigt werden.

Kennzahlen per 30.11.2005

	1 Jahr	3 Jahre	5 Jahre	10 Jahre
Hoch	1.271	1.271	1.271	n/a
Tief	1.228	926	696	n/a
Performance (in US-Dollar)	+1,7%	+35,4%	+80,3%	n/a
Performance (in Euro)	+14,6%	+14,1%	+33,4%	n/a
Volatilität (in US-Dollar)	4,6%	5,0%	6,0%	n/a
Volatilität (in Euro)	8,6%	8,5%	11,2%	n/a

Index-Anbieter: HFRX, Inc. (www.hedgefundresearch.com)
Bloomberg-Kürzel: HFRXDS ‹Index›

Verlauf seit 01.01.1998

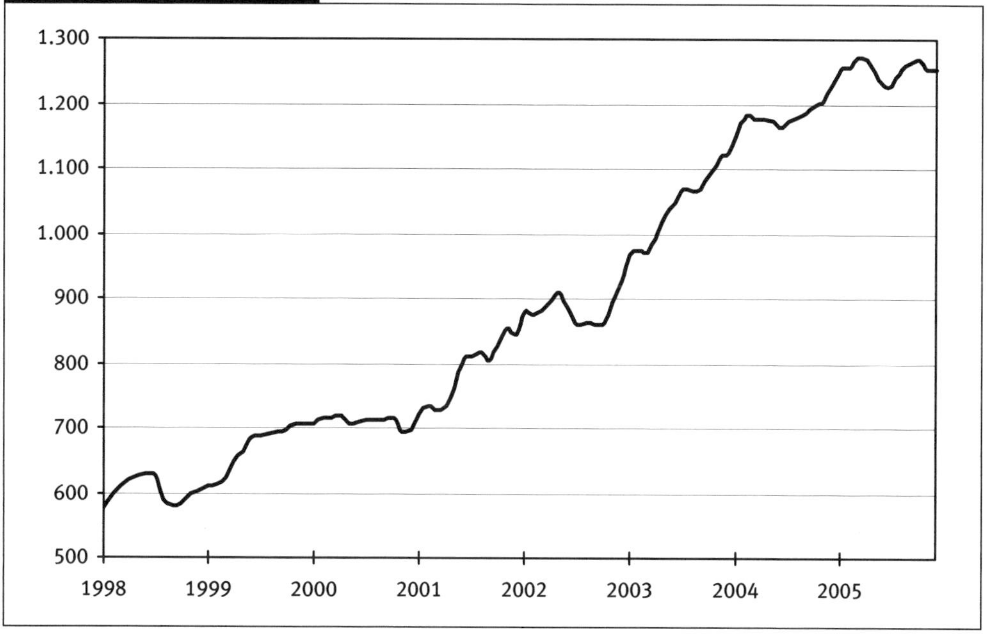

RP versus HFRX Composite

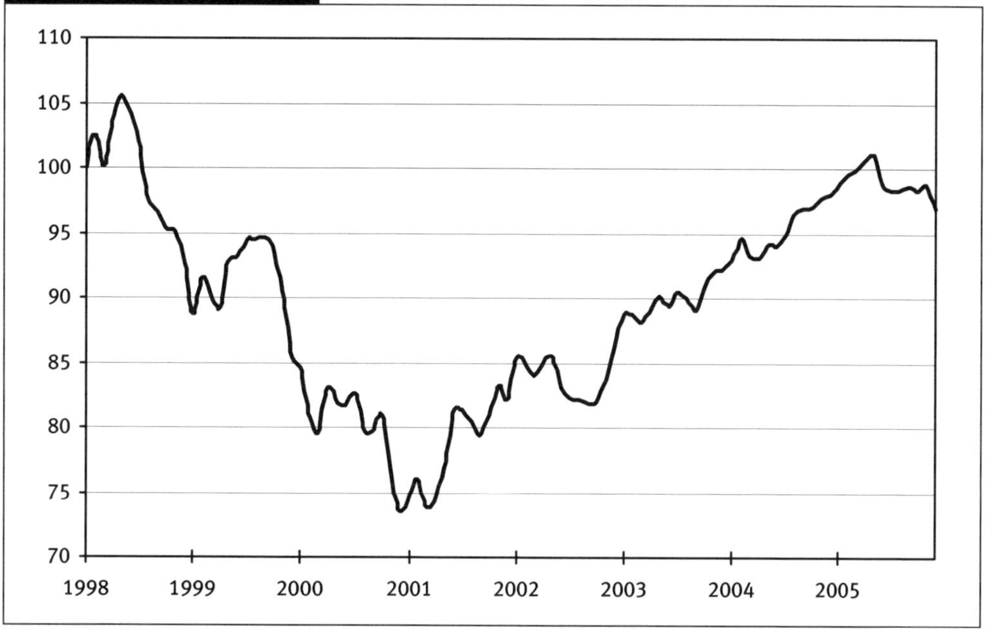

HFRX Convertible Arbitrage Index

Kurzprofil

Der HFRX Convertible Arbitrage Index bildet die Performance von Hedgefunds ab, die sich darauf spezialisiert haben, mit Fehlbewertungen bei Wandelanleihen Geld zu verdienen. Wandelanleihen, die im Englischen „Convertible Bonds" heißen, sind Unternehmensanleihen, die dem Käufer neben einem Zins- auch ein Wandlungsrecht in Aktien einräumen. Das heißt, der Anleger kann entscheiden, ob er innerhalb eines bestimmten Zeitraums (Wandlungsfrist) die Anleihe in einem vorher festgelegten Verhältnis in Aktien tauschen möchte. In der Praxis gibt es mehrere Möglichkeiten, auf Preisunterschiede bei Wandelanleihen zu spekulieren. Ansätze bieten sowohl die Options- als auch die Anleihenkomponente des Papiers. Der Manager kann beispielsweise eine Long-Position in einer unterbewerteten Wandelanleihe eröffnen, während er gleichzeitig das Aktienrisiko durch den Leerverkauf der zugehörigen Aktie minimiert. Er isoliert die Fehlbewertung und kann so einen Gewinn realisieren. Zudem kann erwogen werden, Zinsrisiken durch passende Positionen in Zinsfutures zu eliminieren.

Die Convertible-Arbitrage-Strategie zielt auf Bewertungsunterschiede ab und ist daher marktneutral. Das heißt, dass die Fondsperformance unabhängig von der Entwicklung an den Aktien- und Anleihenmärkten verläuft. Daher ist es möglich, unter weitgehender Vermeidung von Risiken konstante Renditen bei geringer Volatilität zu erzielen. Als Mitglied der HFRX-Index-Familie stellt der HFRX Convertible Arbitrage Index einen von insgesamt acht Sub-Indizes dar. Diese fließen in die Berechnung des Dach-Index HFRX Global entsprechend ihrem repräsentierten Anlagevolumen ein. In den vergangenen zwei Jahren und somit seit der Einführung des Index im April 2003 schnitt der Convertible Arbitrage regelmäßig schlechter ab als der HFRX Global. Im Jahr 2004 musste man sogar eine negative Performance verkraften. Die Performance-Flaute kommt nicht überraschend. Experten gehen davon aus, dass mittlerweile 60 bis 70 Prozent der weltweit gehandelten Wandelanleihen in den Büchern von Hedgefunds stehen. Durch die höhere Konkurrenz bei der Suche nach Preisungleichgewichten ist auch die Markttransparenz gestiegen. Daher wird es immer schwieriger, Gewinne zu erzielen.

Kennzahlen per 30.11.2005

	1 Jahr	3 Jahre	5 Jahre	10 Jahre
Hoch	1.025	1.037	1.037	n/a
Tief	935	925	728	n/a
Performance (in US-Dollar)	-6,4%	+3,1%	+31,0%	n/a
Performance (in Euro)	+5,5%	-13,1%	-3,1%	n/a
Volatilität (in US-Dollar)	4,8%	5,2%	4,6%	n/a
Volatilität (in Euro)	9,6%	8,7%	9,5%	n/a

Index-Anbieter: HFRX, Inc. (www.hedgefundresearch.com)
Bloomberg-Kürzel: HFRXCA <Index>

Verlauf seit 01.01.1998

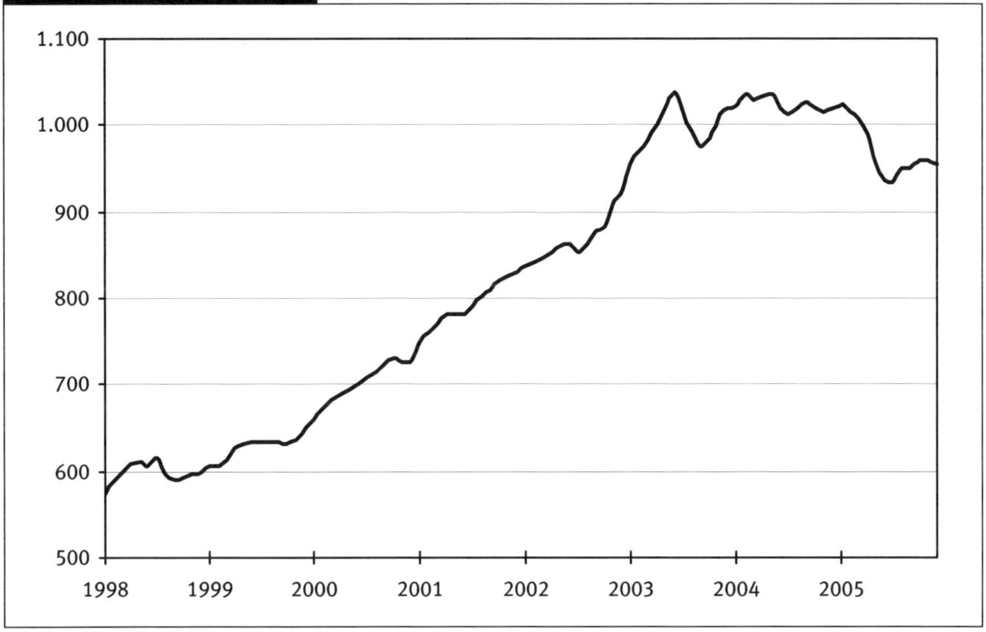

RP versus HFRX Composite

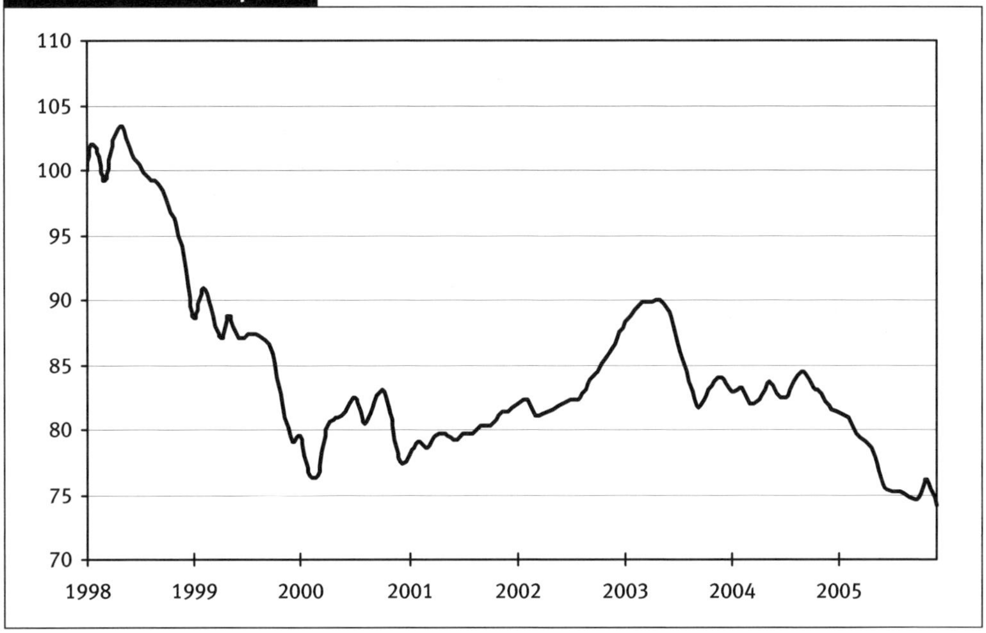

HFRX Equity Hedge Index

Kurzprofil

Der „Equity Hedge“ – auch bekannt unter der Bezeichnung „Long/Short Equity“ – ist die älteste und zugleich auch beliebteste Hedgefunds-Strategie. Rund die Hälfte aller Fondsmanager agiert nach dieser denkbar einfachen Systematik: Bei der Long-Strategie kauft der Fondsmanager Aktien, wenn er von künftig steigenden Kursen überzeugt ist. Bei der Short-Variante verkauft er dagegen zunächst geliehene Wertpapiere (Leerverkauf), die er als überbewertet einstuft, um sich später zu einem hoffentlich niedrigeren Kurs wieder einzudecken. Dieser direktionale Handelsansatz verlangt vom Fondsmanager eine konkrete Einschätzung der künftigen Kursrichtung.

Gewöhnlich schlagen sich Hedgefunds-Manager aber nicht hundertprozentig auf eine Seite, sondern bauen im Aufwärtsmarkt ein Übergewicht an Long-Positionen auf. Nur im Extremfall bestehen Equity-Hedge-Portfolios ausschließlich aus Long- oder Short-Positionen. Um die Rendite zu steigern, werden Käufe außerdem häufig per Kredit finanziert, wodurch der so genannte Leverage-Effekt genutzt werden kann. Grundsätzlich entstehen Gewinne, wenn die Differenz aus der Long- und Short-Seite positiv ist, und Verluste, wenn die Differenz negativ ist. Der Ansatz lässt sich somit ähnlich begründen wie traditionelle Stock-Picking-Strategien, nur dass eben noch die Short-Seite hinzukommt, um auch an fallenden Märkten partizipieren zu können.

Darüber hinaus spezialisieren sich viele Manager auf eine bestimmte Art von Aktien. Als Konsequenz sollte der HFRX Equity Hedge Index eigentlich von Börsenphasen mit klarer Trendrichtung profitieren, doch im Jahr 2004 kam der Index – trotz eindeutigem Aufwärtstrend – auf eine enttäuschende Performance von nur 2,2 Prozent. So ungenutzt lassen die Fondsmanager nicht immer ihre Chancen vorbeiziehen: In 2003 legte der Index zumindest um 14,5 Prozent zu. Angesichts der häufigen Trendphasen an der Börse verwundert die hohe Bedeutung dieses Ansatzes nicht wirklich. Zumindest ist der HFRX Equity Hedge Index in seinem Dach-Index, dem HFRX Global Index, mit fast 40 Prozent das unangefochtene Index-Schwergewicht, wobei alle Unter-Indizes entsprechend ihrem repräsentierten Anlagevolumen Berücksichtigung finden.

Kennzahlen per 30.11.2005

	1 Jahr	3 Jahre	5 Jahre	10 Jahre
Hoch	1.182	1.182	1.182	n/a
Tief	1.107	965	867	n/a
Performance (in US-Dollar)	+4,2%	+22,5%	+36,3%	n/a
Performance (in Euro)	+17,5%	+3,2%	+0,9%	n/a
Volatilität (in US-Dollar)	6,0%	5,0%	4,5%	n/a
Volatilität (in Euro)	11,8%	10,4%	10,5%	n/a

Index-Anbieter: HFRX, Inc. (www.hedgefundresearch.com)
Bloomberg-Kürzel: HFRXEH <Index>

Verlauf seit 01.01.1998

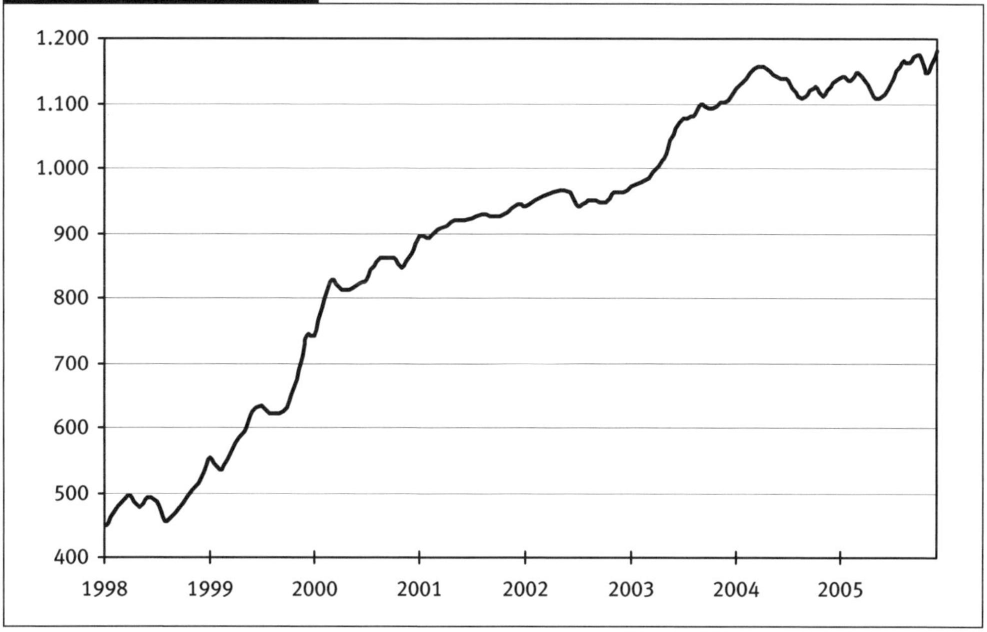

RP versus HFRX Composite

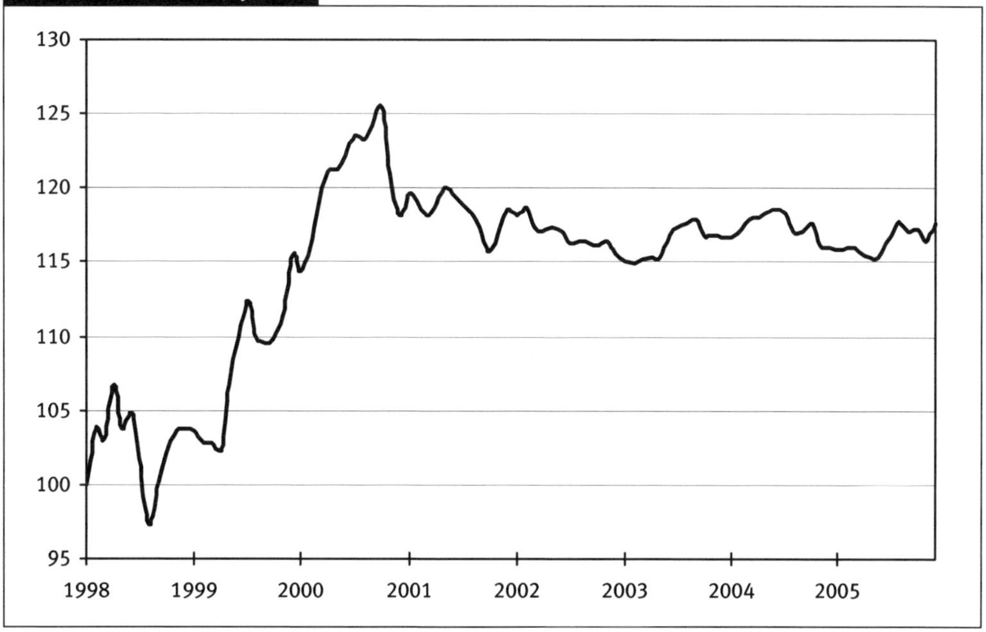

HFRX Equity Market Neutral Index

Kurzprofil

Als Untereinheit des Hedgefunds-Index von HRF (Hedge Funds Research) repräsentiert der Equity Market Neutral Index – wie der Name schon verrät – die Wertentwicklung marktneutraler Anlagestrategien. Anhänger dieses Ansatzes streben also unabhängig vom jeweiligen Marktumfeld einen Gewinn an. Um sowohl bei steigenden als auch bei fallenden Kursnotierungen profitieren zu können, setzen die Manager auf die Outperformance eines Investments gegenüber einem anderen. Beispiel: Wenn ein Investor beispielsweise glaubt, dass sich DaimlerChrysler besser entwickelt als Volkswagen, sollte man den Stuttgarter Autobauer kaufen und gleichzeitig die VW-Aktie verkaufen. Wenn DaimlerChrysler nun um 20 Prozent steigt und der Volkswagen nur um fünf Prozent, trägt man eine Rendite von 15 Prozent davon. Das ist genau so viel, wie wenn Volkswagen 15 Prozent nachgeben und DaimlerChrysler bloß auf der Stellte treten würde. Für einen Gewinn ist es also völlig unerheblich, ob der Aktienkurs von DaimlerChrysler klettert – er muss nur besser laufen als der von VW.

Hierbei merkt man schnell, dass es die hohe Kunst des Equity-Market-Neutral-Ansatzes ist, den Markt nach wirklich lukrativen Preisanomalien abzuscannen. Schließlich wollen ja auch noch die relativ hohen Transaktionskosten bezahlt sein, da stets mindestens zwei Positionen eingegangen werden. Der große Vorteil der marktneutralen Strategie ist freilich, dass das Eigenkapital geschont wird, da mit dem Geldeingang aus dem Leerverkauf wenigstens teilweise die Long-Seite finanziert werden kann. Daher konzentrieren sich viele Fondsmanager in der Regel nur auf eine bestimmte Branche, um sich in dieser ein detailliertes Fachwissen aufzubauen. So können Ereignisse und Entwicklungen innerhalb der eigenen Branche schneller und besser eingeschätzt werden, als dies der Markt vermag. Dies war im Übrigen auch das Geheimnis des Urvaters aller Hedgefunds-Manager, Alfred Winslow Jones. Die US-amerikanische Finanzlegende ließ in den 50er Jahren die Aktien der Autokonzerne Ford und General Motors gegeneinander laufen. Einige Hedgefunds beschränken ihr Neutralitätskonzept jedoch nicht auf Aktien spezieller Branchen, sondern weiten es auch auf die relative Wertentwicklung von Einzelaktien gegenüber dem Gesamtmarkt (Beta) aus.

Kennzahlen per 30.11.2005

	1 Jahr	3 Jahre	5 Jahre	10 Jahre
Hoch	984	1.015	1.030	n/a
Tief	961	957	930	n/a
Performance (in US-Dollar)	+0,1%	-3,0%	+5,0%	n/a
Performance (in Euro)	+12,9%	-18,3%	-22,3%	n/a
Volatilität (in US-Dollar)	2,3%	2,7%	3,1%	n/a
Volatilität (in Euro)	10,8%	9,7%	10,4%	n/a

Index-Anbieter: HFRX, Inc. (www.hedgefundresearch.com)
Bloomberg-Kürzel: HFRXEMN <Index>

Verlauf seit 01.01.1998

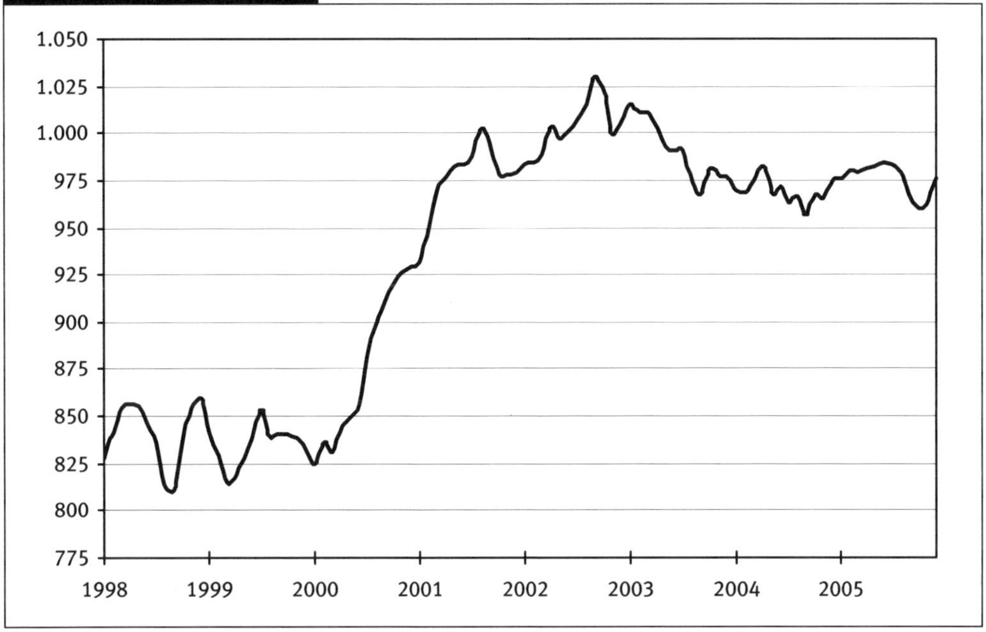

RP versus HFRX Composite

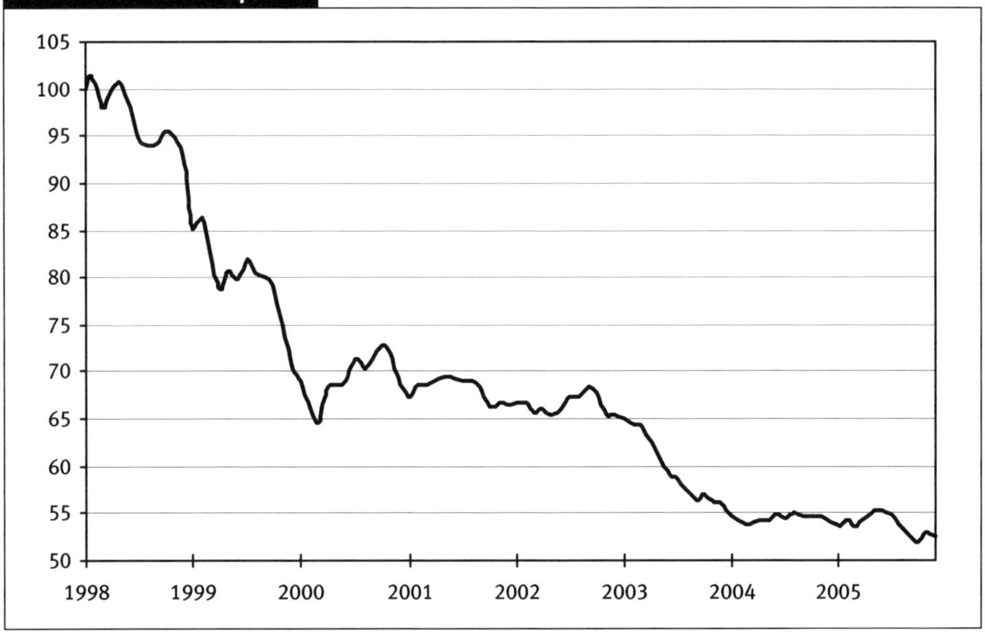

HFRX Relative Value Arbitrage Index

Kurzprofil

Der HFRX Relative Arbitrage Index ist einer von insgesamt acht Sub-Indizes im Universum des Index-Anbieters „Hedge Fund Research (HFR). Obwohl die Relative-Value-Arbitrage-Anlagestrategie in der Praxis in sehr vielen Variationen vorkommt, ist allen Index-Mitgliedern das Investmentziel gemeinsam, relative Fehlbewertungen ausfindig zu machen und konsequent auszunutzen. Bei diesem auch als „Spread Trades“ bezeichneten Konzept nimmt der Fondsmanager gleichzeitig Positionen ein, die sich gegenseitig möglichst neutralisieren. Ähnlich wie beim Equity-Market-Neutral-Ansatz, dem ebenfalls ein HFRX-Sub-Index gewidmet ist, steht auch bei der Relative-Value-Arbitrage-Strategie im einfachsten Fall dem Kauf eines Wertpapiers der Verkauf eines gleichwertigen Wertpapiers gegenüber, um die Outperformance der gekauften Anlage gegenüber dem leerverkauften Investment auszuspielen.

Anders als beim Equity-Market-Neutral-Index beschränken sich die im Relative-Value-Arbitrage-Index vertretenen Hedgefunds aber nicht ausschließlich auf diese Basisstrategie. Die Manager greifen ab und zu schon mal tief in die Trickkiste, um eine Seite der Gesamtposition aufzubauen. Hierbei kommen zum Teil recht komplexe Konstruktionen mit allerlei Finanzinstrumenten zustande. So gehören börsengehandelte Derivate wie Futures und Optionen selbstverständlich zum grundlegenden Handwerkszeug. Ein sehr verbreiteter Ansatz ist die Convertible-Bonds-Arbitrage-Strategie, die auch von einem eigenständigen Subbarometer abgebildet wird (siehe dort). Um Kursanomalien zu entdecken, bedienen sich die Vertreter der Relative-Value-Arbitrage-Spielart meist finanzmathematischer Bewertungsmodelle und historischer Vergleiche. Ein Gewinn wird immer dann erzielt, wenn ungerechtfertigte Kurs- bzw. Preisunterschiede wieder auf ein normales Niveau zurückgehen. Geht die Rechnung des Managers auf, zeigt die Long-Positionen gegenüber der Short-Seite eine Outperformance auf. Seit Auflegung des Index am 1. April 2003 ist das Ergebnis aber eher ernüchternd: In US-Dollar sind nicht einmal zehn Prozent herausgekommen.

Kennzahlen per 30.11.2005

	1 Jahr	3 Jahre	5 Jahre	10 Jahre
Hoch	1.100	1.100	1.100	n/a
Tief	1.066	959	822	n/a
Performance (in US-Dollar)	-0,4%	+12,2%	+30,9%	n/a
Performance (in Euro)	+12,3%	-5,8%	-3,1%	n/a
Volatilität (in US-Dollar)	2,6%	2,4%	2,5%	n/a
Volatilität (in Euro)	9,3%	8,8%	9,2%	n/a

Index-Anbieter: HFRX, Inc. (www.hedgefundresearch.com)
Bloomberg-Kürzel: HFRXRVA <Index>

Verlauf seit 01.01.1998

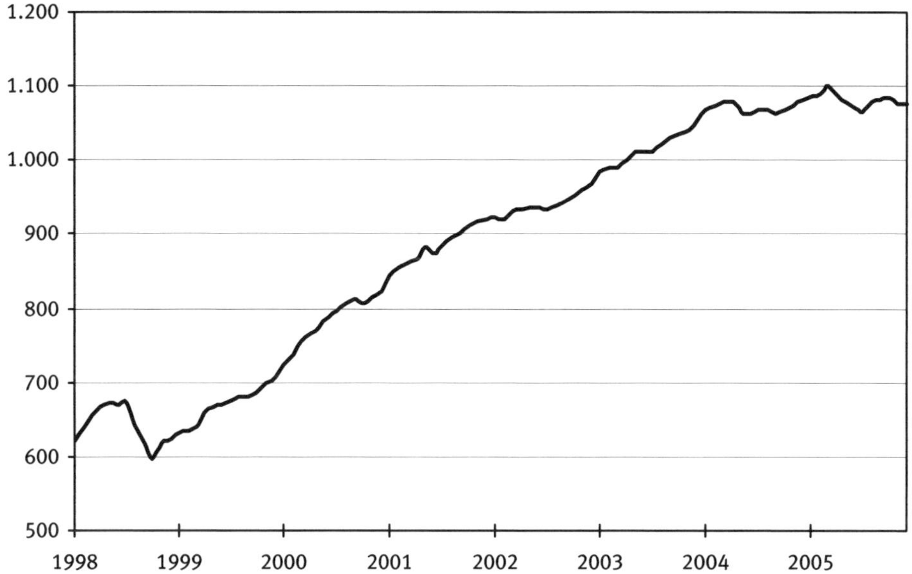

RP versus HFRX Composite

HFRX Event Driven Index

Kurzprofil

„Event Driven" bedeutet wörtlich übersetzt ereignisgetrieben. Diese Bezeichnung sagt schon sehr viel aus über den HFRX Event Driven Index aus. Hier sind Hedgefunds gelistet, die nach außergewöhnlichen Unternehmensereignissen Ausschau halten, um von der damit verbundenen Unsicherheit des Marktes zu profitieren. Die Liste dieser „besonderen Vorfälle" ist lang. Ansatzpunkte können zum Beispiel Spin-offs, Fusionen, Übernahmen, Liquidationen, Reorganisationen, Insolvenzen, Rekapitalisierungen und/oder Aktienrückkaufprogramme sein, um nur einige zu nennen. Für zwei besonders häufig auftretende Ereignisse hat der Index-Anbieter Hede Fund Research (HFR) zwei eigenständige Sub-Indizes geschaffen: den HFRX Distressed Securities Index, der die Strategie „Unternehmenskrisen" abdeckt, und den HFRX Merger Abitrage Index, der sich mit „Übernahmen und Fusionen" beschäftigt. Hedgefunds, die bereits in einem dieser beiden Indizes enthalten sind, dürfen nicht mehr für den HFRX Event Driven Index verwendet werden, sodass hier vor allem auf „Spezialsituationen" spezialisierte Hedgefunds auftauchen, die vor allem Finanzinstrumente wie Stammaktien, Vorzugsaktien, Schuldverschreibungen und Optionen einsetzen.

Die Kunst aller Event-Driven-Strategien ist es, die Eintrittswahrscheinlichkeit eines unsicheren Ereignisses vorab richtig einzuschätzen. Dabei bedienen sich die Fondsmanager meist eines Long/Short-Konzepts, mit dem das Ereignis „isoliert" werden soll. Der Gewinn entsteht somit, wenn die Kaufposition gegenüber der leerverkauften Seite eine Outperformance (Alpha-Strategie) aufweist. Gleichzeitig ist die Volatilität der erzielten Rendite vergleichsweise moderat. Die Event-Driven-Strategie ist gewöhnlich nicht auf bestimmte Bewegungen am Aktienmarkt angewiesen. Allerdings können starke Kursturbulenzen die Wertentwicklung der Fonds belasten. Trotz der Risiken haben Event-Driven-Fondsmanager in den vergangenen beiden Jahren eine bessere Performance erzielt als ihre Kollegen aus den anderen Strategiebereichen. Seit Einführung im Jahr 2003 entwickelte sich der HFRX Event Driven Index regelmäßig besser als der das gesamte Hedgefunds-Universum abbildende HFRX Global Index.

Kennzahlen per 30.11.2005

	1 Jahr	3 Jahre	5 Jahre	10 Jahre
Hoch	1.277	1.277	1.277	n/a
Tief	1.217	950	911	n/a
Performance (in US-Dollar)	+4,4%	+34,2%	+40,0%	n/a
Performance (in Euro)	+17,7%	+13,1%	+3,6%	n/a
Volatilität (in US-Dollar)	5,4%	4,7%	5,3%	n/a
Volatilität (in Euro)	10,5%	9,6%	11,0%	n/a

Index-Anbieter: HFRX, Inc. (www.hedgefundresearch.com)

Bloomberg-Kürzel: HFRXED ‹Index›

Verlauf seit 01.01.1998

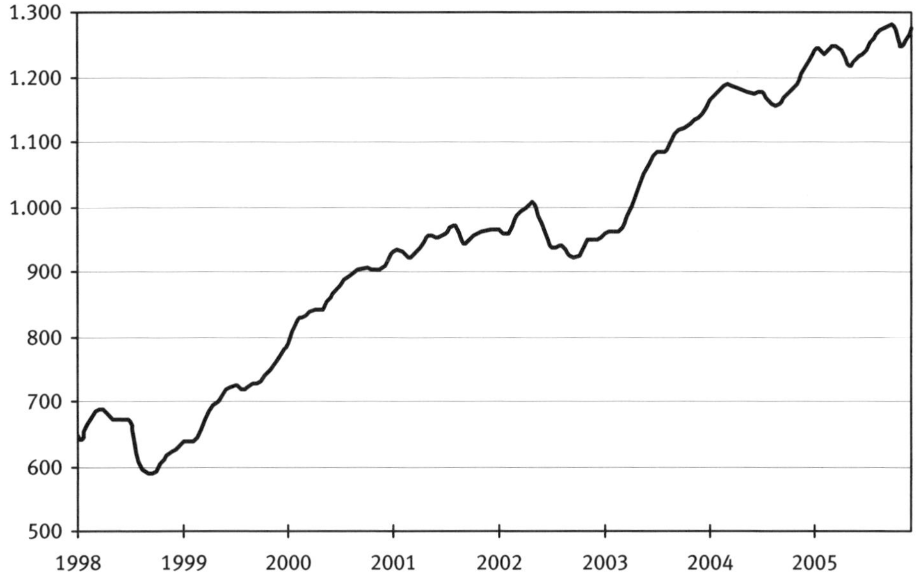

RP versus HFRX Composite

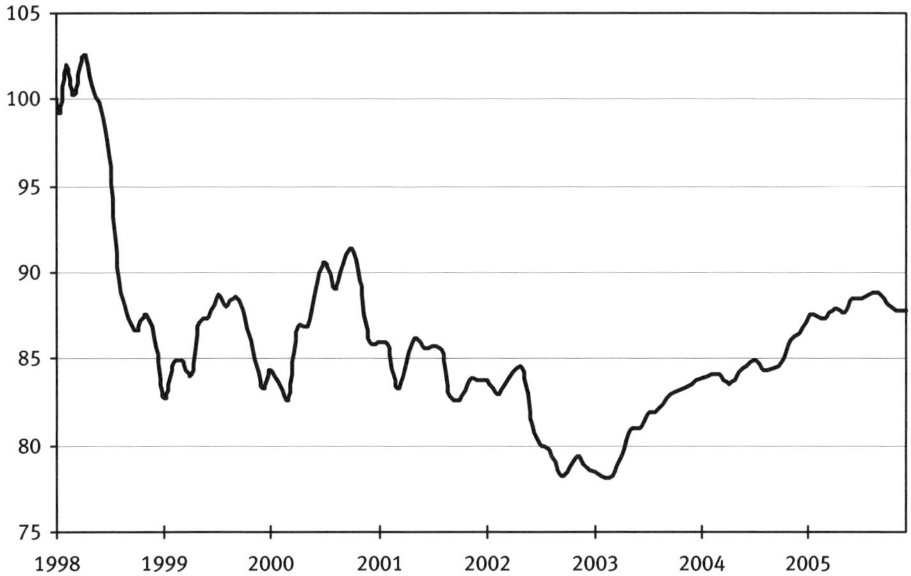

Die Zertifikate-Pioniere:
Content. Community. Consulting.

Die ZertifikateJournal AG ist der unabhängige Informations- und Beratungsdienstleister für Zertifikate und strukturierte Anlageprodukte, das am schnellsten wachsende Segment des deutschen Finanzmarkts.

Basierend auf proprietären Datenbanken und eigenem Research zu Basiswerten sämtlicher Asset-Klassen (Aktien, Indizes, Rohstoffe, Währungen, Zinsen, Hedgefunds) erstellt das 2001 gegründete Unternehmen kontinuierlich Analysen und Strategie-Empfehlungen, die im Rahmen des wöchentlichen Newsletters „ZertifikateJournal“ an mehr als 60.000 private und institutionelle Investoren übermittelt werden. Zusätzlich wird der redaktionelle Content auch über führende Medienpartner vermarktet, zu denen u.a. die Börsenmagazine „Der Aktionär“ und „EURO am SONNTAG“ sowie die Finanzportale OnVista und „onWirtschaft“ (T-Online) gehören. In Kooperation mit der Deutschen Börse AG, der „WELT“ und der „WELT am SONNTAG“ vergibt die ZertifikateJournal AG außerdem alljährlich die „ZertifikateAwards“, die führende Auszeichnung der deutschen Derivatebranche.

Gleichzeitig ist das Unternehmen exklusiver Advisor der von ABN Amro verbrieften „ZJ Portfolio Strategie“ (WKN ABN 2BF), die das gesamte Potenzial strukturierter Wertpapiere in einem einzigen aktiv gemanagten Zertifikat bündelt. Darüber hinaus entwickelt das ZJ-Team in Zusammenarbeit mit allen führenden Emittenten – u.a. BNP Paribas, Deutsche Bank, Dresdner Bank, HypoVereinsbank, Sal. Oppenheim, Vontobel Europe – maßgeschneiderte Zertifikate-Lösungen für institutionelle Investoren und spezifische Anlagebedürfnisse. Flaggschiffe dieser Consulting-Aktivitäten sind die von der Raiffeisenbank Kleinwalsertal und der Raiffeisenbank Liechtenstein angebotenen Vermögensmanagement-Programme „ZJ FinanzArchitektur“ und „ZJ KapitalDesign“, die ausschließlich aus von der ZertifikateJournal AG gemanagten bzw. ausgewählten Papieren bestehen.

Eingebettet sind diese Dienstleistungen in eine multimediale Community-Plattform: Die Website www.zertifikatejournal.de bietet u.a. übersichtliche Rating-Listen, das interaktive Diskussionsforum „ZertifikateBoard“ sowie einen wöchentlichen Live-Chat mit den ZJ-Herausgebern; durch die Co-Moderation der Bloomberg.TV-Sendung „Put & Call“ sowie Interviews in der „n-tv Telebörse“ ist das „ZertifikateJournal“ auch im Fernsehen präsent; für den persönlichen Dialog sorgen Seminar-Tourneen.

Vorstände des Unternehmens sind Christian W. Röhl und Werner H. Heussinger, die sich nicht zuletzt durch ihre Buchveröffentlichungen (zuletzt: „Generation Zertifikate“, FinanzBuch Verlag, Edition DIE WELT) einen Namen als visionäre Querdenker gemacht haben. Über Tochtergesellschaften und Joint Ventures ist das in Veitshöchheim bei Würzburg ansässige Unternehmen in mittlerweile sieben Ländern aktiv (Deutschland, Österreich, Schweiz, Tschechien, Slowakei, Dubai, Qatar).

ZertifikateJournal AG
Benzstraße 3, D-97209 Veitshöchheim/Würzburg
Telefon +49.931.3292-282
Telefax +49.931.3292-283
eMail info@zertifikatejournal.de

ZertifikateJournal (Schweiz) AG
Weinbergstraße 29 A, CH-6300 Zug
Telefon +41.41.72787-80
Telefax +41.41.72787-99
eMail info@zertifikatejournal.ch